Inhalt

Georg Simonis (Hrsg.)

Deutschland
nach der Wende

Neue Politikstrukturen

Mit Beiträgen von:
Stephan Bröchler, Roland Czada,
Christian Deubner, Klaus Erdmenger,
Josef Esser, Wolfgang Fach,
Gerd Junne, Martin List,
Wolfgang Reichardt, Josef Schmid,
Georg Simonis, Gilbert Ziebura

Leske +Budrich, Opladen 1998

ISBBN: 3-8100-1798-1

© 1998 Leske + Budrich, Opladen

Satz: Leske + Budrich
Druck: WB- Druck, Rieden
Printed in Germany

Vorwort

Über das „Modell Deutschland" wird seit der Vereinigung, vor allem aber seit dem Vereinigungsprozeß ins Stocken geraten ist, der Standort gefährdet erscheint und die Kosten der sozialen Absicherung des weltweiten Strukturwandels kaum noch oder auch nicht mehr zu bezahlen sind, wieder verstärkt diskutiert. Der vorliegende Band „Deutschland nach der Wende" bezieht sich auf diese Debatte und will zur Klärung der Frage beitragen, ob das alte Modell Deutschland der Bonner Republik auch im neuen Rahmen der Berliner Republik im wesentlichen Bestand hat oder ob die politischen und sozio-ökonomischen Strukturen der alten Bundesrepublik im Begriff sind, sich substantiell zu verändern. Es wäre wohl zu viel verlangt, hier eine eindeutige Antwort zu erwarten; nichtsdestoweniger: die meisten der versammelten Autoren neigen trotz aller beobachtbarer Kontinuitäten zu der Annahme eines strukturellen Wandels.

An dieser Stelle sei allen Autoren des Bandes, dem ein Studienbrief der Fern-Universität Hagen zugrundeliegt, wodurch es sich erklärt, daß der Band nicht nur einen Beitrag zur Debatte, sondern auch eine Einführung in sie leisten möchte, ganz herzlich gedankt. Bis auf zwei haben sie alle an der Universität Konstanz geforscht und gelehrt, und seit Ende der 70er Jahre verbindet sie die Reflexion über das „Modell Deutschland".

Für die Durchsicht, Formatierung und abschließende Korrekturen war meine wissenschaftliche Hilfskraft, Miguel Ribas, zuständig. Ohne seine Mitwirkung wäre der Band nicht zustande gekommen!

Georg Simonis
Hagen, 26. August 1997

1 Einleitung

Georg Simonis

Der vorliegende Sammelband „Deutschland nach der Wende" befaßt sich mit der Frage, in welchem Ausmaß sich grundlegende sozio-ökonomische Strukturen und die politischen Verhältnisse in der Bundesrepublik als Antwort auf die Vereinigung, auf die nach 1990/91 neuen internationalen Rahmenbedingungen sowie auf die seit längerem beobachtbaren Umstrukturierungen des Weltwirtschaftssystems verändern werden. Trotz der verfassungsrechtlichen Kontinuität entstand durch den Beitritt der ehemaligen DDR zum Geltungsbereich des Grundgesetzes der Bundesrepublik am 3. Oktober 1990 nicht nur ein geographisch vergrößerter Staat. So manches Ereignis (z.B. der Brandanschlag von Solingen, oder die Forderung des BDI Präsidenten Hans-Olaf Henkel bzw. von Graf Lambsdorff, die Macht des Bundesrates zu beschneiden) und schleichende Veränderungen (z.B. Wandel der Rolle der Bundeswehr) deuten vielmehr darauf hin, daß ein neuer Staat im Entstehen begriffen ist. Doch worin unterscheidet sich das vereinigte Deutschland, die Berliner Republik, von der alten Bundesrepublik?

Die Beantwortung dieser Frage reibt sich an drei Problemen. Zum einen befördert die Art und Weise der Lösung des „Wiedervereinigungsproblems" in der Form des Beitritts eine rechtliche und politische Kontinuitätsvermutung: Für die neuen Bundesländer hat sich im Jahre 1989/90 offensichtlich fast alles, für die alten Bundesländer jedoch scheinbar nichts geändert. Zum anderen muß sich die neue Bundesrepublik erst noch herausbilden; und zwar in einem doppelten und interdependenten Anpassungsprozeß: nicht nur müssen Ost- und Westdeutschland zusammenwachsen, wodurch auch Westdeutschland ein neues Gesicht bekommt, sondern zwischen dem neuen internationalen Umfeld und den internen ökonomischen Strukturen und politischen Verhältnissen hat sich erst noch ein neues Gleichgewicht herauszustellen; die externen Herausforderungen müssen intern verarbeitet werden und das Ausland muß sich auf die neue Bundesrepublik, ihre gewandelten Ziele und neuen politischen Handlungsmuster einstellen. Zudem wird der Entstehungsprozeß der neuen Bundesrepublik durch langfristige weltweite politische, ökonomische, soziale, ökologische und kulturelle Veränderungen (Globalisierung der Märkte, Entwicklung der Dienstleistungs- und Informationsgesellschaft) wie auch durch kurzfristige ökonomische und politische Problemlagen beeinflußt. Somit sind die Konturen der neuen Bundesrepublik noch nicht klar erkennbar. Sie zu ermitteln, wird zu einer Aufgabe der Wissenschaft, auch und gerade der Politikwissenschaft, die ja den Wandel von Politikstrukturen zu erklären hat.

Doch der Gezeitenwechsel von 1989/90 hat die Politikwissenschaft vor beachtliche Probleme gestellt, die allerdings das Selbstverständnis der meisten deutschen Politologen nur kurzfristig zu erschüttern vermochten. Zum einen haben sich vor allem jene politischen Theorien, die sich mit den Ländern des früheren Ostblocks oder mit den internationalen Beziehungen des osteuropäischen Staatensystems befaßten, als defizitär erwiesen. Sie haben den Zusammenbruch des realen Sozialismus nicht nur nicht prognostiziert, was auch kaum möglich war; sie haben diese Möglichkeit erst gar nicht in Betracht gezogen. Zum anderen befindet sich seit dem Epocheneinschnitt die weltpolitische Lage insgesamt in einem dynamischen Veränderungsprozeß, so daß sich die politischen, ökonomischen und sozialen Strukturen des nachbipolaren Weltsystems noch nicht klar erkennen lassen. So ist auch strittig, in welcher Weise die einzelnen Staaten in das neue internationale System eingebunden seien werden. In Anbetracht dieser Situation bietet sich ein theoretisch-methodischer Untersuchungsansatz, mit dem sich wenigstens systematisch strukturierte grundlegende Fragen stellen lassen, auch wenn sie nur vorläufig beantwortbar sind, als Ausweg an.

Der Herausgeber des Bandes ließ sich von der Überlegung leiten, daß der Ende der siebziger Jahre entwickelte Modell-Deutschland-Ansatz einen geeigneten Theorierahmen bieten könnte, um den Wandel von der alten zur neuen Bundesrepublik angemessen zu erfassen. Damals ging es darum, die gesellschaftlichen und politischen Strukturen der Bundesrepublik zu erkennen, die für die ökonomisch erfolgreiche, sozial aber unbefriedigende Verarbeitung der sogenannten zweiten Weltwirtschaftsrezession dieses Jahrhunderts verantwortlich waren. Aktuell soll geprüft werden, ob die Grundpfeiler des Modells Deutschland auch in Zukunft tragen oder ob ein Umbau des Modells bevorsteht bzw. bereits begonnen hat. Der Band ist allerdings so konzipiert, daß die Leser mit der alten Debatte nicht vertraut sein müssen. Jeder Beitrag kann unabhängig von den anderen gelesen werden, und gibt einen Überblick über einen bestimmten, in sich abgeschlossenen Themenbereich der deutschen Wendeproblematik. Gleichzeitig ist jeder Beitrag als Ausschnitt eines Gemäldes zu begreifen, das ein zusammenhängendes Panorama der Probleme, die von der neuen Bundesrepublik zu bewältigen sind, abbildet. Darüber hinaus findet für die auch theoretisch interessierte Leserschaft, gleichsam als zweite narrative Linie des Bandes, eine Einführung und Auseinandersetzung mit dem Modell-Deutschland-Ansatz statt. Dessen Fruchtbarkeit soll erneut zur Diskussion gestellt werden.

Im Vergleich zu den meisten anderen westlichen Industriegesellschaften hatte sich die alte Bundesrepublik nach ihrer Gründung 1949 ökonomisch, sozial und politisch beachtlich erfolgreich entwickelt – so erfolgreich, daß sie im Wahlkampf 1976 von den regierenden Sozialdemokraten den eigenen Bürgern und in der Weltwirtschaftsrezession nach 1978 auch den europäischen Nachbarn als vorbildliches Modell anempfohlen wurde. Seitdem wird in Politik und Wissenschaft von dem Modell Deutschland gesprochen, worunter bei allen Differenzen im einzelnen ein Wirtschafts- und Gesellschaftssystem verstanden wird, das soziale und politische Integration im Innern ökonomisch erfolgreich mit hoher weltwirtschaftlicher und politischer Verflechtung verbindet.

Nach der Vereinigung 1990, dem Zusammenbruch des sowjetischen Herrschaftssystems, den politischen Konflikten über die Zukunft der westeuropäischen Integration im Zusammenhang mit dem Abschluß des Maastrichter Vertrages und der geplanten Einführung einer Währungsunion, den absehbar langfristigen Strukturproblemen der neuen Bundesländer sowie deren Rückwirkungen auf die alten Bundesländer, stellt sich allerdings die Frage, ob die neue Bundesrepublik an den Erfolgen der alten anschließen kann oder ob sich die politischen, ökonomischen und sozialen Bedingungen in der neuen Bundesrepublik so grundlegend geändert haben, daß ihre Leistungsfähigkeit nachhaltig geschwächt ist. Die Frage lautet demnach: Hat das alte Modell Deutschland auch in Zukunft noch Bestand?

Bei der Ende der siebziger, Anfang der achtziger Jahre ausgearbeiteten theoretischen Konzeption des Modells Deutschland, die auch als Konstanzer „Modell-Deutschland-Ansatz" bezeichnet werden könnte, da sie von Wissenschaftlern, die damals an der Universität Konstanz arbeiteten, formuliert wurde, handelt es sich nicht um eine ausgearbeitete Theorie im engeren Sinne des Wortes, sondern um einen theoretisch-konzeptionellen Rahmen mit einer beachtlichen Vielfalt von Versatzstücken. So vertreten auch die in diesem Band versammelten Autoren jeweils ihre eigene, spezifische Interpretation der Strukturen und Funktionsbedingungen der Gesellschaftsformation, die sie als Modell Deutschland bezeichnen. Dieser individuelle Eigensinn, der unübersehbar existiert, obwohl alle Autoren bis auf zwei (*Martin List, Wolfgang Reichardt*) auf einen gemeinsamen Arbeitszusammenhang in Konstanz zurückblicken können, stellt in den Sozialwissenschaften eher eine Stärke dar, weil sich auf diese Weise unterschiedliche Aspekte eines komplexen Zusammenhangs besser herausarbeiten lassen. Freilich muß ein gemeinsamer Bezugsrahmen vorhanden sein.

Grundlegend ist für den Modell-Deutschland-Ansatz ein Erkenntnisinteresse, das nach den Folgen politischen Handelns für das Wohlergehen des Einzelnen sowie für die Stabilität der Gesellschaft insgesamt fragt. Im Zentrum des Interesses steht also die Untersuchung der Folgewirkungen von Politik, seien diese intendiert oder nichtintendiert für die von der Politik betroffenen Menschen. Auch wenn dieses gegenüber den Leistungen der Politik kritische Erkenntnisinteresse nicht immer explizit artikuliert wird, so ist es als Hintergrundmotiv stets präsent, so auch in den Beiträgen zu diesem Sammelband. Dessen Autoren interessieren sich dafür, ob die Bürgerinnen und Bürger des vereinigten Deutschland und ob die Nachbarn Deutschlands mit anderen als den gewohnten Politikresultaten rechnen müssen. Diese generelle Fragestellung enthält zahlreiche Aspekte, wie z.B.:

– Erhöht oder vermindert sich die *Leistungsfähigkeit* des politischen Systems zur Lösung politischer Probleme? Wandelt sich die Fähigkeit zur politischen Integration (Konfliktbewältigung)? In welcher Weise werden im Vergleich zu den achtziger, siebziger oder sechziger Jahren die wirtschafts-, sozial- und umweltpolitischen Anforderungen erfüllt werden?
– Verschiebt sich das relative Gewicht der von der Politik berücksichtigten *Werte und Interessen* (Freiheit und Demokratie, wirtschaftliche Entwicklung, soziale Gerechtigkeit, innerer und äußerer Frieden, Konkurrenzfähigkeit, ökologische Stabilität)?
– In welchem Umfang verbleiben der Bundesrepublik angesichts der zunehmenden Globalisierung, Liberalisierung und Einbindung in internationale Regime und Regelungssysteme noch *politische Handlungsspielräume*?

– Verändern sich die grundlegenden politischen *Handlungsmuster* der alten Bundesrepublik? Die Behandlung dieser Frage schließt ein, daß Handlungsmuster von Institutionen, Interessen und Situationsdeutungen geprägt werden, daß also auch die Kontinuität bzw. Diskontinuität von Institutionen, Interessen, Situationsdeutungen und Herrschaftskonzepten zu untersuchen ist.

Es soll nicht bestritten werden, daß sich diese Fragen im Rahmen unterschiedlicher Theorieansätze behandeln lassen. Jedoch behaupten die Vertreter des Modell-Deutschland-Ansatzes, daß der von ihnen konzipierte theoretische Rahmen für diesen Zweck besonders gut geeignet ist. Nur ist leider diese Überzeugung nicht so ohne weiteres nachvollziehbar oder gar nachprüfbar; es existiert keine Arbeit, in der die theoretischen Annahmen des Modell-Deutschland-Ansatzes systematisch dargestellt werden. Diese Lücke kann und will auch der vorliegende Band nicht schließen, da es ihm um die Anwendung des Ansatzes und nicht um seine theoretische Explikation geht. Um die LeserInnen dennoch mit dem theoretischen Hintergrund wenigstens etwas vertraut zu machen, werden im abschließenden Kapitel des Bandes die Genese des Modell-Deutschland-Ansatzes, seine theoretische Ausdifferenzierung sowie einige Schwachstellen und Entwicklungsperspektiven dargestellt. Eine theoretische Begründung kann auch dieses Kapitel nicht bieten, da sie wesentlich ausführlicher erfolgen müßte und den Rahmen des Bandes gesprengt hätte.

An dieser Stelle soll nur auf einige wenige, den Ansatz auszeichnende Theoreme hingewiesen werden. Die Ausführungen sollten ausreichen, um die nachfolgenden Beiträge ansatzweise theoretisch einordnen zu können:

1. Den Untersuchungsgegenstand des Modell-Deutschland-Ansatzes bilden *Gesellschaftsformationen* und deren Reproduktion. In den territorial abgegrenzten Gesellschaftsformationen existieren relativ autonome politische Herrschafts- sowie mit ihnen eng verflochtene Gesellschaftssysteme. Eine Gesellschaftsformation besteht aus vier Strukturelementen, die in einer bestimmten historischen Epoche eine kontingente Korrespondenz (Kohärenz) aufweisen, und zwar (a) der Konfiguration des Arbeitsprozesses, (b) dem Akkumulationsregime, (c) den sozialen Formen ökonomischer Regulation und (d) der Form der Vergesellschaftung (vgl. *Jessop* 1994).

2. Aus politikwissenschaftlicher Perspektive analysiert, interessiert vor allem der Beitrag des politischen Herrschaftssystems zur Reproduktion der Gesellschaftsformation.

3. In modernen marktwirtschaftlich geprägten Gesellschaftsformationen besteht einerseits eine rechtliche und soziale Trennung zwischen dem Staat – dem Herrschaftssystem – und der Gesellschaft (Wirtschaft, Kultur, soziale Beziehungen), wodurch andererseits eine je spezifische Integration der getrennten Teilstrukturen mit anderen entsprechenden Teilsystemen möglich wird. Daher besitzt jede Gesellschaft einen ihr spezifischen *Integrationsmodus* in das Weltwirtschaftssystem, in das internationale politische System,. in das internationale Wissenschaftssystem oder in das regionale Sicherheitssystem. Je nach der Struktur des Integrationsmodus wird eine Gesellschaftsformation stärker von ihrer Umwelt beeinflußt oder kann ihrerseits auf die

Umwelt Einfluß nehmen. Da das globale System hierarchisch strukturiert ist, steht jede Gesellschaftsformation prinzipiell unter Anpassungsdruck.

4. Jede Gesellschaftsformation weist eine ihr spezifische *Kernstruktur* auf. Sie besteht aus dem Integrationsmodus, den Politikstrukturen, die das Herrschaftssystem bilden sowie den dominanten Formen der vier Strukturelemente einer Gesellschaftsformation (s. unter (1)). Die Kernstruktur einer Gesellschaftsformation wird auch als ihr Gesellschaftsmodell bezeichnet (Modell Deutschland = Kernstruktur der deutschen Gesellschaftsformation). Die empirische Ermittlung der Kernstruktur erfolgt mit dem Ziel, ihre Reproduktionsmechanismen und Funktionsbedingungen zu erklären. Im Zentrum steht die Analyse von Politikstrukturen und ihren Funktionsbedingungen, um erstens ihre Stabilität zu ergründen, zweitens ihre Steuerungsleistung für andere Teilstrukturen der Gesellschaftsformation herauszufinden und um drittens intendierte und nichtintendierte Konsequenzen ihrer Funktionsweise erkennen zu können.

5. Die Funktionsweise von Politikstrukturen läßt sich besonders gut am Beispiel von Situationen untersuchen, in denen sie *politische Herausforderungen* bewältigen müssen. Politische Herausforderungen entstehen durch die Politisierung von Ungleichgewichten, von gesellschaftlichen Wandlungsprozessen, die entweder extern verursacht sind und somit von außen den Integrationsmodus destabilisieren (sei es im Bereich der Wohlfahrt, der Sicherheit oder der Herrschaft) oder intern verursacht sind und dann ihrerseits den Integrationsmodus aus dem Gleichgewicht bringen können (aber nicht müssen). Die politische Bewältigung von politischen Herausforderungen erfolgt im allgemeinen nicht in bürokratisierter Form, sondern ist eingebettet in politische Diskurse, in denen alternative *Handlungsmöglichkeiten* zur Debatte stehen. Im Entscheidungsverhalten in Grenzsituationen zeigt sich, ob die etablierten Politikstrukturen noch funktionieren oder nicht und durch neue ersetzt werden. Politikstrukturen sind genauso wie politische Institutionen als Ergebnisse unterschiedlich kodifizierter politischer Diskurse zu begreifen.

6. Die Art und Weise, wie politische Herausforderungen und politische Krisen gemeistert werden, hat nicht nur direkte Auswirkungen auf das zu bewältigende Problem und die politischen Strukturen, die zu seiner Bewältigung mobilisiert wurden, sondern auch indirekte, in der Regel nicht intendierte und vorhergesehene Folgen. Die sozialen, ökologischen und politischen Konsequenzen politischen Handelns bilden Tatsachen zur Beurteilung der Leistungsfähigkeit von Politik; sie stellen darüber hinaus potentielle neue Herausforderungen für die politischen Strukturen dar. Deren Politisierung oder Nichtpolitisierung ermöglicht Aussagen über dominante Interessen und die Funktionsbedingungen der politischen Kernstruktur, und schließlich erlaubt ihre Analyse die wohlbegründete politische Intervention der Politikwissenschaft selbst.

Für die Fragestellung des vorliegenden Sammelbandes und die Art ihrer Behandlung sind die Aspekte (3) und (4) des theoretisch-methodischen Hintergrundverständnisses des Modell-Deutschland-Ansatzes ausschlaggebend gewesen. Der Band setzt ein mit der Darstellung und Analyse von drei ganz unterschiedlichen

Herausforderungen für die Kernstruktur des Modells Deutschland, die zwar auch, aber nicht alleine von den Politikstrukturen und den in ihnen handelnden politischen Akteuren zu bewältigen sind. *Gilbert Ziebura* befaßt sich mit der durch den Zusammenbruch des Ost-West-Systems, durch zunehmende Globalisierung der Wirtschaft und durch die verstärkten Integrationsbemühungen im Rahmen der Europäischen Union veränderten Rolle der neuen Bundesrepublik im internationalen System. Er diagnostiziert einen Prozeß der „Entgrenzung", der die alten Strukturen des Modells Deutschland – die Kohärenz des industriellen Produktionssystems, den sozialen Konsens, die Formen politischer Integration – nicht nur in Frage stellt, sondern in der Substanz verändern würde. *Roland Czada* zeigt auf, welche Veränderungsimpulse vom Prozeß der Wiedervereinigung auf die Politikstrukturen des Modells Deutschland ausgehen. Da in den neuen Ländern die Regelungsstrukturen des westdeutschen Modells nicht oder nur teilweise greifen, entstehen Rückwirkungen auf die Politikstrukturen Westdeutschlands. So müsse davon ausgegangen werden, daß die Homogenität der alten Regulierungsstrukturen verloren gehe und aufgrund der Finanzprobleme der öffentlichen Hände auch nicht zurückgewonnen werden könne. Allerdings zieht *Czada* daraus nicht den Schluß vom unvermeidlichen Ende des alten Modells. Die alten Strukturen seien vermutlich doch in der Lage, sich in geänderter Form den Bedingungen des vereinigten Landes anzupassen. Da ist *Gerd Junne* in seinem Beitrag deutlich pessimistischer. Er sieht in der Krise der Industrie- und in der Entwicklung zur Dienstleistungsgesellschaft eine vom Modell Deutschland nicht zu bewältigende Herausforderung, weil es in seinem Kern industriell geprägt sei. Die Ultrastabilität seiner Kernstruktur, die sich in allen Wirtschafts- und Politikkrisen dieses Jahrhundert gezeigt und bewährt habe, könne dieser Herausforderung nicht mehr standhalten.

In welcher Weise diese drei großen Herausforderungen für das Modell Deutschland von ihm verarbeitet werden, entscheidet sich in innergesellschaftlichen und innenpolitischen Willensbildungs- und Entscheidungsprozessen, die wiederum von relativ stabilen politischen, ökonomischen, sozialen und ideologisch-kulturellen (Situationsdeutungen, Wertmuster) Strukturen geprägt werden. Für die alte Bundesrepublik, das Modell Deutschland, sind in diesem Zusammenhang vor allem zwei politische Strukturen hervorzuheben: Das System der Volksparteien sowie das stabilitätsorientierte Verhandlungssystem der Sozialpartnerschaft. Daher werden im dritten Kapitel diese beiden konsensbildenden Politikstrukturen unter der Fragestellung behandelt, ob die neuen Konstellationen im internationalen System (u.a. Transformation Osteuropas, Globalisierung, Intergrationsprozesse in Westeuropa, die Transformationskrise der neuen Bundesländer sowie der industrielle Wandel), zu einer Veränderung dieser Strukturen führen könnten. Würde sich nämlich herausstellen, daß diese Grundpfeiler des politischen Systems der Bundesrepublik nicht mehr voll tragfähig sind, ließe sich ein grundlegender Strukturwandel, wie er beispielsweise in England durch den Thatcherismus bereits stattgefunden hat, nicht ausschließen. Ein Umbau der Strukturen politischer Konsensbildung hätte freilich nicht nur innenpolitische Auswirkungen, dort vor allem für die Wirtschafts- und Gesellschaftspolitik, sondern auch außenpolitische Folgen, da sich eine Phase innenpolitischer Instabilität auch auf den Integrationsmodus auswirken müßte.

Die beiden Autoren gelangen in ihren Analyse zu deutlich unterschiedlichen Schlußfolgerungen. Das Parteiensystem, das *Josef Schmid* konzentriert auf die CDU als der das Modell Deutschland seit 1949 dominant prägenden Partei untersucht, ist bislang bemerkenswert stabil. Zwar konstatiert *Schmid* Risse und Probleme auch in der CDU, aber bislang haben die ökonomischen Krisen nicht zu analogen politischen Krisen im Parteiensystem durchgeschlagen. Zumindest noch trägt das System der Volksparteien, dieser zentrale politische Pfeiler des Modells Deutschland. Die Zukunft der Stabilität der Sozialpartnerschaft, des zweiten großen Stützpfeilers, wird von *Josef Esser* wesentlich skeptischer eingeschätzt. Trotz der brisanten Herausforderungen funktioniere der soziale Konsens zwar noch, aber er sei dramatischen Erosionsprozessen mit ungewissem Ausgang ausgesetzt.

Während im dritten Kapitel des Bandes danach gefragt wird, inwieweit sich alte politische Strukturen an neue Bedingungen anzupassen in der Lage sind, werden im vierten Kapitel die Auswirkungen des Wandels einer bestimmten politischen Struktur (der politischen Souveränität) auf die Außen- wie auch auf die Innenpolitik der Bundesrepublik untersucht. Dabei ist von einer widersprüchlichen Entwicklung auszugehen: einerseits hat die neue Bundesrepublik 1990 ihre volle Souveränität international anerkannt bekommen, andererseits wird ihre Souveränität durch die Einbindung in inter- und supranationale Politikstrukturen sowie in das System der Weltwirtschaft faktisch zunehmend eingeschränkt. Diese Problematik wird in drei Beiträgen, die sich vor allem auf das europäische Umfeld, auf den Integrationsmodus der Berliner Republik in das regionale Subsystem beziehen, untersucht. Die sicherheitspolitische Rolle des vereinigten und souveränen Deutschland (*Martin List*) sowie die Einbindung in die Europäische Gemeinschaft stehen im Zentrum (*Christian Deubner, Wolfgang Reichardt*).

Die von der Bundesrepublik nach dem Untergang des Dritten Reiches erstmals gewonnene Souveränität wirkt sich unter der veränderten weltpolitischen Konstellation vor allem auf den Bereich der Sicherheitspolitik aus. Bereits kurz nach dem Beitritt der ehemaligen DDR und der mit ihm einhergehenden Gründung der neuen Bundesrepublik sah sich diese gezwungen, ihre außen- und sicherheitspolitische Rolle an veränderte internationale und innenpolitische Verhältnisse anzupassen. Obgleich zwar ein neuer sicherheitspolitischer Status der Bundesrepublik in Europa erkennbar ist und damit neue Anforderungen an die deutsche Sicherheitspolitik, die ihrerseits zu einer neuen Definition der Aufgaben der Bundeswehr geführt haben, gestellt werden, gelangt die Analyse von *Martin List* doch zu dem Ergebnis, daß ein grundlegender Strukturwandel des Modells Deutschland in diesem Handlungsfeld unwahrscheinlich sei. Deutschland bleibe trotz mancher Befürchtungen und gegenläufiger Bestrebungen eine interdependente Zivilmacht.

Dem offenkundigen Zugewinn an außen- und sicherheitspolitischer „Verantwortung" im Sinne von politisch wählbaren Handlungsoptionen steht infolge der Verwirklichung der europäischen Wirtschafts- und Währungsunion ein möglicher Verlust, zumindest aber ein Wandel von Handlungsoptionen gegenüber. Bei deren Untersuchung ist zu berücksichtigen, daß sich durch die Entstehung der neuen Bundesrepublik das westeuropäische Interessen- und Machtgefüge verändert hat. Vor allem Frankreich, der wichtigste europäische Partnerstaat der Bun-

desrepublik, muß sich auf den neuen Partner, der machtpolitisch und ökonomisch an Einfluß gewonnen hat, neu einstellen. Wie *Christian Deubner* zeigt, hat
die deutsche Vereinigung die Prozesse der westeuropäischen Integration eher
unterstützt als gebremst. Das strukturelle Handelsungleichgewicht mit Frankreich wurde abgebaut; der deutsche Leistungsbilanzüberschuß gegenüber den
westeuropäischen Partnern langfristig vermindert. Und gerade wegen der Turbulenzen im EWS und der nach wie vor dominanten Rolle der deutschen Währung
haben die Motive für die zügige Verwirklichung der Wirtschafts- und Währungsunion eher noch zugenommen. Mit deren Gründung würden sich die ökonomischen und politischen Spielregeln des deutschen Modells allerdings erheblich verändern.

So wurden bereits Mitte der neunziger Jahre die Politikstrukturen der Bundesrepublik von dem sich verflechtenden europäischen Wirtschaftsraum und den
nach Brüssel verlagerten politisch-rechtlichen Kompetenzen zunehmend geprägt.
Von der faktischen Reduktion der Souveränität, durch den freiwilligen Verzicht
auf ihre ungeteilte Ausübung, geht ein beachtlicher Anpassungsdruck auf die
alte Bundesrepublik aus. Diese verändert sich schneller, als es die meisten Beobachter 1990 erwartet hatten. Durch die Vereinigung und den Wandel der internationalen Konstellation von 1989/90 ist jedoch nach *Wolfgang Reichardt* der
bis dahin beobachtbare Prozeß der zunehmenden Europäisierung deutscher Politikstrukturen durch Kompetenzverlagerungen nach Brüssel bei gleichzeitiger
Absicherung des Modells Deutschland durch seine Europäisierung ins Stocken
geraten. Nach dem Kontinuitätsbruch stünden sich einerseits die Renaissance
staatlicher Politik in Verbindung mit Formen intergouvernementaler Kooperation und andererseits die Renaissance von Kerneuropa- und Abstufungsmodellen
der Integration gegenüber. Welche Alternative sich durchsetzen werde, sei solange nicht absehbar, wie die europapolitischen Interessen der neuen Bundesrepublik nicht klar definiert worden seien.

Der Wandel der alten Politikstrukturen der BRD erfolgt vor allem inkremen-
tell, d.h. in kleinen, kaum wahrnehmbaren Schritten, und pragmatisch, wenn es
die politische Situation eben erfordert. Für diesen Politikstil steht die seit 1982
regierende konservativ-liberale Regierung. So hat sich selbst im Jahre 1989/90
für die Bürger und Bürgerinnen Westdeutschlands kein spürbarer Bruch mit den
gewohnten politischen Verhältnissen ereignet. Doch der Schein der Kontinuität
trügt, denn unter der Oberfläche brodelt es mächtig. Die zunehmenden Spannungen lassen sich an den politisch-ideologischen Debatten über die Zukunft der
Bundesrepublik, über ihre ökonomischen und sozialen Probleme und über ihre
zukünftige Rolle in der Weltpolitik ablesen. Daher bezieht sich das fünfte Kapitel des Bandes auf die politischen Diskurse über die Zukunft des Modells
Deutschland. Dabei wechselt zugleich die Darstellungsform. In den Kapiteln 2
bis 4 werden reale Entwicklungen und Entwicklungsmöglichkeiten untersucht.
Wohingegen im fünften Kapitel Konzeptionen rekonstruiert werden, die zukünf-
tiges politisches Handeln bestimmen könnten, je nach dem in welchem Ausmaß
sie politisch handlungsmächtig werden sollten. Die zukünftige Entwicklung des
Modells Deutschland hängt nicht allein von den Strukturen der Vergangenheit
und den aktuellen Problemlagen ab, sondern auch von politischen Auseinandersetzungen, die sowohl auf der strategisch-konzeptionellen, als auch auf der ideo-

logischen Ebene ausgetragen werden. Die politisch-konzeptionellen Diskussionen sind wesentlicher Bestandteil der politischen Realität. Gerade in Zeiten des Umbruchs erlangen sie große Bedeutung, da sich in ihnen die Spannbreite möglicher Entwicklungen andeutet.

Ausgewählt wurden drei Diskurse, die jeweils auf spezifische Weise im Zusammenhang mit dem Umbau interner ökonomischer, politischer und ideologischer Strukturen des alten Modells Deutschland dessen Integrationsmodus in das internationale System verändern wollen. Die Plausibilität der für den Modell-Deutschland-Ansatz grundlegenden theoretischen Überlegung, daß zwischen dem Integrationsmodus, der Kernstruktur einer Gesellschaftsformation und den dominanten politisch-strategischen Konzepten ein enger Zusammenhang besteht, zeigt sich bei der Analyse sowohl des neo-nationalistischen wie auch des neo-merkantilistischen und des neo-liberalen Diskurses. In der von *Stephan Bröchler* untersuchten neo-nationalistischen Debatte wird die Lösung der deutschen Probleme in einer ökologischen Gegenmodernisierung in Verbindung mit einer Rückgewinnung nationalstaatlicher Steuerungsfähigkeit und der Übernahme von einer mit der deutschen Mittellage angeblich korrespondierenden Großmachtrolle in Europa gesehen.

Auch in dem von *Klaus Erdmenger* behandelten neo-merkantilistischen Diskurs wird, allerdings sehr viel stärker an den ökonomischen und politischen Realitäten orientiert, auf die nationalstaatliche Interventions- und Gestaltungskraft vertraut. Bei zunehmender Weltmarktkonkurrenz soll eine Orientierung am Modell Japan einen gangbaren Lösungsansatz zur Bewältigung der Wettbewerbskrise und der deutschen Standortschwäche weisen. Durch die politische Stärkung des Staates gegenüber sozialen Interessen sowie durch die Verschlankung des Staates bei gleichzeitiger Mobilisierung der Privatinitiative könnte die Konkurrenzfähigkeit der Nation gegenüber den Mitkonkurrenten – den anderen Nationen – nachhaltig gestärkt werden. Die Realisierung dieses Lösungsansatzes zur Überwindung der Erosion des alten Modells Deutschland würde dieses freilich grundlegend verändern, da sowohl die sozialstaatlichen Politikstrukturen weitgehend geschleift würden, als auch der liberale Intergrationsmodus einem stärker interventionistischen weichen müßte. Innerhalb der EWU ließe sich das neo-merkantilistische Projekt wohl kaum noch auf der nationalstaatlichen Ebene mit Aussicht auf Erfolg organisieren. Die merkantilistische Regulation und Intervention müßte auf der europäischen Ebene stattfinden.

In dem letzten Beitrag zu den das Modell Deutschland in Frage stellenden Diskursen befaßt sich *Wolfgang Fach* mit der neo-liberalen Variante der Krisenbewältigung. Dabei geht es ihm darum, die inneren Widersprüche und politischen Konsequenzen des neo-liberalen Zukunftsprojektes, das auch in Deutschland auf eine steigende Anhängerschaft verweisen kann, vorzuführen. Für ihn steht einerseits fest, daß die von diesem Projekt als Therapie intendierte Reduktion der Staatsaufgaben bei gleichzeitiger Ökonomisierung von Recht, Elend und Moral, das Modell Deutschland der Marktlogik opfern würde, andererseits aber auch daß „gesellschaftliche Trägheitsmomente und Widerstandsbastionen den glatten Durchmarsch des Neuen verhindern". Ob diese Bastionen tatsächlich gegen die Flut halten, ist angesichts der unbewältigten Herausforderungen nur eine Hoffnung. Anderenfalls müßten wir uns auf den neo-liberalen Integrationsmodus einstellen, der nicht zuließe, daß einfache Arbeit in Deutschland „höher als auf dem indischen Subkontinent" entlohnt würde (*Giersch* 1994, 158).

Literatur

Giersch, Herbert 1994: Die Industrie und das Beschäftigungssystem im weltweiten Struktur-
    wandel, in: Arbeit der Zukunft – Zukunft der Arbeit, Stuttgart, 151 ff.
Jessop, Bob 1994: Post-Fordism and the State, in: Ash Amin (Hg.): Post-Fordism. A Reader,
    Oxford: Blackwell, 251-279.

2 Neue Herausforderungen für das Modell Deutschland

Gilbert Ziebura

2.1 Entgrenzung – Wandel der externen Konstitutionsbedingungen

2.1.1 Fragestellung

Wenn es zutrifft, daß die Bundesrepublik ein „Kind des Kalten Krieges" gewesen ist, müßte sie, logischerweise, nach dessen Ende ihre Natur radikal verändern. Worin diese Veränderung besteht, ist im Grundsatz klar: der Wandel vom Objekt zum Subjekt der Geschichte. Schaut man genauer hin, verschwimmt diese Klarheit. Liegt es daran, daß der Übergang von der Objekt- zur Subjektrolle, von der beschränkten zur wiedergewonnenen (und doch nur scheinbaren, formalen) Souveränität, fließender ist, als es auf den ersten Blick erscheint? Die weit verbreitete Rede von der „Rückkehr zur Normalität des deutschen Nationalstaats" – einschließlich seiner traditionellen geostrategischen „Mittellage" in Europa – jedenfalls zeigt, daß man Orientierung eher im Rückgriff auf die Vergangenheit als im Versuch sucht, das komplexe Verhältnis von Kontinuität und Bruch aufzuschlüsseln, um auf diese Weise Zugang zu den neuen Realitäten zu finden. Der Begriff „Normalität" führt in die Irre, weil er die daraus abgeleiteten Kriterien und Maßstäbe in einer Zeit welthistorischer Umbrüche, deren Sinn weitgehend verborgen bleibt (*Laidi* 1994), nicht liefern kann. Das Alte vergeht, aber das Neue ist (noch) nicht erkennbar. Das gilt auch, mehr als uns lieb ist, für das Modell Deutschland.

Vom Objekt zum Subjekt?

Diese Ungewißheit ergibt sich aus den Strukturmerkmalen des Modells selbst, wie sie Georg Simonis herausgearbeitet hat (s. o. Kapitel 1). Auf den Punkt gebracht bestand das entscheidende, existentielle Kennzeichen in der fast optimalen Kongruenz von externen und internen Bestimmungsfaktoren. Der Pax Americana waren nicht nur stabile sicherheitspolitische Rahmenbedingungen zu verdanken, sondern auch der Weg zum fordistischen Wachstumsmodell und dessen Integration in die Arbeitsteilung der kapitalistischen Weltökonomie, vornehmlich im atlantisch-westeuropäischen Raum. Dieser Tatbestand erwies sich als um so glücklicher, da er die volle Entfaltung historisch gewachsener ökonomischer Strukturen (v.a. das industrielle Spezialisierungsprofil) erlaubte, die durch die Organisation gesellschaftlicher Machtverhältnisse (v.a. die Beziehung Kapital-Arbeit als Kern der Sozialen Marktwirtschaft) sowie das politische System wirkungsvoll unterstützt wurden.

Kongruenz externer und interner Bestimmungsfaktoren

Westorientierung war somit nicht nur ein außenpolitisches Prinzip, sondern –
man sollte es nicht vergessen! – integraler Bestandteil der westdeutschen Staatsräson. Eingliederung in den Westen, „Zivilmacht", „Handelsstaat" (bis zur Welt-
marktdominanz im strategischen Bereich der Investitionsgüter), Sozialstaat, kor-
porativistische Konfliktlösung gingen eine Synthese ein, die sich, dank ihres Er-
folges und ihrer Anpassungsfähigkeit in Zeiten der Krise, auf einen breiten innenpolitischen Konsens stützen konnte. Sogar die Spaltung beförderte diese
Entwicklung, da sie die Konzentration der Kräfte auf den reichen, hochentwik-
kelten, vom Marshall-Plan profitierenden Westteil des Landes begünstigte. Eine
plausible, mehrheitsfähige Alternative existierte daher zu keinem Zeitpunkt. Im
Ergebnis war das Modell Deutschland sowohl Produkt wie Produzent von Interdependenz, aber auch Herrschaftsstrukturen, die die eigene Stabilität wie diejenige seiner atlantisch-westeuropäischen Umwelt garantierten. Durch die Fähigkeit zur Externalisierung interner Anpassungskosten (mit Hilfe hoher Exportüberschüsse) wurde die Effizienz des Modells noch unterstrichen, das, vornehmlich in Frankreich (z.B. *Cotta* 1978; *Keizer* 1979; *Ziebura* 1997), trotz seiner
objektiven ökonomischen und monetären Dominanzposition zum Vorbild avancierte.

Das Ende des Kalten Krieges, dem dieses Modell seine Dynamik verdankte,
hätte dazu führen müssen, sofort und nachdrücklich die Frage nach seinen
Überlebenschancen zu stellen. Fast über Nacht hatten sich seine wichtigsten Parameter verändert. Das geschah aber kaum in Ansätzen[1]. Der Grund liegt auf der
Hand. Wie oft in Zeiten historischer Umbrüche klammert man sich ans Herge-
brachte, sucht nach Fortsetzung jener Kontinuität, von der man glaubt, nur ihr
Wohlstand, Sicherheit und funktionierende Institutionen zu verdanken. Das galt
für die Vereinigungs- ebenso wie für die Außenpolitik, die allerdings 1990
(„2+4-Verhandlungen") von der Konfusion der Alliierten zu profitieren verstand.

Reformbedarf   Unter dem Druck der Ereignisse war es bald unmöglich, die Neuartigkeit der
Herausforderungen zu übersehen. Im In- und Ausland wurde die Frage gestellt,
wie das Modell Deutschland seit Anfang der 90er Jahre auf die zunehmende
Destabilisierung des politischen und ökonomisch-monetären Weltsystems wie
auf die notwendige Schaffung einer gesamteuropäischen Ordnung und vor allem
auf die Bewältigung der Einheit reagieren würde. Kann es weitermachen wie
bisher? Wenn nicht, wo liegen die Probleme? Ist es genügend anpassungs-, also
reformfähig, um mit ihnen fertig zu werden? Kurt Biedenkopf rührte sogar an
die heiligsten Tabus der Nation, als er erklärte, daß die Vereinigung nur vollendet würde, wenn es zu Reformen in *ganz* Deutschland käme.

> „Beide Teile Deutschlands müssen sich ändern, damit ein neues, zukunftsfähiges Ge-
> meinwesen entstehen kann." Vom „neuen Denken", von der „Überwindung machtvoller
> Besitzstände", von der Reform der sozialen Sicherungssysteme, der Parteiendemokratie
> ist die Rede. Kurz: Die „alte Selbstgewißheit ist dahin." Mehr noch: Die Öffnung des eu-
> ropäischen Ostens bedeute eine „Entgrenzung unseres Wachstumsmodells", was nichts
> anderes heißen würde als eine „Begrenzung seiner Anwendung". Seine relative Stabilität
> drohe nun in Stagnation umzuschlagen. (FAZ, 25.6.1994)

---

1   Ein früher Versuch ist *Bonder/Röttger/Ziebura* 1992. Die folgende Analyse führt die dort
     enthaltenen Gedankengänge fort.

Mit anderen Worten: Kann das tradierte Modell Deutschland seine, wie zu zeigen sein wird, in vielfachen Formen stattfindende Entgrenzung als Herausforderung der neuen Weltära verkraften oder reagiert es defensiv, indem es sich auf sich selbst zurückzieht?

Entgrenzung als Herausforderung

Verständlicherweise fallen die Antworten widersprüchlich und konfus aus. Eine Gruppe vertritt das, was man einen „eingeschränkten Optimismus" nennen kann (z.B.*Goodhart* 1994; *Lallement* 1994). Hier überwiegt, allerdings in Relativierung der externen Rahmenbedingungen, die Meinung, daß das Modell, das nicht unbeschädigt aus den Umbrüchen hervorgegangen sei, doch über genügend Reserven zur Selbsterneuerung verfüge, daß es widerstandsfähiger und flexibler sei, als seine Kritiker glaubten. Noch immer sei die Soziale Marktwirtschaft dem amerikanischen oder britischen Wachstumsmodell überlegen. *Lallement* faßt sein Urteil ziemlich ratlos zusammen:

> „Vielleicht sind es im übrigen gerade die so oft angeprangerten Rigiditäten, die dazu führen, das System zu erhalten. Aber ein starres ‚Modell Deutschland' existiert ohnehin nicht, und das Deutschland von morgen muß noch weitgehend erfunden werden." (*Lallement* 1994, 24)

Andere sind skeptischer (z.B. *Dornbusch* 1994; *Carroué/Odent* 1994; *Esser* 1994). Sie finden zwar, daß Kernbestände des Modells noch funktionieren (etwa der selektive Korporatismus), daß es aber, v.a. wegen steigender Kosten der sozialen Kohäsion, durch eine „dramatische Erosion" (*Esser*) gekennzeichnet ist. Hinzu kommt, als Folge der neoliberalen Wirtschaftspolitik, die gegenüber dem Kapital geschwächte Arbeit, also ein Ungleichgewicht der sozialen Beziehungen, das das Modell Deutschland zu verhindern suchte. Dieses Problem betrifft freilich alle Industrieländer (vgl. *Boyer* 1986) und stellt insoweit eine Art Entgrenzung der Binnendimension der nationalen Wachstumsmodelle dar. Bahnt sich hier, in unterschiedlicher Intensität, eine Konvergenz, ein Trend zur Vereinheitlichung an und welches sind die Rückwirkungen auf das Modell Deutschland?

Unabhängig von dieser Problematik beginnt endlich eine grundsätzliche Auseinandersetzung über die künftige Gestalt der deutschen Außenpolitik[2]. Die Frage lautet, wie die Deutschen die durch die Vereinigung „gewachsene weltpolitische Verantwortung" umsetzen sollen und damit gezwungen sind, von der „Machtvergessenheit" (*Schwarz* 1985) aus der Zeit des Kalten Krieges Abschied zu nehmen. Nicht zufällig erhalten die am geopolitischen Denken orientierten „Realisten" Oberwasser. Sie plädieren für eine stärkere Berücksichtigung des „nationalen Interesses" und liebäugeln im Endeffekt, verschämt oder offen, indirekt oder direkt, mit einer Führungsrolle Deutschlands im neuen Europa, als Garant für Stabilität und Entwicklung. Gewichtige Stimmen im Ausland unterstützen sie.

Auseinandersetzung über die Außenpolitik

> „Das Modell Deutschland kann es sich nicht länger leisten, lediglich ein Wirtschaftsmodell zu sein. Aus gutem (und manchmal schlechtem) Grund werden deutsches Recht und

---

2   Vgl. aus der anschwellenden Anzahl der Veröffentlichungen u.a. *Kaiser/Maull* 1994; *Hacke* 1994; *Bredow/Jäger* 1993; *Schwarz* 1994; die einschlägigen Beiträge in: Internationale Politik, April 1995 („Vor einer neuen deutschen Außenpolitik"); Merkur, September/Oktober 1994.

deutsche Gebräuche – wie vor 100 Jahren – Standards setzen, denen die Staaten im Übergang zu Demokratie und Marktwirtschaft folgen werden" (*Wallace* 1995, 28).

Umstrittene Perspek-
tiven des Modell
Deutschland

Andere sehen voraus, daß die Zukunft irgendwo zwischen einer „Germanisierung Europas" und einer „Europäisierung Deutschlands" liegt (*Duke* 1994). Selbst diejenigen, für die der inzwischen erreichte hohe Verflechtungsgrad der Bundesrepublik entscheidend ist, die also für die Fortdauer von „Handelsstaat", „Zivilmacht" und multilateraler Einbindung eintreten, sind sich bewußt, daß das damit verbundene niedrige außenpolitische Profil („Genscherismus") kaum aufrecht erhalten werden kann. Wer angesichts zunehmender Transnationalisierungsprozesse vom Tatbestand einer „Ökonomisierung der Außenpolitik" ausgeht, kommt zu dem Schluß:

> „Die machtpolitische Position Deutschlands in Westeuropa ist jedenfalls nicht stärker geworden; und von einem gesellschaftspolitischen ,Modell Deutschland' ist schon lange nicht mehr die Rede" (*Bühl* in: *Kaiser/Maull* 1994,179).

Folglich könnte es kaum durch seine Europäisierung überleben. So schwanken die Einschätzungen von einem Extrem zum anderen.

Es verwundert nicht, wenn diese Positionen beliebig, abgehoben, konstruiert, anachronistisch, bisweilen gespenstisch erscheinen. Wissenschaftstheoretisch regressiv gehen sie in doppelter Hinsicht an der Realität vorbei. Zum einen wird das zentrale *Wesensmerkmal des Modell Deutschland*, die Kongruenz externer und interner Bestimmungsfaktoren, nicht reflektiert. Alle gehen von der Fortschreibung tradierter innergesellschaftlicher und innerstaatlicher Strukturen aus. Wie ist die wachsende, unerläßliche und irreversible Interdependenz (global, regional) vereinbar mit der für notwendig erachteten stärkeren Berücksichtigung „nationaler Interessen", was eine zumindest teilweise Renationalisierung der Außenpolitik bedeutet? Die vor noch nicht allzu langer Zeit als selbstverständlich geltende Auffassung, die Innen- und Außenseite einer nationalen Gesellschaftsformation als Einheit zu begreifen (*Ziebura* 1990), scheint plötzlich vergessen. Außenpolitik wird wie ein „Politikfeld" unter anderen betrachtet.

Folgen der
Globalisierung

Noch gravierender ist der zweite Grund. Er betrifft die Veränderungen des Weltsystems, wie sie, teils autonom, teils miteinander verbunden, sowohl auf der Ebene der Weltökonomie wie derjenigen der Weltpolitik stattfinden. Die sich beschleunigende, inzwischen gut untersuchte Globalisierung und/oder Regionalisierung ökonomischer Reproduktion, die der kapitalistischen Entwicklung eine neue Qualität verleiht (vgl. u.a. *Krugman/Venables* 1994; *Narr/Schubert* 1994; *Chesnais* 1994), stellt nicht nur die Frage nach der neuen, die sozialen Ungleichheiten verschärfende internationale Arbeitsteilung, sondern zugleich nach den Handlungsmargen des Nationalstaats als internationalem Akteur (vgl.u.a. *Held* 1991; *Knieper* 1991; *Guéhénno* 1993; *Holloway* 1993; *Hartwich* 1993; *Altvater* 1994; *Hirsch* 1993). Er steht am Schnittpunkt widersprüchlicher Interessen, indem er einerseits die eigene Gesellschaft für die sich verschärfende internationale Konkurrenz fit machen („Wettbewerbsstaat"), sie andererseits aber vor deren negativen Auswirkungen schützen muß (*Ziebura* 1992, 474). Eine „komplexe Machtverschiebung" nach oben (panregionale, plurinationale, multilaterale Ebene) wie nach unten (regionale, lokale Ebene) wie nach außen (Einfügung in transnationale Netze) begrenzt seine Handlungsspielräume (*Jessop* 1994, 68).

Begrenzter Hand-
lungsspielraum

Offenen Fragen

Die „Standortdebatte" jedenfalls zeigt, daß das tradierte Modell Deutschland mit wachsenden Schwierigkeiten zu kämpfen hat. Liegt hier eine Ursache für die Reformschwäche? Für das ständig beklagte Politikversagen? Führt Transnationalisierung nicht nur zur Ökonomisierung, sondern auch zur Entpolitisierung und sogar zur Vergesellschaftung von Außenpolitik (*Bühl* in: *Kaiser/Maull* 1994,180)? Mehr noch: Liegt hier eine der Ursachen für die Desintegration nationaler Gesellschaften? Ist dann Multilateralität nicht die einzig denkbare Strategie, nicht zuletzt deshalb, weil auch der Sicherheitsbegriff nicht nur militärisch-strategisch definiert werden kann, sondern, angesichts neuartiger Konfliktformen, eine multidimensionale Gestalt annehmen muß?

Das ist nur die eine Seite der Medaille. Die andere betrifft den *politischen* Zustand des Weltsystems nach dem Ende des Kalten Krieges. Offensichtlich macht es eine Phase der Desintegration durch. Es ist weder zu einer „neuen Weltordnung" noch zur Renaissance der amerikanischen Hegemonie im Sinne einer „unipolaren Welt" (*Krauthammer* 1990/91) gekommen. Die Adjektive lauten eher „multipolar", „polyvalent" im besten Fall; zutreffender „chaotisch", „fraktioniert", „balkanisiert". Nach der gewaltigen Machtkonzentration während des Kalten Krieges, v. a. in den Händen der Supermächte, scheint nun Machtdiffusion, ja schlichte Ohnmacht zu herrschen. Die Gefahr ungebremster Proliferation der ABC-Waffen, aber noch viel mehr der konventionellen Rüstung wächst. Ökologische Gefährdungen werden erkannt, aber nicht angemessen bekämpft. Die Gründe liegen nicht zuletzt darin, daß alle Institutionen des Kalten Krieges, in die die Bundesrepublik eingebunden ist, eine Krise ihres Selbstverständnisses erleben: Vereinte Nationen, Nato, OSZE, aber auch die Europäische Union (Arnold 1993). Von den internationalen Rahmenbedingungen, die die alte Bundesrepublik als „Zivilmacht" und „Handelsstaat" ermöglichten, existieren nur noch Restbestände. Gerade diese neuen weltökonomischen und weltpolitischen Bedingungen zeigen, wie weit die Entgrenzung des überkommenen Modells Deutschland vorangeschritten ist.

Damit haben wir die Ausgangssituation skizziert. Die zentralen Fragestellungen wurden angedeutet (vgl. auch *Kaiser/Maull* in: dies. 1994, Einl.). Viele davon lassen sich beim gegenwärtigen Stand der Forschung, die sich ihrer eigenen methodisch-theoretischen Voraussetzungen bei der Analyse dieser neuen Zusammenhänge keineswegs im klaren ist[3], nicht beantworten. Kein Wunder, wenn auch die Politik immer wieder den Eindruck erweckt, weit hinter den Ereignissen herzuhinken, sich überfordert zu fühlen. Daher kann es sich im folgenden nur um den Versuch einer historisch-systematischen Annäherung handeln, wobei die ökonomischen und politischen Veränderungen auf globaler (II) und europäisch-regionaler Ebene (III) im Vordergrund stehen, um dann, wenigstens in Ansätzen, Rückwirkungen auf das Modell Deutschland aufzuzeigen.

---

3   Der Autor fühlt sich dem Ansatz der „Globalen Politischen Ökonomie" verpflichtet, der in der Bundesrepublik minoritär ist. Dieser Ansatz versucht, den Zusammenhang von Ökonomie und Politik, von Akkumulation und Regulation sowohl auf globaler wie regionaler wie nationaler Ebene zu erforschen, konkret den Widerspruch zwischen den Globalisierungstendenzen des Kapitals und der damit einhergehenden Fraktionierung des Sozialen und Politischen (vgl. *Bonder/Röttger/Ziebura* 1993).

2.1.2 Umbrüche im Weltsystem

Das Vorspiel der 80er Jahre

Das Ende der bipolaren Nachkriegsordnung ist 1989/91 nicht vom blauen Him-
mel der Weltgeschichte gefallen. Ihr Zerfall geriet bereits während der 80er Jahre in ein entscheidendes Stadium, nachdem er in den 70er Jahren mit dem Niedergang der Pax Americana und der nach dem 2. Weltkrieg ersten Weltwirtschaftskrise von 1974/75 begonnen hatte. Trotz (oder wegen) dieser langen
Agonie nahmen ihn die Zeitgenossen erst wahr, als er bereits vollendet war. Dieser Zerfall betraf das gesamte Weltsystem, sowohl seine politisch-strategische
(a) wie, vor allem, seine ökonomisch-gesellschaftliche Komponente (b). Es
konnte nicht ausbleiben, daß auch das Modell Deutschland davon berührt wurde.

> **Zerfall der Nachkriegsordnung**

    (a) Auf den ersten Blick scheint es, als hätte sich die Geschichte der Super-
macht-Beziehungen während dieses Jahrzehnts noch einmal im Zeitraffertempo
in fast karikaturhafter Manier wiederholt. Während seiner ersten Amtsperiode
versuchte Reagan, die schwer angeschlagene Hegemonialposition der USA über
eine erneute Konfrontation mit der Sowjetunion wieder aufzurichten, nicht zuletzt auch gegenüber den eigenen Bündnispartnern. Als Mittel dienten eine massive Aufrüstung mit der Strategischen Verteidigungs-Initiative (SDI) als Höhepunkt sowie ökonomischer Boykott, aber auch eine aggressivere Handelspolitik
gegenüber den Westeuropäern. Handelte es sich um eine Wiederauflage des
Kalten Krieges, noch dazu in seinen schärfsten Formen, wie viele glaubten (z.B.
Halliday 1984)?

    Es war ein Irrtum, aus zwei Gründen. Zum einen war in den USA wie au-
ßerhalb schnell klar, daß die Kosten dieser Politik, wie sie sich im rapide anwachsenden „doppelten Defizit" (Haushalt und Außenhandel) und der Staatsverschuldung, aber auch, als Folge der „Reaganomics", in einer sich verschärfenden
Gesellschaftsspaltung niederschlugen[4], das Land zu ruinieren begannen. Sogar
Zweifel aus berufenem Munde am Sinn der amerikanischen Abschreckungspoli-
tik nahmen zu (vgl. *McNamara* 1987). Trotz seines hohen wissenschaftlichen
Anspruchs fand das 1987 erschienene Buch von Paul Kennedy über „Aufstieg
und Fall der großen Mächte" deshalb ein enormes Echo, weil hier, genau zum
richtigen Zeitpunkt, die These von der „imperialen Überdehnung" als Hauptgrund für den Niedergang der USA als westliche Führungsmacht formuliert
wurde.

> **Ende des Rüstungswettlaufs**

    Zum anderen war diese Politik nur möglich vor dem Hintergrund einer ge-
waltigen (bewußten oder unbewußten) Überschätzung der zweiten Supermacht
(u.a. *Gervasi* 1986). In Wahrheit stand der Sowjetunion nach einer Phase der
Stagnation am Ende der Breschnew-Ära bereits klar erkennbar das Wasser ihrer
internen und externen Widersprüche bis zum Halse (vgl.z.B. *Gratchev* 1994;

---

4   So hat sich das Realeinkommen der Haushalte in den USA wie folgt entwickelt: zwischen 1950 und 1978 erreichte das ärmste Fünftel der Bevölkerung einen Zuwachs von
140%; das reichste Fünftel von 99%. Zwischen 1978 und 1993 jedoch verzeichnete das
ärmste Fünftel einen Rückgang von 19%, das reichste Fünftel aber einen Zuwachs von
18%. Claude Julien, Brèf radiographie d'une fracture sociale, in: Le Monde diplomatique, Juni 1995,16.

Pryce-Jones 1995). Ein „Niederrüsten" der Sowjetunion, wie es Reagan wohl vorschwebte, hätte sich bei einer zutreffenden Einschätzung als überflüssig erweisen können. Weil Gorbatschow von der Notwendigkeit einschneidender Reformen überzeugt war, mußte er, als Voraussetzung, den Rüstungswettlauf beenden. Mit anderen Worten: Beide Supermächte waren an einem Punkt angekommen, da sie ihren Status nur in (zumindest sicherheitspolitischer) Kooperation aufrechtzuerhalten vermochten. Daraus versteht sich die radikale Wende von 1985. Sie versteht sich aber auch vor dem Hintergrund einer Zuspitzung globaler Probleme: In diesem Jahr überschritten nicht nur die Weltrüstungsausgaben, sondern auch die Verschuldung der Dritten Welt jeweils die 1000-Milliarden-Schwelle (*Ziebura* 1988). Folgte nun eine Wiederauflage der Entspannung?

Im Unterschied zu ihrer Vorgängerin ging sie viel weiter, sowohl was die Intensität der amerikanisch-sowjetischen Beziehungen wie die gemeinsamen Projekte (v.a.nukleare Abrüstung statt Rüstungskontrolle) anlangte. Aber beide Supermächte handelten, verständlicherweise, primär im eigenen Interesse, nicht als weltweite Ordnungsmächte, weder in der Dritten Welt (z.B. Irak-Iran-Krieg) noch gegenüber den Bündnispartnern. In der Atlantischen Allianz kam es Anfang der 80er Jahre zu einer schweren Krise, weil die Europäer, insbesondere aber die Bundesrepublik, aus politischen, strategischen und ökonomischen Gründen an der Entspannungspolitik festzuhalten gedachten (*Ziebura* 1982). Nicht zufällig begann eine, allerdings ziemlich konfuse, Debatte um die „Europäisierung Europas". Ähnliche Schwierigkeiten hatten die Sowjets mit ihrem Block, nicht nur wegen der Ereignisse in Polen 1980/81, sondern wegen der wachsenden ökonomischen Entwicklungsdefizite im RGW und der daraus resultierenden Notwendigkeit einer Öffnung zum Westen (vgl. *Simon* 1993). Diese Phase der Supermacht-Beziehungen wiederum erweckte bei den Europäern (in West und Ost) Befürchtungen eines Bilateralismus über ihre Köpfe hinweg, eine Art von Duopol. Jedenfalls wurden die sicherheitspolitischen Gewißheiten der Abschreckungsstrategie, in die das Modell Deutschland eingebettet war, zum ersten Mal gründlich erschüttert.

(b) Die Veränderungen im *weltwirtschaftlichen Kontext* fielen noch gravierender aus, weil sie die außenwirtschaftlichen Prämissen, auf denen das Modell Deutschland beruhte, infrage zu stellen begannen. Die Überwindung der Rezession als Folge der zweiten Welle der Weltwirtschaftskrise 1980/82 kostete schon größere Mühen, als es in den 70er Jahren der Fall gewesen war, und das im Gegensatz zu den USA, insbesondere aber Japan, das, bald gefolgt von den vier „Kleinen Tigern" als Vorhut der wachstumsintensiven südostasiatischen Region, immer mehr in traditionelle Märkte der deutschen Industrie eindrang und zugleich regelrechte Monopolpositionen in Kernbereichen der modernen Hochtechnologien aufbaute. Alarmierende Stimmen wurden laut (besonders schrill *Nussbaum* 1984). Schon sah es so aus, als würde die Bundesrepublik, ja die Europäische Gemeinschaft insgesamt („Eurosklerose"), im Übergang zur Informations- und Kommunikationsgesellschaft der Zukunft den Anschluß verlieren. Im Nachhinein heißt es sogar, die Deutschen hätten die 80er Jahre „verschlafen" (*Naschold*), zumindest einen „Strukturkonservativismus" praktiziert (Baethge in: FR, 25.1.1995, 12). Entpuppte sich das Modell Deutschland, kaum aus der Taufe gehoben, als anachronistisch und kontraproduktiv?

Wandel der Supermacht-beziehungen

Auswirkungen auf das Modell Deutschland

Transnationalisierung   Dabei handelt es sich nur um *einen* Aspekt der Tatsache, daß die kapitalistische Produktionsweise im Zentrum der Weltökonomie, beschleunigt in der zweiten Hälfte der 80er Jahre, von der bis dahin praktizierten Internationalisierung des Kapitals (vgl. *Deubner* et al.1979) zur Transnationalisierung (Globalisierung, Mondialisierung) überging, die sich zunächst auf den Raum der „Triade" (USA, Japan, EG) konzentrierte, in der mehr als Dreiviertel des Weltsozialprodukts erzeugt wurde (vgl. *Thurow* 1993; *Esser* 1993). Explosion der Direktinvestitionen, weltweit integrierte Produktionsprozesse, Konzentration der technologischen Innovationen, schließlich die rasante, von der realen Ökonomie abgehobene Transnationalisierung der Finanzmärkte („Casino-Kapitalismus"), die zur weiteren Destabilisierung des ohnehin fragilen Weltwährungssystems beigetragen hat, bewirkten als herausragendes neues Charakteristikum, daß der Weltmarkt nicht nur eine eigenständige Logik („Sachzwang") entwickelt, sondern zur „ersten Definitionsmacht" (*Narr/Schubert* 1994) innerhalb der Weltgesellschaft aufgestiegen ist.

Regionalisierung

Zunehmende
Konkurrenz

       Aber es gibt auch mächtige Gegentendenzen in Gestalt des trotz der Gatt-Verhandlungen weiterbestehenden Protektionismus (v.a. im Agrarsektor) und des weitgehend immobilen Weltarbeitsmarktes. Außerdem wird die Globalisierung durch Tendenzen einer Regionalisierung der Weltwirtschaft durchbrochen. Tatsächlich intensivieren sich die Austauschbeziehungen innerhalb dieser Regionen (Nordamerika; Westeuropa; Südostasien) schneller als zwischen ihnen (*Glyn/Sutcliffe* 1994; *Huffschmid* 1994), während große Teile der Dritten Welt (Afrika, Lateinamerika) marginalisiert werden. Zugleich aber fehlen adäquate Formen politischer Regulierung („Management", „global governance") dieses neuen Typs von Interdependenz. Dieses Versagen verschärft wiederum die Konkurrenz zwischen Unternehmen ebenso wie zwischen den Staaten (vgl. *Porter* 1990; *Ohmae* 1992; *Garten* 1992; *Reich* 1993; *Thurow* 1993; *Luttwak* 1994). Es ermutigt deflationistische Tendenzen und kompetitive Abwertungen (US-Dollar), um die eigenen Schwierigkeiten auf die Handelspartner abzuwälzen.

Neoliberalismus

Vereinheitlichung
und
Heterogenisierung

       Alles das war wiederum nur möglich, weil sich der global (IWF, Weltbank) wie regional (EG, Nafta) wie national als Antikrisenpolitik in unterschiedlichen Ausprägungen praktizierte Neoliberalismus über den Primat der Stabilitätspolitik und das Mittel der Liberalisierung und Privatisierung der Marktlogik unterwarf. Globalisierung, Deregulierung, Delokalisierung, Krise der Arbeitsgesellschaft sind nur unterschiedliche Aspekte ein und derselben weltwirtschaftlichen Dynamik, die mit wachsenden sozialen und regionalen Disparitäten sowohl innerhalb der Staaten wie zwischen Nord und Süd (und Ost) bezahlt werden muß. Diese Dialektik von Vereinheitlichung der Weltökonomie bei gleichzeitiger Heterogenisierung und Fraktionierung (*Bonder/Röttger/Ziebura* 1993) war bereits vor den Umbrüchen von 1989/91 voll im Gange. Während das Modell Deutschland in seiner ursprünglichen Form bis Ende der 70er Jahre europäisch-regionale wie weltwirtschaftliche Entwicklungen zu beeinflussen imstande war, fand im Laufe der 80er Jahre, nicht zuletzt als Folge der von der Bundesbank verfolgten, fast dogmatischen Stabilitätspolitik eine massive Endogenisierung weltwirtschaftlicher Veränderungen statt, die erhebliche, keineswegs immer geglückte Anpassungs- und Umstrukturierungsmaßnahmen erforderlich machte. Die Entgrenzung des Modells Deutschland erwies sich von Anfang an als zweischneidiges Schwert.

(c) Eine systematische Debatte über die Auswirkungen dieser tief greifenden politischen wie ökonomischen Veränderungen auf das Modell Deutschland, insbesondere auf die Steuerungsfähigkeit des Staates, hat es nicht gegeben. Dafür sind, so scheint es, zwei Gründe verantwortlich. Zum einen hat sich die (besonders „linke") Kritik am Modell Deutschland bis zur Mitte der 80er Jahre auf die Analyse der, wie man glaubte, Zuspitzung innergesellschaftlicher Widersprüche konzentriert (Blockierung des politischen Systems, „Sicherheitsstaat", Transformationsprozesse der politischen Parteien, „Durchstaatlichung der bürgerlichen Gesellschaft", Bedeutung der neuen sozialen Bewegungen usw.), um schließlich, unter dem Einfluß der französischen Regulationstheorie, den Wandel vom Fordismus als Kern des (alten) Modells Deutschland zum Postfordismus (Auswirkungen der neuen Technologien auf die Flexibilierung von Produktion und Arbeit) zu konstatieren (vgl. z.B. *Hirsch* 1980; *Prokla* 1980; *Hirsch/Roth* 1986). Daß sich hier Elemente eines neuen Wachstums- und Herrschaftsmodells zeigten, wurde zwar gesehen, aber nicht erklärt. Ein Mangel bestand darin, daß die Auswirkungen der sich beschleunigenden globalen Vergesellschaftung als Folge der Transnationalisierung (*Hein* 1994, 22) nicht in die Analyse einbezogen wurden. Einen Versuch unternahm Georg Simonis (leider blieb der Versuch eine Eintagsfliege):

„Am Beispiel der Anpassungskrise des Ruhrgebiets sollen die gesellschaftlichen und politischen Folgen beleuchtet werden, die eintreten, wenn sich der ‚innere Zusammenhang' einer Gesellschaftsformation auflöst, weil sich die ökonomischen, politischen und ideologischen Bedingungen des ‚Weltsystems' (Wallerstein) verändern" (*Simonis* 1989, 281).

Der zweite Grund hat mit der Einschätzung des Modells Deutschland als einer „dominanten Ökonomie" zu tun. Für die 70er Jahre trifft sie unzweifelhaft zu; sie gehört sogar zum Wesen des Modells. Wie aber hat sich diese Dominanz-Position unter den veränderten weltwirtschaftlichen und wirtschaftspolitischen Bedingungen der 80er Jahre entwickelt? Die Stellung der Bundesrepublik in der Internationalen Arbeitsteilung ist durch eine zunehmende Europäisierung der Austauschbeziehungen gekennzeichnet, wobei die Produkte der Zweiten Industriellen Revolution weiterhin führend sind. Die höchst zögerliche Reaktion auf die Triadisierung der Weltwirtschaft legt die von den Neoliberalen vorgebrachte Kritik nahe, daß es die Rigiditäten des Modell Deutschland sind, die den Anpassungsprozeß blockieren. Der Vereinigungsboom hat dann dazu beigetragen, den Blick für das Ausmaß der Veränderungen zu trüben.

Die Zäsur von 1989/91

Was die Ereignisse von 1989/91 zur welthistorischen Zäsur machen und damit einen noch viel tieferen Einschnitt für das Modell Deutschland, möglicherweise sein Ende, bedeuten, ist der Umstand, daß der Zusammenbruch der bipolaren Machtstruktur des Weltsystems sowie die offensichtliche Unmöglichkeit einer „Neuen Weltordnung" (a) sich verbinden mit einer Zuspitzung der skizzierten weltökonomischen Umbrüche als Folge des Übergangs zum räumlich nun endgültig universalisierten „postfordistischen" Kapitalismus, dessen Entgrenzung zugleich die historische Begrenzung des westlichen Modernisierungsprojekts

Keine systematische theoretische Debatte

aufzeigt und der, gewissermaßen als Ouvertüre, in den entwickeltsten Industrieländern die schwerste Rezession seit Kriegsende und darüberhinaus Prozesse innergesellschaftlicher Desintegration ausgelöst hat (*Hirsch* 1993), zugleich aber vor der Herkulesaufgabe einer Integration der ehemals staatssozialistischen osteuropäischen Ökonomien steht. Die sich daraus ergebenden weiteren weltpolitisch-geostrategischen sowie weltökonomischen Anforderungen an das ohnehin schon ausgehöhlte Modell Deutschland provozieren neue Gefährdungen. Ob es gelingt, ihnen mit Hilfe einer spannungsreichen und widersprüchlichen Mischung aus Renationalisierung, Europäisierung bei gleichzeitiger Triade-Fixierung zu begegnen, ist alles andere als sicher (b).

Keine „neue" Weltordnung

(a) Posthegemoniale Zeitalter zeichnen sich immer durch Multipolarität, also Machtdiffusion aus. Was aber der weltpolitischen Situation am Ausgang des 20.Jahrhunderts ihren besonderen Stempel aufdrückt, ist die Tatsache, daß es nicht einmal eine strukturierte, sich (implizit oder explizit) an Regeln haltende Multipolarität gibt. Die Meinung ist vertreten worden, daß wir es längere Zeit mit einem „Nicht-System" zu tun haben werden, „in dem verschiedene Machtpole koexistieren, die einen militärisch, die anderen ökonomisch, wieder andere demographisch" (*Lellouche* 1992, 35). Auch diese Kennzeichnung trifft die Wirklichkeit nicht. Entscheidender ist, daß gegenüber von Konflikten, in denen ethnische, religiös-kulturell-zivilisatorische und soziale Gegensätze hoch explosive Mischungen eingehen, also ein allgemeiner gesellschaftlicher und staatlicher Zerfallsprozeß eintritt, die traditionellen Formen internationaler Politik versagen müssen. Schlimmer noch: Dem Trend der Globalisierung tritt ein als Mittel zur Selbstidentifikation für unerläßlich erachteter und darum um so aggressiverer Mikro-Nationalismus entgegen, der darüber hinaus von Machtcliquen im Innern und traditionellen geostrategischen Machtinteressen von außen instrumentalisiert wird, was naturgemäß die Proliferation von ABC- wie konventionellen Waffen, jenseits aller Kontrolle, begünstigt. Gerade dort, wo die „Friedensdividende" dringend zur ökonomischen Entwicklung gebraucht würde, fällt sie aus. Weder der Multilateralismus der Weltorganisationen noch der Bilateralismus der Nationalstaaten sind auf die Bewältigung dieser die neue Weltära kennzeichnenden Herausforderungen vorbereitet.

Globalisierung vs. Mikronationalismus

Die Vereinten Nationen sind überfordert

Die Hoffnung, daß die Vereinten Nationen nach der weitgehenden Selbstblockade während des Kalten Krieges nun ihre friedenssichernde Funktion wahrnehmen können, hat sich zerschlagen. Die Interventionen in der bislang praktizierten Form haben sie offensichtlich überfordert (*Ruf* 1994). Es ist fraglich, ob die viel diskutierte Reform der Weltorganisation (vgl. z.B. *Czempiel* 1994) in angemessenen Zeithorizonten zu einer Erweiterung ihrer Zuständigkeiten und/oder zu einer Verbesserung der Entscheidungsmechanismen führt. Von einer Art „Weltregierung" kann jedenfalls keine Rede sein, und es ist fraglich, ob sie überhaupt wünschenswert ist. Die verschiedenen Weltgipfel der letzten Jahre[5] dokumentieren zwar ein gewachsenes Bewußtsein für globale Gefährdun-

---

5 In Rio de Janeiro (Umwelt), Kairo (Bevölkerung), Kopenhagen (soziale Entwicklung), Berlin (Klima), Peking (Frauen). Was den letzteren Gipfel betrifft, hat die chinesische Regierung gegenüber den UN erreicht, daß die Nicht-Regierungsorganisationen in einem sechzig Kilometer von der Hauptstadt entfernten Tagungsort zusammenkommen, um ihren Einfluß auf die Konferenz zu verringern.

gen, vielleicht sogar, wegen der zunehmenden Bedeutung der Nicht-Regierungsorganisationen (NGO), in ersten, vagen Umrissen die Entstehung einer globalen
Zivilgesellschaft. Aber alles das reicht nicht, um die berechtigten Forderungen
nach Veränderungen politisch um- und durchzusetzen.

Die USA als übriggebliebene Supermacht können und wollen nicht mehr die
Rolle einer Weltführungsmacht übernehmen. Für eine Renaissance der Pax
Americana fehlen alle Voraussetzungen, selbst der Status einer hoch gerüsteten
Atommacht ist wegen des Fortfalls der Abschreckungs-Strategie wenig hilfreich.
Unter dem Druck der Republikaner ziehen sich die USA aus der Dritten Welt zurück. Kaum mehr als ein Prozent ihres Bruttosozialprodukts entfällt auf Entwick-
lungshilfe. Sie stehen damit an 22. Stelle der Industrieländer (Le Monde,
27.5.1995). Sie benutzen zwar gern die Vereinten Nationen, stützen sie aber kaum
und vertrauen eher dem Unilateralismus, besonders in der Außenwirtschaftspo-
litik. Der Weltpolitik jedenfalls kommt keine hohe Priorität zu, vielmehr schwebt
den USA ein „global partnership", eine Art hierarchische Funktionsteilung im
Zentrum des Weltsystems nach dem Vorbild des Zweiten Golfkriegs 1991, vor,
die aber seitdem an Elan verloren hat. Grundzüge und -sätze einer stringenten
Außen- und Sicherheitspolitik sind nicht erkennbar. Dafür dominiert die Innenpolitik, die weltpolitischen Ambitionen enge Grenzen zieht. *(Weltpolitischer Rückzug der USA)*

Mit diesem neuen weltpolitischen Umfeld hat sich der für das ursprüngliche
Modell Deutschland vorgegebene sicherheitspolitische Rahmen, insbesondere im
Hinblick auf die transatlantischen Beziehungen, noch einschneidender verändert
als während der 80er Jahre. Obwohl sich große Teile des politischen Establishments wie der Medien[6] bisweilen geradezu verzweifelt an die alten Machtverhältnisse klammern, wächst die Einsicht in die Notwendigkeit neuer Strukturen.
Daß die Nato in einer tiefen Krise ihres Selbstverständnisses steckt, daß ihr, wie
der ehemalige amerikanische Botschafter in Bonn, Burt, erklärt hat, die „Aushöhlung droht", daß sie „an Arthrose leidet" (FAZ, 6.2.1995), ist keine Einzel-
meinung mehr. Folglich spricht man von einer „neuen transatlantischen Charta"
(Juppé) oder „Agenda" (Rühe), ja von einer „Neugründung" der Atlantischen
Allianz (Kissinger). „Der Entwurf für einen Rahmen neuer transatlantischer Kooperation ist überfällig" (*Weidenfeld* 1995,16). Jüngst ist die von Kinkel vorge-
schlagene Schaffung einer transatlantischen Freihandelszone (Tafta) hinzukommen, und Genscher regt einen „Transatlantischen Vertrag der Freundschaft und
Zusammenarbeit" an (FAZ,18.2.1995). *(Krise der atlantischen Allianz)*

Alles das bleibt unausgegoren und nebulös, zeigt aber, daß die Dinge in Bewegung geraten. Die neue Bundesrepublik steckt, ob sie will oder nicht, mitten
drin. Für sie geht es um drei Grundfragen, die aufs engste miteinander zusammenhängen: Welche Rolle sollen und wollen die USA beim Aufbau eines gesamteuropäischen Sicherheitssystems spielen, das viel mehr als zur Zeit des
Kalten Krieges Sache der Europäer sein muß und als stabilisierender Faktor ganz
besonders im Interesse Deutschlands liegt; wie läßt sich diese Aufgabe bewältigen bei gleichzeitiger Einbindung Rußlands (welches Rußland?); schließlich: In *(Drei Grundfragen)*

---

6 An der Spitze steht dabei die *Frankfurter Allgemeine Zeitung,* die meint, daß eine Neue
Weltordnung ohne entschlossene amerikanische Führerschaft zumindest im transatlantischen Raum nicht möglich ist. Vgl. z.B. die Artikel von G. Nonnenmacher (20.3.1995)
und v.a. von Klaus-Dieter Frankenberger (10.2.; 2.6.1995).

welchem Maße ist das gegenwärtige institutionelle Wirrwarr aus Nato, EU, WEU und OSZE, ein Erbe des Kalten Krieges, zur Bewältigung dieser Aufgabe in der Lage?

Es ist ein Manko der gegenwärtigen Diskussion, daß sie diesen Zusammenhang nicht erkennt, vielleicht nicht erkennen will, weil er das Ausmaß der Veränderung allzu schmerzhaft bewußt macht. Im neuen „Draußen" herrschen nun einmal andere Windverhältnisse als im kuscheligen alten „Drinnen". Muß die Europäisierung des neuen kontinentalen Sicherheitssystems nicht viel weiter gehen, als es während der 80er Jahre (unter dem Stichwort „Zweite Säule der Allianz") debattiert wurde, wenn es auf die dreifache Frage eine Antwort geben soll? Wie immer sie ausfällt: Der Bundesrepublik bleibt keine Wahl: Sie muß von einer ehemals bequemen passiven sicherheitspolitischen Rolle in eine neue aktive, mitgestaltende schlüpfen, ohne damit eine Militarisierung der Innen- wie Außenpolitik zu provozieren, sondern im Gegenteil zur Stärkung kollektiver Strukturen beizutragen – ein wahrer Test auf die Fähigkeit, mit den neuen Herausforderungen fertig zu werden. An der Schaffung einer Ordnung, die für ihre eigene Entwicklung existenziell ist, muß sie mitwirken. Die entscheidende, aber kaum gestellte (normative) Frage lautet allerdings, wie „Ordnung" und „Entwicklung" zusammenhängen. Es ist die Frage nach der Finalität dessen, was man will und was man dafür zu investieren bereit ist. Nur in ihrem Rahmen läßt sich die Legitimität von Einsätzen der Bundeswehr „out of area" klären.

Dritte Welle der Weltwirtschaftskrise (b) Gleichzeitig mit dem Zusammenbruch des Sowjetimperiums erfaßt den kapitalistischen Westen eine neue, seit 1974/75 und 1980/82 die dritte Welle der Weltwirtschaftskrise, die für viele Länder die schwerste Rezession seit dem Zweiten Weltkrieg mit sich bringt. Die USA gehen voran, Westeuropa und schließlich Japan folgen. In der gleichen Reihenfolge wird die Krise, freilich mehr schlecht als recht, überwunden: in den USA ab 1992, in Westeuropa ab 1993/94 und, als Novum in der Geschichte der kapitalistischen Weltwirtschaft seit 1945, in Japan am langsamsten ab 1994/95. Im Moment seines größten Triumphs („Das Ende der Geschichte") erinnert der Kapitalismus an die ihm immanente Selbstzerstörungskraft als Bedingung seiner Erneuerung. In den USA wird die Arbeitslosigkeit (überwiegend) mit Hilfe schlechtbezahlter, prekärer Jobs vermindert, in Westeuropa bleibt sie auf Rekordhöhe mit steigendem Anteil der Jugendlichen und Langzeitarbeitslosen („Sockelarbeitslosigkeit"), in Japan steigt sie zum ersten Mal über drei Prozent. Überall verschärfen sich Tendenzen der Gesellschaftsspaltung (parallele Vermehrung von Reichtum und Armut), die auch der konjunkturelle Aufschwung nicht wieder einzuebnen imstande ist. Das neue Phänomen eines Wachstums ohne Beschäftigung, aber auch ohne ins Gewicht fallende Lohnzuwächse (also ohne Umverteilung) scheint sich als strukturell langlebig zu erweisen (vgl. *Krugman* 1994). Permanente Turbulenzen im Weltwährungssystem, z.T. als Folge von Spekulationen, belasten die konjunkturelle Erholung. Seit Ende 1994 mehren sich die Anzeichen, daß sie sich in den USA bereits wieder abflacht, um schnell in eine Überhitzung einzumünden. Steigende Kapitalkosten (besonders im Hochtechnologie-Bereich), weiter sich verschärfender Wettbewerb, aber stagnierende Märkte zwingen zur Fortsetzung von Rationalisierung und Globalisierung.

Schon diese wenigen Hinweise auf globale Trends legen die Vermutung na-he, daß das, was der postfordistische Kapitalismus vom ursprünglichen Modell Deutschland übriggelassen hat, über kurz oder lang in seiner Substanz bedroht ist. Mit dem wohl unaufhaltsamen Drang zur Informations- und Kommunikati-onsgesellschaft erreicht die Vernetzung der Weltökonomie („Hyper-Ökonomie"; vgl. *Quéau* 1995; *Lacroix/Miège/Tremblay* 1994) und damit die globale Verge-sellschaftung eine neue, mit dem Begriff „Postfordismus" nicht mehr faßbare Qualität bei gleichzeitigem weiteren Verfall nationaler und erst recht transnatio-naler Regulierungsfähigkeiten wie demokratischer Selbstbestimmung. Zugleich verschiebt sich das Machtverhältnis Kapital-Arbeit erneut zugunsten des erste-ren. Obwohl der Kausalnexus von Delokalisierung und struktureller Arbeitslo-sigkeit umstritten ist, wird die Auslagerung von Produktion, aber auch von For-schung und Entwicklung immer mehr von Arbeitgeberseite als Druckmittel in Tarifverhandlungen benutzt. Überdies fürchtet der IG-Metall-Chef Klaus Zwik-kel zu Recht, daß „die einzigartigen deutschen Mitbestimmungsregeln von innen und außen bedroht (sind)", ja daß das sogenannte „Rheinische Sozialmodell" insgesamt „durch zunehmende Internationalisierungstendenzen gefährdet (ist)". „Die einzige Möglichkeit seines Überlebens besteht in einer entschiedenen Eu-ropäisierung, das heißt in einer Ausdehnung und Vereinheitlichung national un-terschiedlicher Modelle in einem europäischen Sozialmodell" (FAZ, 9.2.1995).

Wie aber kann es zu einer Europäisierung der Sozialpartnerschaft Made in Germany kommen, wenn sie niemand will und der europäische Integrationspro-zeß selbst weitgehend von der neoliberalen Ideologie beherrscht wird und damit den Vereinheitlichungstendenzen im Zentrum der Weltwirtschaft näher steht als einer bewußt angestrebten Regionalisierung von Akkumulation und Regulation (*Ziebura* 1994b)? Deutsche Unternehmer jedenfalls sprechen, wie der Vor-standsvorsitzende der Bayer AG Leverkusen, Manfred Schneider, eine deutliche Sprache: „Unser Konzern ist global tätig und nicht allein auf die deutsche Politik angewiesen. Deutschland ist nicht der Nabel der Welt, auch wenn es der eine oder andere Politiker so sieht" (*Schneider* 1994). Nach Errichtung eines Zen-trums im Technologiepark bei Osaka/Japan hat der Konzern folgerichtig die Triadisierung seiner F&E-Tätigkeiten in Wuppertal und West Haven (Connec-ticut) abgeschlossen (FAZ, 6.6.1995). Bei vielen (Groß- wie Mittel-) Unterneh-men wächst der im Ausland erwirtschaftete Anteil am Umsatz kontinuierlich an, bei (in der Regel) abnehmender Mitarbeiterzahl. Ob Globalisierung, Dezentrali-sierung der Unternehmen und „Verschlankung" des Produktionsprozesses durch partielle Japanisierung der Methoden ausreichen, um im immer zügelloseren Triade-Wettbewerb zu bestehen, ist nicht ausgemacht. Sicher ist nur, daß die so-zialen Kosten das Modell Deutschland obsolet machen müssen, ohne damit den Abstieg des deutschen Produktionsmodells aufhalten zu können.

Vernetzung der Weltökonomie

Schwächung der Arbeitnehmerseite

Das Modell Deutschland ist obsolet

2.1.3 Auf der Suche nach einem neuen Europa

Krise im Osten, Krise im Westen

Europäische Union
am Scheideweg

Wäre das Modell Deutschland durch seine Europäisierung zu retten? Wie schon angedeutet ist mit dieser Vorstellung keineswegs jener Königsweg verbunden, der aus allen Schwierigkeiten herausführt. Denn mit der Wiederherstellung der Einheit des Kontinents haben sich auch alle Parameter der bislang im Westteil praktizierten Integrationspolitik verändert. Nicht nur Osteuropa muß einen schwierigen Transformationsprozeß bewältigen, auch die Europäische Union steht, wie immer deutlicher wird, an einem Scheideweg. Nicht umsonst sprach der damalige französische Außenminister Juppé davon, daß die Regierungskonferenz von 1996 („Maastricht II") einen „Neugründungsakt" vollziehen soll (Libération, 9.1.1995), während Klaus von Dohnany im Blick auf die SPD fordert: „Deutschland und Europa brauchen eine moderne ‚linke' Partei, die versucht, Globalisierung, Wettbewerbsfähigkeit und soziale Gerechtigkeit auf neuer Grundlage zu vereinen" (Spiegel, 28.11.1994). Letztlich bedeutet das aber nichts weniger als ein neues Staats-, Gesellschafts- und Integrationsprojekt, das imstande ist, die globale, regionale, nationale und lokale Entscheidungsebene neu zu vernetzen und zugleich einen neuen „contrat social" zu ermöglichen, was angesichts der bestehenden neoliberalen Herrschaftsverhältnisse einer Quadratur des Kreises gleichkommt. Aber was immer geschieht, der neuen Bundesrepublik fällt eine Schlüsselrolle zu.

Vereinheitlichung
der Krisenpolitik

(a) Alle westeuropäischen Gesellschaftsformationen kennzeichnet in der Mitte der 90er Jahre, in unterschiedlicher Ausformung, das selbe Krisenprofil, eine paradoxe Situation, weil sie einerseits auf den zunehmenden Gleichklang sozioökonomischer Entwicklung als Folge wachsender Verflechtung verweist, andererseits damit aber keineswegs eine Zunahme transnationaler Krisenbewältigungskapazität verbunden ist. Marktintegration vereinheitlicht die Krise und schwächt zugleich das politische Regulationspotential, auf welcher Entscheidungsebene immer: der lokalen, subnationalen, nationalen und schließlich europäischen. Obwohl die institutionellen Voraussetzungen unvergleichlich besser sind als im globalen Maßstab, fallen dennoch auch hier Akkumulation und Regulation auseinander.

Krisenbewältigung
im nationalen
Rahmen

Die Vereinheitlichungstendenzen sind evident. Konjunkturzyklen verlaufen weitgehend parallel (abweichend nur Großbritannien). Der sich 1994 durchsetzende Aufschwung überschreitet nirgendwo die Drei-Prozent-Marke, bleibt eher darunter. Überall ist er exportinduziert bei anhaltender Nachfrageschwäche. Die Europäisierung und/oder Globalisierung der exportorientierten Sektoren nimmt weiter zu und spaltet die Gesellschaften in Weltmarktgewinner und -verlierer. Regionale, sektorale, branchenspezifische und schließlich soziale Disparitäten verschärfen sich. Überall gilt die Krise der Arbeitsgesellschaft und die sich daraus ergebende Zersetzung gesellschaftlicher Kohäsion als die größte Herausforderung, was der Präsidentschafts-Wahlkampf in Frankreich, der sich fast ausschließlich um das Phänomen der „exclusion" drehte, mit besonderer Eindringlichkeit gezeigt hat. Aber der Kampf gegen die Arbeitslosigkeit findet ausschließlich im nationalen Rahmen statt. Wachsende Staatsverschuldung, die Finanzierbarkeit sozialer Sicherungssysteme, die Krise der Bildungs- und Ausbildungssysteme wie der Infrastruktur und schließlich das Krebsgeschwür der Korruption zwingen überall, wie in den USA und Japan, zu einer Konzentration auf die Innenpolitik, die sogar mit Tendenzen nationaler Abschottung einhergeht (Asyl, Zuwanderung).

Aber das Dilemma ist manifest. Die angehäuften Probleme verlangen zu ihrer Bewältigung einen starken, effizienten Staat, dessen Handlungsmargen aber als Folge der Globalisierung, der regionalen Integration sowie mangelnder Ressourcen erheblich eingeschränkt sind. Die Renationalisierung findet in der Lähmung des tradierten Nationalstaats ihre Grenzen (*Ziebura* 1996). Hier liegt der eigentliche Grund für die Glaubwürdigkeitskrise der politischen Systeme. Überall löst sich der Historische Block aus Kapital, Arbeit und Staat auf (*Cox* 1987; *Gobeyn* 1993). Zugleich versagt auch die Europäische Union als Instanz einer Antikrisenpolitik, wie das Schicksal des Delors-Weißbuchs „Wachstum, Wettbewerbsfähigkeit und Beschäftigung: Herausforderungen und Wege ins 21. Jahrhundert" (1993) lehrt, das immerhin den Mut hat, ein „neues Entwicklungsmodell" auf der Grundlage eines „europäischen Sozialpaktes" vorzuschlagen und damit zu erkennen gibt, worum es letztlich geht: um eine Krise des westeuropäischen Wachstumsmodells selbst.

(b) In den ostmitteleuropäischen Ländern (Polen, Ungarn, Tschechische und Slowakische Republik) gibt es nach einem beispiellosen ökonomischen Zusammenbruch zwar wieder Zuwachsraten im Industriesektor wie in Ansätzen eine Veränderung des Anteils der Wirtschaftssektoren an der Erzeugung des BSP (sinkender Anteil des Agrarsektors, steigender Anteil des Dienstleistungssektors), also Elemente einer „nachholenden Entwicklung", zugleich aber (ausgenommen Tschechien) eine Abwendung von der neoliberalen Schocktherapie, die überall zu einer Spaltung der Gesellschaft in eine winzige Gruppe von Profiteuren und die weiter verelendenden Massen der Bevölkerung geführt hat. Der Aufbau von Systemen sozialer Sicherheit kommt kaum voran. Die Rückkehr der zu „Sozialisten" gewendeten ehemaligen Kommunisten an die Macht zeigt, daß der Übergang zu Demokratie und Marktwirtschaft schwieriger verläuft als ursprünglich angenommen, was bei nüchterner Analyse hätte vorausgesehen werden können. Der Drang, Westen zu werden, ist zwar unvermindert stark, nicht zuletzt aus sicherheitspolitischen Gründen. Gesellschaftspolitisch ist aber nicht auszuschließen, daß sich ein spezifisches Entwicklungsmodell herausbildet, wohl herausbilden muß, um mit den Problemen fertig zu werden. Das Entwicklungsgefälle zum Westen bleibt enorm und verschärft sich noch einmal in den GUS-Ländern und schließlich in Rußland. Das Neue ist, daß sich um Westeuropa eine doppelte, abgestufte Peripherie legt, in der die politischen und sozialen Kräfte, die für Entwicklung und Stabilität sorgen könnten, um so zerbrechlicher sind, je mehr man nach Osten schaut.

Die Frage ist nur, wie die Europäische Union auf diese Situation reagiert (vgl. *Kramer* 1993). Die Enttäuschung in Osteuropa jedenfalls wächst und droht, in Apathie umzuschlagen. Tatsächlich kann niemand behaupten, daß die EU über eine stringente, zielgerichtete Strategie verfügt. Sie schließt Assoziierungs-Abkommen ab, die zu nichts verpflichten, vor allem nicht zu dem, was die Osteuropäer verlangen: die Öffnung der Westmärkte. Im Gegenteil: Gerade für konkur-

Marginalien:

Handlungsmöglichkeiten des Nationalstaates sind begrenzt

Transformationskrise in Osteuropa

Keine stringente Strategie der Europäischen Union

renzfähige Güter (Agrarprodukte, Stahl, Textilien, Lederwaren) gibt es, aus na-
heliegenden Befürchtungen, enge Einfuhrbeschränkungen (vgl. *Faini/Portes*
1995). Noch schlimmer: In einem Weißbuch der Europäischen Kommission
(Mai 1995) wird die Erfüllung von Mindestnormen hinsichtlich des Personen-,
Waren-, Kapital- und Dienstleistungsverkehrs als Voraussetzung für die Eröff-
nung von Beitrittsverhandlungen verlangt, also die uneingeschränkte Übernahme
des Binnenmarkt-Regelwerks, was nicht einmal allen EU-Mitgliedern gelungen
ist (FAZ, 4.5.1995). Was immer daraus wird: Diese auf dem Gipfeltreffen der
Staats- und Regierungschefs in Essen beschlossene Initiative („struktureller Dia-
log") wirft ein bezeichnendes Licht auf die Schwierigkeiten, die auf dem Weg zu
einem wiedervereinten Kontinent zu überwinden sind.

Kontinuität oder Reform?

(a) Aber die Situation ist, gerade aus der Sicht des vereinigten Deutschland, das
auf Stabilität in Osteuropa sowie tragfähige Institutionen in Westeuropa ange-
wiesenen ist, noch viel komplizierter, insbesondere dann, wenn man EU- und
Nato-Osterweiterung nicht, wie üblich, getrennt, sondern als einheitlichen Prozeß
versteht und schließlich den Vorrang im Auge behält, den die Fixierung auf das
weltwirtschaftliche Zentrum der Triade als Voraussetzung für Wettbewerbsfähigkeit und Wohlstand beansprucht. Wie ist das alles vereinbar? Sicher ist nur, daß der
Rückgriff auf traditionelle Formen der Realpolitik in die Irre führen muß.

Widersprüchliche   Der bislang kaum diskutierte ökonomische Grundwiderspruch liegt in der Tat-
Anforderungen   sache, daß die Modernisierung der westeuropäischen Gesellschaften durch das
bestimmt wird, was in der Triade geschieht. Der stabilitätsorientierte neoliberale
Integrationsmodus à la Maastricht trägt diesem Umstand Rechnung. Muß nicht
aber eine Vertiefung der EU unter diesem Vorzeichen mit allen ihren Folgen die
Entwicklungskluft zum Osten wenn nicht vertiefen, so doch zumindest zemen-
Scharnierfunktion der   tieren und damit die unerläßliche Herausbildung von Elementen einer gesamteu-
Bundesrepublik   ropäischen Arbeitsteilung verhindern? Vor dieser Frage tritt der institutionelle
Aspekt zurück. Was nutzt ein Beitritt, wenn die ökonomische Dynamik ausein-
ander-, vielleicht sogar gegeneinander verläuft? Selbst wenn die Osteuropäer die
Funktion einer Peripherie akzeptieren würden, widerspräche das der ursprünglichen Finalität der westeuropäischen Integration. Je nach Interessenlage der Me-
tropolen in der EU unterscheiden sich folgerichtig die Zielvorstellungen. Sie reichen von der gesamteuropäischen Freihandelszone bis zum Vorrang der Vertiefung vor der Erweiterung, wie ihn Frankreich, allerdings mit möglichst geringem
Souveränitätsverlust, anstrebt, während die Bundesrepublik einen Weg irgendwo
dazwischen suchen muß in Richtung auf einen „Staatenverbund" (Bundesverfassungsgericht), der sie zusehends in Schwierigkeiten bringt. Andererseits ist
sie es, die am meisten gefordert ist. Ihr fällt, ob sie es will oder nicht, eine
Scharnierfunktion zu, die mit hegemonialen Anwandlungen unvereinbar ist.

EU-Erweiterung   Nimmt man die sicherheitspolitische Dimension hinzu, wird die Konfusion
noch schlimmer. Was hat Vorrang, die EU- oder die Nato-Erweiterung oder soll
man beides parallel verfolgen (vgl. *Thränert* 1995 vs. *Schmidt* 1995)? Darüber
läßt sich wohlfeil disputieren. Aber es stellt sich dieselbe Grundfrage wie hin-
NATO-Erweiterung   sichtlich der EU: Kann und soll die Nato in ihrer gegenwärtigen, durch den Kal-

ten Krieg geprägten Verfassung erweitert werden oder muß eine Umgestaltung, ja sogar eine Neudefinition ihrer raison d'être nicht vorausgehen, vor allem im Hinblick auf ihr Verhältnis zu WEU und zur Organisation für Sicherheit und Zusammenarbeit in Europa (OSZE)? Sollten vor den institutionellen nicht inhaltliche Fragen diskutiert werden (Abrüstung, vertrauensbildende Maßnahmen)? Vorrang der Kontinuität oder der Reform?

(b) Wieder steckt die Bundesrepublik inmitten aller dieser (knapp skizzierten) Dilemmatas. So verwundert es nicht, wenn gerade hier die Einsicht zu dämmern beginnt, daß, zumindest im Hinblick auf die EU, die Osterweiterung mit dem bislang praktizierten Integrationsmodus nicht vereinbar ist. Um aus den sich häufenden Schwierigkeiten herauszukommen und den gordischen Knoten mit einem Schwertschlag zu durchschlagen, wird unter dem Stichwort „Kerneuropa" ein Paragidmenwechsel diskutiert, der, so oder so, zu einem „Europa unterschiedlicher Geschwindigkeiten" führt[7].

Damit aber zeichnet sich die Gefahr eines strikt und auf Dauer hierarchisierten Europa aus einem an der Spitze der Entwicklung stehenden stark integrierten Zentrum und verschiedenen, gestaffelten Peripherien ab, die kaum eine Chance haben, ins Zentrum aufzusteigen. Eine solche Kernintegration, die praktisch mit der Institutionalisierung einer DM-Zone identisch wäre und damit Spannungen zwischen den Partnern schaffen würde, wäre allerdings optimal kompatibel mit der Triadefixierung, weil sie mit der Konzentration der Kräfte in einem hochgradig verdichteten Raum die besten Voraussetzungen für den Wettbewerb mit den USA und Japan liefern würde. Die institutionelle Gestalt eines solchen Ensembles ist freilich kaum vorstellbar. Jedenfalls kann es, wenn überhaupt, nur unter einem entschlossenen deutsch-französischen leadership funktionieren, das auch mehr Probleme schafft als löst, sogar bereits zwischen den beiden selbsternannten Führungsmächten (*Ziebura* 1997). Besonders im Bereich der Außen- und Sicherheitspolitik wird Frankreich an einer intergouvernementalen Kooperation festhalten. An diesem Beispiel wird deutlich, mit welchen Schwierigkeiten die Bundesrepublik zu kämpfen hat, um mit den Herausforderungen einer neuen Weltära fertig zu werden.

Gefahr eines hierarchisierten Europas

Deutsch-französische Führung?

2.1.4 Fazit

Nach dieser Analyse stellt sich die Frage, ob das, was wir unter Modell Deutschland verstehen, nicht längst anachronistisch geworden ist. Schon als es Ende der 70er Jahre formuliert wurde, fielen die Prognosen hinsichtlich seiner Überlebensfähigkeit eher pessimistisch aus, allerdings aus innergesellschaftlichen Gründen. Während der 80er Jahre verschlechterten die Durchsetzung der

Modell Deutschland ein Anachronismus

---

7   Vgl. das Positionspapier der CDU/CSU-Bundestagsfraktion vom 1. September 1994: Überlegungen zur europäischen Politik, abgedruckt in: Blätter für deutsche und internationale Politik, Heft 10/1994, S.1271-1280. Kritisch dazu Jörg Huffschmid: Konzentration aufs Kerngeschäft. Hartes Geld und eine starke Armee, in: ebd., Heft 11/1994. Zur kontroversen Diskussion vgl. auch die Beiträge von Karl Lamers, Gerhard Schmid, Peter Glotz, Klaus Boemer, Gilbert Ziebura u.a. in: Die Neue Gesellschaft/Frankfurter Hefte, Dezember 1994.

angebotsorientierten, monetaristischen Wirtschaftspolitik, die zunehmende Globalisierung (sprich Triadisierung) und die kontinuierlich ansteigende Arbeitslosigkeit die Stellung der Arbeit gegenüber dem Kapital bei gleichzeitig nachlassender Wettbewerbsfähigkeit, v.a. im Bereich der modernen Hochtechnologien. Der sprunghafte Wechsel in den Supermacht-Beziehungen von einer erneuten Konfrontation zu einer Phase des Quasi-Duopols trieb den Zerfall der Nachkriegsordnung in Gestalt der Pax Americana voran. Der nun wachsende Unilateralismus der westlichen Führungsmacht führte zu erheblichen Friktionen sowohl in den wirtschaftlichen wie strategischen Beziehungen zu den Verbündeten. Anpassungen des Modells an die neuen Bedingungen, die schon an die Substanz gingen (selektiver Korporatismus), waren die Folge.

Entgrenzung des Modells

Die Auswirkungen des Umbruchs von 1989/91 auf das, was vom Modell Deutschland noch übrig geblieben war, wurden lange übersehen oder bewußt durch das Festhalten an der Kontinuität oder den Verweis auf die Renaissance eines multipolaren Weltsystems vom Typ des 19.Jahrhunderts und damit der historischen Mittellage Deutschlands verdrängt (so auch *Kissinger* 1994; *Schwarz* 1994; *Baring* 1995). Tatsächlich aber fand eine doppelte, geostrategische wie ökonomische Entgrenzung des Modells statt, die dabei ist, seine restliche Substanz aufzuzehren. Schon seine Übertragung auf die ehemalige DDR ohne Bereitschaft zur Selbsterneuerung wurde damit bezahlt, daß zwei Gesellschaften unter einem staatlichen Dach koexistieren. Die Öffnung Mittel- und Osteuropas, die Rußland unabhängig von seiner inneren Entwicklung und seinen äußeren Ambitionen einschließt, muß vor allen anderen westlichen Ländern zuallererst auf die neue Bundesrepublik zurückwirken, der damit die Hauptverantwortung für die Bewältigung, d.h. die Stabilisierung, der entstandenen Situation zufällt.

Politik der Palliative

Die Frage, ob diese Aufgabe mit dem Beitritt bestimmter osteuropäischer Länder zu den bestehenden Institutionen der Nato und EU lösbar ist, oder ob diese selbst als Vorbedingung nicht zunächst ihre eigene Finalität in einem neuen weltpolitischen Umfeld definieren müßten, wird nicht mit der notwendigen Klarheit gestellt und kann damit auch keine überzeugende Antwort finden. Daraus erklärt sich die Flucht in eine Politik der Palliative („Partnerschaft für den Frieden"; Assoziationen), die erlaubt, die anstehenden Entscheidungen auf die lange Bank zu schieben, damit aber das sicherheitspolitische Vakuum in Mittelosteuropa verlängert. Ob die Taktik des Zeitgewinns weiterhilft, ist angesichts der Virulenz destabilisierender Faktoren (ethnische Konflikte; ökonomischer Niedergang in den GUS-Ländern; gesellschaftlicher und staatlicher Zerfall; Ungewißheit der Entwicklung in Rußland) schwer vorstellbar.

Festhalten an überkommenen Institutionen

Die neue Bundesrepublik steckt in dem Dilemma, daß sie aus ureigenem Interesse als Scharniermacht beim Entwerfen einer neuen gesamteuropäischen Sicherheitsarchitektur entschlossen vorangehen müßte, es aber nicht kann, weil sie als Hauptprofiteur des welthistorischen Umbruchs glaubt, an den überkommenen Institutionen festhalten zu müssen, obwohl die Nato selbst mit der Notwendigkeit einer neuen Rolle, wie ihr Verhalten gegenüber dem Bürgerkrieg in Ex-Jugoslawien lehrt, nur schwer fertig wird. Wie ist es möglich, wenn sie auf Konfliktstrukturen trifft, für die sie nicht geschaffen worden ist? Grundsätzlich muß die Bundesrepublik alles tun, was zur militärischen De-Eskalation führt. Selbst dazu ist sie allein nicht imstande. Multilateralität bleibt unerläßlich, aber

in welchem Zusammenhang und für welche Ziele? Die geostrategische Entgrenzung hat noch keine entsprechende politische Form gefunden. Das trifft in noch
höherem Maße für die Osterweiterung der EU zu, die eines Tages ein neues, mit
den bisherigen Institutionen kaum organisierbares Gebilde mit einem Nordost-
und einem Südwest-Schwerpunkt, aber einem Zentrum und mehreren Peripheri-
en bilden wird. Die Vorstellung, möglichst viel vom Modell Deutschland durch
seine Europäisierung, also die Germanisierung dieses Konglomerats, zu retten,
ist eine verhängnisvolle Selbsttäuschung.

Die Auswirkungen der ökonomischen Entgrenzung in Gestalt sich beschleu-
nigender Transnationalisierungsprozesse des Kapitals auf das Modell Deutschland sind noch gravierender. Der Eindruck verstärkt sich, daß die Strukturkrise
der deutschen Wirtschaft nach Überwindung der Rezession nicht beigelegt ist
und daß die Wettbewerbsfähigkeit nur mit Hilfe eines weiteres Globalisierungs-
schubes bewältigt werden kann (vgl. FAZ, 13.6.1995: Beilage Deutsche Wirtschaft). Tatsächlich ist dieser seit 1993/94 in vollem Gange, wobei nun die Ex-
pansion in die asiatisch-pazifische Wachstumsregion inklusive Chinas im Mittelpunkt steht, die allerdings mit wachsenden Widersprüchen zu kämpfen hat.
Wenn aber ein stetig wachsender Anteil der Wertschöpfung auf internationalen
Märkten stattfindet, wirkt sich diese Entwicklung für die Restbestände des Modell Deutschland auf zweierlei Weise aus. Zum einen verliert der Standort
Deutschland durch die weitere Globalisierung der Kapitalstrategien zum Zweck
der Kostensenkung an Bedeutung. Außerdem kann (und wird) sie im Tarifkon-
flikt als Drohinstrument gegen die Gewerkschaften eingesetzt. Zum anderen
bleibt die Frage ungeklärt, „wie der deutsche Mittelstand, der als traditioneller
Exportmotor gilt, sich den Herausforderungen auf internationalen Märkten stellen wird. Um internationale Strategien zu realisieren, benötigt der Mittelstand
ausreichende Finanzmittel. Doch die Eigenkapitalquote vieler Unternehmen
dürfte für diese großen Aufgaben zu niedrig sein. Deshalb ist es für den Mittel-
stasnd wichtig, auf Eigenkapitalquellen zurückgreifen zu können. Sonst wird die
Konzentration innerhalb der Europäischen Union voraussichtlich rasch voranschreiten" (ebd.). Aber nicht nur dort, sondern weltweit. Was bleibt unter diesen
Bedingungen von den spezifischen Elementen des Modells Deutschland übrig?

So verwundert es nicht, wenn der Eindruck entsteht, daß sich alles in einem
(fast unwirklichen) Schwebezustand befindet oder, pessimistisch gewendet,
blockiert erscheint: Der Weg zwischen Renationalisierung, Europäisierung und
Globalisierung, zwischen transnationaler Hegemonie des neoliberalen Blocks
und der Suche nach sozialer Gerechtigkeit, zwischen Spaltung und notwendiger
Rekonstruktion der Gesellschaft, zwischen außenpolitischer Zurückhaltung und
unerläßlichem Engagement für etwas, das den Namen einer „Neuen Weltordnung" verdient, kurz: zwischen Entgrenzung und Bewahrung, zwischen Wandel
und Kontinuität. Wie immer in welthistorischen Übergangsphasen voller Konfusion und Chaos liegen Chancen und Scheitern dicht beieinander.

Beschleunigte
Transnationalisierung

Welthistorische
Übergangsphase

2.1.4 Literatur

Altvater, Elmar 1994: Operationsfeld Weltmarkt oder: Die Transformation des souveränen Nationalstaats in den nationalen Wettbewerbsstaat, in: Prokla 97, Dezember.

Arnold, Hans 1993: Europa am Ende? Die Auflösung von EG und Nato, München.

Baring, Arnulf 1995: Wie neu ist unsere Lage? Deutschland als Regionalmacht, in: Internationale Politik, April.

Bonder, Michael/Röttger, Bernd/Ziebura, Gilbert 1993: Vereinheitlichung und Fraktionierung in der Weltgesellschaft. Kritik des globalen Institutionalismus, in: Prokla 91, Juni.

Bonder, Michael/Röttger, Bernd/Ziebura, Gilbert 1992: Deutschland in einer neuen Weltära. Unbewältigte Herausforderungen, Opladen.

Boyer, Robert 1986: La flexibilité du travail en Europe. Une étude comparative des transformations du rapport salarial dans sept pays de 1973 à 1985, Paris.

Bredow, Wilfried von/Jäger, Thomas 1993: Neue deutsche Außenpolitik. Nationale Interessen in Internationalen Beziehungen, Opladen.

Bühl, Walter L. 1994: Gesellschaftliche Grundlagen der deutschen Außenpolitik, in: Kaiser/Maull (Hrsg.).

Chesnais, François 1994: La mondialisation du capital, Paris.

Carroué, Laurent 1994: Restructuration en profondeur du modèle économique, in: Le Monde diplomatique, Oktober.

Carroué, Laurent/Odent, Benno 1994: Allemagne: état d'alerte? Paris.

Cotta, Alain 1978: La France et l'exemple allemand, in: Revue française de gestion, 18.

Cox, Robert W. 1987: Production, Power, and World Order. Social Forces in the Making of History, New York.

Czempiel, Ernst-Otto 1994: Die Reform der UNO. Möglichkeiten und Mißverständnisse, München.

Czempiel, Ernst-Otto 1991: Weltpolitik im Umbruch, München.

Deubner, Christian et al.1979: Die Internationalisierung des Kapitals. Neue Theorien in der internationalen Diskussion, Frankfurt/M.

Dornbusch, R. 1993: The End of the German Miracle, in: Journal of Economic Literature, Juni.

Duke, Simon 1994: Germanizing Europe? Europeanizing Germany? In: Security Dialogue (London/Oslo), Dezember.

Elsenhans, Hartmut 1992: Ein neues internationales System, in: Kohler-Koch, Beate (Hrsg.): Staat und Demokratie in Europa, Opladen.

Esser, Josef 1994: Modell Deutschland in den 90er Jahren, in: links, Nr. 294/295, November-Dezember.

Esser, Josef 1993: Die Suche nach dem Primat der Politik, in: Siegfried Unseld (Hrsg.): Politik ohne Projekt? Nachdenken über Deutschland, Frankfurt/M.

Faini, Riccardo/Portes, Richard (Hrsg.) 1995: European Trade with Eastern Europe, London.

Garten, Jeffrey E.1993: Der Kalte Frieden. Amerika, Japan und Deutschland im Wettstreit um die Hegemonie, Frankfurt/M. (engl.1992).

Gervasi, Tom 1986: Moskaus Übermacht. Eine amerikanische Legende, Reinbek.

Glyn, Andrew/Sutcliffe, Bob 1994: Global aber führungslos? Die neue kapitalistische Ordnung, in: Österreichische Gesellschaft für Kritische Geographie (Hrsg.): Alte Ordnung – Neue Blöcke? Polarisierung im kapitalistischen Weltwirtschaft, Wien.

Gobeyn, Mark James 1993: Corporatist Decline in Advanced Capitalism, London.

Goodhart, David 1994: The Reshaping of the German Social Market, London.

Gratchev, Andrei 1994: La chute du Kremlin. L'empire du non-sens, Paris.

Guéhénno, Jean-Marie 1994: Das Ende der Demokratie, München/Zürich (franz.1993).

Hacke, Christian 1994: Die neue Bundesrepublik in den internationalen Beziehungen, in: Jäkkel, Hartmut (Hrsg.): Die neue Bundesrepublik, Baden-Baden.

Hacke, Christian 1993: Weltmacht wider Willen. Die Außenpolitik der Bundesrepublik Deutschland, 2.Aufl.Frankfurt/M./Berlin.

Halliday, Fred 1984: Frostige Zeiten. Politik im Kalten Krieg der 80er Jahre, Frankfurt/M.

Hartwich, Hans-Hermann (Hrsg.) 1993: Souveränität, Integration, Interdependenz. Staatliches Handeln in der Außen- und Europapolitik, Opladen.

Hein, Wolfgang 1994: Ungleichzeitige Entwicklung(en): Weltgesellschaftlicher Umbruch und die Schwierigkeiten auf dem Wege zu einer neuen Weltordnung, in: ders. (Hrsg.): Umbruch in der Weltgesellschaft. Auf dem Wege zu einer „Neuen Weltordnung"?, Hamburg.

Held, David 1991: Democracy, the Nation-State and the Global System, in: ders. (Hrsg.): Political Theorie Today, Cambridge.

Hirsch, Joachim 1993: Internationale Regulation. Bedingungen von Dominanz, Abhängigkeit und Entwicklung im globalen Kapitalismus, in: Das Argument 198.

Hirsch, Joachim 1980: Der Sicherheitsstaat. Das „Modell Deutschland", seine Krise und die neuen sozialen Bewegungen, Frankfurt/M.

Hirsch, Joachim/Roth, Roland 1986: Das neue Gesicht des Kapitalismus. Vom Fordismus zum Postfordismus, Hamburg.

Holloway, John 1993: Reform des Staats: Globales Kapital und nationaler Staat, in: Prokla 90, März.

Huffschmid, Jörg 1994: Globalisierung oder Blockbildung? Zur Struktur kapitalistischer Internationalisierung, in: Blätter für deutsche und internationale Politik, August.

Jessop, Bob 1994: Veränderte Staatlichkeit, Veränderungen von Staatlichkeit und Staatsprojekten, in: Dieter Grimm (Hrsg.): Staatsaufgaben, Baden-Baden.

Kaiser, Karl/Hanns W. Maull (Hrsg.) 1994: Deutschlands neue Außenpolitik. Bd.1: Grundlagen, München.

Keizer, Bernhard 1979: Le modèle économique allemand. Mythes et réalités, Notes et études documentaires, Nr. 4. 549-4, 550, 31. Dezember.

Kissinger, Henry A. 1994: Die Vernunft der Nationen. Über das Wesen der Außenpolitik, Berlin.

Knieper, Rolf 1991: Nationale Souveränität. Versuch über Ende und Anfang einer Weltordnung, Frankfurt/M.

Kramer, Heinz 1993: The European Community's Response to the ‚New Eastern Europe', in: Journal of Common Market Studies, Juni.

Krauthammer, Charles 1990/91: The Unipolar Moment, in: Foreign Affairs, Winter.

Krugman, Paul 1994: Europe jobless, America penniless?, in: Foreign Policy, 95, Sommer.

Krugman, Paul/Venables, Anthony J. 1994: Globalization and the inequality of nations, London.

Lacroix, Jean-Guy/Miège, Bernard/Trembley, Gaetan (Hrsg.) 1994: De la télématique aux autoroutes électroniques: le grand projet reconduit, Sainte-Foy/Québec.

Laidi, Zaki 1994: Un monde privé de sens, Paris.

Lallement, Rémi 1994: L'impact de l'unification sur le „modèle" allemand: bilan et perspectives, in: futuribles 190, September.

Lellouche, Pierre 1992: Le nouveau monde. De l'ordre de Yalta au désordre des nations, Paris.

Luttwak, E.N. 1994: Weltwirtschaftskrieg. Export als Waffe. Aus Partnern werden Gegner, Reinbek.

McNamara, Robert 1987: Blindlings ins Verderben. Der Bankrott der Atomstrategie, Reinbek.

Münch, Richard 1993: Das Projekt Europa. Zwischen Nationalstaat, regionaler Autonomie und Weltgesellschaft, Frankfurt/M.

Narr, Wolf-Dieter/Schubert, Alexander 1994: Weltökonomie. Die Misere der Politik, Frankfurt/M.

Nussbaum, Bruce 1984: Das Ende unserer Zukunft. Revolutionäre Technologien drängen die europäische Wirtschaft ins Abseits, München (engl.1993).

Ohmae, Kenichi 1992: Die neue Logik der Weltwirtschaft. Zukunftsstrategien der internationalen Konzerne, Frankfurt/M.

Porter, Michael E. 1990: The Competitive Advantage of Nations, London.

Prokla 40/1980. „Modell Deutschland". Anatomie und Alternativen.

Pryce-Jones, David 1995: Der Untergang des sowjetischen Reichs, Reinbek.

Quéau, Philippe 1995: Qui contrólera la cyper-économie?, in: Le Monde diplomatique, Februar.

Reich, Robert B. 1993: Die neue Weltwirtschaft. Das Ende der nationalen Ökonomie, Berlin (engl.1991).

Ruf, Werner 1994. Die neue Welt-UN-Ordnung. Vom Umgang des Sicherheitsrates mit der Souveränität der „Dritten Welt", Münster.

Schmidt, Peter 1995: Nato-Erweiterung: möglichst bald, in: Internationale Politik und Gesellschaft 2.

Schneider, Manfred 1994: Interview in: Frankfurter Allgemeine Magazin, Heft 755, 19. August.

Schwarz, Hans-Peter 1994: Die Zentralmacht Europas. Deutschlands Rückkehr auf die Weltbühne, Berlin.

Schwarz, Hans-Peter 1985: Die gezähmten Deutschen. Von der Machtbesessenheit zur Machtvergessenheit, Stuttgart.

Simon, Gerhard und Nadja 1993: Verfall und Untergang des sowjetischen Imperiums, München.

Simonis, Georg 1989: Internationale Restriktionen bei der Reindustrialisierung einer altindustriellen Region: Das Ruhrgebiet, in: Hartmut Elsenhans et al.: Frankreich, Europa, Weltpolitik. Festschrift für Gilbert Ziebura zum 65.Geburtstag, Opladen.

Thränert, Oliver 1995: Nato-Erweiterung? Vorerst nicht!, in: Internationale Politik und Gesellschaft 2.

Thurow, Lester 1993: Kopf an Kopf. Wer siegt im Wirtschaftskrieg zwischen Europa, Japan und den USA? Düsseldorf (engl.1992).

Wallace, William 1995: Deutschland als europäische Führungsmacht, in: Internationale Politik, Mai.

Weidenfeld, Werner 1995: Europa – Weltmacht im Werden, in: Internationale Politik, Mai.

Ziebura, Gilbert 1997: Die deutsch-französischen Beziehungen seit 1945. Mythen und Realitäten, Neuausgabe, Stuttgart.

Ziebura, Gilbert 1996: Gesellschaftlicher Wandel, Interdependenz und Regierungsfähigkeit in Frankreich: Die Krise des Nationalstaats, in: Schmitz, Mathias (Hrsg.): Politikversagen? Parteienverschleiß, Bürgerverdruß?, Schriftenreihe der Europa-Colloquien im Alten Reichstag, Bd.3, Regensburg.

Ziebura, Gilbert 1994a: Anfang vom Ende der Europäischen Union?, in: Die Neue Gesellschaft/Frankfurter Hefte, Dezember.

Ziebura, Gilbert 1994b: Europäische Union und Gesellschaft, in: Thränert, Oliver (Hrsg.): Europäische Union und Europa, Friedrich-Ebert-Stiftung, Studie zur Außenpolitik Nr. 63, Bonn.

Ziebura, Gilbert 1992: Nationalstaat, Nationalismus, supranationale Integration. Der Fall Frankreich, in: Leviathan 4.

Ziebura, Gilbert 1990: Die Rolle der Sozialwissenschaften in der westdeutschen Historiographie der internationalen Beziehungen, in: Geschichte und Gesellschaft 1.

Ziebura, Gilbert 1988: Ost-West- und Nord-Süd-Beziehungen im Zeichen der Doppelkrise von Weltwirtschaft und Weltpolitik seit 1974/75, in: Calließ, Jörg (Hrsg.): Der West-Ost-Konflikt. Geschichte, Positionen, Perspektiven, Paderborn.

Ziebura, Gilbert 1982: Die Krise des transatlantischen Systems und die Zukunft der deutsch-amerikanischen Beziehungen, in: Weltpolitik. Jahrbuch für internationale Beziehungen, 2.

Gerd Junne

2.2 Die Dienstleistungsgesellschaft – Wandel der internen Konstitutionsbedingungen

2.2.1 Einleitung

Der Begriff „Modell Deutschland" prangte in den 70er Jahren auf den Wahlplakaten der Sozialdemokraten. Kritische Sozialwissenschaftler setzten den Begriff in Anführungsstriche: Sie probierten, die Kehrseite der Medaille deutlich zu machen (Rationalisierung statt Ausbreitungsinvestitionen, zunehmende Arbeitslosigkeit, stagnierende Löhne, Steuererhöhungen, Einsparungen, Spaltung der Gesellschaft).[1] In dem vorliegenden Beitrag wird das „Modell Deutschland" weder im werbenden Sinne noch ironisch betrachtet. Die Kurzformel „Modell Deutschland" wird benützt, um eine Reihe von Eigentümlichkeiten der deutschen Wirtschaftsentwicklung zusammenzufassen (Überindustrialisierung, Spezialisierung auf (nicht standardisierte) Investitionsgüter, starke Exportorientierung, hohe Qualifikation der Arbeitskräfte, stabile Arbeitsbeziehungen, koordinierende Rolle der Banken). Diese Eigentümlichkeiten haben dazu beigetragen, daß sich die deutsche Wirtschaft nach zwei Weltkriegen und mehreren Weltwirtschaftskrisen regelmäßig schnell erholte und noch immer in der internationalen Arbeitsteilung eine Spitzenposition einnimmt, daher der Ausdruck „Ultrastabilität": Vorübergehend aus dem Gleichgewicht gebracht ist Deutschland in diesem Jahrhundert regelmäßig wieder auf einen der ersten Plätze in der Rangfolge der Industriestaaten zurückgekehrt, ob es um den Anteil am Welthandel geht, die Höhe der Exportüberschüsse, das Bruttosozialprodukt oder das Einkommensniveau.

In diesem Beitrag wird die Frage gestellt, inwiefern die gegenwärtigen Veränderungen der Weltwirtschaft diese Ultrastabilität beeinträchtigen. In dem folgenden Text soll zunächst die Ultrastabilität der deutschen Wirtschaft in diesem Jahrhundert beschrieben werden. Für die verschiedenen Zeitabschnitte läßt sich zeigen, wie sich die genannten Eigentümlichkeiten immer weiter verstärkt haben, die ihrerseits wieder zu einer prominenten Weltmarktposition führten. Danach wird besprochen, welche gegenwärtigen politischen und ökonomischen Veränderungen eine Herausforderung für das „Modell Deutschland" formen. Mit einer ganzen Reihe dieser Herausforderungen kann das Modell Deutschland wahrscheinlich fertig werden. Aber die allgemeine Verschiebung der Gewichte von der Industrie zum Dienstleistungs-Sektor stellt angesichts der deutschen Wirtschaftsstruktur ein ernsthaftes Problem dar. Es ist diese Verschiebung, die die Schlußfolgerung nahelegt, daß die Utrastabilität ihrem Ende zugeht. Von einer ultrastabilen Wirtschaft droht die deutsche Wirtschaft zu einer besonders krisenanfälligen Wirtschaft zu werden.

---

1   Vgl. Die Beiträge in Heft 1/1979 der Zeitschrift Leviathan.

2.2.2 Die Ultrastabilität des „Modell Deutschland"

Deutschland hat sich vergleichsweise spät – eigentlich erst nach der Reichsgründung – industrialisiert. Das hat, wie Gerschenkron[2] beschrieben hat, zu einem starken Eingreifen des Staates in den Industrialisierungsprozeß geführt und zu einer Reihe von organisatorischen Neuerungen, die sich im weiteren Verlauf als relativ erfolgreich erwiesen.

Der Industrialisie-
rungsprozeß
vor dem
Ersten Weltkrieg

Der Zwang, dem Wettbewerbsdruck etablierter Konkurrenten standhalten zu müssen, und die Schwäche des Handelskapitals brachten von Anfang an eine prominente Rolle der Banken im Industrialisierungsprozeß mit sich. Die relative Armut Deutschlands im 19. Jahrhundert (das Fehlen eines Massenmarktes), das Tempo des nachholenden Industrialisierungsprozesses und der Zeitpunkt der Industrialisierung (kurz vor dem Aufbau der Industrie in anderen Teilen Kontinentaleuropas) führten zu einer Spezialisierung auf den Maschinenbau. Diese Spezialisierung schloß gut an das hohe technische Niveau an, das in Deutschland bestand, u.a. durch die verschiedenen technischen Universitäten, die bereits vor der Industrialisierung errichtet worden waren. Die prominente Rolle, die Deutschland gegen Ende des Jahrhunderts beim Aufbau der damals neuen Industrien, der Chemie- und der Elektro-Industrie, spielte, unterstrich diese Spezialisierung und förderte zugleich die starke Export-Orientierung.

Maschinenbau, Elektro- und Chemieindustrie brachten einen Bedarf an relativ qualifizierten Arbeitskräften mit sich. Der hohe Qualifikationsgrad ebnete den Weg zu vergleichsweise kooperativen Arbeitsbeziehungen: Arbeiter wurden schon früh als „Humankapital" betrachtet und weniger stark einer „hire & fire"-Politik ausgesetzt. Die Stärke der Sozialdemokratie führte mit dem frühen Ausbau der Sozialversicherung zu einem sozialen Auffangnetz, das den reformistischen Flügel der Arbeiterbewegung stärkte.

Deutschland besaß keine wesentlichen Kolonien. Das Handelskapital hatte nur geringen Einfluß. Der fehlende Reichtum aus kolonialem Handel hatte einen unterentwickelten Inlandsmarkt zur Folge. Die Landwirtschaft war durch relativ kleine Höfe im Westen und ein relativ rückständiges Niveau im Osten geprägt und brachte nur wenig Agrarkapitalisten hervor, die ihr Kapital in die Industrie investierten. Aktien waren darum zu erheblichem Teil im Besitz von Banken, die eine längerfristige Orientierung aufwiesen als individuelle Aktionäre.

Der Erste Weltkrieg

Der Erste (wie später auch der Zweite) Weltkrieg hat die bestehende Spezialisierung noch weiter gefördert. Schließlich handelt es sich bei Maschinenbau, Elektro- und Chemieindustrie um Branchen, die für die Herstellung von Kriegsgerät unentbehrlich waren. Die Kriegssituation schränkte den Ausbruch von Arbeitskonflikten ein. Der Krieg trug zur Spaltung der Arbeiterklasse bei, wobei sich der nicht revolutionäre Flügel in starkem Maße mit dem Staat identifizierte.

Die
Zwischenkriegszeit

Der Zwang zur Erwirtschaftung der Devisen, die zur Bezahlung der Reparationen notwendig waren, hat in der Zwischenkriegszeit die Export-Orientierung

---

2   Siehe *Gerschenkorn*, Alexander, Economic Backwardness in Historical Perspective, Cambridge, Mass. (Harvard University Press) 1962; *Schwartz*, Herman M., States versus Markets. History, Geography, and the Development of the International Political Economy, London (Macmillan), 1994, S. 98-100.

weiter verstärkt. Inflation und Weltwirtschaftskrise führten zu einer weiteren Konzentration der Wirtschaft und stärkten the Rolle der Banken.

Die Rüstungswirtschaft der Nationalsozialisten verstärkte noch einmal das einseitige Spezialisierungsprofil. Der Korporatismus der er internationaler Konkurrenz einen erheblichen Konkurrenzvorteil bedeuten (Verläßlichkeit der Lieferung). Und schließlich lieferte der Umbau der Weltwirtschaft eine erhebliche internationale Nachfrage nach Maschinen, auch wenn der Maschinenbau sich stark zunehmender Konkurrenz vor allem aus Japan gegenübersah.

So florierte bis Anfang der 80er Jahre das „Modell Deutschland". Deutsche Unternehmen hatten in vielen Sektoren nicht unbedingt eine Spitzenpositio inne, aber waren häufig „Gute Zweite"[3] in mehreren verschiedenen Bereichen zugleich. Durch die Integration von Kenntnissen aus den verschiedenen Bereichen konnten sie häufig wegen ihrer großen Breite komplette Systeme anbieten, die ihrerseits sehr wohl eine Spitzenposition auf dem Weltmarkt einnehmen. Diese Stärke erwies sich erst in den 80er Jahren als anfällig, als die Einführung neuer Technologien und ein schnelleres Tempo des technischen Wandels eine stärkere Spezialisierung nahelegte, als die deutschen Großunternehmen aufwiesen. Das Problem wurde jedoch nicht unmittelbar sichtbar, weil die kürzeren Lebenszyklen für die Maschinenparks und der Aufstieg neuer industrieller Zentren in der „Dritten Welt" zunächst einmal einen neuen Auftragsschub mit sich brachten.

In einem von Peter Katzenstein herausgegebenen Band[4], der kurz vor der Wiedervereinigung erschien, wurde untersucht, inwiefern drei aktuelle Tendenzen die Position der Bundesrepublik auf dem Weltmarkt beeinträchtigen würden, und zwar a) die Auswirkungen der flexiblen Automatisierung in den Unternehmen, b) das „Greening of the economy" auf nationaler Ebene, und schließlich c) die Politisierung der Internationalen Wirtschaftsbeziehungen. Die Antwort lief darauf hinaus, daß das Modell Deutschland nicht bedroht sei, da

- die flexible Automatisierung sich relativ reibungslos einführen läßt in einem Land mit hochqualifizierten Arbeitern wie der Bundesrepublik,
- das „Greening of the economy" in Deutschland die Entwicklung von neuen Technologien nicht nur nicht behindert, sondern sie fördert und im In- und Ausland eine Nachfrage schafft nach neuen Maschinen, die zu einem erheblichen Teil aus der BRD kommen (z.B. die Gasturbinen von Siemens mit dem höchsten Effizienzgrad der Energie-Erzeugung), und
- die Politisierung der Internationalen Wirtschaftsbeziehungen der BRD wenig anhaben kann, weil der größte Teil des Maschinenbaus maßgefertigt ist und gegen den Investitionsgütersektor wenig protektionistische Barrieren errichtet werden.

---

3   Vgl. *Junne,* Gerd, „Multinationale Konzerne in ‚High-Technology'-Sektoren. Oder: Wie gut ist die Strategie vom guten Zweiten?", in: *Mettler,* Peter (Hrsg.), Wohin expandieren multinationale Konzerne? Frankfurt (Haag+Herchen), 1985, S. 1-23.

4   *Katzenstein,* Peter J. (ed.), Industry and Politics in West Germany. Toward the Third Republic, Ithaca/London (Cornell University Press), 1989.

2.2.3 Herausforderungen durch neue Veränderungsprozesse

Inwiefern gibt es nun neue Entwicklungen, die Anlaß sein könnten, diese optimistische Einschätzung zu revidieren? Haben in den letzten Jahren Veränderungsprozesse eingesetzt, die die Ultrastabilität des „deutschen Modells" in Frage stellen könnten?

Gegenwärtig scheint nicht mehr die Politisierung der Wirtschaftsbeziehungen im Vordergrund zu stehen, sondern geht es eher um eine zunehmende Entpolitisierung der Wirtschaftsbeziehungen im Rahmen der Durchsetzung des neoliberalen Wirtschaftsmodells. Die Implikationen dieser Durchsetzung für die Bundesrepublik sollen im folgenden untersucht werden. Teilaspekte dieser Tendenz sind die Internationalisierung der Finanzierungsströme und der abnehmende Einfluß der Gewerkschaften. Eng damit zusammen hängt die Globalisierung der Wirtschaft. Zentral in dem Argument vom Ende der Utrastabilität steht schließlich der Übergang zur Dienstleistungs- und Informationsgesellschaft.

2.2.3.1 Die Ausbreitung des Neoliberalismus

Die Internationa-
lisierung der
Finanzströme

Der internationale Kapitalverkehr ist mittlerweile weitgehend liberalisiert (und da, wo noch Grenzen bestehen, können diese leicht umgangen werden). Auch die deutschen Banken haben sich immer stärker international orientiert. Die Gewinne im Auslandsgeschäft liegen häufig höher als die im Inland. Dies bedeutet, daß die Banken in der BRD auf lange Sicht nicht mehr die gleiche koordinierende und unterstützende Rolle spielen werden wie in der Vergangenheit. Denn je mehr sich die Banken am internationalen Geschäft beteiligen, um so mehr müssen sie sich in ihren eigenen Geschäftsresultaten messen lassen an der Konkurrenz. Die langfristigen Anlagen in der deutschen Industrie erbringen häufig nicht genug Rendite. Zum anderen wird auch immer deutlicher, daß die Banken-Vertreter in den Aufsichtsräten ihre Rolle nicht ausreichend erfüllen können. Angesichts der rasanten Entwicklungen auf unterschiedlichen Teilmärkten fehlt ihnen häufig die branchenspezifische Übersicht. Auch auf der Seite der Industrie wird die enge Bindung an einzelne Banken oft eher als lästig statt als hilfreich erfahren. Wenn im Rahmen zunehmender internationaler Zusammenarbeit der Industrie in den Aufsichtsräten Platz geschaffen werden muß für ausländische Kapitaleigner oder Kooperationspartner, dann geschieht dies häufig auf Kosten der Vertreter der Banken. Die intensive Vertretung von Banken in den Aufsichtsräten wird besonders dann zum Problem, wenn es sich um national orientierte Bankiers handelt, die zwar durch ihren Sitz in anderen deutschen Aufsichtsräten Verbindungen zu anderen deutschen Unternehmen haben, aber nicht zu internationalen Unternehmen.

In Zeiten von schnellen Veränderungen zögern viele Unternehmen mit Investitionen und halten ihre Mittel lieber flüssig, z.B. um – wenn sich die Möglichkeit ergibt – andere Unternehmen aufzukaufen oder Beteiligungen zu erwerben. Sie werden selbst zu Banken für ihre eigenen Tochter-Unternehmen. In Großunternehmen überwiegt die unternehmensinterne Finanzierung. Umgekehrt sinkt bei den Banken die Bereitschaft, sich langfristig festzulegen. Ihre Beratungstätigkeit bei der Beschaffung von internationalen Mitteln nimmt im Vergleich zur direkten Kreditvergabe zu, wodurch die Bindungen zu den Unternehmen sehr viel lockerer werden, weil die Banken nicht mehr die eigentlichen Kreditgeber sind und damit auch weniger Interesse an den Unternehmen haben.

Wenn in den kommenden Jahren die Europäische Währungsunion zustande kommt, wird sich dieser Prozeß noch beschleunigen. Mit der Währungsunion werden auch die Barrieren abgebaut, die Banken aus den verschiedenen Mitgliedsländern der Europäischen Union davon abgehalten haben, sich in anderen europäischen Ländern zu engagieren. Die Währungsunion bringt eine erhebliche Verschärfung der Konkurrenz zwischen den Banken mit sich. Auch dieser Prozeß wird dazu beitragen, daß das Verhältnis zwischen Banken und anderen Unternehmen durch eine größere Unabhängigkeit geprägt werden wird.

Geht man davon aus, daß die Banken in der Zukunft weniger in deutschen Unternehmen vertreten sind, schafft das Probleme? Kaum, denn ihre besondere Rolle im deutschen Modell wird immer mehr durch andere Institutionen übernommen. Als Beschaffer von Risiko-Kapital haben die Banken keine besonders prominente Rolle gespielt, dafür war ihre Finanzierungspolitik zu vorsichtig. In dem Maße, in dem das eigentliche Kapital einer Firma immer weniger im Fabriksgelände, Gebäuden und Maschinen sitzt, sondern in den Köpfen der Beschäftigten, wird es für Banken noch problematischer, diese Rolle zu spielen. Ihre Funktion als Kreditgeber von kleinen Unternehmen werden sie weiter erfüllen. Ihre Umstrukturierungs-Funktion verliert an Bedeutung; hier werden häufiger internationale Konstruktionen gewählt werden.

Ihre Koordinations-Funktion (Netzwerk-Funktion) werden sie weniger erfüllen, aber an deren Stelle treten andere Netzwerke, die wahrscheinlich für die betroffenen Unternehmen wichtiger sind. Ihre Funktion als Informationsquelle über Möglichkeiten im Außenhandel gerade für kleine und mittelgroße Unternehmen nimmt ab. Mit der Sturzflut von Informationen, die via Internet erhältlich sind, können auch kleinere Unternehmen leichter selbst an die benötigten Informationen kommen.

Wird das „Modell Deutschland" durch die Lockerung der Bindungen zwischen Banken und Unternehmen angetastet? Eines der sechs in der Einleitung genannten Kennzeichen verliert an Bedeutung, aber den Erfolg der deutschen Wirtschaft auf dem Weltmarkt braucht dies nicht zu beeinträchtigen. Die Koordination des Handelns vieler Unternehmen durch eine Reihe von Großbanken wirft nicht mehr die Vorteile ab, die früher damit zu erreichen waren. Sie ist eher zum Hindernis geworden.

Die Gewerkschaften haben in den letzten Jahren erheblich an Bedeutung eingebüßt. Das hat seine Ursachen in

Die verminderte Bedeutung der Gewerkschaften

– stärkerem internationalen Konkurrenzdruck,
– erhöhter Arbeitslosigkeit,
– zunehmender Einwanderung,
– Veränderungen in der Zusammensetzung der Arbeitnehmerschaft (allgemein höhere Qualifikation),
– Übergang zu Teilzeitarbeit, flexibeler Arbeit, Leiharbeit,
– anderer Arbeitsorganisation in den Unternehmen,
– Differenzierung zwischen Unternehmen.

Aufgrund dieser Prozesse verlieren die Gewerkschaften an Attraktivität. Um diese wieder zu erlangen, müssen sie just zu Aktionen übergehen, die den Arbeitsfrieden eher stören statt erhalten. Die stabilisierende Rolle der Gewerkschaften dreht sich also eher um. Die deutschen Gewerkschaften werden „normaler", vom internationalen Standpunkt aus gesehen.

Die Integrationsleistung, die die deutschen Einheitsgewerkschaften zustande gebracht haben, ist gar nicht mehr gefragt, oder kann nicht mehr erbracht werden, und zwar aus drei Gründen:

a) Die Gewerkschaften erreichen nicht mehr die Glieder der Gesellschaft, die fur Unruhe sorgen könnten (vor allem Jugendliche, die wenig Chancen auf dem Arbeitsmarkt haben).

b) Die Disziplinierung der Arbeiterschaft geschieht durch die internationale Konkurrenz und durch die kontinuierliche Bedrohung mit Umstrukturierung der Unternehmen und Entlassungen.

c) Die Gewerkschaften werden immer weniger interessant für ihren eigenen traditionellen Kern von qualifizierten Facharbeitern, der zugleich auch die „Kernarbeiterschaft" in den Unternehmen ausmacht. Dies sind gerade die durch die Unternehmen umworbenen Arbeitskräfte, die in zunehmendem Maße innerhalb der Unternehmen ihre eigenen Anliegen durchsetzen können. Immer mehr Unternehmen streben danach, die „Kern-Arbeiterschaft" in die Formulierung von Unternehmensstrategien mit einzubeziehen, um über einen höheren Grad von Partizipation und „empowerment" einen Konkurrenzvorsprung zu erzielen.

Wieder lautet die Frage: Ist dies für das „Modell Deutschland" ein Problem? Nein, denn die Integrationsleistung bleibt im Kern erhalten, sei es durch äquivalente Mechanismen (Unternehmensstrategien, internationale Konkurrenz) und nicht mehr durch die Gewerkschaften. Ein Problem für das Modell Deutschland ist nur, daß dieselben Mechanismen auch in anderen Ländern wirksam sind. Das bedeutet, daß die Bundesrepublik ihren spezifischen Konkurrenzvorteil zu verlieren droht, der sich in der Vergangenheit aus einem größeren Arbeitsfrieden und einem kooperativeren Kapital-Arbeit-Verhältnis ergeben hat. Sozialer Frieden und politische Stabilität sind inzwischen auch andernorts zu haben.

Damit sind wir bei dem zweiten großen Bereich von Veränderungstendenzen angelangt: der Globalisierung der Weltwirtschaft.

2.2.3.2 Auswirkungen der Globalisierung

„Globalisierung" ist eine Kurzformel für eine Reihe von Tendenzen, von denen die folgenden hier angesprochen werden sollen:

–   die allgemeine Zunahme der internationalen Konkurrenz, insbesondere durch
–   die zunehmende Prominenz Südost-Asiens in der Weltwirtschaft,
–   die zunehmende Konkurrenz aus Osteuropa,
–   der Ausbau der EG (zum Teil als Antwort auf die angesprochenen Herausforderungen),
–   die Zunahme von internationalen Migrationsströmen,
–   die Schwächung des nationalstaatlichen Interventionsniveaus.

Globalisierung heißt, daß bei allen wichtigen Unternehmensentscheidungen zunehmend weltweit gesucht wird nach

–   den billigsten und am besten qualifizierten Arbeitskräften,
–   den geeignetsten Zulieferern,
–   den fortgeschrittensten Technologien,
–   den günstigsten Standorten,
–   den optimalen Allianzpartnern,
–   den vorteilhaftesten Absatzmöglichkeiten.

Die neuen Kommunikationsmedien erlauben eine viel höhere Transparenz der internationalen Märkte und erleichtern damit die Suche nach internationalen Geschäftspartnern. Vor allem in Südostasien und in Osteuropa besteht eine umfangreiche, gut geschulte Arbeiterschaft. Während in den 60er und 70er Jahren die Konkurrenz aus den Niedriglohn-Ländern vor allem die arbeitsintensiven Bereiche mit niedrigem Qualifikationsgrad traf, sehen sich jetzt immer mehr Bereiche der intensiven Konkurrenz ausgesetzt.

Wie bei dem Konkurrenzvorteil des Arbeitsfriedens wird der Vorteil der hohen Qualifikation der Arbeitskräfte nicht in Frage gestellt durch Entwicklungen in der Bundesrepublik selbst (obwohl das Bildungssystem einiges zu wünschen übrig läßt, aber das ist andernorts nicht anders). Der Konkurrenzvorteil wird relativiert (und eventuell sogar aufgehoben) durch Veränderungen in anderen Ländern, die probieren, ähnliche Strukturen aufzubauen, wie sie in der Bundesrepublik bestehen.

Während die zunehmende Konkurrenz auf diese Weise Probleme schafft, hat sie auf der anderen Seite auch einen positiven Einfluß auf die deutsche Wettbewerbsfähigkeit. Die starke Konkurrenz führt zu einer anhaltenden Umstrukturierung der Weltwirtschaft. Davon kann der Investitionsgütersektor nur profitieren, vorausgesetzt, daß der Sektor im Wettbewerb mit anderen potentiellen Lieferanten bestehen kann.

Die schnellste Umstrukturierung ist gegenwärtig in Südostasien im Gange. Davon profitiert auch die deutsche Investitionsgüterindustrie, aber nicht in demselben Maße wie Japan. Auf Grund der geografischen Lage und der besseren Vertrautheit mit den regionalen Märkten (und vielleicht auch dem besser angepaßten Produktsortiment) ist die japanische Investitionsgüterindustrie hier deutlich im Vorteil.

Dabei ist die Tatsache, daß die schnelle Industrialisierung von einer Reihe von asiatischen Ländern vor allem für die japanische Industrie zu Aufträgen führt, auch relevant für die Konkurrenzsituation auf Drittmärkten. Die japanischen Unternehmen realisieren mit ihren Exporten in die eigene Region denselben Effekt (in größerem Maßstab), den sie bisher durch die Lieferungen auf ihrem eigenen beschützten Inlandsmarkt erzielten: nämlich erhebliche „economies of scale" und einen hohen cash-flow, der es ihnen möglich macht, ihre Produkte auch auf anderen Märkten preiswert anzubieten.

Für die Bundesrepublik mit ihrem spezifischen Spezialisierungsprofil ist nicht so sehr die Konkurrenz aus den „Newly Industrializing Countries" (NICS) bedrohend, als vielmehr die Konkurrrenz aus Japan, weil Japan ein bedeutender Konkurrent im Bereich der Investitionsgüter ist. Dabei ist von erheblicher Be-

deutung, daß die japanische Konkurrenz in zunehmenden Maße gerade auch in
den Marktsegmenten aktiv wird, in denen bisher die deutsche Industrie eine starke Position hatte: im Bereich der maßgefertigten Maschinen und Ausrüstungen.
Die japanischen Unternehmen beschränken sich nicht länger auf den Massen-
markt (für Motoren, Drehbänke etc.) für relativ billige Standardprodukte, sondern dringen immer mehr in das Top-Segment des Marktes ein.

Um der Konkurrenz standhalten zu können, ist der deutsche Maschinenbau
immer häufiger gezwungen, Standard-Komponenten aus anderen Ländern (und
in zunehmendem Maße aus Südostasien) zu importieren. Das bedeutet, daß die
Industrie zwar bestehen bleibt, aber ausgehöhlt wird: Der Mantel bleibt erhalten
(und die Produktion von speziellen Teilen), aber ein immer größerer Teil der
Wertschöpfung findet andernorts statt.

Dem Vorrücken der japanischen Unternehmen außerhalb Asiens sind allerdings dieselben Grenzen gesetzt, mit denen sich deutsche Unternehmen in Südostasien konfrontiert sehen. Um ihre Produkte absetzen zu können, haben die
Unternehmen einen guten Service (bei der Installation, der Integration in andere
Anlagen, der Wartung etc.) nötig. Dieser Service läßt sich nur schwierig über
größere Entfernungen erbringen. Darum brauchen deutsche Unternehmen nicht
zu fürchten, daß ihnen auch die europäischen Märkte verloren gehen. Auf dem
amerikanischen Markt, zu dem die Europäer und die Japaner im wesentlichen
dieselbe Distanz aufweisen, haben die japanischen Unternehmen freilich in den
letzten Jahren erhebliche Fortschritte verbucht, vor allem zu Lasten ihrer amerikanischen Konkurrenten, aber auch zum Leidwesen europäischer (deutscher)
Wettbewerber.

Die zunehmende
Konkurrenz aus
Osteuropa

Einen räumlichen Vorteil hat die deutsche Industrie dagegen zweifellos in
Osteuropa. Hier ist nur die Frage, wie zahlungskräftig die Wirtschaft der osteu-
ropäischen Länder in Zukunft ist. Der Investitionsbedarf ist ungeheuer, aber die
Finanzkraft sehr bescheiden.

Um die Exporte mach Osteuropa zu stimulieren, wird die Europäische Union in der Zukunft mehr Waren aus Osteuropa auf dem westeuropäischen Markt
zulassen müssen. Dabei geht es vor allem um Halbfabrikate (Aluminium, Stahl,
petrochemische Produkte), mode-unabhängige Konsumgüter und landwirtschaft-
liche Produkte. Das trifft nicht den Kern der deutschen Konkurrenzposition,
sondern führt eher zu komplementären Strukturen.

In zunehmendem Maße wird das Spektrum von Waren größer, mit dem osteuropäische Länder im Westen konkurreren können, weil westliche Unternehmen die Produktion in Osteuropa aufnehmen, mit deutschen Unternehmen an der
Spitze. Bisher erstreckten sich die Investitionen in erster Instanz auf den Aufkauf
von Unternehmen, um für den Markt in Osteuropa selbst zu produzieren. Aber
angesichts der geringen Entfernungen, der enormen Lohn-Unterschiede und der
hohen Qualifikation (und Disziplin) der Arbeitskräfte liegt es besonders vor der
Hand, in Osteuropa auch für den westeuropäischen Markt zu produzieren. Vor
allem in den Grenzgebieten zur Bundesrepublik kann sich eine ähnliche Situation ergeben wie in der Grenzregion im Norden Mexikos, wo sich hunderte van
amerikanischen Unternehmen niedergelassen haben, um für den Markt in den
Vereinigten Staaten zu produzieren. In den an die Bundesrepublik angrenzenden
Teilen Polens und der Tschechei können auf die gleiche Weise „verlängerte

Werkbänke" entstehen, an denen ein Teil der Produktion in unmittelbarer räumlicher Nähe wesentlich kostengünstiger abgewickelt werden kann. Für die immer wichtiger werdende „High-tech"-Produktion fallen die Lohnunterschiede freilich immer weniger ins Gewicht: Sie machen gegenwärtig lediglich acht Prozent der Gesamtkosten aus.[5] Die Einbeziehung der osteuropäischen Grenzregionen in die firmeninterne Arbeitsteilung verbessert die Konkurrenzposition der betroffenen Unternehmen, aber trägt gleichzeitig zur zunehmenden Arbeitslosigkeit in der Bundesrepublik bei.

In der Vergangenheit hat gerade der anhaltende Zustrom von Arbeitskräften aus dem Osten (erst aus den Gebieten jenseits von Oder und Neiße, dann der DDR) zur Aufrechterhaltung des Modell Deutschland beigetragen. Der hohe Zufluß an Einwanderern in jüngster Zeit bringt jedoch neue Probleme mit sich, da er zu einer Zeit anhaltender Arbeitslosigkeit erfolgt und die Zuwanderer andere vom Arbeitsmarkt zu verdrängen drohen, was zu politischen Konflikten und zu einer Erhöhung der Sozialausgaben führt, wodurch die kollektiven Lasten weiter steigen und die Konkurrenzfähigkeit beeinträchtigt wird.

> Die Zunahme der internationalen Migrationsströme

Trotz aller grassierenden Europa-Unlust wird die zunehmende Globalisierung auch zu einer weiteren Intensivierung der europäischen Integration beitragen, die zugleich einen gewissen Schutz gegen die weltweite Konkurrenz bietet, zum anderen mit dem großen Binnenmarkt auch eine bessere Ausgangsposition auf den Weltmärkten schaffen soll. Die Schutzfunktion des europäischen Marktes tritt im Zeitalter der Dominanz neoliberalen Gedankenguts jedoch immer mehr in den Hintergrund. Die Europäische Union wirkt viel mehr als eine Art „Büchsenöffner", durch den regulierte nationale Märkte geöffnet werden, aber nicht nur für europäische Konkurrenten, sondern für die Weltmarktkonkurrenz insgesamt. Insofern ist der Ausbau der Europäischen Union keine Alternative zur Globalisierung, sondern eher ein Instrument der Globalisierung.

> Der Ausbau der Europäischen Union

2.2.3.3 Die Dienstleistungs- und Informationsgesellschaft

Die genannten Veränderungen beeinträchtigen nicht die absolute, aber sehr wohl die relative Position der Bundesrepublik auf dem Weltmarkt. Aber dieser zugenommenen Gefährdung stehen, wie wir gesehen haben, auch eine Reihe von Pluspunkten gegenüber. Die unaufhörliche Umstrukturierung der Weltwirtschaft schafft kontinuierlich eine neue Nachfrage nach Investitionsgütern.

Aber was geschieht, wenn diese Investitionsgüter in zunehmendem Maße selbst automatisch produziert werden? Die flexibele Automatisierung hat dazu beigetragen, daß auch die Produktion kleiner Losgrößen automatisiert werden kann. Selbst die Produktion von Einzelstücken kann durch die Integration von Computer-gesteuertem Design und Computer-gesteuertem Manufacturing (CAD/-CAM) weitgehend automatisch geschehen. Obendrein wird in immer mehr Bereichen die Produktion von Komponenten oder ganzen Modulen an spezialisierte Zulieferer überlassen, die auf ihrem Gebiet wieder so hohe „economies of scale"

---

5   Einer Verlautbarung des sächsischen Wirtschaftsministeriums zufolge, siehe Financial Times, 8. Oktober 1996.

und Standardisierung der Teilefertigung realisieren können, daß sich die Automatisierung der Produktion lohnt.

Die produziertenInvestitionsgüter selbst werden immer häufiger programmierbar. Das heißt, daß bei einer Umstrukturierung der Produktion nicht ein neuer Maschinenpark angeschafft zu werden braucht, sondern die bestehenden Maschinen umprogrammiert werden können. Dies reduziert ebenfalls den Gesamtbedarf an neuen Maschinen. Statt neuer Hardware ist häufig neue Software erforderlich. Und hier hapert es mit dem deutschen Angebot. Bei der Software-Entwicklung im breitesten Sinne hinkt die deutsche Wirtschaft erheblich hinter dem Ausland her (selbst die französische Konkurrenz hat auf diesem Gebiet einen besseren Namen).

Das Schwergewicht von Investitionen verschiebt sich immer mehr von der Hardware- zur Software-Seite. Verhielten sich die Anteile an den Gesamtkosten von Automatisierungsprozessen früher noch 90 Prozent (Hardware) zu 10 Prozent (Software), so hat sich dieses Verhältnis nahezu umgekehrt. Diese Verschiebung ist fatal für die deutsche Industrie, deren Angebot nicht in gleicher Weise umstrukturiert worden ist.

Neben der immer wichtigeren Software liefert soziale Innovation einen entscheidenden Beitrag für die Produktivitätssteigerung und den Entwurf neuer Produkte. Zu lange hat man in Europa auf die in Japan stationierten Roboter geschielt und die andere Aufgabenverteilung unter den Beschäftigten übersehen. Die Verbesserung der Kommunikationsstrukturen kann in den meisten Unternehmen einen viel größeren Beitrag zur Erhöhung der Produktivität leisten als ein nagelneuer Maschinenpark. Die Chance, daß neue Produktionskonzepte durch andere Länder aus der Bundesrepublik importiert werden, ist freilich gering. Für nennenswerte soziale Innovationen ist die Bundesrepublik nicht bekannt.

Wir müssen uns mit dem Gedanken vertraut machen, daß in der nicht mehr all zu fernen Zukunft die industrielle Produktion einen Beitrag von weniger als 10 Prozent zum Bruttosozialprodukt liefern und auch nicht mehr als 10 Prozent aller Arbeitsplätze bieten wird. Wie wird es dann um die Konkurrenzkraft der Bundesrepublik bestellt sein? Selbst wenn die internationals Wettbewerbsposition der Bundesrepublik ungebrochen bleibt, dann kann es doch sein, daß angesichts des gesunkenen Anteils des Maschinenbaus und anderer Industriezweige, in denen die deutsche Wirtschaft stark ist, am gesamten Investitionsvolumen die Einkommen, die hierdurch generiert werden, nicht ausreichen, um damit die gesamte Wirtschaft über Wasser zu halten. Die traditionelle Überindustrialisierung, d.h. ein größerer Anteil der Industrie an der Gesamtwirtschaft als in vergleichbaren anderen Ländern, kann fatal sein, wenn die Industrie weltweit eine untergeordnete Position gegenüber dem Dienstleistungssektor einnimmt.

Nun ist der Anteil des Dienstleistungssektors in verschiedenen Volkswirtschaften schwierig miteinander zu vergleichen, weil von Land zu Land andere Firmenstrukturen bestehen, die jewels in unterschiedlichem Maße Industrie und Dienstleistung miteinander kombinieren. In der Bundesrepublik werden vergleichsweise viel Dienstleistungen von Unternehmen erbracht, die in erster Instanz als Industrieunternehmen bekannt sind. In anderen Ländern sind die entsprechenden Sektoren oft ausgegliedert und in reinen Dienstleistungs-Unternehmen untergebracht. Hierdurch wird der Dienstleistungs-Anteil an der deutschen Wirtschaft wahrscheinlich deutlich unterschätzt.[6]

Die stärkere Integration von Dienstleistungs-Aktivitäten in die Industrie ist jedoch selbst ein Strukturdefekt. Durch die Integration der Dienstleistungen wird häufig wenig Spezialisierung erreicht, wird weing Kontakt unterhalten mit anderen Abnehmern und Zulieferern, die Anstöße zu Innovationen geben könnten, und werden keine „economies of scale" realisiert die die Dienstleistungen selbst produktiver machen würden. Dadurch bleibt der an Industrie-Unternehmen gebundene Dienstleistungssektor wahrscheinlich relativ unterentwickelt. (Auch in dieser Hinsicht ähnelt die Bundesrepublik Japan, wo der Kontrast zwischen der hochautomatisierten Industrieproduktion und dem vergleichsweise archaischen Dienstleistungsbereich innerhalb der Unternehmen freilich noch viel krasser ist.) Die Integration des Dienstleistungssektors in Industrieunternehmen beeinträchtigt seine Entwicklungsmöglichkeiten, weil die Prioritäten der Unternehmen auf anderen Gebieten liegen. Das hat eine doppelt negative Auswirkung: Einerseits kann der Dienstleistungssektor selbst sich nur beschränkt entwickeln, und andererseits halten die angebotenen Dienste häufig nicht Schritt mit dem Angebot aus anderen Ländern, vor allem den USA, was sich negativ auf die Konkurrenzposition der übrigen Wirtschaft auswirkt.

Neue Arbeitsplätze werden in der Zukunft vor allem im Dienstleistungsbereich entstehen müssen. Das Aufnahmevermögen bei den persönlichen Dienstleistungen (Friseursalons, Sonnenbanken, Fast Food) ist beschränkt, ein großer Teil der neuen Arbeitsplätze muß im Bereich der professionellen Dienstleistungen geschaffen werden. Obendrein ist der Einsatz intelligenter Dienstleistungen in der industriellen Produktion eine immer wichtigere Voraussetzung für erfolgreiche Innovationsstrategien auf dem dem Weltmarkt.[7]

Werden nicht genügend Arbeitsplätze geschaffen, und dieses Problem scheint immer weniger lösbar, dann droht eine negative Spiralwirkung zu entstehen. Eine immer geringere Anzahl von Beschäftigten muß für den Unterhalt von immer mehr arbeitsunfähigen oder älteren Personen aufkommen. Das bedeutet, daß das Niveau der kollektiven Lasten zunehmen wird und (oder) das Niveau der Unterhaltszahlungen gesenkt wird. Im ersten Fall (höhere kollektive Lasten) steigt der Anreiz, um die verbleibenden Aktivitäten nach Ländern mit einem niedrigeren Kostenniveau zu verlagern. Im zweiten Fall (verminderte Sozialausgaben) hat dies Auswirkungen auf die soziale Stabilität. Die Zweiteilung der Gesellschaft wird verschärft. Dies geschieht (stärker noch als in den meisten anderen OECD-Ländern und wiederum am besten mit Japan zu vergleichen) in einer

---

6   Vergleicht man die Angaben zur beruflichen Tätigkeit aller Beschäftigten aus Haushaltsumfragen mit den Wirtschaftsstatistiken, dann zeigt sich, daß in Westdeutschland der Anteil der Dienstleistungstätigkeiten in der Industrie mit 43 Prozent um etwa 5 Prozentpunkte höher liegt als in den USA. Zugleich liegt der Anteil der industriellen Tätigkeiten im tertiären Sektor in den USA mit 15 Prozent über dem entsprechenden Wert in Westdeutschland (5 Prozent). „Dieses Resultat ist darauf zurückzuführen, daß in den USA Dienstleistungen häufiger als in der Bundesrepublik in eigenständige Betriebe ausgelagert werden." DIW-Wochenbericht, 4. April 1996, S. 224.

7   Vgl. *Klodt*, Henning/*Maurer*, Rainer/*Schimmelpfennig*, Axel, Tertiarisierung in der deutschen Wirtschaft, Kieler Studien 283, Tübingen (Verlag J.C.B. Mohr), 1997.

Situation, in der die demografische Entwicklung eine zunehmende Überalterung mit sich bringt. Diese hat unter anderem zur Folge, daß die gesellschaftliche Flexibilität vermindert und sich ein gewisser Konservativismus in der öffentlichen wie der privaten Sphäre ausbreitet, der die Chance für kreative Neuerungen verringert.

Die Einverleibung der DDR hat das ökonomische Gewicht der Bundesrepublik international nicht gestärkt, sondern eher geschwächt. Die Unternehmen in den neuen Ländern sind auf dem Weltmarkt zumindest bislang nicht konkurrenzfähig. (1995 trugen sie weniger als zwei Prozent zu den Gesamtexporten der Bundesrepublik bei.[8]) Bei den Gesamtausgaben hat eher eine Verlagerung von den Investitionen in Richtung auf die konsumptiven Ausgaben stattgefunden. Der Inlandsmarkt ist zwar größer geworden, aber weniger anspruchsvoll. Damit erwies sich die Erweiterung der Bundesrepublik eher als Bremse des Strukturwandels denn als Initialzünder. Die Zukunft wird obendrein durch die Hypothek belastet, daß beinahe alle Institutionen und Unternehmen noch eine neue interne Konfliktdimension dazu erhalten haben: den internen Ost-West-Konflikt zwischen unterschiedlichen Wertmustern und Verhaltensweisen.

2.2.4 Schlußfolgerungen

In der hier beschriebenen Kombination sehe ich eine große Bedrohung für das Modell Deutschland: Der bereits ausgehöhlte Investitionsgütersektor, der immer mehr Komponenten aus dem Ausland bezieht und selbst Teile der eigenen Aktivität in Länder mit einem niedrigeren Kostenniveau auslagert, in denen ebenfalls hoch geschulte Arbeitskräfte zur Verfügung stehen, liefert einen immer kleineren Teil der gesamten Wertschöpfung der Weltwirtschaft. Selbst bei ungebrochener Konkurrenzposition deutscher Unternehmen fällt die Weltmarktposition der Bundesrepublik damit zurück, wenn nicht in stärkerem Maße Aktivitäten in den neuen dynamischeren Bereichen entwickelt werden. Dies ist jedoch in einem zu geringen Ausmaß der Fall, wodurch auf die Dauer auch andere starke Seiten des Modell Deutschland (wie politische Stabilität) in Gefahr geraten können.

Ein solcher Aushöhlungsprozeß droht, definitiv einen Schlußstrich unter die bisherige Ultrastabilität des „Modell Deutschland" zu ziehen. Damit würde die tragende Säule des Modells so dünn, daß ihre Kraft nicht mehr ausreichen würde. Dieselbe industrielle Struktur, die Deutschland zum ökonomischen Stehaufmännchen von Europa gemacht hat, steht nun einer positiven zukünftigen Entwicklung im Weg. Jahrzehnte lang war das Modell ultrastabil, war der Erfolg überdeterminiert. Das heißt, daß auch beim Wegfallen des einen oder anderen Faktors der Erfolg (die deutsche Konkurrenzposition auf dem Weltmarkt) gesichert blieb. Diese Situation wird in der Zukunft nicht mehr bestehen.

---

8   Financial Times, 1. August 1996.

Roland Czada

2.3 Der Vereinigungsprozeß – Wandel der externen und internen Konstitutionsbedingungen des westdeutschen Modells[*]

2.3.1 Einleitung

In den siebziger und achtziger Jahren war der westdeutsche Weg, der weltweiten Wachstumskrise entgegenzutreten, ein Vorbild für andere Industrieländer, das von der Organisation für Wirtschaftliche Zusammenarbeit und Entwicklung (OECD) zur Nachahmung empfohlen wurde. Im Mai 1997 stellte der Vorsitzende des Bundesverbandes der deutschen Industrie (BDI), Olaf Henkel, lapidar fest: „Unser Modell will keiner mehr".[1] Politiker, Gewerkschafter und Wissenschaftler beklagen, daß Problemlösungen, die das „Modell Deutschland" einst auszeichneten, neuen Herausforderungen nicht mehr gewachsen seien (vgl. *Riester/Streeck* 1997). Sieben Jahre nach der deutschen Vereinigung, an der Schwelle zur vollständigen europäischen Marktintegration und angesichts einer globalen Entgrenzung von Produktionsnetzwerken, stellt sich die Frage, ob ein organisierter Kapitalismus, wie ihn das westdeutsche Modell darstellt, weiter überleben kann (vgl. *Streeck* 1997). Um sie beantworten zu können, müssen zwei Problemkreise unterschieden werden.

Herausforderungen an das Modell Deutschland erscheinen zum einen als *exogenes* Anpassungsproblem. Damit verbunden sind seit Mitte der siebziger Jahre bekannte Probleme der internationalen Wettbewerbsfähigkeit und des industriellen Strukturwandels. Sie wurden verschärft durch weltwirtschaftliche Bedingungen, die von denen des „eingebetteten Liberalismus" (*Ruggie* 1982) der ersten Nachkriegsjahrzehnte zunehmend abwichen. Das einstige Vermögen nationaler Regierungen, die Trennungslinien und Übergänge zwischen Staat und Wirtschaft im Rahmen einer vergleichsweise berechenbaren Weltwirtschaftsordnung nach eigenen Vorstellungen zu gestalten, ist besonders seit dem Zusammenbruch fester Wechselkurse und der Aufhebung jeglicher Kontrollen im zwischenstaatlichen Kapitalverkehr beeinträchtigt. Unter den Bedingungen einer solchermaßen entgrenzten Weltwirtschaft hat die spezifisch westdeutsche Konfiguration der Beziehungen von Staat und Wirtschaft einschließlich des ihr zugehörigen Sozialstaatsmodells ihren früheren Vorteil scheinbar eingebüßt.

Eine andere – *endogen* verursachte – Herausforderung resultiert aus den Folgen der deutschen Vereinigung. Das Bruttosozialprodukt pro Jahr und Einwohner sank von 40.200 DM in Westdeutschland (1990) auf 36.000 DM (1991)

---

[*] Für hilfreiche Hinweise danke ich Ulrich von Alemann, Gerhard Lehmbruch, Susanne Lütz, Brigitte Reiser, Magnus Ryner und Georg Simonis.
[1] Interview in „Die Zeit" Nr. 20 vom 9. Mai 1997, S. 19.

im wiedervereinigten Deutschland (Statistisches Bundesamt 1996: 641).[2] Entsprechend war die Bundesrepublik im OECD-Vergleich der wirtschaftlichen Leistungskraft vorübergehend auf Rang 12 zurückgefallen – nicht mehr allzuweit von Rang 17 entfernt, den einst die DDR – ungerechtfertigt – für sich beansprucht hatte.[3] Neben den ökonomischen und finanziellen verengten sich die politischen Gestaltungsspielräume. Statt elf sind es nun 16 Bundesländer, die die Politik der Bundesregierung mitbestimmen. In den neuen Bundesländern funktionieren zudem nicht alle dorthin übertragenen Institutionen des westdeutschen Modells. Ob es sich um die makroökonomische Steuerung des Aufbaues-Ost handelt, um die institutionelle Koordination von Wirtschaftssektoren, die Mitbestimmung, die Tarifpolitik, die Berufsausbildung, die Industriefinanzierung durch „Hausbanken" oder um Institutionen der Produktionsorganisation wie das Meistersystem: Viele dieser traditionellen Elemente des Modells Deutschland wurden im Zuge des Aufbaues -Ost in Frage gestellt oder teilweise aufgegeben.

Der Beitrag der Wiedervereinigung wird kaum beachtet Die Krise des Modells Deutschland und des deutschen Wirtschaftsstandortes enthält viele Einzelaspekte, und ebenso mannigfaltig sind ihre Ursachen. Während die globalen Herausforderungen im Rahmen der sogenannten „Standortdebatte" tief und breit analysiert werden, erfährt der Beitrag der deutschen Vereinigung zu dieser Krise kaum Beachtung. Von politischer Seite ist dies verständlich. Erfahrungen, die der frühere Bundesbankpräsident Otto Pöhl und der damalige SPD -Kanzlerkandidat Oskar Lafontaine im Vorfeld der Vereinigung mit kritischen Äußerungen gemacht hatten, zeigten, daß sich diese Diskussion politisch nicht auszahlt. Inzwischen sind alle maßgeblichen politischen Kräfte in die postsozialistische Transformationspolitik seit vielen Jahren so stark involviert, daß man eine kritische Befassung mit der Materie kaum erwarten darf. Nicht viel anders sieht es im Verwaltungsapparat aus. Es gibt kaum einen leitenden Beamten, der nicht selbst am Aufbau -Ost beteiligt gewesen wäre. Eine Transferbilanz oder eine kritische Evaluation der bisherigen Strategie wird aus Eigeninteressen

---

2   1991 betrug das *Bruttoinlandsprodukt* im früheren Bundesgebiet 40.780 DM/Einw., in den neuen Ländern und Berlin/Ost 11.700 DM/Einw. und in Gesamtdeutschland 34.990 DM pro Einwohner. (Statistisches Bundesamt 1995: 655; vgl. BMWi (1996: Tabelle 3.2.2). Das Statistische Bundesamt verschleiert in einigen Veröffentlichungen diesen Sachverhalt dadurch, daß es Zeitreihen des BSP pro Einwohner für das frühere Bundesgebiet inflationsbereinigt in Preisen von 1985 angibt, das BSP/Einw. Gesamtdeutschlands sowie der neuen Bundesländer aber in Preisen von 1991 (z.B. *Statistisches Jahrbuch* 1993, Tab. 24.2). Auf diese Weise erscheinen Bruttoinlandsprodukt und Bruttosozialprodukt je Einwohner über die historische Marke von 1990 hinweg in einer ungebrochenen Entwicklung.

3   1989 hatte Luxemburg in der Europäischen Gemeinschaft das höchste Bruttoinlandsprodukt je Einwohner, gefolgt von der Bundesrepublik (*Statistisches Bundesamt* 1992: 163; errechnet über Kaufkraftparitäten nach aktuellen Wechselkursen). 1991 lag Deutschland nach Italien an sechster und 1992 aufgrund von Wechselkursschwankungen bereits wieder vor Italien und nach Dänemark an fünfter Stelle (*Statistisches Bundesamt* 1993: 160). In der um Schweden, Finnland und Österreich erweiterten Europäischen Union belegte es den achten Rang. Im gesamteuropäischen Rahmen, also mit den reichen nicht EU-Ländern Schweiz und Norwegen, erreichte die wirtschaftliche Leistungskraft pro Einwohner gerade noch den zehnten, im Konzert aller OECD-Staaten – mit Japan, USA, Kanada – den 12. Rang (vgl. Statistisches Bundesamt: Statistisches Jahrbuch für das Ausland, versch. Jahre; OECD: National Accounts Statistics, versch. Jahre).

der maßgeblichen Akteure und mit Rücksicht auf unkalkulierbare Folgen in der Öffentlichkeit vermieden. Den möglichen Beitrag der Wiedervereinigung zur prekären Wirtschaftslage der neunziger Jahre zu verdrängen, führt indes leicht zu Fehlschlüssen bei der Bekämpfung der Krise. Es ist ein erheblicher Unterschied, ob das westdeutsche Modell an einem säkularen Trend wie der Globalisierung scheitert oder an einem einmaligen historischen Einschnitt wie der deutschen Wiedervereinigung. Eine falsche Krisendiagnose wäre verhängnisvoll, weil sie tragfähige Problemlösungen behindert, und zwar um so nachhaltiger, je mehr der historische Tatsachenblick im Fall der Vereinigungskrise aus politischer Opportunität oder falschem nationalem Pathos verlorengeht. Geradezu tragisch wäre es, wenn institutionelle Kernelemente der deutschen Politik im Gefolge einer Krise dem schleichenden Verfall preisgegeben würden, deren Lösung von der Funktionsfähigkeit eben dieser Institutionen abhängt.

Die Probleme der internationalen Wettbewerbsfähigkeit und der Anpassung an weltwirtschaftliche Veränderungen sind im Unterschied zur ökonomischen Vereinigungskrise keineswegs neu. Das westdeutsche Modell und ähnliche sozialpartnerschaftliche Modelle in der Schweiz, Japan, Österreich, Schweden oder Norwegen galten bislang als besonders erfolgreich bei ihrer Bewältigung (*Katzenstein* 1984, 1985, 1989; *Czada* 1983, 1987). Ob ein Konsensmodell gleichermaßen geeignet ist, mit ganz anderen Problemen, nämlich einem plötzlichen, massiven und – wie es scheint – Jahrzehnte dauernden Ressourcenabfluß und entsprechenden Einschränkungen der Verteilungsspielräume fertig zu werden, erscheint dagegen zweifelhaft.[4]

Der tiefe historische Einschnitt, den die Wiedervereinigung bewirkte, läßt zumindest die Frage aufkommen, ob das westdeutsche Modell ohne dieses singuläre Ereignis in der Lage gewesen wäre, die weltwirtschaftlich induzierten Probleme der neunziger Jahre zu meistern. Ohne die Sonderaufgaben und Kosten der deutschen Einheit wären immerhin zusätzliche sozialpolitische Verteilungsspielräume von nicht weniger als 700 Milliarden DM zur Lösung wirtschaftlicher Anpassungsprobleme verfügbar.[5] Man kann annehmen, daß auf dieser

Internationale Wettbewerbsfähigkeit ohne Wiedervereinigung?

---

4 Die Belastungen der Weimarer Republik, an deren Anfang ebenfalls ein Konsensmodell gestanden hatte – zu erinnern ist an die Zentralarbeitsgemeinschaft von Arbeitgeberverbänden und Gewerkschaften, das sogenannten Stinnes-Legien Abkommen und an die Weimarer Reichsverfassung – durch jährlich wiederkehrende Reparationszahlungen sind mit nationalen und internationalen politischen und ökonomischen Situation nach der Wiedervereinigung nicht vergleichbar. Dennoch gleichen sich die politischen Antworten auf Ressourcenabflüsse und verengte Verteilungsspielräume. Dies betrifft insbesondere die Fiskal- und Sozialpolitik (vgl. *Schmidt* 1997: 46-59)

5 Dieser Betrag umfasst nur die „sozialen" Kosten der Einheit, also die West-Ost Transfers minus der öffentlichen oder öffentlich finanzierten investiven Aufbauleistungen. Die vereinigungsbedingte Staatsverschuldung von rund 650 Mrd. DM zwischen 1990 und 1996 (*Hartwich* 1997: 215, *Bundesbank* 1997) muß um Steuerausfälle ergänzt werden, die durch Sonderabschreibungen auf Investitionen in den neuen Bundesländern entstanden sind (bis 1994 bereits 30 Mrd. DM; *Bredemeier* 1996: 185). Insgesamt wurden in diesem Zeitraum öffentliche Mittel (ohne Sozialversicherungen mit DDR-Altschulden) von 1.200 Mrd. DM netto in die neuen Bundesländer transferiert. Je nach Abrechnungsjahr flossen die Hälfte bis zu zwei Drittel in den Konsum (*Bundesbank* 1992: 20; *Bredemeier* 1996: 186). Die von der DDR übernommenen Altschulden (DDR-Staatsschulden, Erlassene, in den Kreditabwicklungsfonds übernommene sowie von der THA refinanzier-

Grundlage eine korporatistische Modernisierungsstrategie in der Tradition des Konsensmodells Deutschland größere Erfolgschancen hätte, als sie im Gefolge einer seit 1992 anhaltenden ökonomischen Vereinigungskrise tatsächlich vorhanden sind. Ergänzt man diese Überlegung mit der Analyse von institutionellen Governance -Problemen in Ostdeutschland (vgl. *Lehmbruch* 1994, 1996, *Czada/Lehmbruch* 1997), gewinnt die These zusätzliche Plausibilität, daß nicht vornehmlich exogene Probleme das Modell Deutschland überforderten, sondern endogene Dilemmata der Vereinigungspolitik.[6] Um sie zu prüfen, sollen zunächst einige Kernelemente des Modells erörtert werden.

2.3.2 *Begriffsvielfalt und Problemperspektiven*

Der Begriff „Modell Deutschland" ist seit seinen Ursprüngen in verschiedenen Kontexten verwendet worden. Dies mag mit dem Wandel von wirtschafts– und sozialpolitischen Problemlagen zusammenhängen. Ganz unabhängig von den Zeitläufen waren es aber auch politische Erwägungen und theoretische Perspektiven, welche die Diskussion bestimmten. Als sozialdemokratische Wahlkampfparole von 1976 meinte der Ausdruck zunächst nur, daß Deutschland die wirtschaftlichen Turbulenzen im Gefolge der ersten Erdölkrise von 1974 besser als andere Industriestaaten gemeistert hatte. Gegen Endes des Jahrzehnts wurde der Begriff zunehmend zur Kennzeichnung einer Politik des industriellen Strukturwandels und der Modernisierung altindustrieller Sektoren gebraucht, vor allem dann, wenn sie mit dem Anspruch des sozialen Interessenausgleiches auftrat (vgl. *Esser/Fach/Väth* 1983). Insofern waren die Strukturen gesellschaftlicher Interessenvermittlung, insbesondere die gewerkschaftliche Mitbestimmung in Unternehmen und Betrieb, mitgedacht. Als die Politikwissenschaft den Begriff aufnahm, verdichtete er sich zu einem theoretischen Konstrukt aus „neokorporatistischer" Interessenvermittlung und „materieller Ökonomisierung" der Politik (*Esser/Fach/Simonis* 1983; *Markovits* 1982). In der damaligen Debatte um das „Modell Deutschland" wurden drei Schwerpunkte erkennbar.

Makroökonomischer Steuerungskomplex

1. „Modell Deutschland" als *makroökonomischer Steuerungskomplex:* Hier stand die makroökonomische Konzertierung der Produzentenverbände im Vordergrund. Neben der Einbindung von Gewerkschaften und Wirtschaftsverbänden in die allgemeine Wirtschaftspolitik galt vor allem das Tarifvertragswesen (Tarifautonomie, Flächentarifvertrag und Lohnführerschaft ein-

---

te Schulden von DDR-Wirtschaftsunternehmen, Schulden des ostdeutschen Wohnungsbaues und gesellschaftlicher Einrichtungen von Gemeinden) betrugen 177 Mrd. DM (*Hartwich* 1997: 216). Von den verbleibenden öffentlich geförderten Investitionen können nach marktwirtschaftlichen Kriterien 15 Prozent als fehlgeleitet betrachtet werden (65 Mrd. DM, *Bredemeier* 1996: 186). Es bleiben also nicht viel mehr als 300 Mrd. DM für Investitionen übrig, die zur Stärkung des Industriestandortes und zum Aufbau einer Exportbasis-Ost beitrugen.

6   Gerhard *Lehmbruch* hat in zahlreichen Beiträgen die Probleme beim „Transfers des korporatistischen Steuerungsrepertoirs" in die neuen Bundesländer analysiert und dabei Erosionserscheinungen insbesondere im Bereich der Arbeitsbeziehungen und der Selbstorganisationsfähigkeit von Spitzenverbänden ausgemacht (z.B. *Lehmbruch* 1994, 1996).

zelner Tarifbezirke) als kennzeichnendes Merkmal kooperativer Konfliktbewältigung. Die Einbindung der Gewerkschaften in die Wirtschaftspolitik,
wie sie als Bestandteil keynesianischer Wachstumsstrategien – z.B. in der
„Konzertierten Aktion" der Jahre 1968 bis 1976 praktiziert wurde, findet
sich als Forschungsgegenstand vor allem in frühen Beiträgen zum Konzept
eines neuen Korporatismus (*Lehmbruch* 1977, 1984, vgl. *Czada* 1983).
Scharpf (1987) beschreibt das Modell Deutschland als ein spezifisches, institutionell eingebettetes Interaktionsgeflecht, das die Handlungsoptionen von
Gewerkschaften, Bundesregierung, Bundesbank und Arbeitgebern bestimmt.

2. *Institutionelle Sektorkoordination*: Politikwissenschaftler verbanden das   Institutionelle
„Modell Deutschland" von Anfang an mit Ansätzen der Krisenregulierung   Sektorkoordination
in bestimmten Industriezweigen (*Esser* 1982; *Esser/Fach/Fäth* 1983). Hier
geht es um Probleme der industriellen Strukturanpassung und ihrer institutionellen Bewältigung. In diesem Kontext gehört auch die am Beginn der
achtziger Jahre einsetzende Diskussion um einen „Meso-Korporatismus"
und – später – um die „Governance of industries" (*Campell/Lindberg/Hol-
lingsworth* 1991, *Lehmbruch* 1996). Dieser Diskussionsstrang läßt sich an
eine ältere Debatte rückbinden, die mit dem Begriff „Organisierter Kapitalismus" verbunden ist. In diesem Kontext gehören auch die Ausführungen
von Shonfield (1965) zur bankenzentrierten Industriefinanzierung einschließlich weitreichender Überkreuzverflechtungen von Aufsichtsratsman-
daten, die in der Wiederaufbauphase der fünfziger Jahre eine sektorale Qua-
si-Industriepolitik ermöglicht hatten.

3. Das *Produktionsmodell Deutschland* kann als eine Ergänzung der genannten   Autochthones
makro– und mesokorporatistischen Arrangements betrachtet werden. Hier   Produktionsmodell
ging es um eine einzigartige Konfiguration von institutionellen Arrangements zur Gestaltung und Steuerung der Produktion in Betrieben und Unternehmen. Vielfach standen die betriebliche und überbetriebliche Mitbestimmung und ihre Auswirkungen auf Modernisierungsprozesse im Vordergrund
(vgl. *Müller-Jentsch* 1988). Neben der Einbindung von Betriebsräten und
Gewerkschaften wurden die Bedeutung des dualen Systems der Berufsausbildung und des „Meistersystems" in der Produktionsorganisation hervorge-
hoben (*Streeck* 1992, *Streeck* 1996). Diese Debatte war von der industrieso-
ziologischen Forschung stark beeinflußt.

Für alle drei Bereiche bedeutete die deutsche Vereinigung eine besondere Herausforderung. Sie besteht zum einen darin, die materiellen Probleme der marktwirtschaftlichen Transformation, den „Aufbau-Ost" zu bewältigen. Zum anderen
ging es um die Übertragung der westdeutschen Institutionen in die neuen Bundesländer. Ersteres ist, wenn man die Lage 1997 an frühen Erwartungen der Jahre 1990 und 1991 mißt, mißlungen. Weder vollzog sich der Wirtschaftsauf-
schwung in der erwarteten Schnelligkeit, noch ließen sich bis heute (1997)
selbsttragende Antriebsmomente in ausreichendem Maß erkennen. Die Folge
waren nicht nur öffentliche Transfers in die neuen Bundesländer von nicht weniger als 1 Billion (1.000 Mrd) DM im Zeitraum von 1990 bis 1995, sondern auch
ein gleichzeitiges Wachstum der öffentlichen Verschuldung in ähnlicher Größenordnung (vgl. *Czada* 1995). Die Erfolgsbilanz des ökonomischen Aufbaues-Ost ist, vorsichtig ausgedrückt, bescheiden (vgl. *Wegner* 1996).

Ganz anders sieht der *institutionelle* Aufbau-Ost aus. Die Bundesrepublik stellt sich sieben Jahre nach der Vereinigung als ein politisch-institutionell hoch integriertes Staatswesen dar. Dies gilt weitgehend auch für die wichtigsten institutionellen Aspekte des „Modells Deutschland". Die westdeutschen Gewerkschaften und Unternehmerverbände konnten sich einschließlich der entsprechenden tarifpolitischen, und arbeitsrechtlichen Regelwerke in die neuen Bundesländer ausdehnen. Sie trafen dort freilich auf Handlungsbedingungen, die mit dem in den siebziger und achtziger Jahren in der Bundesrepublik vorherrschenden Erfahrungshintergrund nicht viel gemein hatten. Das Modell Deutschland funktioniert in den neuen Bundesländern nicht in der gewünschten Weise.

Ostdeutscher Produktivitäts- rückstand

Das Ausmaß des ostdeutschen Produktivitätsrückstandes und der Verlust angestammter Ostmärkte schufen ökonomische Zwänge, die mit dem Wiederaufbau der Bundesrepublik und mit ihren sektoralen Strukturkrisen der späteren Jahre kaum vergleichbar sind. Allein in Treuhandunternehmen und Ex-Treuhandunternehmen sind in vier Jahren (1990 bis 1994) 2.952.000 Arbeitnehmer entlassen worden. Die damit verbundenen arbeitsmarktpolitischen Herausforderungen konnten nur durch neue Instrumente bewältigt werden. Entsprechend ist das Arbeitsförderungsgesetz in diesem Zeitraum mehrmals durch Sondervorschriften für die neuen Bundesländer ergänzt worden (*Heinelt/Weck* 1997). Die Arbeitsförderung im Osten war unumgänglich mit Eingriffen in die Tarifautonomie verbunden. In Treuhandunternehmen, die ihre Lohnzahlungen nicht aus eigener Kraft erwirtschaften können, war der Steuerzahler „Tarifpartner". In den zahlreichen Beschäftigungsgesellschaften, die den massiven Beschäftigungsverlust in Treuhandbetrieben und im privaten Unternehmenssektor auffingen, wurden die Löhne zunächst auf 90 später auf 80 Prozent der im Osten vereinbarten Tarifentgelte abgesenkt.

Zerreißprobe für die Tarifpartnerschaft

Für Gewerkschaften und Unternehmerverbände bedeutete der Aufbau-Ost eine Zerreißprobe, die mit Verbandsflucht, Streiks, zahlreichen Schlichtungsverfahren bis hin zu einer akuten Gefährdung der Institution „Flächentarifvertrag" einherging. Daraus erwuchsen Veränderungen der industriellen Konfliktregelung, die über makroökonomische und tarifpolitische Aspekte hinausgehend auch die Unternehmens- und Betriebsebenen umfaßten. *Öffnungsklauseln* in Tarifverträgen schufen neue Verhandlungsmaterien für Betriebsräte. *Neue Produktionskonzepte*, wie sie vor allen von Großunternehmen in Ostdeutschland erstmals konsequent umgesetzt wurden, stellten herkömmliche Praktiken betrieblicher Interessenvertretung in Frage. Das Vertrauensleutesystem der Gewerkschaften geriet in Gefahr von der Teamorganisation am Arbeitsplatz verdrängt zu werden, bei der Teamsprecher die Vermittlerrolle zur unteren Leitungsebene einnehmen. Das Meistersystem, und damit auch das duale Ausbildungswesen, haben aus diesem und weiteren, im Niedergang der Kammer- und Handwerksorganisation liegenden, Gründen kaum eine Überlebenschance.

Nur wenige der politisch maßgeblichen Akteure haben die Krise der in die neuen Bundesländer übertragenen Regelungsstrukturen des westdeutschen Modells und die materielle Bürde des Aufbaues-Ost deutlich in der Öffentlichkeit thematisiert (*Eggert* 1994). Der Bundesfinanzminister sprach gelegentlich davon, er wäre ohne Vereinigung der erfolgreichste Finanzminister der Bundesrepublik geworden. Diese Anspruch erscheint nicht ganz unrealistisch. Die ökonomischen und fiskalischen Ausgangsbedingungen waren 1989 in jeder Hinsicht günstig. Der Bundeshaushalt war konsolidiert: Die Regierung plante Steuererleichterungen in einem Ausmaß, das die Staatsquote erheblich reduziert und zugleich die private Nachfrage erhöht hätte. Eine große Steuer- und Sozialreform, wie sie vor allem in Neuseeland und den Niederlanden zuvor erfolgreich praktiziert wurden, erwies sich nach der Vereinigung als nicht mehr finanzierbar.

Insbesondere die sozialen Sicherungssysteme waren für die Finanzierung der Folgekosten der „Wirtschafts-, Währungs- und Sozialunion" gut gerüstet. Ursprünglich sollten ihre finanziellen Spielräume zur Entlastung der Beitragszahler – Arbeitnehmer und Unternehmen – genutzt werden. Die Schwankungsreserve der westdeutschen Rentenversicherungen hatte 1989 eine Höchstmarke von 40 Mrd. DM erreicht. Ähnlich gefestigt war die Lage der Arbeitslosen- und Krankenversicherung. Dadurch konnte die Gebietserweiterung im Osten zunächst ohne Beitragserhöhungen und – mit Ausnahme der Rentenversicherung vor Übertragung des westdeutschen Rentenrechtes – ohne zusätzliche Staatszuschüsse bewältigt werden (*Hickel/Priewe* 1994: 165; *Czada* 1995: 73, *Bundesbank* 1992: 20). Die vorgesehenen Beitragssenkungen ließen sich freilich unter den neuen Bedingungen nicht dauerhaft verwirklichen. Einer Absenkung des Beitragssatzes in der Rentenversicherung um einen Prozentpunkt auf 17.7 Prozent des beitragspflichtigen Einkommens im Jahr 1991 folgten mehrere Erhöhungen bis auf knapp 20 Prozent in den Folgejahren (ebenda: 81). Der von der Bundesregierung vorgelegt Rentenversicherungsbericht 1996 (Bundestags-Drucksache 13/5370) offenbart weiter zunehmende, bis weit ins nächste Jahrtausend anhaltende einigungsbedingte Lasten der Rentenversicherung (*Riess* 1997: 76-86).[7] In den alten Bundesländern weiterhin anfallende Überschüsse in der Größenordnung von jährlich bis zu 26 Mrd. DM sind zur Deckung von Defiziten in den neuen Bundesländern vorgesehen.[8] Die Belastungen der Arbeitslosenversicherung sind noch weit gravierender: „Im Jahre 1991 betrugen die Ausgaben der Bundesanstalt (für Arbeit, R.C.) in den neuen Bundesländern 10 Mrd. DM, davon konnten nur 4 ½ Mrd. DM durch dort entrichtete Beiträge finanziert werden. Somit entstand ein Bedarf an Transfers aus dem Westen in Höhe von 25 Mrd. DM, zu dessen Finanzierung der Beitragssatz von 4,3% auf 6,8% angehoben wurde..." (*Bundesbank* 1992:20). Diese mißliche Lage hat sich in den Folgejahren nicht wesentlich gebessert.

Die Folgekosten und ihre Finanzierung

---

7 Dies liegt unter anderem daran, daß die durchschnittliche Gesamtrentenzahlung an Frauen in Ostdeutschland weit über denen Westdeutschlands liegt (1996: 1.352,35 gegenüber 1.106,16 DM; im Jahr 2000: 1.469.76 gegenüber 1.192,72 DM). Die durchschnittliche Rentenleistung an Männer wird ab 1998 im Osten höher ausfallen als im Westen (1.843,39 gegenüber 1.801,36 DM) und bereits im Jahr 2.000 deutlich darüber liegen (1.956,18 gegenüber 1.879,46). Die genauen Beträge hängen von fiktiven jährlichen Rentenanpassungen ab, die Relationen zwischen Ost und West bleiben aber aufgrund des demographischen Altersaufbaues und bereits geleisteter Arbeitszeiten bestehen (Daten aus: Rentenversicherungsbericht der Bundesregierung 1996, Bundestagsdrucksache 13/5370, 82).

8 Nach Expertenrechnung müssen zwischen 1996 und 2010 insgesamt 317,3 Mrd. DM aus Beitragsüberschüssen im Westen an Rentenempfänger in den neuen Bundesländern transferiert werden (Rentenversicherungsbericht der Bundesregierung 1996. Bundestags-Drucksache 13/5370, 69).

Insgesamt stiegen aufgrund vereinigungsbedingten Mehrbedarfs der Sozialversicherungen die Lohnnebenkosten in Deutschland steil an, während sie in allen europäischen Nachbarländern stagnierten oder zurückgingen.[9] Die finanzielle Belastung der sozialen Sicherungssysteme resultierte im wesentlichen daraus,
daß in allen Versicherungszweigen (Arbeitslosen-, Kranken- und Rentenversicherung) die Zahl der Leistungsempfänger im Osten viel größer war als die Zahl
der Beitragszahler. Der Großteil des Beitragsaufkommen in den neuen Bundesländern stammte zudem anfangs aus Zahlungen von Treuhandunternehmen und
deren Beschäftigten, die von der Treuhandanstalt durch Kapitalmarktanleihen –
zur Hälfte im Ausland – refinanziert wurden.[10] Die Nettotransferbilanz der Bundesregierung, die diese Beträge als in Ostdeutschland entstandenes Beitragsaufkommen gegenrechnet, kann insofern nur als geschönt bezeichnet werden.

1989 lag die deutsche Arbeitslosenquote mit 7,9 Prozent unter dem europäischen Durchschnitt. Der Sachverständigenrat zur Begutachtung der gesamtwirtschaftlichen Entwicklung (SVR) empfahl damals, die Gewerkschaften sollten
nach Jahren lohnpolitischer Zurückhaltung wieder von qualitativen auf quantitative Forderungen übergehen.[11] Im Verein mit der Kürzung von Steuern und So-
zialbeiträgen sollte aus diese Weise das Wachstumskonzept der Bundesregierung
zusätzlich untermauert werden.

Die deutsche Vereinigung hat die Verteilungs- und Wachstumskonzepte des
Jahres 1989 jäh unterbrochen. Nun galt es als Glücksfall, daß die Staatsschulden
verringert waren, die Sozialversicherungshaushalte über gute Finanzpolster verfügten, die gesamtwirtschaftliche Lohnquote ihren historischen Tiefstand erreicht hatte und die DM als internationale Anlagewährung gefragt blieb. Nun
kam es darauf an, alle verfügbaren Mittel für den raschen Aufbau der neuen
Bundesländer einzusetzen. Statt Steuersenkungen gab es ab 1992 Steuererhöhungen.[12] Der Lohnnachschlag für die zurückhaltende Tarifpolitik der achtziger
Jahre fiel im Westen gering aus. 120 Milliarden DM, die zuvor jährlich ins Ausland geflossen waren, konnten mittels einer forcierten Hochzinspolitik binnen
Jahresfrist zurückgeleitet und für den Aufbau-Ost verwendet werden.[13] Eine ra-

---

9   1990 betrug der Anteil der Sozialgaben am Bruttoinlandsprodukt 15,8 Prozent, 1996 wa-
    ren es bereits 18, 7 Prozent (Quelle: Institut der Deutschen Wirtschaft, Bundesfinanzmi-
    nisterium).

10 Interview Paul Hadrys, THA Abt. Finanzen, am 6. April 1994.

11 Im SVR-Jahresgutachten 1989/90 wird ein „Lohn-Nachschlag" als Teil eines „tarifpoli-
    tischen Pakets" angeregt, um die Arbeitnehmer Gewinnentwicklung der vorausgegange-
    nen Jahre teilhaben zu lassen. Der SVR argumentiert, den Arbeitnehmern sollte signali-
    siert werden, daß sich ihre Zurückhaltung gelohnt habe. So würden sie künftig „eher
    Lohnabschlüsse akzeptieren, die sich an dem Anstieg der Produktivität orientieren"
    (SVR 1989: 166). Der SVR erweist sich hier als Verfechter einer Praxisanwendung des
    neokorporatistischen Tauschkalküls.

12 In den ersten Jahren nach der Vereinigung gab es zwei Erhöhungen der Mineralölsteuer.
    Erhöht wurden auch die Versicherungssteuer. Hinzu kamen ein zunächst befristet einge-
    führter, später unbefristet erhobener Solidarzuschlag von 7,5 Prozent der Steuerschuld,
    Erhöhungen der Mehrwertsteuer, der Tabaksteuer und der Erdgassteuer.

13 Die damalige Hochzinspolitik war das Instrument einer fundamentalen Umsteuerung in
    der Kapitalverkehrsbilanz. 1988 verzeichnete die Bundesrepublik aufgrund einer neuen
    Quellensteuer auf Zinserträge von Kapitalvermögen den höchsten Kapitalexport ihrer
    Geschichte: 120 Mrd. DM flossen ins Ausland

sche Erneuerung der industriellen Basis im Osten erschien vor diesem Hintergrund nicht unrealistisch. Nicht in der Politik herrschte diese Vorstellung; auch die Wirtschaft war bis 1991 von „Ostphantasien" beflügelt. Sie erwartete ein Wirtschaftswunder nicht nur in Ostdeutschland, sondern im gesamten osteuropäischen Raum. Anfängliche Investitionen in Ostdeutschland waren noch ganz von der Erwartung bestimmt, damit ließen sich mittelfristig die Ostmärkte erobern.[14]

Die Arbeitslosenquote betrug 1995 im früheren Bundesgebiet 9,3 Prozent (2,7 Mio). In den neuen Bundesländern waren 19,9 Prozent der Arbeitnehmer arbeitslos (1,05 Mio.) oder in öffentlich finanzierten Beschäftigungs- und Arbeitsbeschaffungsmaßnahmen (0,31 Mio) untergebracht. Beschäftigte auf dem geschützten, zweiten Arbeitsmarkt werden hier eingerechnet, weil solche Maßnahmen das ökonomische Unvermögen des normalen Arbeitsmarktes, das Arbeitsangebot aufzunehmen, anzeigen (und zugleich politisch verschleiern können). Tatsächlich handelt es sich um verdeckte Arbeitslosigkeit. Die verheerenden Folgen von Arbeitslosigkeit für die Staatseinnahmen und sozialen Sicherungssysteme sind bekannt. Sie sind aufgrund des deutschen Steuer- und Sozialsystems besonders gravierend. Der hohe Stellenwert der Lohn- und Einkommenssteuern im deutschen Steuersystem und das von der Gesmtbeschäftigung abhängige Beitragsaufkommen der Sozialversicherungen boten in der Vergangenheit politische Steuerungsmöglichkeiten, die dem korporatistischen Verteilungsmodell entgegenkamen. Einer langdauernden Wirtschaftskrise sind solche Systeme, wie das Beispiel der Weimarer Republik zeigt, kaum gewachsen (*Schmidt* 1997: 46-59).

Die durch Arbeitslosigkeit mit verursachten Probleme der öffentlichen Haushalte sind durch Nettotransfers in die neuen Bundesländer von insgesamt 1 Billion DM im Zeitraum von 1990 bis 1997 erheblich verschärft worden. Die öffentliche Verschuldung stieg von 929 Mrd DM im Jahr 1989 auf 2 135 Mrd. DM im Jahr 1996. Mehr als die Hälfte der Neuverschuldung von insgesamt 1.200 Mrd. DM ist unmittelbar vereinigungsbedingt (Bundesbank 1997; Hartwich 1997: 213, 215). Zur Verdeutlichung: die amerikanische Pathfinder-Expedition zum Mars kostete 1,5 Mrd. Mark, die Kosten eines bemannten Mars-Fluges werden auf 35 Mrd. DM geschätzt.

Die finanziellen Handlungsspielräume werden in der Literatur zur Funktionsweise des Modells Deutschland gewöhnlich als nicht besonders wichtig betrachtet. Dies erstaunt angesichts von Forschungsergebnissen, die Verteilungsspielräume in der Sozial- und Wirtschaftspolitik als eine wesentliche Erfolgsvoraussetzung neo-korporatistischer Konzertierung erscheinen lassen (*Armingeon* 1983). Der Staatshaushalt war stets eine bedeutsame Finanzierungsquelle der auf

Einengung der finanziellen Handlungsspielräume und ihre Konsequenzen

---

14 Die Sowjetunion sollte nach den Vorstellungen deutscher Wirtschaftskreise in diesem Konzept eine zentrale Rolle spielen. Großunternehmen, die über traditionell gute Beziehungen verfügten, waren mit ihren Überlegungen zu Sonderwirtschaftszonen an der Ostsee und Kooperation in vielen Wirtschaftszweigen weit fortgeschritten, als der Sowjetstaat und mit ihm die dortigen Verfechter solcher Projekte unter dem Druck innerer und äußerer Bedingungen zusammenbrach. Es scheint, als hätte die deutsche Wirtschaft die internationalen politischen Bedingungen, unter denen sich die Wiedervereinigung und der Zusammenbruch des Sozialismus vollzogen hatten, falsch eingeschätzt, als sie vom Fortbestand der für sie berechenbaren Ordnungsstrukturen in der UdSSR ausging.

eine Verbesserung der Kapitalverwertung gerichteten Arrangements (*Czada* 1987). Die neokorporatistische Tauschhypothese (*Lehmbruch* 1978), wonach Gewerkschaften, Wirtschaftsverbände und Staat in korporatistischen Verhandlungssystemen nach Kosten-Nutzenkriterien rational handeln, ist empirisch hinreichend belegt (*Schmidt* 1982, *Armingeon* 1983, *Lange/Garett* 1985, *Scharpf* 1987, *Czada* 1983, 1987). Das gleiche gilt für die Parität sowie die innere und äußere Verpflichtungsfähigkeit der beteiligten Verbandsakteure, ohne die solche Arrangements leicht scheitern können.

Bereits *Schmitter* (1981: 75-77) konnte plausibel darlegen, in welcher Weise Knappheit der Mittel Asymmetrien im korporatistischen Akteursystem verstärkt und so dessen Bestand gefährdet (vgl. auch Esser et. al. 1979; *Esser/Fach/Simonis* 1990). Das Zusammenspiel beider Gefährdungselemente ist inzwischen deutlich ausgeprägt. Die einstigen sozialpolitischen Verteilungsspielräume wurden durch die Lasten des Aufbaues-Ost auf lange Zeit ins Negative verkehrt. Auch das in der Bundesrepublik ausgebildete Kräftegleichgewicht zwischen den Tarifparteien geriet trotz fortgesetzter Kooperationsbereitschaft der Spitzenverbände ins Wanken. Es begann sich spätestens dann zu verschieben, als Repräsentanten des Arbeitgeberlagers in ostdeutschen Tarifkonflikten die Chance sahen, aus dem Nachkriegskonsens des westdeutschen Modells auszubrechen (*Lehmbruch* 1995). In Kontext der marktwirtschaftlichen Transformation und des Neuaufbaues des ostdeutschen Industriestandortes haben sich die Bedingungen industrieller Konfliktregelung in vieler Hinsicht verändert.

2.3.3 Veränderungen industrieller Konfliktregelung

Die institutionelle Einbettung der westdeutschen Marktwirtschaft bestand traditionell und zu wesentlichen Teilen aus verbandlicher Selbststeuerung. Gewerkschaften, Arbeitgeberverbände und Industrievereinigungen regulierten wichtige Bereiche autonom oder im Austausch mit staatlichen Instanzen. Koordinationsprinzipien, die bislang die Kapitalmarktbeziehungen zwischen Unternehmen und Banken sowie die Arbeitsbeziehungen zwischen Arbeitgebern und Gewerkschaften geregelt hatten, schienen nach der Vereinigungskrise des Jahres 1992 plötzlich nicht mehr zu funktionieren. Regeln, die noch in den ersten Jahren nach der Vereinigung als Garanten eines raschen Wirtschaftsaufschwunges gegolten hatte, gerieten in Verdacht, die marktwirtschaftliche Transformation aufzuhalten.

2.3.3.1 Institutionelle Besonderheiten in Ostdeutschland

Das in der Bundesrepublik entstandene System industrieller Beziehungen entwickelte sich entlang historischer Traditionslinien und gemäß den Erfordernissen einer von hoher internationaler Wettbewerbsfähigkeit getragenen Wachstumsökonomie. Zu seinen historischen Vorgaben zählen Merkmale der Unternehmensverfassung, der Finanzmärkte und von Vertretungsinstitutionen der Arbeitsmarktparteien. Auf dieser Basis entstand eine Konfiguration institutioneller Steuerung, in dem spezifische Elemente von „corporate governance", sektoraler Selbststeuerung und Staatsintervention zusammenwirkten Einen besonderen

Stellenwert erlangten die industrielle Mitbestimmung, die Struktur der Arbeitsmarktverbände und das Tarifvertragswesen. Dies alles war in der postsozialistischen DDR nicht vorhanden. Die institutionellen Akteure der Marktwirtschaft à la Bundesrepublik – Privatunternehmen, Banken, Gewerkschaften, Verbände, Betriebsräte – mußten in Ostdeutschland erst geschaffen werden. Damit entstand nun aber nicht automatisch auch eine Marktwirtschaft. Sie setzte einerseits funktionierende Beziehungsstrukturen zwischen den genannten Akteuren voraus, andererseits die Produktion von Gütern und Dienstleistungen in ökonomischen Sektorstrukturen und zu Austauschbedingungen, die den Bestand der Marktteilnehmer sichern konnten. Dies zu erreichen, erforderte massive Interventionen des Staates als Gesetzgeber, Förderer und Eigentümer. In Ostdeutschland lag die „entscheidende Unternehmerposition bei der Treuhandanstalt als einer letztlich politischen Instanz (...) außerhalb der arbeitsrechtlich fixierten Regelungsmechanismen" (*Gilles/Hertle/Kädtler* 1994: 585). Sie fungierte als eine Art „branchenübergeifender Unternehmer- und Arbeitgeberverband, der als Träger staatlicher Hoheitsgewalt zugleich definitiv die materiellen Rahmenbedingungen des Verhandlungsprozesses von Tarif- und Betriebsparteien" (ebenda, vgl. *Czada* 1993) setzen konnte.

Wichtige Voraussetzungen des Modells Deutschland – Wettbewerbswirtschaft, Tarifautonomie und Wachstumsökonomie – waren im „Aufbau-Ost" nicht gegeben. Vielmehr bezog sich die nach westdeutschem Vorbild unter Einbeziehung der Treuhandanstalt rasch eingerichtete institutionelle Einbettung der Ökonomie auf einen Zukunftsentwurf, der auf dem Wege der marktwirtschaftlichen Transformation erst geschaffen werden sollte.

Fehlen wichtiger Grundkomponenten des westdeutschen Erfolgsmodells

Die von Bundes- und Landesregierungen, Treuhandanstalt, Gewerkschaften und Wirtschaftsverbänden vertretene Strategie einer auf Privatisierung gestützten, sozialpolitisch abgefederten und mit öffentlichen Beihilfen finanzierten Modernisierung altindustrieller Sektoren hatte zum Ziel, marktkonforme Strukturanpassungen mit den Erfordernissen eines sozialen Interessenausgleichs zu vereinbaren. Dies war im „Aufbau-Ost" ungleich schwieriger, als man es vor dem westdeutschen Erfahrungshintergrund voraussah. Insbesondere die industriellen Beziehungen wurden zur „Achillesferse" einer auf schnelle Lohnangleichung und raschen Produktivitätssteigerung zielenden Transformationsstrategie.

Diese Strategie war nicht unumstritten. Im historischen Rückblick zeigt sich, daß zwischen dem Fall der Berliner Mauer und dem Beginn der Wirtschafts- und Währungsunion, beziehungsweise dem Rücktritt von Reiner Maria Gohlke als Präsident der Treuhandanstalt die Zahl der Befürworter eines von punktuellen staatlichen Förderinseln durchsetzten Niedriglohngebiets Ost immer kleiner wurde. Wie in vielen anderen Politikfeldern konnte man beobachten, wie anfängliche Sacherwägungen und partikulare Interessen in Richtung einer einvernehmlich befürworteten Beibehaltung herkömmlicher Problemlösungen konvergierten.[15] Dies galt auch für die institutionelle Koordination der Wirtschaft.

---

15 Dies ist für die Finanz- und Wirtschaftspolitik, die Gesundheitspolitik, die Bildungspolitik, die Energiepolitik und viele weitere Bereiche detailliert beschrieben worden (vgl. *Czada/Lehmbruch* 1998).

Eine schnelle
Angleichung der
sozialen Standards
behindert die Wett-
bewerbsfähigkeit
Ostdeutschlands

Der auf rasche Aufbauerfolge und schnelle Lohnangleichungen zwischen West und Ost ausgerichtete Stufentarifvertrag in der ostdeutschen Metallindustrie markiert den Höhepunkt einer korporatistischen Modernisierungsstragie. Mit der vorzeitigen Kündigung dieses Tarifvertrages im Februar 1993 wird schließlich die ostdeutsche Standortkrise offenkundig. Die Erfüllung des Tarifvertrages hätte nicht nur den Zusammenbruch des ostdeutschen Maschinenbaues bedeutet; sie hätte die bereits 1992 massiv einsetzende Kritik und zunehmende Verbandsflucht in den ostdeutschen Arbeitgeberverbände so verschärft, daß ein Zusammenbruch auch der verbandlichen Konfliktregulierung zu befürchten war. Ehe ich auf diese Vorgänge im Einzelnen eingehe, sollen die spezifische Problematik der marktwirtschaftlichen Transformation Ostdeutschlands sowie die sie prägenden, frühen politischen Weichenstellungen erörtert werden.

2.3.3.2 Modernisierungs- und Hochlohnstrategie als Leitbild

Gleich nach dem Fall der Berliner Mauer standen die westdeutsche Industrie und die Gewerkschaften vor der Frage, ob Ostdeutschland als künftiges Niedriglohngebiet zu betrachten sei. Für westdeutsche Unternehmen, die sich bereits zu Beginn des Jahres 1990 dort engagierten und zunehmend an der Geschäftbesorgung dortiger Kombinate beteiligt wurden, lag hier eine zentrale strategische Weichenstellung. In allen Einzelheiten war diese Frage am Wochenende des 17./18. Februar 1990 bei einer Klausurtagung der 17 EG-Kommissare zur Problematik einer deutschen Wirtschafts-, Währungs- und Sozialunion im belgischen Gent erörtert worden.[16] Dort hatte man die folgende Rechnung aufgemacht: Experten der Kommission gingen von der Feststellung aus, daß das reale mittlere Einkommen je Beschäftigtem in Ostdeutschland im Frühjahr 1990 gerade ein Viertel des westdeutschen Reallohns erreichte. Um die damalige Ost-West Migration von qualifizierten Arbeitskräften zu stoppen, hielt man es für notwendig, die Einkommen im Osten auf zwei Drittel des Westniveaus anzuheben. Zwei Drittel, so glaubte man, würden zu Anfang genügen unter der Voraussetzung, daß die DDR-Bürger auf stetige Besserung im eigenen Land hoffen könnten. Diese Überlegung war auch dadurch geleitet, daß qualifizierte Arbeitskräfte, z.B. Schweißer der Ostseewerften, in den Westen abwanderten und dort gute Anstellung fanden. Die Krise der DDR-Wirtschaft drohte sich dadurch schon unmittelbar nach dem Mauerfall massiv zu verschärfen. Die ostdeutschen Einkommen sollten also im Interesse aller – Ost- und Westdeutschlands und der europäischen Nachbarstaaten – angehoben werden.

10%-Solidarität...

Unter Berücksichtigung der Zahl der Beschäftigten in Ost- und Westdeutschland ergab sich aus der für notwendig gehaltenen Anhebung der Einkommen im Osten eine rechnerische Belastung der westdeutschen Einkommen von zehn Prozent, die solange aufzubringen wäre, bis Ostdeutschland sein eigenes „Wirtschaftswunder" erleben würde.[17] Die Europäische Kommission prognostizierte

---

16 „Vereinigung kostet die Bundesbürger den Zehnten", Süddeutsche Zeitung v. 19. Feb. 1990, 21.

17 Die Erhöhung der Einkommen von einem Viertel auf zwei Drittel des aktuellen Westniveaus entspricht mehr als eine Verdopplung der Ost-Einkommen. Die auf der 100 Prozent Basis liegenden Westeinkommen werden dadurch mit 40 Prozent belastet. Verteilt

damals, daß zwei, drei Jahre lang der „Zehnte" entrichtet werden müßte, mit abnehmender Tendenz in den Folgejahren bis zur Jahrtausendwende. Zehn Prozent Lohnabgabe entsprachen zum damaligen Zeitpunkt 6,5 Prozent des Bruttosozialproduktes Westdeutschlands, den weitere 1,5 Prozent des BSP als öffentliche Transfers zugeschlagen wurden; also insgesamt 8 Prozent oder etwa 200 Mrd. DM pro Jahr bis 1995. Heute wissen wir, daß die West-Ost Transferleistungen öffentlicher Haushalte und Parafisci etwa 10 Prozent des BSP ausmachen. Anders als in dem damaligen EG-Papier vorgesehen, ist davon der größte Teil durch Schulden finanziert worden. Doch auch für diesen Fall gab es in Brüssel ein Szenario.

Wenn die Bundesbürger ihre „DDR-Abgabe" nicht durch Einkommens- und Konsumverzicht leisten wollten, so das Brüsseler Papier, müsse man mit Inflationsgefahr und entsprechender Geldverknappung der Bundesbank rechnen. Das Ergebnis wäre eine Aufwertung der DM und ein ziemliches Durcheinander im Europäischen Währungssystem. Genau so ist es später auch gekommen. Dies zeigt: Schon früh hat sich eine Konfliktfront zwischen der Bundesregierung und den europäischen Partnerstaaten aufgetan, wobei letztere auf eine gemeinschaftsverträgliche Finanzierung des Aufbaues-Ost hinzuwirken suchten. Und das Papier zeigt weiterhin, daß es schon im Februar 1990 sehr hellsichtige Prognosen zur Vereinigungspolitik gegeben hat.

...durch Einkommens- und Konsumverzicht, sonst droht das EWS an der deutschen Einheit zu kollabieren

Gleichwohl findet sich auch im Vereinigungspapier der EG-Kommission der Hinweis, daß alles auch anders kommen könnte, weil zum Beispiel nicht bekannt war, in welchen Relationen die DDR-Bürger die mit der Währungsunion erhaltenen 40 Milliarden DM zum sofortigen Konsum verwenden oder sparen würden. Eine Unsicherheit der ökonomischen Vereinigungspolitik bestand auch in der Unkalkulierbarkeit der Wirtschaftssubjekte und der aus ihrem Verhalten resultierenden Aggregatgrößen, die wiederum auf individuelle Handlungsdispositionen zurückwirkten. Hier bestand die Gefahr von Niedergangsspiralen um so stärker, je mehr das Vertrauen in den Aufschwung-Ost zurückging. Das politische Versprechen, den Wirtschaftsstandort Ost unter Aufbringung aller Kräfte zu stützen und letztlich zur Blüte zu bringen, muß unter diesem Gesichtspunkt gesehen werden. Die Europäische Kommission war eine der ersten politischen Instanzen, die in ihren Transformationsszenarien diesen Zusammenhang sehr deutlich herausstellte.

Bereits im Vorfeld der Währungs-, Wirtschafts- und Sozialunion kannte man die Brisanz rascher Lohnsteigerungen bei nur langsamen Produktivitätszuwächsen im Osten. Aus der Notwendigkeit von Einkommenssteigerungen schloß die EG, die westliche Industrie werde eine Rentabilitätsprämie verlangen, ehe sie in den neuen Ländern investieren würde. Dies sei durch die Ansiedlung von Niedriglohn-Industrien in den neuen Bundesländern am kostengünstigsten zu bewerkstelligen. Wie wir inzwischen wissen, haben Bundesregierung und Treu-

---

man diese 40 Prozent auf die etwa vier mal soviel Einkommensempfänger im Westen, so bleibt für jeden von ihnen eine Belastung von 10 Prozent. Würde der Reallohn im Westen durch die Umverteilung um diesen Anteil geringer, würde die Differenz zum Osten weiter abnehmen; sie betrüge dann 90 Prozent West zu 65 Prozent Ost im Bezug auf ein fiktives, früheres 100 Prozenteinkommen im Westen; vgl. „Vereinigung kostet die Bundesbürger den Zehnten", Süddeutsche Zeitung v. 19. Feb. 1990, 21.

handanstalt den umgekehrten, teureren Weg gewählt; soweit möglich, wollten sie in den neuen Bundesländer die modernste Industrie Europas entstehen lassen. Auf diesem Weg haben sie auch die westdeutschen Produktionsstätten – etwa in den Sektoren Stahl, Maschinenbau, Feinmechanik, Automobil, Chemie – unter Konkurrenzdruck gesetzt und so die Modernisierung der Wirtschaft im ganzen Land beschleunigt – was sich bereits 1994 in einem bemerkenswerten gesamtwirtschaftlichen Produktivitätszuwachs niederschlug.

Die beispiellose Vernichtung niedrigproduktiver Anlagen und Arbeitsplätze im Vereinigungsprozeß und negative Kaufpreise bei der Privatisierung der DDR-Wirtschaft sind die andere Seite dieser Medaille. Betrachtet man die Verträge der Treuhandanstalt, so wird deutlich, daß hier nicht Unternehmen verkauft wurden, sondern Unternehmenskonzepte, produktive Investitionen und Arbeitsplätze eingekauft. Die THA fungierte insofern als eine Modernisierungsagentur des Staates – und zwar in historisch beispielloser Größenordnung; vor allem was ihre finanzielle Ausstattung betrifft (*Lichtblau* 1993, 35).

Im Rückblick erweist sich ein Vergleich der tarifpolitischen Prognosen und Empfehlungen des Sachverständigenrates vom 16 November 1989 mit den Ergebnissen der EG-Kommissionstagung vom 16./17. Februar als höchst aufschlußreich: Während der SVR einen kräftigen Lohnnachschlag anmahnt, um den Arbeitnehmern den Eindruck zu nehmen, „daß sich die schwungvolle Wirtschaftsentwicklung der letzten beiden Jahre für sie nicht in entsprechenden Erhöhungen des Einkommens ausgezahlt hätte" (SVR 1989: 166), nennen die Experten der Genter Klausurtagung eine Senkung der Realeinkommen im Westen von zehn Prozent als Voraussetzung zur Finanzierung kommender Einkommenszuwächse im Osten, sofern diese ohne Neuverschuldung, Hochzinspolitik und entprechende Gefährdungen des Europäischen Währungssystems zu bewerkstelligen wäre. Die Spannung zwischen der im SVR-Bericht zugrundegelegten Austauschlogik des Modells Deutschland und den neuen situativen Erfordernissen nach dem Mauerfall ist offenkundig. Sie aufzulösen hätte eine frühzeitige und schonungslose Offenlegung und Diskussion der bereits damals bekannten Verteilungsprobleme erfordert. Wer sie ansprach, geriet indes leicht in den falschen Verdacht, die Vereinigung abzulehnen. Dabei wäre allein diese Debatte imstande gewesen, die Austauschlogik des Modells Deutschland an die veränderten Gegebenheiten heranzuführen.

Fazit: Eine Offenle-gung der Vertei-lungsprobleme konnte gar nicht früh genug geschehen

2.3.3.3 Krise des Tarifvertragssystems

Im Februar 1993 kündigten die ostdeutschen Metallarbeitgeber mit Verweis auf die prekäre Wirtschaftslage einen Stufentarifvertrag, der für die metallverarbeitende Industrie eine rasche Angleichung der Ostlöhne an das Westniveau versprochen hatte. Der ursprünglich politisch bestimmte Vertrag sah für die Metallindustrie eine 26prozentige Tariflohnsteigerung im Jahr 1993 vor.[18] Seiner

---

18 „Die Grundlage dieses Tarifvertrages war die politische (Hervorhebung, R.C) Übereinstimmung der Tarifvertragsparteien, daß insbesondere die Treuhandbetriebe, die auch damals schon die Löhne nicht aus eigener Kraft zahlen konnten, dafür von der Treuhandanstalt mit den notwendigen Mitteln ausgestattet werden sollten". So argumentierte der Justitiar der IG Metall, Prof. Dr. Michael Kittner in einem Gutachten gegen die mit

Kündigung war eine Anweisung der Treuhandanstalt vorausgegangen, in der diese ihre Unternehmen anwies, in Abweichung vom Stufentarifvertrag für 1993 nicht 23 sondern neun Prozent Lohnsteigerung einzuplanen. Die Arbeitgeberverbände der Metallindustrie in den Tarifbezirken der neuen Bundesländer mußten diese Anweisung als eindeutiges Signal verstehen, zumal sie damals fast ausschließlich von Mitgliedsbeiträgen der Treuhandunternehmen getragen wurden. Da Gewerkschaften und Bundesregierung die Ansicht teilten, daß in Treuhandunternehmen der Steuerzahler als Tarifpartner auftrat, konnten Gewerkschaftsforderungen nach Einhaltung der Tarifautonomie den Zwang nach noch schnelleren Privatisierungen nur verstärken.[19]

Die Auseinandersetzungen um den Stufentarifvertrag der Metallindustrie offenbarte die Stärke des mit den Eigentumsrechten am ostdeutschen Industrievermögen ausgestatteten Staates und die schwache Verpflichtungsfähigkeit der Tarifverbände. Allein die IG-Metall verlor zwischen 1991 und 1995 mehr als die Hälfte ihrer eben erst neu gewonnen Mitglieder im Osten. 1995 waren zudem 133.000 ihrer verbliebenen 480.000 Mitglieder arbeitslos. Damit wurde die IG-Metall zur größten Arbeitslosenorganisation Ostdeutschlands (*Schroeder* 1996: 28). Da weitere 96.000 IG Metall Mitglieder Vorruhestandsgeld oder Altersrente bezogen, stand fast die Hälfte der verbliebenen Mitglieder in keinem Arbeitsverhältnis, wodurch die Tarifpolitik erheblich erschwert wird.

Die Arbeitgeberverbände litten von Anfang an unter internen Organisationskonflikten und seit 1993 verstärkt auch unter einem gravierenden Mitgliederschwund (vgl. Henne *Berger* 1993, *Ettl/Heikenroth* 1996). Zwischen Winter 1993/94 und Frühjahr 1995 sank der Organisationsgrad in tariffähigen Arbeitgeberverbänden von 36 auf 26 Prozent der Unternehmen, die allerdings aufgrund ihrer Größe immer noch 61 Prozent der Beschäftigten auf vereinen konnten (DIW 1995: 47). Austritte waren vornehmlich nach der Privatisierungen von Klein- und Mittelbetrieben zu verzeichnen, wobei Ex-Treuhandunternehmen im Eigentum westdeutscher oder ausländischer Unternehmen und darunter wiederum vor allem Großunternehmen einen nach wie vor hohen Organisationsgrad aufweisen. In Ostdeutschland beheimatete eigenständige Unternehmen waren dagegen 1995 nur zu 19 Prozent, im Falle von Neugründungen sogar nur zu 13 Prozent in Arbeitgeberverbänden organisiert (DIW 1995: 47, vgl. *Schroeder* 1996: 32-33; *Ettl/Heikenroth* 1996).

Betrachtet man Mitgliederverluste der Gewerkschaften, insbesondere der IG-Metall in den neuen Bundesländern, anhaltende Austrittsdrohungen von weiteren zehn Prozent der in Arbeitgeberverbänden organisierten Unternehmen[20] und einen im Sommer 1996 zwischen dem selbständigen „Verband der Sächsi-

Westdeutsches Nachkriegsmodell industrieller Beziehungen verfällt in Ostdeutschland

---

dër desolaten Wirtschaftslage begründete Kündigung der Metalltarifverträge in den Tarifbezirken der neuen Bundesländer (Handelsblatt v. 16.2. 1993).

19 Die IG-Metall hatte in Reaktion auf die Anweisung der THA-Zentrale den Stufentarifvertrag nicht zu erfüllen, dem Bundesfinanzminister als Aufsichtsinstanz ein Protestschreiben zugestellt, das unbeantwortet blieb (Interview mit Dieter Schulte, damals stellvertetender Vorsitzender der IG Metall und Mitglied des Verwaltungsrates der Treuhandanstalt, am 27. Jan. 1993).

20 Nach Befragungen des Instituts der Deutschen Wirtschaft im Frühjahr 1995 (vgl. DIW 1995: 47).

schen Metall- und Elektroindustrie" (VMSE) und dem Christlichen Gewerkschaftsbund, einem Konkurrenzverband zum Deutschen Gewerkschaftsbund
(DGB), abgeschlossenen Flächentarifvertrag (*Schroeder* 1996: 34) im Zusammenhang, so zeigt sich, daß das wohlgeordnete Nachkriegsmodell industrieller
Beziehungen in Ostdeutschland stark gefährdet, wenn nicht schon verfallen ist.
Die institutionellen governance-Mechanismen von Industriesektoren erwiesen
sich damit als höchst verletzlich – und zwar umso mehr, je länger sich der Aufbau-Ost hinzog. Die Tragweite dieser spezifisch ostdeutschen Entwicklung wird
besonders deutlich, wenn Verbandsaustritte, etwa von Jenoptik in Jena, propa-
gandistisch inszeniert werden, Sogwirkungen auf andere Unternehmen ausüben
und so immer weitere Austritte nach sich ziehen. Die Verbandsflucht unterliegt
einer potentiellen Eigendynamik, die ähnlich dem Auszug der Ärzte aus den ostdeutschen Polykliniken das korporatistische System der industriellen Beziehungen rasch und für die beteiligten Verbandsakteure unerwartet zum völligen Einsturz bringen könnte.

Das korporatistische „Modell Deutschland" hat weiterhin durch die Stellung
ausländischer Großinvestoren in den neuen Bundesländern seine einstige Bedeutung eingebüßt. In der ostdeutschen Großindustrie sind Unternehmen involviert,
die sich über die Gepflogenheiten des westdeutschen „Makrokorporatismus"
hinwegsetzen. Der norwegische Schiffbaukonzern Kvaerner wollte zunächst
nicht Mitglied des Arbeitgeberverbandes werden, sondern Haustarifverträge ab-
schließen. Der französische Mineralölkonzern Elf-Aquitaine umging mit Hilfe
der französischen Regierung korporatistische Konzertierungsnetzwerke durch
Direktkontakte zum Kanzleramt. Der belgische Stahlkonzern Cockerill-Sambre
nutzt privilegierte Beziehungen zur Europäischen Kommission. Weit stärker als
in staatsnahen Sektoren entscheiden schwer kalkulierbare, europäische und globale Vorgänge über Erfolg oder Mißerfolg politischer Maßnahmen. Ein „Organisierter Kapitalismus" in der Art des Modells Deutschland erscheint unter diesen Bedingungen fragmentierter Zuständigkeit mit einer Vielzahl überlappender
„policy communities" nur noch bedingt funktionsfähig. Dies gilt für die Ebene
nationaler und europäischer Märkte (vgl. *Streeck/Schmitter* 1991), nicht jedoch
für regionale Wirtschaftsräume, in denen korporatistische Modernisierungskar-
telle offenbar nach wie vor erfolgreich sein können, zumindest dort, wo sie auf
Traditionsbestände sozialer Einbettung in Regionalökonomien (industrial di-
stricts) aufbauen (vgl. *Herrigel* 1989).

Aufkommen regionaler Netzwerke zur industriellen Erneuerung — Nach dem keynesianischen Makrokorporatismus der siebziger Jahre und Me-
sokorporatismen zur Bewältigung des sektoralen Industriestrukturwandels, sind da-
her vermehrt regionale Netzwerke zur industriellen Erneuerung anzutreffen. Das
gilt für die ganze Bundesrepublik etwa in dem Bioregio-Konzept des Bundesfor-
schungsministeriums zur Förderung der Gentechnologie, ganz besonders aber für
die Rekonstruktion ostdeutscher Wirtschaftsregionen. Dies soll weiter unten am
Beispiel der Chemieindustrie im Einzelnen gezeigt werden. Aspekte der Regionalisierung sind indessen auch bei der Besetzung der Aufsichtsräte ostdeutscher Industrieunternehmen zu beobachten. Die Repräsentanten regionaler Instanzen (ört-
liche Politik, benachbarte Unternehmen) erfuhren eine Aufwertung, während der
im Modell Deutschland traditionelle Einfluß der privaten Großbanken zugunsten
öffentlicher Finanzierungsinstitutionen drastisch zurückging.

2.3.3.4 Aufsichtsräte und Bankeneinfluß

Die Mitbestimmung auf Unternehmensebene (Aufsichtsratsmitbestimmung) hat sich im Verlauf des ökonomischen Transformationsprozesses als eine für die Konfliktintegration und betriebliche Umstrukturierung nützliche Einrichtung herausgestellt. 455 Aufsichtsräte mußten in ostdeutschen Kapitalgesellschaften innerhalb weniger Monate konstituiert werden. Während die Besetzung der Arbeitgeberbänke von der Treuhandanstalt mittels eines Schneeballsystems unter Zuhilfenahme von Branchenpersönlichkeiten, informellen Unternehmervereinigungen und Industrieverbänden initiiert wurde, fiel es auf Arbeitnehmerseite nicht leicht, genügend, branchenkundige, in Mitbestimmungsfragen erfahrene Vertreter zu finden. Die Aufsichtsräte arbeiteten für einen Ehrensold. THA Präsident Rohwedder war der Auffassung, daß „unsere finanziell notleidenden Unternehmen keine hohen Aufsichtsratstantiemen verkraften konnten".[21] Trotzdem war die Bereitschaft überwältigend, „sich an das ‚nationale Portepée' fassen zu lassen, moralisch in die Pflicht nehmen zu lassen, um beim Prozeß der Einigung zwischen Ost- und Westdeutschland, beim Aufschwung-Ost einen wichtigen Beitrag zu leisten"[22]. Freilich waren auch schwarze Schafe darunter. Die Beteiligungsführung der Treuhandanstalt verdankte meist Arbeitnehmervertretern den entscheidenden Tip zur Entdeckung von betrügerischen Absichten und Bereicherungen zu Lasten von Treuhandbetrieben. So mußte ein prominenter Abgeordneter des Bundestages und Professor der Politikwissenschaft seinen Sessel räumen, nachdem herauskam, daß er für nichtssagende Gutachten hohe Beträge abgerechnet hatte, was allerdings dem Verlauf seiner weiteren Karriere auf europäischer Ebene zunächst nicht geschadet hat. Die Abberufung von Aufsichtsräten gestaltet sich nach dem deutschen Gesellschaftsrecht äußerst schwierig. Ohne die enge informelle Kooperation der Treuhandanstalt mit der Arbeitnehmerseite, bis hinauf zu den Gewerkschaftszentralen und deren Repräsentanten im THA-Verwaltungsrat wären solche Operationen unter Umgehung strafrechtlicher Mittel kaum durchführbar gewesen.[23]

Bei der Besetzung der Aufsichtsräte von Treuhandunternehmen wurden auch Elemente der deutschen Wirtschaftskultur außer Kraft gesetzt, von denen man hätte annehmen können, daß sie im „Aufbau-Ost" eine neue Blüte erfahren würden. Hierzu gehört das Bemühen der Treuhandanstalt, höchstens einen Bankenvertreter in den Aufsichtsräte von Treuhandunternehmen zuzulassen bis hin zur kategorischen Weigerung, Banker mit als Vorsitzende auszuwählen.[24]

„Wann immer möglich, sollte die Regel gelten, daß kein Banker und kein Berater einem Aufsichtsrat vorsteht. Für sehr sinnvoll hielten wir es, einen ostdeutschen Vertreter der Kommune, des Landkreises oder des Landes, in dem das betroffene Unternehmen seinen Sitz hat, in den Aufsichtsrat zu wählen, um dort spezifische regionale Bedürfnisse einzu-

---

21 Interviews mit Hermann Wagner, THA Beteiligungsführung, am 22. März 1993 (eigenes Interview) und am 24. Juli 1992 (autorisierte Niederschrift/Forschergruppe THA)).
22 Ebenda.
23 Ebenda; hier ist anzuführen, daß mein Interviewpartner, dem ich diese Informationen verdanke, später selbst unter Betrugsverdacht die THA verlassen hat.
24 THA-Präsident Rohwedder soll persönlich die Parole aufgegeben haben: „Keine Banker im Aufsichtsrat"; Interview mit Hermann Wagner am 24. Juli 1992.

bringen und um mögliche Synergien mit anderen Unternehmen im Umkreis aufzuzeigen oder um arbeitsmarktpolitische Maßnahmen wie ABM oder die Gründung von Arbeits-förderungs-, Beschäftigungs- und Strukturanpassungsgesellschaften unterstützend zu begleiten".[25]

Die Besetzung der Aufsichtsräte sollte die regionale Vernetzungen der Unternehmen fördern, die Abhängigkeiten von Banken aber möglichst gering halten. Die Gründe für die Abwehrhaltung gegenüber Banken sind vielschichtig: Einmal befürchtete man, daß Bankenvertreter Unternehmen in ihre Abhängigkeit bringen könnten, indem sich Aufsichtsratsmitglieder und Vorstände mit Finanzierungs-versprechen beeinflussen und eigene Privatisierungsstrategien durchsetzen.[26] Diese im Herbst 1990 gehegte Befürchtung erscheint übertrieben, angesichts der Risikoscheu, mit der westdeutsche Banken später gegenüber Treuhandunternehmen auftraten. Die Bankenaversion paßt im übrigen nicht zu der von *Shonfield* (1965) betonten Rolle der Bankenrepräsentanz in Aufsichtsräten als Grundlage einer Quasi-Planification des deutschen Wiederaufbaues nach dem zweiten Weltkrieg. Möglicherweise liegen ihr aktuelle Konflikte zugrunde. Die deutschen Großbanken hatten sich bereits kurz nach der Währungsunion bei ersten Kreditverhandlungen zur Sicherstellung der Lohnzahlungen in Treuhandbetrieben unerwartet restriktiv verhalten. In der THA herrschte eine insgesamt kritische Haltung gegenüber den westdeutschen Banken vor.[27]

2.3.3.5 Sozial- und Wirtschaftspartnerschaft in der Chemischen Industrie

Ostdeutsche Chemieindustrie als Musterbeispiel

Die Transformation der ostdeutschen Chemieindustrie ist das Musterbeispiel einer korporatistischen Industriepolitik. Sie unterscheidet sich deutlich von der Transformation anderer Wirtschaftszweige. Obwohl die Probleme geringer Produktivität und hoher Umweltverwüstung hier besonders groß waren, zeigt sich hier eine Erfolgsgeschichte. Dabei war die Kluft zwischen Ost und West im Chemiesektor größer als zum Beispiel im Schiffbau oder im Maschinen- und Anlagenbau (*Czada* 1997).

Struktur der ostdeutschen Chemieindustrie

Die Chemieindustrie Ostdeutschlands unterschied sich von der westdeutschen in vielerlei Hinsicht. Sie war auf organische Grundstoffe, insbesondere auf die Gewinnung von Erdöl-, Erdgas- und Kohlewertstoffe orientiert,. um so den Rohstoffmangel des Landes auszugleichen. Dies Zahl der Arbeiter im Verhältnis zu Angestellten war höher als in Westdeutschland, darunter ein auffallend hoher, seit Jahrzehnten auf zuletzt 30 Prozent gestiegener Anteil von Reparaturarbeitern. Mehr als die Hälfte der Anlagen war überaltert, 25 Prozent aus der Vorkriegszeit stammend, und entsprechend reparaturanfällig. Das Chemiedreieck Merseburg-Halle-Bitterfeld war hoch umweltbelastet. Bitterfeld „hätte entsprechend den in der UNO empfohlenen Grenzwerten für Umweltbelastungen als nicht bewohnbar eingestuft werden müssen" (IAW 1990: 98). Noch vor der staatsrechtlichen Vereinigung wurden daher in dieser Region aus ökonomischen, ökologischen und sicherheitstechnischen Gründen mehr als 100 Betriebe und

---

25   Ebenda.
26   Interview mit Hermann Wagner am 22. März 1993.
27   Dies belegen 47 Interviews, die im Auftrag einer „Forschergruppe Treuhandanstalt" geführt wurden.

Ablagenkomplexe stillgelegt (*Gilles/Hertle/Kädtler* 1994: 58). Der Chemiesektor erschien im Vergleich zum Maschinenbau, Schiffbau oder Stahlsektor als am wenigsten erhaltenswert. Trotzdem blieben am Ende gerade in diesem Krisensektor die meisten Arbeitsplätze erhalten, während andere – vordem produktivere Branchen – bis zur Bedeutungslosigkeit absanken. 1989 betrug die Produktivität im Maschinenbau-Ost 52 Prozent des West-Niveaus. In der Stahlproduktion waren es nur 30 Prozent, in der Chemieindustrie durchschnittlich 31 Prozent, in der Mineralölverarbeitung nur 9 Prozent (*Görzig* 1992: 129).

Der vergleichsweise hohe Beschäftigungserhalt und erfolgreiche industrielle Restruktuierungsprozeß im Chemiesektor hat im wesentlichen drei Ursachen:

1. Eine interventionsfreundliche Industriestruktur aus wenigen, regional konzentrierten und produktionstechnisch vernetzten Unternehmen.
2. Politische Bestandsgarantien (Kanzlerversprechen) und öffentliche Beihilfen zum Erhalt des regionalen Produktionsclusters, dessen Zusammenbruch unabsehbare soziale Folgen gezeitigt hätte.
3. Eine ausgeprägte sozial- und wirtschaftspartnerschaftliche Struktur und Handlungsorientierung bei den maßgeblichen Verbandsakteuren der chemischen Industrie.

Während die Industriestruktur, die politischen Interventionsbedingungen und das Interesse der Bundesregierung an der Chemietransformation vergleichsweise gut erklärbar sind (vgl. *Czada* 1998), bleibt die Rolle der „Industriepartnerschaft" (Rappe 1989) im Chemiesektor erklärungsbedürftig, vor allem weil in anderen Branchen, insbesondere in der Metallindustrie, eine nach 1992 bis etwa 1996 zunehmend konfliktorische Transformationspolitik vorherrscht.

Die Verbände der chemischen Industrie beschlossen im März 1990 gemeinsame Verfahrensgrundsätze bei der Übertragung der Steuerungs- und Koordinationsinstitutionen des westdeutschen Chemiessektors auf das Gebiet der noch bestehenden DDR. Die Grundsätze wurden im Juni 1990 um industriepolitische Forderungen der Industriegewerkschaft Chemie-Papier-Keramik (IG-CPK), des Bundesarbeitgeberverbandes Chemie (BAVC) und des Verbandes der Chemischen Industrie (VCI) ergänzt. Prozedur und Ergebnisse dieser Zusammenarbeit stehen ganz in der Tradition „außertariflicher Sozialpartnervereinbarungen" (BAVC 1989) innerhalb der „Industriepartnerschaft" (*Rappe* 1989) der Chemieindustrie. Dies umfasst auch ein abgestimmtes Lobbying aller Chemieverbände gegenüber der Bundesregierung und ihren Organen. Dazu gehörten insbesondere auch Bestrebungen zur Novellierung des Arbeitsförderungsgesetzes (IG-CPK 1990). Der Vorsitzende der IG-CPK, Hermann Rappe, zugleich Mitglied des Verwaltungsrates der Treuhandanstalt, SPD-Abgeordneter im Bundestag und Mitglied des THA-Ausschusses des Bundestages, der zudem als Vertrauter des Bundeskanzlers Helmut Kohls galt und an den Kanzlerrunden zum Aufbau-Ost teilnahm, hatte an der Einfügung des § 249h in das Arbeitsförderungsgesetz (AFG) wesentlichen Anteil. § 249h ermöglicht die öffentliche Finanzierung von Beschäftigungsgesellschaften in den neuen Bundesländern, die der Verbesserung der Umwelt, der sozialen Dienste oder der Jugendhilfe dienen.

Mit § 249h wurde der Weg für zwei Großprojekte mit zusammen bis zu 40.000 Arbeitsplätzen frei, an denen die IG-CPK und die später mit ihr vereinig-

Transformationsschritte

te IG-Bergbau zentral mitwirkten. Mit Gründung eines „Qualifizierungswerkes Chemie" und eines „Sanierungswerkes Braunkohle" wurde ein für die Bundesrepublik neuer Weg der aktiven Arbeitsmarktpolitik beschritten (vgl. *Knuth* 1996). Unter ihrem Dach wurden eine Reihe von Beschäftigungsgesellschaften zusammengefaßt, wie z.B. die „Bitterfelder Qualifizierungs- und Projektierungsgesellschaft" mit 5.300, die Sanierungsgesellschaft der Leuna-Werke mit 1.500 oder die Strukturförderungsgesellschaft der Stickstoffwerke Wittenberg-Piesteritz mit 1.000 Beschäftigten. Ihre Aufgaben umfassen umweltsichere Entsorgungsmaßnahmen, die Demontage von Produktionsstädten und die Sanierung und Erschließung von Flächen für neue Industrieansiedlungen.

Überschreiten des althergebrachten Instrumentariums der Arbeitsförderung
Mit dem hergebrachten Instrumentarium der individuellen Arbeitsförderung wäre die am 31. 3. 1993 zwischen der Treuhandanstalt und der IG Chemie zur kollektiven Beschäftigungsförderung und Altlastensanierung abgeschlossene Rahmenvereinbarung nicht möglich gewesen. Auf Grundlage des § 149h verpflichtete sich die Treuhandanstalt das „Qualifizierungswerk Chemie" mit 75 Mio. DM zu dotieren und „in enger Abstimmung mit der IG Chemie" zu verwalten. Zum einen leistet die Treuhandanstalt Zweckzuwendungen, mit denen die Betriebe des Qualifizierungswerkes sachlich ausgestattet werden. Zum anderen sollen die Sozialpläne der Treuhandunternehmen im Organisationsbereich der IG Chemie vorsehen, daß Arbeitnehmer nach Zuweisung in eine nach § 249h AFG von der Arbeitsverwaltung geförderte Sanierungsgesellschaft Abfindungen in der Form von Lohnzahlungen beziehen. Zusammen mit Lohnkostenzuschüssen der Bundesanstalt für Arbeit an jeden von ihr zugewiesenen Arbeitnehmer entsteht ein Bruttoeinkommen, das niedriger sein muß als das, was in einem nicht nach § 249h AFG geförderten Unternehmen derselben Branche tariflich geleistet wird. Eine ähnliche Rahmenvereinbarung hat die THA mit der IG Bergbau und Energie abgeschlossen. Hier wurden Bergleute aus den Kali- und Braunkohlenrevieren zu Landschaftsgärtnern qualifiziert und zur Großflächensanierung eingesetzt.

Auf Grundlage der in den Unternehmensplänen enthaltenen Weiterbildungskomponente wurden Chemie- und Bergarbeiter zu Umweltsanierern umgeschult, wie sie im Chemiedreieck und in den Braunkohlerevieren insbesondere zur Demontage alter Fabrikanlagen und Großflächensanierung auf lange Sicht gebraucht werden. Diese Maßnahme erhöhte die Privatisierungschancen in beiden Sektoren, weil dadurch die Zahl der zu privatisierenden Arbeitsplätze verringert, und zugleich die Treuhandanstalt von der ökologischen Altlastenproblematik entlastet wurde.

Die Einrichtungen erfüllen eine Aufgabe, für die sich bei der THA internationale Demontageunternehmen beworben hatten.[28] Der THA nützte die mit Beschäftigungsgesellschaften gefundene Lösung zusätzlich, weil deren Sachinvestitionen – Baufahrzeuge, Recycling-Anlagen, Maschinen, Werkzeuge – von Ostbetrieben, insbesondere Treuhandunternehmen aus dem Maschinen- und Anlagenbausektor bezogen wurden. Damit konnten nicht nur Arbeitsplätze in der Chemieindustrie sondern auch in Treuhand- und Ex-Treuhandunternehmen vorübergehende gesichert werden.

---

28   Interview Wolf Schöde, THA Abt. Öffentlichkeitsarbeit, am 25. Feb. 1993.

Tabelle 1:   Beschäftigungsveränderungen ausgewählter Sektoren (in Tausend)[29]

Maschinenbau	West	Ost
1990	1072	418
1994	880,8	79,8
Elektrotechnik		
1990	1109	277
1993	945,4	61,3
Landwirtschaft		
1989	662,7	889,0
		(LPGs)
1993	579,3	196,2
Chemieindustrie		
1990	606	161
1993	557,3	107,6
Öffentlicher Dienst (Länder und Gemeinden)		
1991	3.272	675,6
1994	3.277	565,7
Handel (Groß- und Einzelhandel)		
1990	3.047	675
1994	3.267	581
Gesundheitswesen		
1990	195,3	42,5
1993	216,9	43,1
Banken		
1990	645,2	52
1993	684,6	69,5

Die Sozialpartnerschaft im Chemie- und Bergbausektor führten zu einem lang-
sameren und insgesamt geringerem Beschäftigungsabbau als in anderen Industriezweigen der neuen Bundesländer (Tabelle 1). Zugleich verschlang die finanzielle Förderung der ostdeutschen Chemie- und Braunkohlestandorte mehr
Mittel als die marktwirtschaftliche Transformation beziehungsweise Reduktion
anderer Wirtschaftszweige. Sie wurden indessen überwiegend investiv verwendet. Eine ähnlich massive, öffentlich finanzierte Investitionsoffensive gab es nur
im Fall des von Lothar Späth aus dem Zeiss-Erbe zusammengebauten Jenop-
tik-Konzern. Wie im Fall der Chemieindustrie verfuhr man auch hier ohne große
Rücksicht auf westdeutsche Brancheninteressen. Westdeutsche Konkurrenten
und ihre Wirtschaftsverbände hatten öffentliche geförderte Investititonen im

*Wirkungen des ver-
änderten Typus der
Sozialpartnerschaft*

---

29 Aufsteigend von Branchen mit dem höchsten Beschäftigungsverlust im angegeben Zeitraum . Die Daten sind aufgrund unterschiedlicher Sektorabgrenzungen und Erhebungs-
methoden zwischen Ost und West sowie zwischen Branchen nicht exakt vergleichbar.
Quellen: Landwirtschaft Ost 1989: Statistisches Amt der DDR (1990, 36); Öffentlicher
Dienst: *Wollmann* (1996: 98, 99, 104), Statistisches Bundesamt (versch. Jahre). Aus
Vereinheitlichungsgründen wurden soweit möglich Daten des Statistischen Bundesamtes
zugrundegelegt, auch wenn andere Quellen detailliertere Angaben enthalten. So berichte-
te das Institut der Deutschen Wirtschaft (IW 1992, 1994) Daten zur Beschäftigung in den
Sektoren Maschinenbau und Elektrotechnik, die für die Neuen Bundesländer von denen
des Statistischen Bundesamtes abweichen. Nach IW-Angaben waren 1993 im Maschinenbau der Neuen Bundesländer nur noch 38.300 Arbeitnehmer beschäftigt. Die Abweichung ist dadurch begründet, daß das Institut der Deutschen Wirtschaft Arbeitnehmer in
Beschäftigungsgesellschaften nicht mitzählt.

Osten oft abgelehnt. Die Repräsentanten des Maschienbaues waren dabei besonders erfolgreich. Den überwiegend mittelbetrieblich strukturierten westdeutschen Maschinenbauunternehmen waren die ostdeutschen Komibate zu groß, um sie übernehmen zu können. Zugleich mußten sie einige vergleichsweise produktive Betriebe als Konkurrenten fürchten. Daher war es durchaus in ihrem Interesse, Mammutunternehmen wie das Schwermaschinenkombinat Ernst Thälmann (SKET) kleinschrumpfen zu lassen.

Fazit: Einkehr des Neokorporatismus

Die Transformation der Chemieindustrie unterscheidet sich von allen anderen Branchen. Sie kommt der neokorporatistischen Austauschlogik, nach der Löhne, Investitionen und Arbeitsplätze im Verbund von Staat-, Gewerkschaften und Wirtschaftsverbänden ausgehandelt werden, am nächsten. Freilich ist die Frage nach dem ökonomischen Erfolg dieser Strategie noch offen. Es spricht aber einiges dafür, daß selbst bei langjährigen Anlaufverlusten, die nach den Privatisierungsverträgen von der „Bundesanstalt für vereinigungsbedingte Sonderaufgaben" mitfinanziert werden müssen, die Gesamtbilanz des Chemiestandorts besser sein wird als etwa die des ostdeutschen Maschinebaues.

2.3.4 Die Zukunft des Modells Deutschland nach der Vereinigung

Vom breiten Vereinigungskonsens führte ein kurzer Wege zur kontroversen Standortdebatte. Die Themen der Vereinigungspolitik und der Standortdebatte fließen seit 1992 übergangslos ineinander über (vgl. *Heinelt/Weck* 1987). Beidesmal geht es um die Anpassung der Wirtschaft an veränderte Problemlagen. Beidesmal spielt auch die Frage nach der Güte und Wettbewerbsfähigkeit ökonomischer Koordinationsstrukturen eine zentrale Rolle. Die Anpassungsprobleme in Ostdeutschland sind indessen um ein vielfaches komplizierter als in Westdeutschland. Das gilt in erster Linie für das Ausmaß des Produktivitätsrückstandes. Bei durchschnittlichen Arbeitsproduktivitäten von 25 Prozent (1991) der westdeutschen Produktivität in allen Gewerbezweigen (Grundstoffe, Investitionsgüter, Verbrauchsgüter, Verarbeitende Industrie) mit Ausnahme der Nahrungs- und Genußmittelherstellung (*Görzig* 1992: 129) wäre ein rasches Einholen Westdeutschlands auch unter optimalen institutionellen Bedingungen illusorisch. Wer annahm, gutes Geld und gutes Recht würden ausreichen, diese Aufbauleistung in kurzer Zeit zu bewerkstelligen, vergaß einen dritten Faktor, dem hier eine entscheidende Rolle zukommt: Zeit. Industrielle Aufholprozesse sind insbesondere dann zeitaufwendig, wenn Sektorstrukturen neu ausgebaut und miteinander verbunden werden müssen. Die Konfiguration von Sektoren ist im Fall rascher Transformation für Fehlentwicklungen besonders anfällig. Da der Markt als Koordinationsinstanz postsozialistischer Transformationsprozesse noch nicht funktionierte, entschieden mehr oder weniger spekulative Bewertungen von Treuhandmitarbeitern, Betriebsprüfern und Investoren über das Schicksal von Sektoren, Unternehmen und Arbeitsplätzen. Der Wert der DDR-Wirtschaft mußte geschätzt werden, da es keine Märkte für DDR-Waren und keine Marktpreise für Unternehmen gab.

1993 einsetzende Bemühungen um den Erhalt von Schlüsselindustrien, die man um jeden Anklang an sozialistisches Vokabular zu vermeiden, „industrielle Kerne" nannte, hat gezeigt, daß über ideologische Restriktionen hinaus die ökonomischen und politisch-institutionellen Rahmenbedingungen der Bundesrepublik einer kohärenten, langfristig angelegten industriellen Transformationspolitik entgegenstanden. Vergleicht man den Umgang mit industriellen Sektorkrisen im Osten mit der vorangegangenen Bewältigung des ökonomischen Strukturwandels in der Bundesrepublik, so wird offenkundig, daß die strukturpolitische Schwäche der Neuen Bundesländer in Relation zur zentralen Stellung der Treuhandanstalt das eigentliche Problem darstellt.

Die politisch-institutionellen Rahmenbedingungen westlicher Prägung als Hindernis

Politik und Administration der neuen Bundesländer waren in den ersten Jahren nach der staatsrechtlichen Vereinigung bei weitem nicht in dem Maße funktionsfähig, wie man es von den alten Bundesländern gewohnt war. In den Wirtschaftsministerien der neuen Länder und innerhalb der Treuhandanstalt waren zudem mit der Besetzung der weitaus meisten Leitungspositionen durch westdeutsche Beamte und Manager die Möglichkeiten der Problemlösung eingeengt, und zwar auf das Handlungsrepertoire, das durch ihr Erfahrungswissen und innerhalb der zugleich von West nach Ost übertragenen institutionellen Ordnung zur Verfügung stand.[30] Bereits was als Problem zu gelten hatte, war durch den Erfahrungshintergrund der maßgeblichen Akteure vorherbestimmt.[31] Diese Ordnung funktionierte nun aber im Osten keineswegs genau so wie im Westen. Dort war die politische Bewältigung von Strukturkrisen stets von Interessen, Strategien und Konzepten der betroffenen Länder bestimmt worden. Im Aufbau-Ost beanspruchten dagegen die Bundesregierung und die Treuhandanstalt die Letztentscheidung über in ihrem Besitz befindlichen Unternehmen. Die Neuen Länder, über deren künftige Wirtschaftsstruktur entschieden wurde, konnten diesem eigentumsrechtlich begründeten Anspruch nichts entgegensetzen. Die Eigentümerfunktion der Treuhandanstalt und die geringe Fähigkeit zuweilen auch der mangelnde Wille der Neuen Länder, die politischen und finanziellen Risiken einer eigenen Strukturpolitik einzugehen, unterscheiden die industrielle Krisenregulierung des Ostens von der Situation im Westen. In Westdeutschland hatte sich der Bund stets gesträubt, Krisenunternehmen der Kohle-, Textil-, Stahl und Schiffbauindustrie zu verstaatlichen; in Ostdeutschland kam er durch die Vereinigung in den Besitz solcher Unternehmen und wollte sie so schnell als möglich wieder loswerden. In beiden Fällen sah man in der Zahlung von Strukturhilfen an private Eigentümer die bessere Lösung. Sosehr sich die Beweggründe in beiden Fäl-

---

30 Auf der Ebene des Verwaltungsrates, des THA-Vorstands- und der Direktoren gab es nur vereinzelt Ostdeutsche. Dagegen entstammten 27 Prozent der Abteilungsleiter und Referenten dem Staatsdienst und Kombinaten der DDR. Ein Drittel der Mitarbeiter dieser Ebene kamen aus der westdeutschen Wirtschaft, 12 Prozent aus dem öffentlichen Dienst der Bundesrepublik, der Rest entfiel auf Berufsanfänger, gesellschaftliche Organisationen und sonstige Herkunftsbereiche (*Czada* 1995: 313).

31 Auf den bedeutenden Einfluß von Akteurkonstellationen auf Problemwahrnehmungen und -definitionen wurde in der jüngeren Politikfeldforschung verstärkt hingewiesen; ebenso auf die weichenstellende, alle weiteren Maßnahmen prägende Rolle solcher informellen Festlegungen; vgl. zu Problemdefinitionen und Handlungsrepertoire der am Aufbau-Ost beteiligten Verbandsakteure *Lehmbruch* (1996).

len gleichen, so unterschiedlich sind doch die operativen Ziele und Handlungsbedingungen in beiden Fällen.

Kontrollansprüche
der Europäischen
Kommission

Die für die Durchsetzung regionalwirtschaftlicher Bedürfnisse ungünstige
Situation wurde durch zunehmende Kontrollansprüche der Europäischen Kommission weiter verschärft. Bis ins Jahr 1992 waren die Neuen Bundesländer aus
den Verhandlungen zwischen Bund, THA und der europäischen Wettbewerbs-
behörde über die Anwendung des Beihilferechts in sensiblen Branchen weitgehend ausgeschlossen (*Ensser* 1996: 46-65). Erst danach bahnten sich belastbare
Beziehungen zwischen den Staatskanzleien der Länder und der europäischen
Ebene an.

Die künftige Gestalt der Unternehmen und Branchen mußte letztlich offen
bleiben, weil jede Festlegung auf eine Industriepolitik die gegebene, in mancher
Hinsicht veränderte politische Zuständigkeitsstruktur überfordert hätte. So kam
es zu einer „Strukturpolitik wider Willen" (*Nägele* 1994), die von vereinzelten
und doch tiefgreifenden Eingriffen geprägt war: ein System inkohärenter Intervention, das dem in den sechziger und siebziger Jahren entwickelten Konzept einer Strukturpolitik aus einem Guß und Beitrag zu einer konzertierten Wachs-
tumsstrategie diametral entgegensteht.

Ländertreuhand-
anstalten als Lö-
sungsmöglichkeit

Die im Aufbau befindlichen Regierungen der neuen Länder hätten die ihnen
verfassungsmäßig zustehende Aufgabe der Wirtschaftsstrukturpolitik gar nicht
wahrnehmen können. Frühe Forderungen von Gewerkschaften, Teilen der SPD
und von Regierungen der neuen Länder, strukturpolitische Erwägungen zu berücksichtigen, mußten daher bereits an der vorgefundenen, seit März 1990 durch
die Treuhandanstalt geprägten Zuständigkeitsstruktur scheitern. Nur die Bildung
von Ländertreuhandanstalten hätte Chancen für eine Krisenbewältigung nach
dem westdeutschen Vorbild eröffnet. Entsprechende Versuche der Länder
konnten im Herbst 1990 von der Bundesregierung im Verein mit der Treuhandanstalt vereitelt werden (*Czada* 1993: 151). Später, im Frühjahr 1991, als die
budgetären Belastungen des Aufbaues-Ost offenbar wurden, überließen die Neu-
en Länder mehr oder weniger freiwillig der Treuhandanstalt das Feld – zumal
die am 15. März 1991 verabschiedeten „Grundsätze zur Zusammenarbeit von
Bund, neuen Ländern und Treuhandanstalt für den Aufschwung Ost" die strukturpolitische Kompetenz der Treuhandanstalt auf die eines „Dienstleisters" für
die neuen Länder in gewisser Weise begrenzt hatten (vgl. *Czada* 1994: 33).

Westdeutsche Unternehmen, die den Osten mieden oder dort nicht zum Zuge kamen, müssen sich auf Dauer gegen eine dort subventionierte Konkurrenz
behaupten. Stahl, Maschinenbau und Werften waren neben dem Mineralölsektor
diejenigen Industriebranchen, in denen die stärksten Gegensätze zwischen den
Aufbauinteressen der Bundesregierung und der neuen Bundesländer einerseits
und den Bestands- und Schutzinteressen westdeutscher Unternehmen sowie der
alten Bundesländer andererseits auftraten.[32] Der staatlich geförderte Erhalt indu-

---

32 Im Mineralölsektor war dieser Konflikt besonders ausgeprägt. Der von der Treuhandan-
    stalt und prospektiven Investoren geforderte Aufbau neuer Raffineriekapazitäten anstelle
    des Baues einer „Produktenpipeline" in den Osten stieß auf den Widerstand der west-
    deutschen Mineralölindustrie. Sie litt schon vor der Vereinigung unter Überkapazitäten,
    die sie durch die Versorgung der neuen Bundesländer hätte Nutzen können. Das Ver-
    sprechen des Bundeskanzlers, die industriellen Kerne der Chemieindustrie zu erhalten,

strieller Kerne im Osten hat hier nicht nur Konflikte zwischen Ost und West, sondern auch innerhalb westlicher Akteurgruppen verursacht. Davon ist die Handlungsfähigkeit der Strukturpolitik insgesamt betroffen.

Im Juli 1996 hatte der Bund-Länder-Planungsrat im Rahmen der „Gemeinschaftsaufgabe Regionale Wirtschaftsförderung" das Fördergebiet in West und Ost für den Zeitraum von 1997 bis 1999 neu zugeschnitten. Geplant war, die Förderung in den neuen Bundesländern zu verringern und dafür die Gebiete im Westen von 20,8 auf 22 Prozent der Bevölkerung auszudehnen. Dies hat die Europäische Kommission verhindert und lediglich neue Fördermöglichkeiten für Westberlin gebilligt, die verhindern sollen, daß Firmen in das brandenburgische Umland abwandern.[33] Ursprünglich hatte die Europäische Kommission sogar angedroht, ein sogenanntes „Hauptprüfungsverfahren" mit dem Ziel einer Fördergebietsbegrenzung auf 18 Prozent der Einwohner im Westen einzuleiten und zugleich angekündigt, am Aufbau-Ost weiterhin mitwirken zu wollen. Die problematische Transformation von Industriesektoren der neuen Länder hat insofern nicht nur die Beschäftigungs- und Sozialpolitik und damit die Bundesregierung tiefer in den „Aufbau-Ost" involviert, sondern über die Gestaltung und Genehmigung industriepolitischer Fördermaßnahmen auch die Europäische Kommission immer stärker ins Spiel gebracht. Die Bundesregierung und später auch die Regierungen der neuen Länder verhandelten über jeden größeren Problemfall direkt mit der europäischen Wettbewerbskommission. Dadurch hat sich im Zuge des industriellen Aufbaues-Ost ein neues intergouvernementales *issue network* herausgebildet, in dem sich eine marktwirtschaftliche Rhetorik und das Bemühen um europaweit abgestimmte Beihilfeentscheidungen mit einer gezwungenermaßen pragmatischen Grundhaltung vermischten. Neben Neuerungen der Arbeitsmarktförderung, der industriellen Beziehungen oder der Internationalisierung des Industriebesitzes geschah dies fast unmerklich, obwohl daraus folgenreiche Weichenstellungen für eine künftige Industriepolitik erwachsen könnten. Die Europäisierung der Wettbewerbs- und Industriestrukturpolitik kann allerdings bislang noch nicht als eine Restriktion für das Modell Deutschland betrachtet werden, die den durch die Vereinigung geschaffenen Auswirkungen auch nur annähernd vergleichbar wäre.

Obgleich alle Transformationserfahrung die Bedeutung sektoraler Ordnungsformen als eine Voraussetzung der Ost-West-Angleichung gezeigt hat, sind diese Ordnungsformen gerade in Ostdeutschland gefährdet. Verbände, Gewerkschaften, Kammern und Regelsysteme, ohne die eine Übertragung der westdeutschen Institutionen nicht möglich gewesen wäre, werden dort nicht unverändert überleben können. Das deutsche Nachkriegsmodell einer von verbandlicher Selbstregulierung bestimmten, vergleichsweise einheitlichen, in integrative Institutionen eingebetteten Produktionsorganisation steht am Scheideweg (vgl. *Casper* 1997; *Casper/Vitols* 1997: 10). Ob Globalisierung, verstanden als Verletz-

Die institutionelle Seite des Modells Deutschland angesichts der Globalisierung

---

bedeutete indessen die Notwendigkeit einer eigenständigen Rohstoffbasis, die schließlich durch einen Privatisierungsvertrag unter Beteiligung des französischen Mineralölkonzerns „Elf-Aquitane" und der staatlichen Mitfinanzierung einer Erdölraffinerie geschaffen wurde.

33 vgl. „Bonn und Brüssel erzielen Kompromiß im Streit um die Regionalförderung". In: Süddeutsche Zeitung v. 14.11.1996.

barkeit nationaler Ökonomien gegenüber Weltmarkteinflüssen, dafür zuvörderst oder gar allein verantwortlich ist, erscheint aus zwei Gründen höchst fragwürdig.

Zum einen bezeichnet das Modell Deutschland ein Verfahren kooperativer Konfliktbewältigung, das ausdrücklich die internationale Wettbewerbsfähigkeit fördern und daraus resultierende Anpassungslasten sozialverträglich verteilen soll (*Esser* et. al. 1979, *Makrovits* 1982, *Esser/Fach/Väth* 1983, *Scharpf* 1987). Ähnliche Konsensstrategien haben in den Niederlanden erfolgreiche Krisenlösungen ermöglicht: Die Kontinuität der Zusammenarbeit zwischen Arbeitgebern, Gewerkschaften und Staat führte dort dazu, daß der Lohnanstieg innerhalb der EU am geringsten und der soziale Friede infolge eines niederländischen Bündnisses für Arbeit, das die Reform der sozialen Sicherungssysteme einschloß, erhalten blieb.[34] Auch in Schweden konnte die Globalisierung die Kernfesten des dortigen Wirtschafts und Sozialmodells nicht erschüttern, obwohl die dortigen Anpassungserfordernisse und fiskalischen Bedingungen schlechter waren als in Westdeutschland (*Ryner* 1996). Ein Bündnis für Arbeit, das die Industriegewerkschaft Metall vorschlug und das die Bundesregierung unterstützen wollte, konnte dagegen aufgrund der zu diesem Zeitpunkt bereits erodierten Konfliktregelungsmechanismen, wegen zunehmender Asymmetrien im korporatistischen Interaktionsgeflecht, und des außerordentlichen Problemdrucks nicht mehr verwirklicht werden (*Lehmbruch* 1997).

Während Probleme der Weltmarktanpassung seit Langem bekannt sind, und erfolgversprechende Strategien für die neunziger Jahre auf steuer- und fiskalpolitischen sowie gesellschafts- und verteilungspolitischen Handlungsfeldern im institutionellen Rahmen des westdeutschen Weges (*Schmidt* 1991) vor der Vereinigung diskutiert wurden (SVR 1989), steht die Erosion der institutionellen Grundlagen des Modells Deutschland im unmittelbaren Zusammenhang der Vereinigungspolitik. Neben den erwähnten Entwicklungen im Bereich der industriellen Konfliktregelung, der Industriefinanzierung und der Produktionssysteme erweist sich die trotz größter politischer und ökonomischer Anstrengungen eingetretene *Dualisierung der Ökonomie* als stärkstes Hindernis für eine Fortentwicklung des westdeutschen Weges. Die Unterschiede in der ökonomischen Leistungskraft zwischen Ost- und Westdeutschland sind zu groß für eine neokorporatistische Politikentwicklung. Der auf Einheitlichkeit der Lebensverhältnisse und konsensuelle, alle Interessen umfassende, Konfliktbewältigung gerichtete westdeutsche Weg erscheint vor allem aus diesem Grund nicht mehr gangbar. Auf politischer Ebene wird dies erst mit Verzögerungen deutlich. In Wirtschaft und Gesellschaft sind die Anzeichen unübersehbar.

Während in Ostdeutschland Öffnungsklauseln dazu führen, daß die Betriebsräte in vielen Betrieben weit untertarifliche Entgelte aushandeln, brüstete sich der Betriebsrat von Daimler-Benz 1997 damit, eine Beschäftigungsgarantie bis ins Jahr 2001, übertarifliche Lohnerhöhungen und ein großzügiges Bonussystem erreicht zu haben. Zur Blütezeit des Modells Deutschland streikten Daimler-Beschäftigte für die Abschaffung von Niedriglohngruppen, die es in diesem

---

34   *Kleinfeld* (1997); vgl. Hearing vor dem Haupt- und Wirtschaftsausschuß des Nordrhein-Westfälischen Landtages zum Niederländischen Modell vom 12. Juni 1997; Landtag Intern v. 18. Juni 1997, 14

Unternehmen überhaupt nicht mehr gab. Sie taten es aus Solidarität für die schlechter organisierten Arbeitnehmer in Klein- und Mittelbetrieben. Dieses einstige Solidarbündnis des westdeutschen Modells ist offensichtlich aufgekündigt. Es wäre selbst unter allen Anstrengungen der beteiligten politischen Akteure nicht mehr aufrechtzuerhalten. Die Verbetrieblichung der industriellen Beziehungenführt zu einer Heterogenisierung der Lebensverhältnisse, die durch sekundäre, sozialpolitische Umverteilung nicht mehr aufgefangen werden kann.

Die deutsche Vereinigung hat nicht nur eine duale Wirtschaftsstruktur entstehen lassen. Die Vereinigungspolitik hat zugleich soziale Ungleichheiten verstärkt. 1992 betrug der Anteil *vereinigungsbedingter Belastungen durch Steuern und Sozialversicherungsbeiträge* am Haushaltseinkommen in der oberen Einkommenshälfte 2,5 Prozent (680 DM/Monat), während die unter dem Durchschnitt liegenden Haushalte einen Anteil von 3,5 Prozent zu tragen hatten. 1994 war die Belastung der Haushalte im oberen Segment auf 4,8 Prozent und der geringer Verdienenden auf 5,7 Prozent angestiegen (*Heilemann* et. al. 1994, *Bredemeier* 1996: 186). Für die höheren Einkommensgruppen fällt der wahre Anteil noch geringer aus, wenn man die durch Sonderabschreibungen im Osten ab 1991 entstandenen Steuermindereinnahmen von jährlich mehr als 10 Mrd. DM dieser Gruppe als Geld- und Vermögenszuwachs anrechnet.

> Eine duale Wirtschaftsstruktur durch die Vereinigung

Steuervermeidung durch Sonderabschreibungen im Inland ist ein Hauptgrund für die Fiskalkrise des Staates. Die vereinigungsbedingten Steuermindereinnahmen übersteigen nämlich die von Globalisierung, internationalem Steuerwettebewerb und Steuerflucht bedingten Ausfälle bei weitem. Sie resultierten maßgeblich aus Sonderabschreibungen im Osten und der steil angestiegenen Massenarbeitslosigkeit. Das Aufkommen aus Steuerarten, die durch Verlagerung ins Ausland umgangen werden können, nahm sogar ab 1996 wieder zu, während das aus Löhnen und Einkommen im Inland beständig zuückgeht.[35] Allein die abschreibungsbedingten Erstattungen auf die Einkommenssteuer „schnellten von 22. Mrd. DM im Jahr 1992 auf 41,5 Mrd. DM im Jahr 1996 in die Höhe und drückten so das eigentliche Steueraufkommen auf ein Fünftel" (Süddeutsche Zeitung v. 14.8.1997: 21). Die Bundesbank macht dafür Sonderabschreibungen von 50 Prozent auf Investititonen in den neuen Bundesländern verantwortlich, die in großem Umfang genutzt wurden (ebenda). Erst an zweiter Stelle steht der durch Arbeitslosigkeit bedingte Steuerausfall. Die Staatsfinanzen wären in dieser Hinsicht weniger verletzlich, wenn die anteilsmäßige Besteuerung von Arbeit nicht seit Jahrzehnten beständig zugenommen hätte, während der Anteil der Kapitalsteuern am Gesamtsteueraufkommen (Körperschaftssteuer, veranlagte Einkommensteuer und Gewerbesteuer) von 24 Prozent im Jahr 1980 auf heute 11 Prozent des Gesamtsteueraufkommens zurückging. Trotz anderslautender Interpretationen ist festzuhalten: Vereinigungsbedingte Sonderabschreibungen, Massenarbeitslosigkeit und die ab 1995 einsetzende Schuldendienste auf den Erblastentilgungsfond reissen ein weit größeres Loch in den Staatssäckel als die Fol-

---

35 Allein von 1995 auf 1996 sank das Aufkommen aus der Lohnsteuer um 31 Mrd. DM, aus der veranlagten Einkommensteuer aber nur um 1 Mrd. DM. Das Körperschaftssteueraufkommen stieg im selben Zeitraum um 11 Mrd.-Mark (*Bundesbank* Monatsberichte 49/7 (Juli 1997): 55). Wie angesichts dessen das Gespenst der Globalisierung im Zusammenhang der Fiskalkrise gezeichnet werden konnte, ist höchst erstaunlich.

gen einer vermeintlich just zu diesem Zeitpunkt massiv einsetzenden Globalisierung.

Gefahr für
die institutionellen
Grundlagen des
Modells Deutschland

Der Umfang der Lasten und die ausgeprägte Asymmetrie der Lastenverteilung ist innerhalb eines politischen Konsensmodells, wie es das Modell Deutschland darstellt, vermutlich nur auf begrenzte Zeit und unter der Voraussetzung durchzuhalten, daß die institutionellen Grundlagen des Modells intakt bleiben. Die herkömmliche Wirtschafts- und Tarifpolitik, die den leistungsfähigen Exportsektor schont, zugleich angemessene Einkommen in schwächeren Wirtschaftszweigen schafft und die sozialpolitische Kompensation der sozialen Kosten forcierter Wirtschaftsmodernisierung garantieren kann (*Esser* et.al. 1979), ist unter den Bedingungen einer dualen Ökonomie und leerer Staatskassen nicht mehr machbar. Es ist insofern nicht Globalisierung, die das westdeutsche Modell in Bedrängnis brachte. Vielmehr wurde es gegenüber äußeren Einwirkungen erst dann verletzlich, als im Inneren seine Funktionsvoraussetzungen geschwächt waren.

Legt man allein westdeutsche Wirtschaftsdaten und leidliche Reformen der Sozialsysteme zugrunde, so würden die dem westdeutschen Modell vorausgesetzte Homogenität und materielle Verteilungsbasis problemlos ausreichen, den bisherigen Weg fortzusetzen. Die jüngste Sonderausgabe der Zeitschrift von *Industry and Innovation* zum Thema „The German Model in the 1990s" macht deutlich, daß Westdeutschland nach seiner Industriestruktur, Innovationsleistung und hochproduktiven, flexiblen Qualitätsproduktion bei weitem nicht in die Regionalliga der Weltwirtschaft abgestiegen ist (*Soskice* 1997; *Casper/Vitols* 1997; *Matraves* 1997). Im Gegenteil: Große Teile der westdeutsche Industrie steigerten nach der Vereinigung ihre Gewinne und Exportanteile ebenso wie die Zahl ihrer Patente. Es ist nicht die Gloablisierung, sondern die Lage in Ostdeutschland, die einen Kurswechsel nötig macht, weil durch sie „*andere Projekte von einem historisch niedrigerem Rang als die deutsche Einheit nicht mehr finanziert werden können*" (*Mundorf* 1997, 2).

Präzision in der
Problemdiagnose
ist gefragt

Ob die deutsche Vereinigung einen heilsamen Kurswechsel herbeiführt, der zugleich an bewahrenswerten Kernbeständen des Modells Deutschland festhält, hängt unter anderem davon ab, wie treffend die Problemdiagnose ausfällt. Nur wenn vereinigungsbedingte Probleme als solche erkannt werden, lassen sie sich auch lösen. Wer sie falsch analysiert, verliert die Chancen der Krise. Es ist unbestreitbar, daß die deutsche Vereinigung nach wie vor Chancen bereithält – wenngleich ein Gutteil nach sieben Jahren verspielt scheint. Die größte Chance bestand darin, im Osten vieles besser zu machen als im Westen. Stattdessen ist das westdeutsche Vorbild unbedacht in eine neue Problemumwelt verpflanzt worden. Heute ist Deutschland zwar politisch-institutionell integriert aber ökonomisch gespalten. Die Erkenntnis, daß Ost- und Westdeutschland zwei Wirtschaftsräume mit grundverschiedenen Strukturen, Problemen und Lösungsalternativen sind, kam spät. Sie wird in der politischen Rhetorik oft heruntergespielt sowie in ihren Konsequenzen unterschätzt. Die Erkenntnis mag schmerzlich sein. Sie erscheint freilich als Grundvoraussetzung jeder erfolgreichen, zukunftsgerichteten Integrations- und Aufbaupolitik (so bereits *Biedenkopf* 1994). Nur auf ihrer Grundlage kann in den neuen Bundesländern Eigenständiges und

Besseres entstehen mit der Chance, sich dereinst in einem Prozeß rückläufiger Institutionenübertragung auch im Westen durchzusetzen.

2.3.5 Literatur

Armingeon, Klaus, 1983: Neokorporatistische Einkommenspolitik. Frankfurt/M: Lang.

Berger, Suzanne/Ronald Dore (Hrsg.), 1996: National Diversity and Global Capitalism. Ithaka: Cornell University Press.

Biedenkopf, Kurt, 1994: Die neuen Bundesländer. Eigener Weg statt „Aufholjagd", in: Dettling, Warnfried (Hrsg.), Perspektiven für Deutschland, München: Kanur, 62-78.

Bredemeier, Sonning, 1996: Die finanzwirtschaftliche und geldpolitische Dimension der Einheit. In: Rebe, Bernd/Franz-Peter Lang (Hrsg.), Die unvollendete Einheit (Cloppenbrueger Wirtschaftsgespräche Bd. 8). Hildesheim: Olms, 169-192.

Bundesbank, 1992: Öffentliche Finanztransfers für Ostdeutschland in den Jahren 1991 und 1992. In: Monatsberichte der Deutschen Bundesbank , März 1992, 15-22.

Bundesbank, 1997: Die Entwicklung der Staatsverschuldung seit der deutschen Vereinigung. In: Monatsberichte der Deutschen Bundesbank , März 1997, 17-32.

Casper, Steven, 1997: Automobile Supplier Network Organisation in East Germany: A Challenge to the German Model of Industrial Organisation. In: Industry and Innovation 4, 98-113.

Casper, Steven/Sigurt Vitols, 1997: The German Model in the 1990s: Problems and Prospects. In: Industry and Innovation 4, 2-13.

Campbell, John L./J. Rogers Hollingsworth/Leon Lindberg (Hrsg.), 1991: Governance of the American Economy. Cambridge: Cambridge University Press.

Czada, Roland, 1998: „Modell Deutschland" am Scheideweg: Die verarbeitende Industrie im Sektorvergleich. In: Ders./Gerhard Lehmbruch (Hrsg.), Transformationspade in Ostdeutschland. Frankfurt/M.: Campus, S. 365-410.

Czada, Roland/Gerhard Lehmbruch (Hrsg.), 1998: Sektorale Transformationspfade in Ostdeutschland. Frankfurt/M: Campus.

Czada, Roland, 1995: Der Kampf um die Finanzierung der deutschen Einheit. In: Lehmbruch, Gerhard (Hrsg.), Einigung und Zerfall. Deutschland und Europa nach dem Ende des Ost-West Konflikts. Opladen: Leske+Budrich, 73-102.

Czada, Roland, 1993: Die Treuhandanstalt im Umfeld von Politik und Verbänden. In: Fischer, Wolfram/Herbert Hax/Hans-Karl Schneider (Hrsg.), Treuhandanstalt. Das Unmögliche wagen. Berlin: Akademie-Verlag, 148-173.

Czada, Roland, 1987: The Impact of Interest Politics on Flexible Adjustment Policies. In: Hans Keman, Heikki Paloheimo and Paul F. Whiteley (eds), Coping with the Economic Crisis. Alternative Responses to Economic Recession in Advanced Industrial Societies. London, Berverly Hills: Sage, 20-53 .

Czada, Roland, 1983: Konsensbedingungen und Auswirkungen neokorporatistischer Politikentwicklung. In: Journal für Sozialforschung 23, 421-440

DIW – Deutsches Institut für Wirtschaftsforschung u.a, 1995: Gesamtwirtschaftliche und unternehmerische Anpassungsfortschritte in Ostdeutschland. Dreizehnter Bericht. Kiel: Institut für Weltwirtschaft.

Eggert, Heinz, 1994: Die Entwicklung der Verwaltung in den neuen Ländern. In: Hermann Hill (Hrsg.), Erfolg im Osten III. Baden-Baden: Nomos 17-31.

Ensser, Michael Christian, 1996: Sensible Branchen – die Integration ostdeutscher Schlüsselindustrien in die Europäische Gemeinschaft. Eine Prozeßanalyse über die Transformation des Schiffbausektors. Dissertation, Fakultät für Verwaltungswissenschaft, Universität Konstanz.

Esser, Josef et. al., 1979: Das „Modell Deutschland" und seine Konstruktionsschwächen. Editorial. In: Leviathan 1/1970, 1-11.

Esser, Josef/Wolfgang Fach/Simonis, Georg, 1980: Grenzprobleme des „Modells Deutschland". In: Prokla 40, 40-63

Esser, Josef/Wolfgang Fach/Werner Väth, 1983: Krisenregulierung. Zur politischen Umsetzung ökonomischer Zwänge. Frankfurt/M: campus.

Ettl, Wilfried/André Heikenroth 1996: Strukturwandel, Verbandsabstinenz, Tarifflucht: Zur Lage der Unternehmen und Arbeitgeberverbände im ostdeutschen verarbeitenden Gewerbe. In: Industrielle Beziehungen 3, 2-?

Freese, Christopher, 1995: Die Privatisierungstätigkeit der Treuhandanstalt. Strategien und Verfahren der Privatisierung in der Systemtransformation. Frankfurt/M: Campus.

Gilles, Franz-Otto/Hans-Hermann Hertle/Jürgen Kädtler, 1994: „Wie Phönix aus der Asche?". Zur Restrukturierung der industriellen Beziehungen in der chemischen Industrie auf dem Gebiet der ehemaligen DDR. In: Beckenbach, Niels /Werner van Treeck (Hrsg.), Umbrüche gesellschaftlicher Arbeit. Soziale Welt, Sonderband 9, Göttingen: Otto Schwartz, 585-604.

Görzig, Bernd: Produktion und Produktionsfaktoren für Ostdeutschland. Kennziffern 1980-1991. In: DIW, Beiträge zur Strukturforschung, Heft 135, Berlin: Duncker & Humblodt.

Hartwich, Hans-Hermann, 1997: Die Entwicklung der deutschen Staatsverschuldung seit der Wiedervereinigung. In: Gegenwartskunde 46, 213-218.

Heilemann, Ullrich/Bernd Fritsche/Heinz Gebhardt/Hans D. von Löffelholz, Hermann Rappen/Wolfgang Reinicke, 1994: Konsolidierungs- und Wachstumserfordernisse. Fiskalperspektiven der Bundesrepublik in den neunziger Jahren. (Untersuchungen des Rheinisch-Westfälischen Instituts für Wirtschaftsforschung 14). Essen: RWI.

Heinelt, Hubert/Michael Weck, 1997: Die Arbeitsmarktpolitik nach der Vereinigung. Vom Vereinigungskonsens zur Standortdebatte. DFG-Forschungsprojekt, Abschlußbericht. Hannover: Institut für Politische Wissenschaft.

Herrigel, Gary, B., 1989: Industrial Order and the Politics of Industrial Change: Mechanical Engineering. In: Katzenstein, Peter (Hrsg.), Industry and Politics in West Germany. Ithaca: Cornell Univ. Press, 185-220.

IAW (Institut für angewandte Wirtschaftsforschung), 1990: Schlußbilanz – DDR. Fazit einer verfehlten Wirtschafts- und Sozialpolitik. Teil 1: Die SED und ihre „ökonomische Strategie" in der Nach-Ulbricht Zeit. Berlin.

IW – Institut der deutschen Wirtschaft, versch. Jahre: Zahlen zur Wirtschaftlichen Entwicklung der Bundesrepublik Deutschland. Köln: Deutscher Instituts-Verlag.

Katzenstein, Peter (Hrsg.), 1987: Industry and politics in West Germany: toward the Third Republic. Ithaca, NY: Cornell Univ. Press.

Katzenstein, Peter, 1985: Small states in world markets: industrial policy in Europe. Ithaca, N.Y.: Cornell Univ. Press.

Katzenstein, Peter, 1984: Corporatism and change: Austria, Switzerland and the politics of industry. Ithaca, N.Y.: Cornell University Press.

Kern, Horst/Charles F. Sabel, 1994: Verblaßte Tugenden. Zur Krise des deutschen Produktionsmodells. In: Beckenbach, Niels /Werner van Treeck (Hsg.) Umbrüche gesellschaftlicher Arbeit. Soziale Welt, Sonderband 9, Göttingen: Otto Schwartz, 605-624.

Kern, Horst/Charles F. Sabel, 1993: Die Treuhandanstalt: Experimentierfeld zur Entwicklung neuer Unternehmensformen. In: Fischer, Wolfram/Herbert Hax/Hans-Karl Schneider (Hrsg.): Treuhandanstalt. Das Unmögliche wagen. Berlin, 481-504.

Kleinfeld, Ralph, 1997: Das niederländische Modell. Grundzüge und Perspektiven einer Modernisierung des Sozialstaates. Studie im Auftrag der Enquête-Kommission „Zukunft der Erwerbsarbeit" des Landtags Nordrhein-Westfalen. Düsseldorf: Landtag NRW.

Knuth, Matthias, 1996: Drehscheiben im Strukturwandel. Agenturen für Mobilitäts-, Arbeits- und Strukturförderung. Berlin: Sigma.

Lange, Peter /Gewoffrey Garett, 1985: The Politics of Growth: Strategic Interaction and Economic Performance in the Advanced Industrial Democracies, 1974-1980. In: Journal of Politics 47, 792-827.

Lehmbruch, Gerhard 1997: The Crisis and Institutional Resilience of German Corporatism. Paper für die Tagung „Globalization and the new inequaltiy", 22.-22. November 1996. Universität Utrecht.

Lehmbruch, Gerhard, 1996: Die Rolle der Spitzenverbände im Transformationsprozeß: Eine neo-institutionalistische Perspektive. In: Kollmorgen, Raj/Reißig, Rolf, Weiß, Johannes (Hrsg.), Sozialer Wandel und Akteure in Ostdeutschland. Opladen: Leske+Budrich, 117-146.

Lehmbruch, Gerhard, 1994: Dilemmata verbandlicher Einflußlogik im Prozeß der deutschen Vereinigung. In: Wolfgang Streeck (Hrsg.), Staat und Verbände. Opladen: Westdeutscher Verlag, 370-392.

Lehmbruch, Gerhard, 1984: Concertation and the Structure of Corporatist Networks. In: John Goldthorpe (Hrsg.), Order and Conflict in Contemporary Capitalism, Oxford: Oxford University Press, 60-80.

Lehmbruch, Gerhard, 1978: Corporatism, Labour, and Public Policy, Ms. International Sociology Association World Conference, Symposium 11 „Social Policies in comparative Perspective", Uppsala: ISA.

Lehmbruch, Gerhard, 1977: Liberal Corporatism and Party Government. In: Comparative Political Studies 10, 91-126.

Lichtblau, Karl 1993: Privatisierungs- und Sanierungsrabeit der Treuhandanstalt. Köln: Institut der deutschen Wirtschaft.

Mahnkopf, Birgit, 1993: The Impact of Unification on the German System of Industrial Relations. WZB discussion paper FS I 93-102. Berlin: Wissenschaftszentrum für Sozialforschung.

Markovits, Andrei S., 1982: Introduction: Model Germany – a Cursory Overview of a Complex Construct. In: Markovits, Andrei. S. (Hrsg.), The Political Economy of West Germany: Modell Deutschland. New York: Praeger.

Matraves, Catherine, 1997: German Industrial Structure in Comparative Perspective. In: Industry and Innovation 4, 38-51.

Müller-Jentsch (Hrsg), 1988: Zukunft der Gewerkschaften: ein internationaler Vergleich. Frankfurt/M: campus.

Mundorf, Hans, 1997: Die Deutschen müssen den Preis für die Wiedervereinigung bezahlen. In: Handelsblatt v. 14. August 1997, 2.

Nägele, Frank, 1994: Strukturpolitik wider Willen? Die regionalpolitischen Dimensionen der Treuhandpolitik. In: APuZB 43-44/94, 43-44.

Riess, Olaf, 1997: Die Politik der deutschen Einigung. Sektorale Transformationspolitk am Beispiel der Rentenüberleitung. (MA-Arbeit, FB Erziehungs-, Sozial- und Geisteswissenschaft, Fernuniversität). Hagen: Fernuniversität.

Riester, Walter/Wolfgang Streeck 1997: Solidarität, Arbeit, Beschäftigung. Beiträge zur Schwerpunktkommission Gesellschaftspolitik beim Parteivorstand der SPD. o. O.

Ruggie, John Gerard, 1982: International Regimes, Transactions, and Change: Embedded Liberalism in the Postwar Economic. Order. In: International Organization, 36, 379-415.

Ryner, Magnus, 1996: Globalization and the Crisis of the Swedish Model. Dissertation. North York: York University, Faculty of Graduate Studies.

Scharpf, Fritz W., 1987: Sozialdemokratische Krisenpolitik in Europa. Das „Modell Deutschland" im Vergleich. Frankfurt/M: Campus.

Schmidt, Manfred G., 1997: Sozialpolitik in Deutschland. Historische Entwicklung und internationaler Vergleich. Fernstudienkurs 3903. Hagen: Fernuniversität, Institut für Politikwissenschaft.

Schmidt, Paul-Günther, 1991: Soziale Marktwirtschaft als wirtschaftspolitisches Leitbild – Genesis und Erfahrungen des westdeutschen Weges. Mainz: Forschungsinstitut für Wirtschaftspolitik.

Schmitter, Philippe, 1981: Neokorporatismus: Überlegungen zur bisherigen Theorie und zur weiteren Praxis. In: Alemann, Ulrich v. (Hrsg.), Neokorporatismus. Frankfurt/M: Campus, 62-79.

Schroeder, Wolfgang, 1996: Industrielle Beziehungen in Ostdeutschland: Zwischen Transformation und Standortdebatte. In: Aus Politik und Zeitgeschichte B40/96, 25-34.

Shonfield, Andrew, 1965: Modern capitalism: the changing balance of public and private power. London: Oxford Univ. Press.

Soskice, David, 1997: German Technology Policy, Innovation, and National Institutional Frameworks. In: Industry and Innovation 4, 75-96.

Statistisches Amt der DDR, 1990: Statistisches Jahrbuch für die Deutsche Demokratische Republik. Berlin: Haufe.

Statistisches Bundesamt, versch. Jahre: Statistisches Jahrbuch für die Bundesrepublik Deutschland. Stuttgart: Metzler-Poeschel

Statistisches Bundesamt, versch. Jahre: Statistisches Jahrbuch für das Ausland. Stuttgart: Metzler-Poeschel.

Streeck, Wolfgang, 1992 (Hrsg.): Social Institutions and Economic Performance: Industrial Relations in Advanced Capitalist Economies. London: Sage.

Streeck, Wolfgang, 1996: Lean Production in the German Automobile Industry: A Test Case for Convergence Theory. In: Berger, Suzanne/Ronald Dore (Hrsg.), National Diversity and Global Capitalism. Ithaka: Cornell University Press.

Streeck, Wolfgang, 1997: German Capitalism: Does it exist? Can it Survive? In: New Political Economy 2, 237-256.

Streeck, Wolfgang/Schmitter, Philippe C., 1991: From National Corporatism to Transnational Pluralism: Organized Interests in the Single European Market. In: Politics & Society 19(2), 133- 164.

SVR, 1989: Weichenstellungen für die neunziger Jahre. Jahresgutachten des Sachverständigenrates zur Begutachtung der gesamtwirtschaftlichen Lage. Stuttgart: Metzler-Poeschel.

Wegner, Manfred, 1996: Die deutsche Einigung oder das Ausbleiben des Wunders. Sechs Jahre danach: eine Zwischenbilanz. In: Aus Politik und Zeitgeschichte B40/96, 13-23.

Wollmann, Helmut, 1996: Institutionenbildung in Ostdeutschland: Neubau, Umbau und schöpferische Zerstörung. In: Kaase, Max et.al., 1996: Politisches System (Berichte zum sozialen und politischen Wandel in Ostdeutschland, Bd.3). Opladen: Leske+Budrich, 47-154.

3 Wandel der Konsensstrukturen

Josef Schmid

3.1 Die Volksparteien unter Anpassungsdruck

3.1.1 Das Modell Deutschland und die Parteien.
Oder: Wieviel Parteipolitik braucht das Modell Deutschland eigentlich?

„Modell Deutschland – Anatomie und Alternativen" war vor rund fünfzehn Jahren der Titel eines Schwerpunktthemas der Prokla (Zeitschrift für politische Ökonomie und sozialistische Politik Heft Nr. 40, 1980). Seinerzeit wurde im Editorial die Frage aufgeworfen, ob es sich hierbei bloß um einen Wahlkampfslogan der SPD oder um einen gesellschaftspolitisch gehaltvollen, zur theoretischen Vertiefung geeigneten Begriff handeln würde. Ins Analytische gewendet – so der Kern der damaligen Überlegungen – zeichnet sich das Modell Deutschland durch eine bemerkenswerte Kombination aus Prosperität und Konsens auf der einen sowie Krisen- und Repressionstendenzen auf der anderen Seite aus. In dieser Ambivalenz liegt wohl auch sein nicht unbeträchtlicher politisch-praktischer Charme und ein Grund für die wissenschaftliche Karriere des Konzepts. Das gilt sowohl für die ausländischen Beobachter, die nicht selten mit Lernabsichten auf diese – gelegentlich als „rheinisch" apostrophierte – erfolgreiche Spielart des Kapitalismus blicken (*Albert* 1992 und *Shonfield* 1979)[1], als auch für die sozialdemokratischen Wahlkampfstrategen und die ihnen nahestehenden Gewerkschaftsorganisationen, aber ebenfalls für die „linken" Gesellschaftstheoretiker und ihre Neigung, fundamentale Krisen zu identifizieren – und zugleich deren weitgehende Folgenlosigkeit konstatieren zu müssen.

Die Parteien nehmen in diesem Zusammenhang überwiegend eine untergeordnete und nur wenig theoretisch reflektierte Rolle ein – zumindest gilt das für diesen frühen Zeitpunkt der Modell-Deutschland-Debatte; spätere Studien greifen die Problematik durchaus vertiefter und differenzierter auf (vgl. *Prokla* Heft Nr. 56, 1984 sowie *Esser/Hirsch* 1984 und *Fach/Simonis* 1984). Parteien sind in

Rolle der Parteien wenig reflektiert

---

1 M. *Albert* und A. *Shonfield* sind wichtige ausländische Vertreter dieser Position, die einige Parallelen zum Modell Deutschland-Ansatz hat. Sie verweisen besonders auf die wenig konflikthaltigen Formen der industriellen Beziehungen, die Steuerungsleistungen von Banken und Verbänden und das kooperativ organisierte System der beruflichen Bildung. Vgl. zum gesamten auch den Einleitungsbeitrag des Bandes.

diesem Stadium der Forschung vor allem Regierungsparteien, und sie haben die Systemzwänge des Modells Deutschland zu exekutieren, also mit den Mitteln der Politik eine permanente Weltmarktanpassung und eine Sicherung der internationalen Wettbewerbsfähigkeit zu gewährleisten. Hieraus ergibt sich der Zwang zu einer staatlichen Modernisierungspolitik, die diese Bedingungen etwa durch die Förderung von Forschung und Entwicklung, Subventionen für strukturschwache Branchen usw. stabilisiert und optimiert, oder die ansonten versucht, durch eine korporatistische Krisenregulierung die Verluste in Grenzen zu halten und durch geeignete industriepolitische Maßnahmen zu kompensieren. Als eine weitere Anforderungen ergibt sich eine Politik der Pazifizierung, die darauf abzielt, eine politische und soziale Integration der Arbeiterklasse via SPD-Bindung der Gewerkschaften, staatlicher Sozialpolitik und produktivitätorientierter Lohnpolitik zu erreichen. Schließlich bedarf es nicht zu vernachlässigender repressiver Mechanismen gegenüber Systemgegnern (z.B. Berufsverbote) und Problemgruppen, wie sie anfangs in den neuen sozialen Bewegungen und im Zusammenhang mit dem Atomkonflikt gesehen wurden. Joachim *Hirsch* (1980) hat z.B. hieraus die These vom „Sicherheitsstaat" mit seinen großen Überwachungsmöglichkeiten und Polizeikräften abgeleitet.

An diesem Katalog von strukturellen Handlungszwängen der Parteien sind mehrere Thesen fragwürdig und kritisierbar bzw. sind wohl einige wichtige – stärker partei- und handlungstheoretisch ausgerichtete – Aspekte der Politikproduktion nicht systematisch genug untersucht worden:

Desiderata
  – Zum einen erhält in dem Analyserahmen des Modell Deutschland die SPD eine zentrale strategische Position zugewiesen, die ihr jedoch empirisch nur für eine begrenzte Zeit, also in den Jahren ihrer Regierungsbeteiligung von 1966 bis 1982, zugekommen ist. In einem weitaus längeren Zeitraum regiert jedoch die Union bzw. die CDU/CSU (wobei auf letztere nicht näher eingegangen wird).
  – Zum anderen machen auch Volksparteien durchaus noch einen Unterschied – zumindest graduell und in einigen Politikfeldern besonders. So die Erkenntnisse der einschlägigen Policy- und Wahlforschung (z.B. *Schmidt* 1980, 1982), und sie müssen es auch, weil sich andernfalls die notwendige Systemintegration und Massenloyalität (*Narr/Offe* 1975) nicht einstellen.
  – Daran schließt sich die ebenfalls unterbelichtete Problematik der komplexen Binnenstrukturen, politischen Widersprüchlichkeiten und strategischen Brüchen innerhalb der Parteien an, was gerade bei Volks-/Groß-/Massenintegrationsparteien von besonderer Bedeutung ist (vgl. zur SPD *Lösche/Walter* 1992, zur CDU Schmid 1990 und sowie zu den genannten Konzepten *Mintzel* 1989).[2]

---

2   Mittlerweile ist die Literatur über die Parteien in der Bundesrepublik Deutschland kaum mehr zu überblicken; wichtige Beiträge mit weiterführenden Hinweisen zum Stand der Forschung finden sich in *Mintzel/Oberreuter* 1992, *Niedermayer/Stöss* 1993, *Gellner/Veen* 1995, *Oberreuter* 1996 und in Politische Bildung Heft 3/1994. Als Einführung in die Thematik empfiehlt sich vorzugsweise Alemann 1995 und Immerfall 1992, als unentbehrliches Nachschlagewerk über die Vielzahl (meist kleiner und regionaler) Parteien Stöß 1983 sowie als kurzen Lexikonartikel *Schmid* 1995. Zum aktuellen Problem der Parteien in den fünf neuen Bundesländern, das hier nur am Rande behandelt wird, siehe

Insofern lohnt es sich, die Rolle der Parteien im und für das Modell Deutschland etwas genauer anzuschauen und dabei den Schwerpunkt der Argumentation auf die CDU (bzw. genauer die Union) auszurichten. Umgekehrt ergibt sich hieraus die These, daß die Sozialdemokraten erst in der „Blütephase" des Modells an der Regierung waren, was bekanntlich nicht unbedingt heißt, daß sie auch die Macht hatten, und daß sie sich (nur) innerhalb des institutionellen Rahmens bewegen konnten, der in der Gründungs- und Aufbauphase der BRD vor allem von der Union gelegt worden ist. Darüber hinaus hat sich in der Realität mittlerweile gezeigt, daß weniger die ökonomischen Krisentendenzen der späten 70er Jahre als grundlegende Herausforderungen des Modells Deutschland zu sehen sind, sondern deren Fortsetzung und Zuspitzung durch die politischen Folgen der deutschen und europäischen Integration in den 90er Jahren. In dieser kritischen Phase des Umbruchs und der Neubestimmung zentraler politischer Strukturen und Programme regiert die CDU und bastelt in den Augen mancher Beobachter an einem neuen Modell Deutschland, dessen „Anatomie und Alternativen" wie einst der Analyse bedürfen.

Diese Überlegungen legen es nahe, erstens einen stärker chronologischen Aufbau für den folgenden Beitrag zu wählen und die Stellung und Funktion der Volksparteien nach Phasen zu behandeln sowie ihre Reaktionen auf die jeweils unterschiedlichen Herausforderungen und Lösungen zu identifizieren (s. Schaubild 1). Dabei ist zweitens davon auszugehen, daß parteipolitische Strategien in mehrfacher Weise kontingent, also nicht deterministisch aus den Strukturen des Modells Deutschland und seiner Position in der Weltwirtschaft ableitbar sind. Das bedeutet, daß Parteien zum einen Mehrheiten auf der Ebene des Wahlvolkes qua Stimmzettel wie auf der der politischen Eliten qua intellektueller Hegemonie brauchen; ihre Politik muß sich zu anderen sowohl auf die politisch-institutionellen Bedingungen als auch auf die objektiven gesellschaftlichen Aufgaben – d.h. die ökonomischen Funktionsimperative des Modells Deutschland – beziehen. Das Ergebnis sind dann drittens nicht immer kohärente staatliche Politiken und Regulierungsstrategien, die sich nach ihrer Fähigkeit, sozio-ökonomische Problemlagen zu beheben, und nach ihrer Verteilungswirkung im Hinblick auf parteispezifische Klientele unterscheiden lassen, die aber auch mangels sachlicher Substanz oder institutioneller Paßform scheitern können.

Vorgehensweise

Hieraus ergibt sich als Abschluß und Quintessenz des Beitrags eine Neubewertung der Rolle der Parteien in der Analyse des Modells Deutschland, die die politische Relevanz deutlich höher ansetzt, nicht zuletzt deshalb, weil das Phänomen stärker differenziert wird und andere Struktur- und Funktionsmomente betont werden. Parallel dazu wird die Anpassungsfähigkeit des Modells Deutschland und seiner Parteien an die gegenwärtigen politischen und ökonomischen Umbrüche – eben vor dem Hintergrund einer fast fünfzigjährigen „Erfolgsstory" – als ziemlich hoch eingeschätzt.

Politische Relevanz der Parteien im Modell Deutschland

Niedermayer/Stöß 1994, *Linnemann* 1994, *Padgett* 1993, *Niedermayer* 1996 sowie stärker praxisbezogen *Löbler* u.a. 1991 und *Schmid* u.a. 1994.

Schaubild 1:   Phasen, sozioökonomische Problemlagen und parteipolitische
                   Konstellationen

Zeitraum	Problemlage	Politische Situation
1945/50-1960:	Rekonstruktion des Modells D.: Wieder- aufbau und Staatsgründung	Gründung und politische Dominanz der Unionsparteien
1960-1969:	Stagnation und Erneuerung des Modells Deutschland	Niedergang der CDU bzw. Aufstieg der SPD und Große Koalition
1969-1982:	gesellschafts- und außenpolitische Re- formen; zunehmende ökomische Krisen	sozialliberale Koalition und korporatisti- sche Konzertierung
1982-1989/90:	Wirtschaftskrise und gesellschaftlicher Wandel	Krisenmanagement und Restauration durch CDU/CSU/FDP
1989/90-:	deutschland- und weltpolitische Wende sowie gobale ökonomische Umstrukturie- rung	bürgerliche Mehrheit; politisch und öko- nomische Stabilisierungsversuche und Friktionen

Historisch-
strukureller Ansatz

Dieses relativ positive Ergebnis, d.h. die optimistische Prognose über die Zukunftsaussichten und die politisch-ökonomischen Potentiale des Modells
Deutschland und seiner Parteien, hängt freilich nicht zuletzt mit dem gewählten
historisch-strukturellen Ansatz zusammen. Dieses Vorgehen hat wie jede Me-
thode seine Vor- und Nachteile; es fokussiert bestimmte Phänomene und andere
nicht und präjudiziert auf diese Weise durchaus das Ergebnis der Untersuchung.
In bezug auf die politisch-ökonomischen Rahmenbedingungen, die Strukturen
des Modells Deutschland und die Funktionen der Volksparteien gilt zum Beispiel, daß

–   die lange Dauer des Untersuchungszeitraums aktuelle Debatten, Probleme
    und Veränderungen relativiert,
–   die Betonung struktureller Grundlagen dazu führt, daß die kleinen Unter-
    schiede vernachlässigt werden.

Damit verbunden wird hier ebenfalls eine Position vertreten, die mittelfristig von
deutlichen Kontinuitätslinien der globalen politisch-ökonomischen Entwicklung
ausgeht. Demnach finden Theoreme eines fundamentalen Bruches des Regimes
etwa im Sinne einer Ablösung des Fordismus durch den Postfordismus keine
Zustimmung, was freilich in der aktuellen Debatte durchaus noch strittig ist. Insgesamt gesehen bewirkt also die Wahl des Ansatzes einen Bias zugunsten von
Stabilität und Funktionsfähigkeit der Parteien im Modell Deutschland; kleinere
Probleme und Anpassungsfriktionen sind dabei jedoch nicht ausgeschlossen.

3.1.2 Der alte CDU-Staat: Fundament des Modells Deutschland

Konsens- und
Steuerungspotentiale
bei der CDU

Zwar ist das Modell Deutschland vor allem als ein sozialdemokratischer Wahlkampfslogan und als ein „linkes" Theoriekonzept bekannt geworden, dabei wird
freilich häufig vernachlässigt, daß die realpolitischen Fundamente dieses Modells jedoch vor allem von der CDU unter Konrad Adenauer gelegt worden sind
und derzeit von ihr unter dessen „Enkel" Helmut Kohl umgebaut werden. Offensichtlich sind die Fähigkeiten der Pazifizierung sozialer Konflikte und der
Mobilisierung von Konsens- und Steuerungspotentialen parteipolitisch nicht so

einseitig verteilt wie in einigen Arbeiten zum Modell Deutschland impliziert wurde. Immerhin wird dieser Umstand auch in der *Prokla* 40 durchaus erwähnt, jedoch in einer typischen, m.E. zu sehr verengten Sichtweise:

> „Darüber hinaus ist zwar das ‚Modell Deutschland‘ an die Sozialdemokratie als Regierungspartei gekoppelt, dies heißt aber nicht, daß nicht einzelne Bestandteile des ... Modells grundsätzlich auch von der CDU/CSU aufgenommen werden könnten. Auch im Rahmen des ‚CDU-Staates‘ wurde phasenweise versucht, seinen ... Bestandskriterien gerecht zu werden, und die wesentlichen gesellschaftspolitischen Voraussetzungen und Strukturen wurden ... schon in der Adenauer-Ära entwickelt" (*Prokla* 40, S. 3).

Diese Fähigkeit der Union im Rahmen des Modells Deutschland zu funktionieren bzw. wichtige strukturelle Grundlagen dafür zu legen, liegen an verschiedenen Besonderheiten, die sich auf zwei Komplexe reduzieren lassen, nämlich auf situative Bedingungen und parteistrukturelle Faktoren.

Zu den situativen Bedingungen zählt zuerst einmal die schlichte Tatsache, daß die bürgerlichen Kräfte (CDU/CSU, FDP und DP sowie mit Einschränkungen das Zentrum) die Mehrheit in den Ländern, dem Wirtschaftsrat und später im Bundestag errungen haben. Dabei wird die deutsche Politik stark geprägt von den spezifischen Problemen der Nachkriegszeit, also dem Einfluß der Besatzungsmächte und den Aufgaben des drängenden Wiederaufbaus nach innen sowie dem anwachsenden Systemkonflikt und der Teilung des Landes nach außen. Grundgesetz, Währungsreform und soziale Marktwirtschaft sind entscheidende Stichworte zur Charakterisierung der Politik der frühen Jahre der Republik. Sie bilden zugleich den Unterbau für das Modell Deutschland, da hier die entscheidenden Strukturen der politischen, sozialen und ökonomischen Ordnung bestimmt werden. Zwar wird dem Grundgesetz in bezug auf das Wirtschafts- und Gesellschaftsmodell eine relative Offenheit attestiert, gleichwohl sehen namhafte Verfassungrechtler wie der ehemalige Bundesverfassungsgerichtspräsident und jetzige Bundespräsident R. Herzog darin die „soziale Marktwirtschaft" als weitgehend verankert und eine „Sperre für den Sozialismus" als errichtet an (nach *Rudzio* 1996: 53).[3] Hinzu kommt als außenpolitische Staatsdoktrin eine zwischen und in den Parteien anfangs nicht unumstrittene Westbindung, auf die in unserem Zusammenhang nicht näher eingegangen werden soll.

In parteistruktureller Hinsicht werden christdemokratische Parteien historisch wie vergleichend nicht selten als quasi sozialdemokratisch angesehen (*Wilensky* 1981, *Schmidt* 1985, s.a. *Kersbergen* 1991). Dies liegt an ihrer relativ stark entwickelten Fähigkeit, erhebliche Teile der Arbeiterschaft an sich zu binden und klassenübergreifende Bündnisse zu organisieren. Dieses Selbstverständnis spiegelt nicht zuletzt der Name „Union" wider (*Kleinmann* 1993). Dabei kommt dem Faktor Religion bzw. in diesem Falle der Überwindung der konfessionellen Spaltungen eine wichtige Rolle zu. Deshalb enthält die CDU in der Gründungsphase nach 1945 Elemente des politisch-sozialen Katholizismus und Protestantismus, des Konservatismus und des (Ordo-)Liberalismus. Ein auslän-

Christdemokratie quasi Sozialdemokratie

---

3   Es ist hier nicht der Ort, ein kleine Nachkriegsgeschichte zu verfassen. Wichtige politisch-ökonomische Analysen enthalten die Bände von *Huster* u.a. 1972, *Schäfer/Nedelmann* 1972 und *Grosser* u.a. 1988; zum allgemeinen historischen Kontext siehe besonders *Abelshauser* 1983, *Kleßmann* 1984, *Narr/Thränhardt* 1979 und *Thränhardt* 1995.

discher Zeitgenosse hat aus diesem Grunde die CDU einmal als „Flickenteppich" apostrophiert und auch später wird sie geradezu als „Prototyp einer Volkspartei" (P. *Haungs* 1992, s.a. *Buchhaas* 1981, *Pridham* 1977) beschrieben.

Allerdings ist zu bedenken, daß in der Ära Adenauer, d.h. den 50er und 60er Jahren, sich die CDU vor allem als pragmatisch orientierte „Kanzler- und Wählerpartei" verstanden und als eigenständige politische Kraft kaum eine Rolle gespielt hat (*Heidenheimer* 1960, 1961). Dies gilt vor allem für die Bundespartei, denn bei der Landespartei ist im damals noch wenig verflochtenen Föderalismus durchaus ein eigenständiger Handlungsspielraum zu verzeichnen; auch hat die Bundestagsfraktion über einiges Mitspracherecht bei Themen der Innen-, Wirtschafts- und Sozialpolitik verfügt. Erst nach dem Verlust des Regierungsamtes (1969) hat sich die CDU – nicht ohne erhebliche Schwierigkeiten und Konflikte – zu einer modernen Partei entwickelt. Umgekehrt hat sich die SPD durchaus an dieses Politik- und Parteimodell angenähert, was das Stichwort „Godesberg" symbolisiert (vgl. etwa *Lösche/Walter* 1992 und *Miller/Potthoff* 1983).

Welches sind nun die sachlichen Grundfesten des Modells Deutschland, die in dieser Phase gelegt werden und die für die weitere Entwicklung der BRD von entscheidender Bedeutung sind? Das unter dem Schlagwort „soziale Marktwirtschaft" von der CDU durchgesetzte „Sozialstaatsmodell" ist für H.H. *Hartwich* (1977, s.a. *Spieker* 1986) in hohem Maße status quo orientiert und läßt alle emanzipatorischen, systemverändernden Qualitäten vermissen. Es setzt „Ordnungspolitik anstelle planvoller Prozeßpolitik" und macht die „Inkraftsetzung marktwirtschaftlicher Grundsätze ... zur Grundlage der staatlichen Wirtschaftspolitik" (*Hartwich* 1970: 55). Zu den weiteren Elementen des auch als „sozialen Kapitalismus" gekennzeichneten Systems zählen die Tarifautonomie, die Mitbestimmung inklusive Friedenspflicht, aber auch die Autonomie der Bundesbank.[4]

Hohe sozialpolitische Aktivität zu Beginn der Bundesrepublik

Dieser tendenziellen Passivität und Entpolitisierung der Wirtschaft(spolitik) steht ein beachtlicher Aktivitätsgrad in der Sozialpolitik gegenüber, was sich auch in der Entwicklung der Sozialleistungsquoten niederschlägt. Zugleich wird – teilweise gegen alliierte Pläne – eine enge Anlehnung an das alte Bismarck'sche System der Sozialversicherungen gesucht. Dies ist besonders in der Kontroverse um eine (begrenzte) Rentenreform versus einer (umfassenden) Sozialreform zum Ausdruck gekommen und 1957 zugunsten der ersten Variante gelöst worden (*Hockerts* 1982, *Blüm/Zacher* 1989). Andererseits bringt die „dynamische" Rente eine schnelle Verbesserung der Lebenslage durch die Koppelung an das Wirtschaftswachstum zutage – und ist mit einer der Punkte, der die Attraktivität und Kompetenz der CDU auch für breite Wählerschichten ausgemacht hat. Zu den weiteren Elementen der deutschen Sozialpolitik zählen die Differenzierung der Leistungen nach der Beitragshöhe (Versicherungs- statt Versorgungsprinzip), was Statusdifferenzen und geschlechtsspezifische Benachteiligungen in die Sozialversicherungen hinein fortsetzt. Auch bilden die Sozialversicherungen korporative Selbstverwaltungen, was die Gewerkschaften in das System einbindet; zudem sind erhebliche Teile sozialer Dienste auf die freie Wohlfahrtspflege ausgelagert, was 1961 formalen Eingang in das Sozialrecht – und höchstrichterliche Bestätigung – gefunden hat (*Matthes* 1964).

---

4   Vgl hierzu auch den Beitrag von J. *Esser* in diesem Band.

Damit weicht das als „christdemokratisch" zu qualifizierende Modell eines Wohlfahrtsstaats (*Schmid* 1996) deutlich vom Konzept des „Welfare State" ab, das für die politische Debatte in der unmittelbaren Nachkriegszeit – und teilweise bis heute – in Großbritannien und Skandinavien charakteristisch war und mit dem Namen des englischen Sozialpolitikers Beveridge verbunden ist. Zielte jener auf eine möglichst egalitäre soziale Sicherung und eine Garantie der Vollbeschäftigung, so geht es in Deutschland nur um die Korrektur der Einkommensverteilung und der Lasten des modernen Industriesystems. Ein staatlicher Gesundheitsdienst, wie er in Großbritannien geschaffen wurde, ist in Deutschland angesichts der politischen Kräfteverhältnisse und dem sozialstaatlichen Institutionengefüge kaum denkbar. Umgekehrt wird die traditionelle Funktion der Sozialpolitik als Instrument der Einbindung der Arbeiterschaft wieder aufgenommen, und durch die Bindung des sozialen Fortschritts an den wirtschaftlichen Erfolg wird die Logik des Exportmodells Deutschland auch beim „kleinen Mann" spürbar – disziplinierende Wirkungen inbegriffen.[5]

Abgrenzung des deutschen Wohlfahrtsmodells

3.1.3 Die Bewältigung des sozioökonomischen Wandels durch einen (begrenzten) politischen Aufbruch

In den 60er Jahren wird die „Restaurationsphase", wie kritische Beobachter es nennen, beendet, und neue Herausforderungen treten auf. So zeigen die Konjunktureinbrüche 1958 und 1963 das Auslaufen der außergewöhnlichen Wachstumsphase an. Zur Lösung der strukturellen Probleme wie im Kohlebergbau oder beim Rückstand im Technologie- und Bildungsbereich fehlt das politische Instrumentarium ebenso wie zur Befriedung der nunmehr verstärkt auftretenden Verteilungskämpfe. Zunehmend wird der gesellschaftspolitische Reformstau sichtbar, zugleich wird die CDU in dieser Phase durch eine innerparteiliche Krise blockiert (*Pridham* 1977, *Buchhaas* 1981).

Mit der großen Koalition aus CDU/CSU und SPD wird ein erster Modernisierungsprozeß eingeleitet. Beide großen Volksparteien haben sich inzwischen in wirtschaftspolitischen Fragen angenähert, was die berühmt gewordene Formulierung von Karl Schiller „Wettbewerb soweit wie möglich, Planung soweit wie nötig" ausdrückt. Während das Zusammengehen für die CDU als eine Option gesehen wird, grundlegende interne Reformen ohne Verlust des Regierungsamtes zuwege zu bringen, strebt die SPD danach, zu beweisen, daß sie regierungsfähig ist (*Lehmbruch* 1968, *Schneider* 1969). Das wichtigste Teilstück einer „neuen ökonomischen Politik" (*Hartwich* 1967) bilden das Stabilitätsgesetz und darin enthalten die Konzertierte Aktion, die eine intensive Beteiligung der Tarif-

Große Koalition

---

5   Für H.M. *Enzensberger* (1985: 94) gehört deshalb folgender Sachverhalt zu den Geheimnissen der deutschen Demokratie: „In der Bundesrepublik legitimiert sich die Macht nicht durch irgendwelche ‚Werte', sondern im Funktionieren des Alltags und in der Organisation des Überlebens. Dementsprechend nehmen Repression und Kontrolle ganz neue Züge an. ... Sie verweisen ... jeden auf sein Eigeninteresse, das kurzfristig sein mag, aber immerhin realitätsgerecht ist. Wahnvorstellungen, wie sie für die deutsche Politik traditionellerweise unentbehrlich waren, wie der Antisemitismus oder das nationale Sendungsbewußtsein, treten zurück und machen egoistischen Kalkülen Platz."

parteien an der keynesianischen Steuerung beinhaltet, sowie die mittelfristige Finanzplanung. Dieses Instrumentarium legt seine Bewährungsprobe bei der Bewältigung der scharfen Rezession 1966/67 erfolgreich ab und festigt den Glauben an die „Machbarkeit der Konjunktur" (vgl. *Andersen* 1995 und *Lehmbruch/Lang* 1977).

Gleichwohl gelingt es der CDU nicht, sich als Partei entsprechend zu transformieren und den neuen Herausforderungen zu begegnen. Sie führt den Wahlkampf 1969 „mit den inhaltlichen Formeln der fünfziger Jahre", was als Zeichen gewertet wurde, daß die bisherigen Diskussionsvorstöße im Berliner Programm „noch nicht zur verbesserten Ausrüstung der CDU für die siebziger Jahre gehörten" (*Buchhaas* 1981: 137f., *Pridham* 1977, *Kleinmann* 1993). Sie verliert die Bundestagswahl, und es beginnen lange Jahre der Opposition und der innerparteilichen Erneuerung.

1969 bilden SPD und FDP die Regierung, nachdem schon die Wahl des Sozialdemokraten G. Heinemann einen „Machtwechsel" (*Baring* 1984) angekündigt hatte. Im Mittelpunkt des Regierungsprogramms stehen Innere Reformen („Demokratie wagen", „Bildung als Bürgerrecht") und die neue Ostpolitik.[6] In der Folge des Ölpreisschocks verläuft die wirtschaftliche Entwicklung (nicht nur in der BRD) immer unsteter; Inflation, Arbeitslosigkeit und Wachstumsschwäche treten gleichzeitig auf und fordern immer neue staatliche Interventionsprogramme. Modernisierung der Volkswirtschaft durch korporatistische Steuerung wird zur Programmformel der SPD; gleichwohl bewegen sich diese Strategien weitgehend im Rahmen dessen, was seit der Großen Koalition an Instrumenten etabliert worden ist.[7]

Die konjunkturellen Schwankungen und sich abzeichnenden Strukturprobleme der deutschen Wirtschaft lassen die Sozial- und Gesellschaftspolitik nicht unberührt.

> „Summarisch" – so bilanziert schon früh Manfred G. *Schmidt* (1978: 211) – „läßt sich der Verlauf (der Reformpolitiken; J.S.) beschreiben als Übergang von einer optimistischen Verteilungs- und Umverteilungskonzeption zu einer Politik, die zwar eine Vielzahl von Programmen durchsetzt, die ihren Verteilungs- und Umverteilungsgehalt aber zu einem erheblichen Teil abgeschliffen bekommt und die immer mehr unter den Primat des ökonomischen und wahlpolitischen Krisenmanagements gerät."[8]

Das folgende Schaubild (aus *Schmidt* 1978: 222) enthält einige der wichtigsten Maßnahmen der Politik der Inneren Reform; zugleich zeigt sich, daß die Sperrwirkung gegenüber solchen Initiativen, die redistributiver[9] Art und im Produktionssektor angesiedelt sind, am stärksten ausfällt.

---

6   Zur Politik der 70er Jahre vgl. vertiefend *Glaeßner* u.a. 1984 und *Schmidt* 1978; zur hier nicht weiter verfolgten Ostpolitik vgl. etwa *Hacke* 1975.

7   Arnulf *Baring* (1984: 200) geht sogar soweit, daß er die Große Koalition als „deutlich linker" einstuft als die ihr nachfolgende sozialliberale.

8   Zur Betrachtung einzelner Politikfelder und detaillierteren Reformaktivitäten vgl. die Beiträge in *Glaeßner* u.a. 1984 sowie zeitlich bis in die 80er Jahre reichend *Beyme/Schmidt* 1989.

9   Bei redistributiven Politiken geht es um die Umverteilung von Gütern, Rechten und Kompetenzen. Die Beziehungen zwischen den Begünstigten und den Benachteiligten bzw. Nutzen und Kosten sind relativ gut sichtbar, und es liegt ein Nullsummenspiel vor.

Schaubild 2: Output der sozialliberalen Reformpolitik

REDISTRIBUTIVE POLITIKEN			DISTRIBUTIVE POLITIKEN		
		Bezugspunkte und Politikmaterien			
Produktions-bereich	Reproduk-tionsbereich	Politischer Be-reich	Produktions-bereich	Reproduk-tionsbereich	Politischer Be-reich
		PARTIZIPATION			
Mitbe-stimmung**	Flexible Altersgrenze			Ausweitung des Versiche-rungsschutzes	Wahlalter-herabsetzung; Personal-vertretung; Voll-jährigkeit
		ARBEITS- UND LEBENSBEDINGUNGEN			
Jugendarbeits-schutz* Betriebsärzte* Arbeitsstätten-verordnung* Bodenrecht**	Mieterschutz Flexible Alters-grenze	Steuerreform*	Gesetz gegen Wettbewerbs-beschränkung*	Rentenpolitik-Reformen Konkursausfallgeld 624-DM	
		QUALIFIKATION UND BILDUNGSCHANCEN			
Berufsbildung*		Bildungs-gesamtplan**			HRG*

* = Angezielter Verteilungsgehalt wurde während der Politikformulierung abgeschliffen

** = Angezielter Verteilungsgehalt wurde während der Politikformulierung stark abgeschliffen

Quelle: *Schmidt* 1978, 222

Freilich sind es nicht nur ökonomische Zwänge, die den sozialliberalen Reformeifer stoppen und zunehmend das wirtschaftspolitische Krisenmanagement in den Mittelpunkt des regierungspolitischen und öffentlichen Interesses rücken. Zu den Faktoren, die eine hohe Bremswirkung erzeugen bzw. als Reformsperren fungieren, zählen auch Elemente aus der Architektur des politischen Systems wie die Autonomie der Bundesbank, die den geldpolitischen Spielraum der Regierung einschränkt, und der Bundesrat, der – nach einigen Wahlerfolgen der Union in den Ländern – immer stärker mitregiert bzw. blockiert.[10]

Diese für das Modell Deutschland bezeichnenden institutionellen Begrenzungen einer aktiven Politik weisen jedoch andererseits ebenfalls einige Vorzüge auf, die durchaus eine gewisse „Rationalität der Irrationalität" erkennen lassen

Bremsen der sozialliberalen Reformpolitik

Sie sind daher in der Regel sehr konfliktreich. Im Unterschied dazu sind distributive Politiken gekennzeichnet durch Zusatzverteilung, geringe Sichtbarkeit von Begünstigungen und Benachteiligungen, und sie sind Nicht-Nullsummenspiele und daher meist besser verhandelbar und weniger konflikthaltig.

10 G. *Lehmbruch* (1976) hat diesen Sachverhalt einmal als Strukturbruch des politischen Systems der BRD gefaßt, da die Ergebnisse des Parteienwettbewerbs, d.h. eine sozialliberale Regierungspolitik, durch die Logik des Bundesstaats - nämlich das Mitregieren der starken Opposition - konterkariert wird. Zugleich verstärkt dies das Problem der SPD, sich sowohl als Reformpartei wie auch als Staatspartei (so die Terminologie bei *Narr* u.a. 1976) zu definieren; s. als Übersicht über die Entwicklung der SPD *Heimann* 1993.

(*Fach* 1985).[11] Am Beispiel der Energie- und Atompolitik läßt sich dieses Muster sogar ausweiten auf die Protestaktionen von Bürgern und neuen sozialen Bewegungen; dabei wird zugleich die überragende Rolle der politischen Parteien deutlich. Das Spezifische am deutschen Fall ist für *Fach/Simonis* (1984), daß im Vergleich zu Frankreich die „offizielle" Politik – speziell die SPD – den Protest nicht ignoriert und „wegdrückt", sondern partiell aufnimmt.[12] Damit wird die Atompolitik in der Sache ein Stück weit offengehalten, und so werden die politischen Voraussetzungen für die Suche nach einem Energiekonsens geschaffen.[13]

Eine derartige „Entdeckung der Langsamkeit" (so der Romanautor Sten *Nadolny*)[14] erleichtert es den Parteien, die widersprüchlichen Funktionsanforderungen unter einen Hut zu bringen. Hierzu zählt insbesondere die „Legitimation" von korporatistischen oder bürokratischen Politiken, die zu „Homogenisierung" der verschiedenen politischen und administrativen Apparate sowie die „Limitierung von politisierter Politik" (d.h. der Parlamente) führen. Beide Momente bilden die Grundlage für eine (begrenzte) Ökonomisierung der Politik und eine effiziente Steuerung der Ökonomie im Sinne einer flexiblen Anpassung des Modells Deutschland an veränderte Weltmarktbedingungen (*Fach/Simonis* 1984).[15]

3.1.4 Die Erneuerung der CDU: Strategische Optionen und Entwicklungen von 1969 bis 1990

Die Modernisierung der CDU ist vielfach untersucht worden (s. als neuere Überblicke *Winter* 1993 und *Schmid* 1994); kurz gefaßt ergibt sich folgender Verlauf: Mit dem Verlust der Regierungsmacht 1969 und vor allem nach dem gescheiterten Mißtrauensvotum sowie der anschließenden Niederlage bei der Bundestagswahl 1972 nimmt die CDU ihre früheren Bestrebungen zur Parteireform wieder auf. Unter der neuen Führung des Vorsitzenden H. Kohl und seiner

---

11 In bezug auf den Föderalismus und die Verflechtung von Politik bin ich in einer Kritik an F.W. *Scharpf* zu einer ähnlich positiven Bewertung des deutschen Falles gelangt (s. dazu *Schmid* 1987 und *Scharpf* 1985). Dort wird gezeigt, daß internationale Daten über die wirtschaftliche Leistungsfähigkeit der BRD und ähnlich strukturierter Systeme der These der „Politikverflechtungsfalle" nicht entsprechen. Was von Scharpf als vor allem Blockade rationaler Entscheidungen mit negativen Effekten interpretiert wird, erweist sich aus meiner Sicht eher als Stabilität von politischen Verhaltensmustern mit relativ positiven ökonomischen Wirkungen.

12 Als weitere Studien über die Parteien um den Atomkonflikt siehe Häusler 1988, *Häusler/Hirsch* 1987 sowie ohne direkten Bezug zum Modell Deutschland-Theorie *Czada* 1993.

13 Freilich ist dieser Konsens trotz aller Funktionalität des begrenzten Dissenses bis heute nicht gefunden worden, denn die Vorstöße des niedersächsischen Ministerpräsidenten G. Schröder in den 90er Jahren sind diesbezüglich gescheitert.

14 Ferner heißt es in dem Tagebuch des Kapitäns John Franklin, den *Nadolny* in seinem Roman beschreibt: „Die langsamere Arbeit ist die wichtigere. Alle normalen, schnellen Entscheidungen trifft der Erste Offizier" (S. 209).

15 Zu den Faktoren, die die Stärke der SPD ausmachen, zählt auch die enge Bindung an die Gewerkschaften; freilich ist diese nicht zuletzt im Atomkonflikt, aber auch in den späten 80er Jahren erheblichen Lockerungen und Konflikten ausgesetzt. Vgl. hierzu Langkau u.a. 1994, *Kastendiek/Reister* 1989, *Tiemann/Schmid* 1992.

„Generale" Biedenkopf und später *Geißler* verschieben sich die internen Machtverhältnisse in der Union von der Fraktion zur Führung der Bundespartei (*Pridham* 1977). Zielstrebig wird die Bundesgeschäftsstelle reorganisiert und ausgebaut, insbesondere werden die Hauptabteilung Politik ausgeweitet und eine Pla-
nungsgruppe eingerichtet. Außerdem wird die direkte Kommunikation mit den
lokalen Gliederungen intensiviert. Daneben vollzieht sich ein rapider Anstieg der
Mitgliederzahl und ein Wandel der sozialen Zusammensetzung (*Schönbohm*
1985)[16]. Einige Zahlen verdeutlichen schlaglichtartig diese Entwicklung zu einer
modernen „Großpartei" (*Mintzel* 1989):

- Zwischen 1970 und 1977 verdoppelt sich die Zahl der Mitglieder und nähert
  sich auf dem Höhepunkt der Entwicklung der SPD bzw. fast der Millionen-
  grenze an.
- Der Anteil an Frauen, Jugendlichen und Protestanten, also bislang massiv
  unterrepräsentierten sozialen Gruppen, nimmt deutlich zu.
- Die Parteifinanzen wachsen von 34,5 Mio. DM (1968) auf 199,3 Mio. DM
  (1986), also knapp das sechsfache an, wobei die Realtionen zwischen Bundespartei und Landesverbänden stabil bleiben.
- Insgesamt beschäftigt die CDU um 1980 ca. 1250 hauptamtliche Mitarbeiter, davon ca. 230 in der Parteizentrale. Mindestens ebensoviele Personen
  wie im Konrad-Adenauer-Haus sind bei der Bundestagsfraktion und etwas
  weniger bei den Landtagsfraktionen beschäftigt.

Stationen des Strukturwandels der CDU

Selbstverständlich reduziert sich die „nachgeholte Parteibildung" (*Scheer* 1977)
nicht allein auf Mitglieder-, Management- und Marketingaspekte. Vielmehr gelingt es der Partei, auch programmatisch neues Profil zu gewinnen. Mit der
Mannheimer Erklärung (1975) wird das Bekenntnis zur Sozialen Marktwirtschaft ergänzt durch die „Neue Soziale Frage", die durch „den veränderten Konflikt zwischen organisierten und nichtorganisierten Interessen und die unausge-
wogene Verteilung sozialer Lasten und Leistungen" entstanden sei.[17] Im Grundsatzprogramm von 1980 wird dieses modifiziert durch die Aufwertung des Sub-
sidiaritätsprinzips, verstärkte Bürokratiekritik und die Betonung der Finanzie-
rungsgrenzen sozialstaatlicher Leistungen. Im wirtschaftspolitischen Programm-
teil liegt der Schwerpunkt auf der Reduktion des Staatssektors, vor allem dem
Abbau der Staatsverschuldung und der steuerlichen Belastung, der Sicherung der
internationalen Wettbewerbsfähigkeit sowie der Förderung des Wirtschafts-
wachstums.

> „Als Folge der während ihrer Oppositionszeit verabschiedeten Programme und Konzep-
> te" – so Wulf *Schönbohm* (1990: 84) – „ist es der CDU damals zu einem erheblichen Teil
> gelungen, die Inhalte der öffentlichen Diskussion mitzuprägen. Neue Soziale Frage,
> Familienpolitik, Mitbestimmung, Entbürokratisierung, Abbau der Staatsverschuldung,
> weniger Staat und mehr individuelle Freiheit – dies sind nur einige der Themen, die die
> CDU ... erfolgreich besetzen konnte".

---

16 Zur Organisationsreform und Mitgliederentwicklung der CDU vgl. zusätzlich auch Falke
    1982, U. *Schmidt* 1983, *Haungs* 1983, *Pridham* 1977 und zur neueren Entwicklung
    Schmid/Tiemann 1990 und *Lange* 1994 .
17 Vgl. auch *Geißler* 1976; zur Kritik aus sozialdemokratischer Sicht siehe v.a. *Mosdorf*
    1980.

Neokonservatismus
der CDU? Damit erhält die CDU für viele linke Beobachter ein neues – nämlich neokonser-
vatives – Gesicht und wird zum Motor der politischen Wende. Nach der einfa-
chen Formel ist „Modernisierung = Zentralisierung + Neokonservatismus", und
es heißt ferner

> „... die Geister, die die Union in den siebziger Jahren gerufen hat, und mit denen sie
> durchaus auch schlagkräftige Parteikader bilden konnte wie noch nie zuvor in ihrer Ge-
> schichte, stehen rechts von der programmatischen Mitte der Union. Es ist eine moderne
> Rechte, notfalls bereit zum Klassenkampf ... der Leistungsträger gegen Verweigerer und
> Aussteiger" (*Scheer* 1985: 191, s.a. *Adamy* u.a. 1985).

Allerdings ist diese einfache Interpretation m.E. nicht haltbar, denn eine einge-
hende Analyse zeigt nämlich ganz andere innerparteiliche Strukturen und Mechanismen. Ausgangslage wie auch das Ergebnis des Modernisierungsprozesses
der 70er Jahre ist die organisatorische und interessenpolitische Komplexität der
CDU, wie sie in verschiedenen Arbeiten konstatiert worden ist (vgl. etwa *Winter*
1993 und *Schmid* 1990, 1994, 1995). Sie läßt eine einheitliche Ausrichtung
ebensowenig zu wie einen konsequenten politischen Kurswechsel. Daher existieren innerhalb der Union zeitgleich mehrere Gruppen, die jeweils über ein spezifisches strategisches Konzept verfügen. So macht zum Beispiel P. *Glotz* (1984:
18ff.) fünf Lager aus:

–   Entsolidarisierungs-Rechte,
–   bürgerliches Zentrum,
–   Rechtspopulisten,
–   Sozialausschüsse und
–   Modern-/Neo-Konservative.

Ferner repräsentieren die Vereinigungen ein heterogenes Spektrum sozio-öko-
nomischer Interessen, die von gewerkschaftlich organisierten Arbeitnehmern
über Industrie und Mittelstand bis zur Landwirtschaft reichen; des weiteren sind
sie nach Lebenslagen (Junge, Frauen und neuerdings Alte) ausdifferenziert
Spannungen
zwischen
Bundespartei und
Landesverbänden (*Höfling* 1980). Auf institutioneller Ebene konkurrieren Fraktion, Partei und ge-
gebenenfalls Regierung um Machtanteile und die Akzentuierung politisch-sach-
licher Prioritäten. Hinzu treten – von den frühen 50er Jahren bis heute virulente
– Spannungen zwischen der Bundespartei und den Landesverbänden, die aus
organisatorischen Eigeninteressen, unterschiedlichen Rahmenbedingungen und
nicht zuletzt aus persönlichen Profilierungsabsichten resultieren (*Schmid* 1990,
Thaysen 1985). Daneben weist die modernisierte CDU ein vielfältiges Netz an
Aufgliederung in
Gremien Gremien auf, die unter weitgehendem Ausschluß der Öffentlichkeit in den
verschiedensten Feldern Politiken und Programme formulieren, die bemerkenswert umfangreich und konkret sind (*Schmid* 1990). Dazu zählen besonders
die Bundesfachausschüsse, die Konferenzen der CDU-Ministerpräsidenten und
der Landtagsfraktionsvorsitzenden und ähnliches. Und um die Partei herum
existieren eine Fülle von Stiftungen und „Denkfabriken" (*Leggewie* 1987), die
mehr oder weniger stark an der Politikberatung und intellektuellen Fundierung
von Partei und Regierung beteiligt sind. Von außen wird diese komplizierte
Struktur ergänzt durch das „schwierige Bündnis" (*Müchler* 1976, *Mintzel* 1995)
mit der bayrischen CSU und dem prospektiven oder faktischen Koalitionspartner
FDP.

Der „Gremiendschungel" und die Vielfalt der Perspektiven und Kontexte in einer komplexen Parteiorganisation schaffen vielfältige Anreize und Möglichkeiten der politischen Initiative und erzeugen eine „multi-policy-party"[18], was die relativ autonome Verarbeitung der heterogenen Inputs aus der sozialen Basis der Partei erlaubt (ausführlicher *Schmid* 1990: Kap. VI). Zugleich hat die CDU in ihrer grundsätzlichen politischen Orientierung aber bei allen Modernisierungs- und Anpassungsbestrebungen das strategische Konzept einer „Volkspartei der Mitte" aufrechterhalten. Programmatisch hat sich das in einer beachtlichen Beständigkeit ausgedrückt, was gleichermaßen für die politischen Leitsätze der 80er Jahre wie für die heutigen Programme der Partei gilt.[19]

Nach dreizehn Jahren Opposition und heftigen Auseinandersetzungen mit der sozialliberalen Regierung gelingt der Union 1982 die Rückkehr an die Macht; freilich nicht mit einem ideologischen Großangriff („Freiheit oder Sozialismus") à la F.J. Strauß, sondern durch das allmähliche Herauslösen der FDP aus der Koalition. Am 1. Oktober 1982 wird durch ein erfolgreiches konstruktives Mißtrauensvotum Helmut Kohl zum neuen Kanzler gewählt. Die Koalitionsvereinbarungen von CDU, CSU und FDP und die Regierungserklärung konzentrieren sich auf die Wirtschafts- und Finanzpolitik, und sie sehen eine Neuwahl des Bundestages am 6. März 1983 vor. Dieses Verfahren ist zwar verfassungsrechtlich und vor allem politisch umstritten gewesen, doch zum Schutz der FDP nötig und vom Bundesverfassungsgericht als rechtens beurteilt worden. Die Bundestagswahl im März 1983 bestätigt die neue „Koalition der Mitte" im nachhinein. Für viele politische Kommentatoren stellt sie eine „kritische Wahl" dar, da die Union über 52% der Erststimmen erhalten und eine tiefgreifende Umschichtung in den Wählerbindungen stattgefunden hat: „Fast 12% der SPD-Wähler von 1980, das sind etwa 5% der gesamten Wählerschaft, wechselten in der März-Wahl 1983 zur Union" (*Kaltefleiter* 1983: 7). Andere Autoren sprechen längst schon vom „Ende der Sozialdemokratie" und meinen damit nicht nur die parteipolitische Dimension, sondern das Politikmodell eines keynesianischen Wohlfahrtsstaats und die damit verbundene Sozial- und Vollbeschäftigungspolitik (zum Stand dieser Diskussion vgl. *Merkel* 1993).

Die Regierungspolitik der konservativ-liberalen Koalition ist nur schwer einzuschätzen, weil ihr nicht zuletzt durch die parteistrukturelle Heterogenität der CDU die strategische Kohärenz fehlt. Es scheint, als ob im Regierungsbündnis – vom schieren Machterhalt, einer allgemeinen Beschwörung der Kräfte der Marktwirtschaft und der Betonung der Sanierung der Staatsfinanzen abgesehen – keine konkreten wirtschafts- und gesellschaftspolitischen Konzepte konsensfähig gewesen sind. Insofern sind durchaus politische Kontinuitätslinien vor allem zur Endphase der sozialliberalen Koalition vorhanden. Das strategische Defizit bzw. der Mangel an homogenisierenden Aufgabenstellungen und Kon-

Randnotizen: „Wende" von 1982 — Ende des keynesianischen Wohlfahrtsstaates?

---

18 Dieser Begriff ist im Grunde genommen gegenüber dem Terminus Volkspartei vorzuziehen, da er auf eine bestimmte analytische Dimension verweist und ideologisch unbelastet ist (s. hierzu auch *Mintzel* 1989). Allerdings hat er sich nicht durchgesetzt.
19 In diesem Zusammenhang ist auch eine Beobachtung von W. *Fach* (1985) zu sehen, wonach die Fragmentierung der Organisation zwar die Autonomie der politischen Aktion senkt, allerdings die ökonomische Paßform erhöht. S. dazu vertiefend den Schluß dieses Beitrags.

zepten, die eine „koalitionspolitische Tiefenwirkung" (*Weidenfeld* 1986) erzielen könnten, haben den Anpassungsdruck an den politischen Themen- und Terminkalender erhöht und machten die Partei für den „Zeitgeist" anfällig. Daher lassen sich mehrere politische Phasen bzw. thematische Schwerpunkte ausmachen, die sich allerdings nicht trennscharf voneinander abheben (vgl. zum folgenden *Schmid* 1991, *Webber* 1992 sowie die Beiträge in *Süß* 1991).

(a) „Neokonservative" Wende:

„Geistig-politische Erneuerung" und Abschütteln der sozialdemokratischen „Erblast"

Zu Beginn der konservativ-liberalen Regierung wird eine „geistig-politische Erneuerung" und eine Renaissance der „Sozialen Marktwirtschaft", die den schnellen „Aufschwung" bringen sollen, versprochen. Es dominiert der Versuch, die Wirtschaft „wieder in Gang zu bringen" und die sozialdemokratische „Erblast" abzutragen. Die Sanierung der Staatsfinanzen und die Reduktion überzogener Ansprüche bilden den strategischen Angelpunkt der Wendepolitik. Flexibilisierungs- und Deregulierungsmaßnahmen, die die Wirtschaft aus ihren Fesseln befreien sollten, umfassen darüber hinaus vor allem die Arbeitspolitik (bes. § 116 AFG), Ansätze zur Privatisierung öffentlicher Unternehmen (Post, Bahn) und die Senkung der Unternehmensbesteuerung. Ein Dringlichkeitsprogramm zur Schaffung neuer Arbeitsplätze, Verlagerungen in den öffentlichen Haushalten von konsumtiven zu investiven Ausgaben, steuerliche Anreize für den privaten Wohnungsbau, Ausbau des Kabelnetzes durch die Bundespost und eine rückzahlbare Investitionshilfe werden ebenfalls in Gang gesetzt (vgl. Regierungserklärung des Bundeskanzlers vom 13.10.1982 und 4.5.1983).

(b) Normalisierung:

Abgeschwächte Realisierung der Wendevorhaben

Innerhalb der Koalition und in der CDU sind über die meisten der genannten Maßnahmen beizeiten heftige Konflikte ausgebrochen, und viele Maßnahmen werden nur in abgeschwächter Form realisiert. Bald nach der Regierungsübernahme setzt ferner eine neue Wahrnehmung der Krisenursachen ein: Nicht mehr die SPD, sondern veränderte ökonomische und technische Bedingungen sind demnach für Arbeitslosigkeit, Wachstumsschwäche und Probleme der sozialen Sicherung verantwortlich. Zwar betonen führende CDU-Politiker weiterhin die Notwendigkeit von Investitionsförderung, Strukturwandel und Flexibilisierung, zunehmend finden sich jedoch auch alte „sozialdemokratische" Rezepte wie staatliche Arbeitsmarktmaßnahmen in den programmatischen Verlautbarungen[20]. Dabei rückten vor allem die Modernisierer in der Union (K. Biedenkopf, H. Geißler und L. Späth) die sozialstaatliche Peripherie mit Themen wie Familien, Frauen, Alte und Kinder in den Vordergrund.

(c) Zukunft:

Hinwendung zur „Zukunft" im Jahre 1987

Mit der Vorbereitung der Bundestagswahl 1987 gewinnt in der CDU das Stichwort „Zukunft" gegenüber dem alten Topos der „Wende" an Bedeutung (*Schmid/ Tiemann* 1990, *Hofgeismar* 1988). Im Oktober 1986 wurde das Zukunftsmanifest beschlossen, das die „Diskussion über politische Herausforderungen des nächsten Jahrzehnts" aufnehmen sollte. Im einzelnen werden fünf zentrale Bereiche gesellschaftspolitischer Aktivitäten genannt, die der neuen „Tagesordnung der

---

20 Siehe vor allem das Wiesbadener Programm von 1988 etwa im Vergleich zu den Stuttgarter Leitsätzen von 1984.

Zukunft" entsprächen: Die Herausforderungen, die mit den „gewaltige(n) demographische(n) Umbrüche(n)" verbunden sind; die Bewahrung der „humane(n) Qualität unseres modernen Industriestaates"; die Gestaltung der „Industrienation als Kulturgesellschaft" sowie „Fortschritt in Wissenschaft und Technik" im „Dienst des Menschen" (*Kohl* 1986, S. 229ff.).

Im Zusammenhang mit den längerfristigen Perspektiven und strategischen Optionen der konservativ-liberalen Bundesregierung gehören auch die europabezogenen Aktivitäten, die mit der Einführung des Binnenmarktes 1993 und den Maastrichter Vertägen eine verstärkte Dynamik und Politisierung erfahren hat. Zudem hat die Europapolitik durch die deutsche Ratspräsidentschaft und die Europawahlen (1989) an Sichtbarkeit gewonnen. Dabei standen inhaltlich neben der Frage nach den künftigen politischen Strukturen der Europäischen Union vor allem die Problematik der ökonomischen Modernisierung Europas gegenüber dem Konkurrenten Japan sowie die Verstärkung und Verstetigung der positiven Effekte des gemeinsamen Binnenmarktes im Vordergrund. Europäisierung

Als Fazit läßt sich festhalten: Mit dem Terrainwechsel von der radikalen Rhetorik und pragmatischeren Praxis der Wendepolitik zu der Zukunftsthematik und der Europapolitik zeichnet sich die Kontur einer Strategie der bürgerlichen Regierungskoalition ab. Sie funktioniert in ihrer Logik jedoch kaum als „Wende", sondern eher als „Halse"[21]: Nicht die fundamentale Veränderung politischer, sozialer und ökonomischer Strukturen, sondern das Ausnutzen weitgehend außerhalb der Verantwortung und der Aktivitäten der Bundesregierung entstandener günstiger Rahmenbedingungen bilden demnach die strategische Grundlage des konservativ-liberalen Bündnisses. So ist zum Beispiel die Privatisierung der Bundespost weniger der ideologischen Entschlossenheit der konservativ-liberalen Bundesregierung als dem Druck des Weltmarktes und des technischen Wandels geschuldet – und im übrigen mit starker Beteiligung der Gewerkschaft und der Opposition beschlossen worden (*Webber* 1986). Auch in bezug auf Gewerkschaftrechte ist es zu keinem Versuch der Zerschlagung wie in Großbritannien gekommen, allerdings hat sich etwa durch die Reform des Arbeitsförderungsgesetzes iher Handlungsspielraum partiell verringert. Auch in der Entwicklung des Sozialstaates sind zweifelsohne Verschlechterungen zu konstatieren, die jedoch qualitativ wie quantitativ durchaus in einer engen Verbindung zu den Sparmaßnahmen der späten sozialliberalen Koalition stehen. Dagegen ist im übrigen seitens der Gewerkschaften damals noch massiv demonstriert worden. Im Bezug auf die Politik der Inneren Reform aus Frühphase der SPD/FDP-Ära fällt das Urteil über die gegenwärtige Regierungskoalition negativer aus; allerdings gilt es auch hier den Unterschied zwischen Rhetorik und Praxis (sowohl der Wende wie der Reform) in Rechnung zu stellen. Fazit

---

21 Zur Erläuterung der Segelterminologie: Eine Wende bezeichnet einen Kurswechsel gegen und die Halse einen mit dem Wind.

3.1.5 Die deutsche Einheit und die veränderte Lage der Welt nach 1989/90

„Realpolitik"
gegenüber der DDR

Im Verhältnis zur alten DDR hat die konservativ-liberale Regierung den Kurs der „Realpolitik" (*Glaeßner* 1992) ihrer Vorgängerin fortgesetzt, wie etwa der Besuch von E. Honecker (1987) oder der sogenannte Milliarden-Kredit belegen. Sie hat noch zu Beginn der Veränderungsprozesse in der DDR versucht, die innerdeutsche Dynamik im Rahmen der fortschreitenden europäischen Integration zu behandeln. Stufenpläne über eine „Vertragsgemeinschaft" (Modrow) oder eine „Konföderation" (Kohl) sind jedoch von der politischen Entwicklung in der DDR überrollt worden. Dann aber schlägt die Stunde des „Kanzlers der Einheit": Eine schnelle Währungsunion und die Angliederung nach Artikel 23 GG wird beschlossen – eine „Entscheidung ohne Alternative" (*Gros* 1994, s.a. *Löbler* u.a. 1991)[22]. Dieser Entschluß folgt primär einer parteipolitischen Logik mit der Folge, daß eine kurzfristige, vereinfachende Logik des „administrative muddling through" vorherrscht und wirtschaftliche Bedenken zurückgewiesen werden. Partei- und wahlpolitisch hat sich das Verfahren, nach der „friedlichen Revolution" im Herbst 1989 zu einer schnellen Vereinigung zu kommen, jedoch ausgezahlt – im Osten wurde die Union zur stärksten Partei, und bei den Bundestagswahlen im Dezember 1990 wird sie in der Regierung bestätigt.

Freilich hat dieses Verfahren ebenfalls seine Schattenseiten: die „DM-Illusion", die „Steuerlüge" und die „Deindustrialisierung" Ostdeutschlands sind diesbezüglich Schlagworte. Andererseits ist ebenfalls zu berücksichtigen, daß die hohe institutionelle Kontinuität in dieser Wende- und Umbruchsituation durchaus verhaltensstabilisierend wirkt. Zudem erlaubt dies – wie etwa R. *Czada* (1994) am Beispiel der Arbeit der Treuhandanstalt gezeigt hat – durchaus ein hohes Maß an prozeduraler Flexibilität und die Einbindung relevanter Interessen. Nicht zuletzt unter dem Druck der korporatistischen und föderativen Strukturen sind auf diese Weise etwa beachtlich innovative Aktivitäten im Bereich Qualifizierung, Beschäftigung, Industrie- und Strukturpolitik zustande gekommen (*Heinze/Schmid* 1994).[23]

Defizite und
Widersprüche der
Regierungspolitik

Die Defizite und Widersprüche der Regierungspolitik sowie die Unsicherheiten und Unterschiede in ihrer Beurteilung in Wissenschaft und Presse hängen nicht zuletzt damit zusammen, daß die Politik der Einheit einem Strategie-Mix folgt, der (durchaus CDU-typisch) für jede Richtung etwas bietet:

– Als konservativ läßt sich dabei die Konstanz der bundesrepublikanischen Verfassung und der dirkete Transfer von politischen Institutionen von West nach Ost charakterisieren. Hinzu kommen einige nationale Unter- und Zwischentöne, wie sie besonders W. Schäuble artikuliert.

---

22 Für *Lehmbruch* (1990: 469) indiziert der Plan die „strategische Dominanz des Parteienwettbewerbs" und den Machtwillen des damals bedrängten Helmut Kohl: „Doch wie ein in die Enge getriebener Boxer, der plötzlich eine Schwäche des Gegners entdeckt, riß er damit die Initiative an sich, um sie nicht wieder aus der Hand zu geben".

23 Als Überblick über die kontroverse Einschätzung der ökonomischen Lage in Ostdeutschland siehe etwa *Schmid* 1995.

- Auf wirtschaftsliberalen Prämissen basiert die Politik der Privatisierung der ehemaligen Staatsbetriebe und die Absicht, den Strukturwandel (nicht nur in Ostdeutschland) über die Kräfte des Marktes zu bewältigen.
- Einer soziale Komponente entspricht die Arbeitsmarkt- und Beschäftigungspolitik, die die Folgen der Deindustrialisierung abfedert, was Beobachter als „Arbeitsamtsozialismus" (*Beyme*) charakterisiert haben. Ähnliche Effekte gelten im übrigen auch für Empfänger von Renten, die von der Politik der Einheit begünstigt werden – während Frauen und Jugendliche zu den Opfern zählen.

In außenpolitischer Hinsicht spielen die internationale Absicherung und die Verarbeitung der Folgen der Einheit eine zentrale Rolle. Dabei wird die europäische Integration sowohl als Bindung wie auch als Befreiung für weltpolitische Aktivitäten betrachtet, was eine strukturelle Ambivalenz der Außenpolitik erzeugt. Zugleich wird vor allem durch W. Schäuble versucht, die Themen der nationalen Identität und Souveränität dergestalt zu bündeln und programmatisch zu entfalten, daß sowohl auf die neue politische Lage eingegangen, eigene Klientele ideologisch befriedigt und zugleich außenpolitisch kein Porzellan zerschlagen worden ist.[24] *(Internationale Absicherung)*

Für die CDU als Partei(organisation) hat die Einheit nur wenig politische Veränderungen erbracht; sie hat sich territorial entsprechend in die fünf neuen Bundesländer ausgeweitet, wenngleich sie vielerorts nur als Apparat ohne Unterbau fungiert und noch längst nicht alle Probleme der personellen und organisatorischen „Altlasten" gelöst sind.[25] In programmatischer Hinsicht signalisiert das neue Grundsatzprogramm „Freiheit in Verantwortung", das auf dem Parteitag in Hamburg (1994) beschlossen worden ist, keinen Kurswechsel; andererseits, wie Kritiker betonen, auch keinen Neubeginn. Charakteristische Stichworte sind Volkspartei, christliches Menschenbild, Familie, Subsidiarität, Freiheit und Europa; einzig der Passus zur ökologischen Dimension der Sozialen Marktwirtschaft war umstritten und signalisiert eine Neuerung; allerdings ist er bislang noch weitgehend folgenlos geblieben (Schmid 1994). *(CDU als Organisation blieb unverändert)*

„Wer gehofft oder gefürchtet hatte, der Beitritt der Ost-CDU, der ‚Erben Jakob Kaisers', würde bereits auf dem Hamburger Parteitag zu einer Art ‚Linksruck' führen, sah sich

---

24 Vgl hierzu differenzierter und ausführlicher die Beiträge in Teil 2 (K) und Teil 4 (*List, Deubner, Reichardt*).
25 Zur Entwicklung auf der Parteiorganisationsebene vgl. die entsprechenden Beiträge in *Löbler* u.a. 1991, *Schmid* u.a. 1994, *Niedermayer/Stöß* 1994 sowie *Linnemann* 1994. Hier werden auch die anderen Parteien (SPD, FDP, Grüne und PDS) behandelt. Bei der CDU hat sich die Vereinigung wie folgt abgespielt: Auf dem Parteitag in Hamburger am 1.10.1990 haben die ostdeutschen Landesverbände ihren Beitritt zur Bundespartei erklärt. Zugleich sind Ost-Repräsentanten in die Führungsgremien aufgenommen und ein Vereinigungs-Manifest beschlossen worden. Dem war anfangs eine deutliche Zurückhaltung gegen die ehemalige Blockpartei und ihre Exponenten vorangegangen. Durch Reformbemühungen der Ost-CDU wie die Wahl L. de Maizières als Vorsitzenden und die Aufnahme unbelasteter, neugegründeter Parteien in die „Allianz für Deutschland" sind jedoch Vorbehalte schnell abgebaut worden. Dabei ist das Tempo der Erneuerung und die Zusammenarbeit von CDU-Ost und CDU-West durch die Vorbereitungen zu den Volkskammerwahlen im März 1990 und die Furcht vor einem Wahlsieg der SPD beeinflußt worden (vgl. auch Schmidt 1996).

getäuscht. Keine Richtungsverschiebung, sondern mehr Frauen, mehr Jugend, mehr kirchliche Mitarbeiter und soziale Berufe und vielleicht mehr selbstbewußte Basis sind das erste Ergebnis der Wiedervereinigung der Partei. ‚Die Partei wird nicht anders. Sie wird stärker‘ (de Maizière)" (*Schmidt* 1990:1663).

Das hohe Maß an Kontinuität in den Parteiprogrammen der CDU ist freilich teilweise auch darauf zurückzuführen, daß sie seit der Regierungsübernahme (1982) kaum mehr „als undeutliche Begleitmusik zu den mühsamen Kompromissen einer Koalitionsregierung" (*Haungs* 1992: 190) abgeben. Speziell die Ablösung von H. Geißler als Generalsekretär hat das Konrad-Adenauer-Haus stärker an den Partei- und Regierungschef angebunden und die virulente Diskussion über einen Richtungswechsel oder gar einen „Putsch" gegen Kohl der CDU beendet. In den Augen mancher Beobachter ist somit der alte „Kanzlerwahlverein" ein Stück weit wieder hergestellt – jedoch auf einem drastisch höheren Niveau politisch-organisatorischer Kapazitäten und Differenzierungen der Partei und mit anderen funktionalen Momenten versehen (*Jäger* 1990, *Schmid* 1994, *Schmid/Tiemann* 1990).[26]

Politische Ausrichtung der CDU ist weiterhin stabil
Die bemerkenswerte Stabilität in der politischen Ausrichtung der CDU wird durchaus als ein Aspekt des guten Erscheinungsbildes und Kompetenzprofils der Partei wie auch als eine Ursache der wirtschaftlich-sozialen Stabilität der Bundesrepublik interpretiert (*Haungs* 1992). Gleichwohl mehren sich trotz des noch guten Abschneidens bei der Bundestagswahl 1994 die Zeichen dafür, daß auch ein „Erfolgsmodell" mit Problemen zu kämpfen hat, ja nicht selten schon als ein „Auslaufmodell" gehandelt wird. Die CDU ist derzeit personell erheblich ausgedünnt, die Fähigkeiten der Mehrheitsbildung und Mitgliederbindung sind geschrumpft, und die Parteienverdrossenheit ist insgesamt gewachsen (z.B. *Dettling* 1994 und *Unseld* 1993). So verzeichnen die Volksparteien 1994 wie in den vergangenen Jahren schon erhebliche Mitgliederverluste: Die CDU zählt Ende 1994 670 800 Mitglieder (1993: 685 343) und die SPD 849 374 (1993: rund 862 Tsd.). Die Ursachen hierfür sind komplex und das Problem trifft alle etablierten Parteien.[27] Spezifisch für die CDU ist, daß im Zuge der politischen, ökonomischen und sozialen Veränderungen seit der „Wende" mehrere klassische Attraktions- und Integrationsfaktoren an Bedetung verloren haben. So hat der Antikommunismus angesichts der veränderten internationalen Lage ausgedient und auch das Wirtschaftswachstum angesichts der Probleme nicht als Grundlage für soziapolitische Initiativen und „Wahlgeschenke" fungieren kann. Schließlich hat sich der Trend der Säkularisierung und Individualisierung verstärkt, was katholi-

---

26   W. *Dettling* (1994: 31) hat hierzu ferner bemerkt: „Konrad Adenauer beherrschte die Partei, weil er ein großer, ein respektierter Kanzler war. Helmut Kohl blieb so lange Kanzler, weil er die Partei beherrschte". Zur weiteren Debatte mit stärker skeptischem Tenor siehe auch *Leggewie* 1990, *Naumann* 1988, *Heins* 1989, *Esser/Hirsch* 1984 und die Beiträge in *Kreuder/Loewy* 1987; zur neueren Organisationsentwicklung s. *Lange* 1994.

27   Zur umfangreichen Diskussion, die freilich schon seit über zehn Jahren stattfindet, vgl. als wichtige politikwissenschaftliche Stationen die Beiträge von *Raschke* 1982, *Wildemann* 1989, *Wiesendahl* 1993 und *Alemann* 1995. Besonders letztgenannter beläßt es nicht nur bei einer ausgewogenen Kritik, sondern entwickelt darüber hinaus in einem 20-Punkte-Programm praxisnahe Verbesserungsvorschläge. Die Lage aller Parteien im Vorfeld des Superwahljahres wird behandelt in: *Aus Politik und Zeitgeschichte* B 1/94.

sche und tradtionelle Milieubestandteile im Lager der Union weiter erodieren ließ. Die führt u. a. zu einem Bedeutungsverlust der Sozialausschüsse.

Auf diese Probleme reagiert die CDU durch Bemühungen, sich weiter zu modernisieren. Vorschläge einer Öffnung und neue Formen innerparteilicher Demokratie werden zwar diskutiert, sie sind, von der „Frauenquote" abgesehen, wegen der Trägheit der komplexen Strukturen und der Widerstände von betroffenen Interessengruppen bislang in der CDU nicht umgesetzt worden. Bislang konzentriert sich die Debatte auf Fragen der Organisation und des „Politmarketings", grundlegende programmatische Erneuerungen sind trotz und in dem beschlossenen Grundsatzprogramme nicht zu sehen (*Schmid* 1994, *Winter* 1993). Auch jüngste Versuche, erneut eine „Zukunftsdebatte" zu führen, sind ohne Resonanz geblieben (*Schroeder* 1996).[28]

Öffnungs- bemühungen

Die Tatsache, daß sich Deutschland in einem gravierenden Umbruch befindet, wird in den Augen vieler kritischer Beobachter jedoch von den Parteien und der Bundesregierung nur unzureichend reflektiert. Im Grunde sind die Wahlen 1994 von der Union mit der Devise „Weiter so Deutschland" geführt worden; allerdings ginge diese Strategie nur dann auf, wenn – kontraktisch – alles beim alten geblieben wäre:

> „Glücklich das Volk, dessen Geschichte so langweilig ist und das keine herausragende Regierung braucht. Diese ,Dignität der Normalität' wäre eine Möglichkeit gewesen, wenn die ruhigen und trägen 80er Jahre von Dauer gewesen wären" (*Dettling* 1994: 33).

Sie waren es bekanntlich nicht. Im Gegenteil: heute stehen die

> „...Neubestimmung der Außen- und Sicherheitspolitik, die Bewältigung der Wirtschafts- und Beschäftigungskrise, besorgte Fragen nach der Stabilität der parlamentarisch-repräsentativen Demokratie ... auf der Tagesordnung der deutschen Politik" (*Schönbohm* 1995: 9).

Schönbohm ist neben W. *Dettling* einer der alten Protagonisten einer Erneuerung der CDU. Auch H. *Geißler* (1995) erkennt die Ambivalenzen den Wahlsieges und plädiert für eine politische Öffnung und die Erweiterung der Koalitionsoptionen in Richtung auf schwarz-grün. Überwindung des Nationalstaats und Schaffung eines europäischen Bundesstaates sowie Solidarität unter den Deutschen, Abschied von der Männergesellschaft und Entwicklung einer multikulturellen Gesellschaft kennzeichnen hier die politische Richtung.

Die umfangreichen Diskussionen über die Probleme des „Standorts Deutschland" infolge des Verlusts an internationaler Wettbewerbsfähigkeit sind hier von besonderer Bedeutung. Kostensenkung bei Löhnen und Lohnnebenkosten, Lean Production, mehr Innovation und Einsatz von neuen Technologien, staatliche

---

28 Inwieweit die von Sachsen und Bayern organisierte erneute Zukunftsdebatte hier programmatische Impulse erzeugen wird, läßt sich derzeit noch nicht beurteilen. Immerhin ist die Möglichkeit, aus den Ländern politische Innovationsprozesse einzuleiten, nicht auszuschließen und hat vor dem Hintergrund der Modernisierung der 70er Jahre eine gewisse Plausibilität. Insgesamt sehr viel skeptischer („Bis zum Bauch im Wasser") urteilt dagegen *Wagner* 1996.

Flankierung und Orientierung durch Industriepolitik usw. werden in diesem Zusammenhang als Lösungsbeiträge aufgeführt.[29]

Neuer
Pragmatismus?

So unbestritten die Veränderungen in der Folge der deutschen Einheit, der
zunehmenden europäischen Integration und des technisch-ökonomischen Wandels sind, so wenig sind aber radikale Lösungskonzepte erkennbar – weder bei
der CDU, den anderen Regierungsparteien und der Opposition, aber auch nicht
im publizistischen oder wissenschaftlichen Raum (von einigen Exoten abgesehen). Vielmehr gibt es allerorts einen „new pragmatism", einen unkonventionel-
len Pragmatismus, der sich „wie aus einem Baukasten von Fall zu Fall Lösungen
zusammenstellt" (R. Leicht in der Zeit vom 3.3.1995). Hieraus ergeben sich
nicht selten überraschende Koalitionen im politischen Diskurs – besonders brisant sind dabei schwarz-grüne Allianzen –, allerdings sind bisher noch keine
stabilen (macht- und regierungs-)politischen Neuformierungen aufgetreten. Auf
besonderes Interesse in den Medien sind dabei die sogenannten „Jungen Wilden
in der Christunion" gestoßen, also Nachwuchspolitiker aus Bund und Ländern:
„Sie sind um die vierzig und geben sich grün" (so Mathias Geis in der Zeit vom
29.9.1995). Auch für die SPD wird von prominenten Beobachtern als Strategie
empfohlen: „Durch die Mitte an die Macht" zu gelangen (vgl. Joachim Raschke
im Spiegel 45/1995). Dies erinnert durchaus an das von Kirchheimer in den 50er
Jahren entdeckte „Verschwinden der Opposition" und die damals von der SPD
vollzogene Anpassung an den (alten) CDU-Staat.

Zugleich stellt sich die doppelte Frage nach dem Ausmaß der Veränderungen einerseits und den implizierten Folgen für die Parteien andererseits. Manche
aktuelle Diagnose einer Krise – sei es nun die der Volksparteien oder die des
Standorts Deutschland – hat sich bei einer genaueren Betrachtung oder im internationalen Vergleich als überzogen erwiesen. Das Modell Deutschland ist offensichtlich anpassungs- und leistungsfähiger als es seine pessimistischen Beobachter vermuten. Das heißt auch, daß es in der künftigen Entwicklung eher um
einen Umbau als um eine völlige Veränderung der Systemarchitektur geht – was
dann auch die Herausforderungen an die Parteien verringert. Oder anders formuliert: Das „neue Gesicht des Kapitalismus" (*Hirsch/Roth* 1986) hat viel mit
dem alten gemeinsam. Andererseits hält die Parteienlandschaft der Bundesrepublik durchaus mehr „Bewölkung" aus als es das Bild von der „Schönwetterde-
mokratie" nahelegt. Ökonomische Krisen schlagen nicht analog in politische
durch; die Kritik an den Parteien hat trotzdem relativ stabile Regierungsbildun-
gen möglich gemacht, und für die CDU gilt zudem: Ihre Stärke ist die Schwäche
ihrer Gegner.[30] Die Bundestagswahl 1994 hat erneut die regierende bürgerliche
Koalition bestätigt – auch wenn es „Kohls knappster Sieg" (Jung/Roth) war (zur
Analyse der Wahl vgl. auch die Beiträge in APUZ B 51-52/94 und *Oberreuter*

---

29 Zur aktuellen, breiten Diskussion über „Deutschland-Perspektiven" siehe neben dem repräsentativen Sammelband von *Schönbohm* 1995 auch die Beiträge in *Dettling* 1994 und
Unseld 1993. Zur Debatte um den Standort Deutschland vgl. als knappe Übersicht und
Bewertung *Schmid* 1995. Zur Kritik der regierungspolitik aus gewerkschaftlich-
sozialdemokratischer Sicht siehe etwa Schabedoth 1995.

30 Zur neueren Lage der SPD vgl. die Analysen von *Leif/Raschke* 1994, die einen durchaus
optimistischen Tenor aufweisen, was die Strategie und Struktur einer „Rahmenpartei"
und ihres Vorsitzenden Scharping angeht. Skeptischer dagegen *Grafe* 1991.

1996). Um kurz auf die weiteren Parteien etwas einzugehen: Das Auftreten der PDS ist als Sonderfall anzusehen, bei der verschiedene Faktoren zusammenkommen (politischer Systemwandel, Sozialisationserbe, ökonomische Krisen) und die unterschiedliche Entwicklungsperspektiven (Linksradikale Partei, diffuse Protestpartei, regionale Volkspartei) in sich bergen, die z.Z. jedoch noch nicht prognostizierbar sind. (vgl. *Hüning/Neugebauer* 1996). Auch die Frage einer „Haiderisierung" der FDP basiert eher auf Nachahmungseffekten als auf strukturellen Verschiebungen und erfolgt bislang im äußersten Rand der Partei (*Seitz* 1995, siehe auch *Lösche/Walter* 1996 sowie die Beiträge in APUZ B 9/96).

Um eine funktionalistische Überinterpretation bzw. einen überhöhten Optimismus bezüglich der Fähigkeiten des Modells Deutschland und seiner Parteien zu vermeiden: Das kann auch schiefgehen bzw. in eine Syndromatik des „erfolgreichen Scheiterns" übergehen.[31] Parteiorganisatorische Anarchien können zu permanenten Konfliktherden werden und föderative Aufwärtsspiralen ins Leere laufen, ferner kann die Kritik und Verdrossenheit überhand nehmen, so daß ernsthafte Störungen im Modell Deutschland auftreten können. Freilich zeichnen sich trotz dieser vieldiskutierten Probleme bislang keine strukturellen Alternativen zu den Parteien ab. Auch die aktuellen Zukunftsentwürfe und Programm(re)visionen (vgl. die Beiträge von Bröchler, Erdmenger und Fach im Schlußteil dieses Bandes) eines neuen Modells Deutschland sind m. E. allenfalls Potentiale – bislang eher von intellektuellem als von partei- und machtpolitischem Interesse (vgl. jedoch auch die eingangs diskutierten methodischen Einschränkungen der hier vertretenen Position).

3.1.6 Theoretische Schlußfolgerungen: Funktion der Parteien im Modell Deutschland

Die abschließende Frage nach der Funktion von Parteien läßt sich angesichts der heterogenen Einschätzungen nicht so einfach beantworten. Zwar läuft im Modell Deutschland viel von der eigentlichen Politik „an den Parteien vorbei", sie müssen ökonomische Funktionsimperative ausfüllen bzw. sie werden durch korporatistische Regulierungsformen an den Rand der politischen Bühne gedrängt, wo sie dann vorwiegend für die „Show" zuständig sind. Gleichwohl, so ohnmächtig sind die modernen Volksparteien dann auch wieder nicht, denn zumindest ohne ihr formales Zutun geht im Parteienstaat nichts – weder Regierungsbildung noch Gesetzgebung oder Verwaltungsführung. Die Problematik der politischen Integration, der Funktionsweise ideologischer Apparate und die Steuerungsleistung politischer Parteien sind daher im Zuge der Forschung über das Modell Deutsch-

Parteien im allgemeinen sind nicht funktional überflüssig

---

31 Der Erfolg scheiternder Organisationen, so der Konstanzer Verwaltungswissenschaftler Wolfgang *Seibel* (1991), liegt in der Bereitstellung symbolischer Problemlösungen, die die Unlösbarkeit verschleiern und auf diese Weise von weiterem politischen Handlungsdruck befreien.

land verstärkt untersucht worden; inzwischen hat ihre Bedeutung dementsprechend auch eine deutliche Steigerung erfahren.[32]

Fehlen von Lösungskonzepten

Gegenwärtig wird aber weniger an der Fähigkeit der Parteien, sich politisch durchzusetzen, gezweifelt, als an ihrem Willen überhaupt klare Ziele und Lösungskonzepte zu formulieren. Die Volksparteien haben ihre gesellschaftspolitische Orientierung verloren, und Politik findet demnach „ohne Projekt" statt (*Unseld* 1993). Oder mit Cora Stephan: „In den 80er Jahren kam der Bundesrepublik die Politik abhanden" (nach *Dettling* 1994: 24) – was nicht selten als „Erbe Kohls" definiert wird (*Dettling* 1994).[33] „Kohl bleibt, damit alles so bleibt" kommentiert auch die Zeit (vom 2. Juni 1995) die Pläne um eine Ökosteuer von reformfreudigeren Teilen der Union.

Korruption

Schließlich wird derzeit aber auch von einer Reihe von Autoren die Machtstellung der Parteien und ihr Mißbrauch etwa durch Korruption und Filz betont (*Armin* 1993, *Scheuch/Scheuch* 1992, differenzierter und fundierter dagegen *Beyme* 1993). Mit der vorangegangenen These verbindet diese Überlegung die Betonung der Besetzung der staatlichen Ämter und formalen Kommandopositionen sowie das Fehlen von politischen Diskursen und öffentlichen Tugenden. Der tröge „Amtsinhaber" und der skandalumwitterte „Beutemacher" werden so zu den wenig geliebten Sozialfiguren der gegenwärtigen Politik (zur Politikertypologie vgl. *Kirsch/Mackscheidt* 1985).

Stärke und Funktionalität als Bewertungsmaßstab

Solche und ähnliche Einschätzungen basieren häufig auf differierenden Annahmen über das zu erklärende Phänomen bzw. sie beziehen sich auf unterschiedliche politische Struktur- und Funktionszusammenhänge (s. Schaubild 3). Stark sind Parteien, genauer: ihr Personal in den Grauzonen und Nischen des politischen Systems und bei formalen Details, jedoch bleibt das weitgehend ohne sozioökonomische Steuerungseffekte. Schwach sind Parteien auf der Ebene der gesellschaftspolitischen Programmformulierung, was freilich nicht mit Folgenlosigkeit verwechselt werden darf. Parteien sind demnach nicht unwichtig oder ohnmächtig, aber für sie gilt ebenfalls das, was *Bachrach/Baratz* (1975) einmal das „zweite Gesicht der Macht" genannt haben: Wenn sie nichts tun, kann dies auch ein Zeichen von Stärke und Funktionalität sein. Gerade im Atomkonflikt hat sich diese Unfähigkeit, der Atomkraft politisch zum Durchbruch zu verhelfen, längerfristig als ökonomischer Vorteil erwiesen und Fehlinvestitionen wie in Frankreich verhindert (*Fach/Simonis* 1984).[34]

Dem folgenden Schaubild liegt eine grobe Unterscheidung zwischen einer Akteurs- und einer Systemperspektive zugrunde. Prteien als kollektive Akteure handeln absichtsvoll im Hinblick auf die eigenen Binnenstrukturen (z.B. von

---

32 Es entbehrt freilich nicht einer gewissen Ironie, wenn die Entdeckung der parteipolitischen Basis des Modells Deutschland unter der Parole „Ein zweiter CDU-Staat?" (Prokla 56, 1984) geführt wird.

33 Dagegengehalten werden muß aber die Tatsache, daß die sachpolitischen Aktivitäten und Kompetenzen der Parteien von ihren Kritikern vielfach unterschätzt werden; s. zum Beispiel den bemerkenswerten Versuch der SPD, ihr Programm mit Wissenschaftlern kritisch zu diskutieren (*Scherer/Tiemann* 1994).

34 Teilweise ergeben sich auch Unterschiede in der Bewertung der Rolle der Parteien, je nachdem, ob ein handlungtheoretischer oder ein systemtheoretischer Zugriff gewählt wird.

Führungsgremien). Demnach lassen sich auf dieser Ebene die Umsetzung von Beschlüssen und Programmen, aber auch Befriedigung der Interessen der Mitgliedschaft als Basis einer Bewertung heranziehen. Der Wechsel der bezugsebene führt dazu, daß Parteiene elas ein Element (neben anderen) im politischen System betrachtet werden, deren objektive Leistungen für die Bestands- und die Annpassungsfähigkeit des Modells Deutschland im Vordergrund stehen. Das kann dann auch heißen, daß bestimmte Folgen unbeabsichtigt oder duch Interaktionseffekte mit anderen Elementen auftreten und gerade bei Regierungsparteien Systemzwänge existieren, die mit dem Eigeninteresse der Partei konfligieren können.

Schaubild 3: Analyseebenen und Funktionen der Partei

Ebene:	relveante Funktion und Struktur:
Partei (Akteur)	aktive Handlungen, Personen und konkrete Strukturen der Parteiorganisation
Modell D. (System)	intendierte und nicht intendierte Leistungen und Restriktionen für politisch-ökonomische Alternativen

Parteien sind demnach in ihrer Stellung im politischen System zentral, aber nicht notwendigerweise organisationsintern zentralisiert; sie sind flexibel in der Sache und fast unersetzlich in der Funktion für das System. Dabei gibt es einige Unterschiede zwischen den Parteien: Die CDU greift eher auf den Föderalismus als dynamisierenden Faktor zurück, während sich die SPD als organisierte Anarchie politischer Flügel und Zirkel darstellt. Dem dadurch entstehenden Zustand an interner Unübersichtlichkeit der Volksparteien entsprechen denn auch einige neuere Ansätze der Parteiorganisationsforschung, die Parteien nicht länger als zentralisierte und homogene Apparate behandeln (*Wiesendahl* 1984, Schmid 1990). Moderne „Großparteien" entziehen sich solchen eindimensionalen Erklärungs- und Beschreibungsmustern; sie sind vielmehr durch eine parteientypologische Vielfalt geprägt, die von der Honoratioren- über die Massenintegrationspartei bis zur hochtechnisierten Wahlkampfmaschine reichen (*Mintzel* 1989). Dezentrale Handlungskapazitäten und evolutionäre Politikentwicklung der Gesamtorganisation nach dem Trial-and-Error-Prinzip stehen hier im Vordergrund und ermöglichen – um das Bild des Tankers von P. Glotz zu modifizieren – die Beweglichkeit des Flottenverbandes, dessen Einheitlichkeit gelegentlich auf die gemeinsamen Flaggensymbole reduziert ist.

Die überragende Fähigkeit der Parteien, als „moderner Fürst" (Gramsci) den politischen Raum zu besetzen, um niemanden anderen eindringen zu lassen und gelegentlich gestaltend zu wirken, erzeugt eine Kompatibilität von Regierungssystem und Parteistrukturen (*Greven* 1993): Politik der Passivität und der „Langsamkeit" (*Nadolny* 1983), Non-Decisions, Depolitisierung, Semisouveränität im Innern (*Katzenstein* 1987) sind Stichworte für die eigentümlichen politischen Verhältnisse, die das Modell Deutschland am Laufen halten und zu deren Herstellung es die Parteien braucht.

Kompatibilität von Regierungssystem und Parteistrukturen

Diese eigentümliche Konfiguration ist es auch, die die Anpassungs- und Wandlungsfähigkeit, aber auch die politische und ökonomische Stabilität des Modells Deutschland ausmacht. Die Kontinuitätszwänge des historisch einmal

eingeschlagenen nationalen Entwicklungspfades werden ergänzt durch eher zu-
fällige bzw. auf Versuch und Irrtum basierende Interventionen, ja manchmal gibt
es sogar Vorstöße in Richtung einer geplanten Steuerung – freilich alles im
Rahmen des Handlungskorridors, den das Modell Deutschland aufweist.

Alternativen zum historisch-strukturellen Ansatz

Gegenüber der konventionellen, stärker auf historische Entwicklung und aktuelle politisch-programmatische Verortung ausgerichteten Forschungen über
einzelne Parteiorganisationen, aber auch gegenüber der quantitativ fixierten Do-
Parties-Matter-Ansätze[35] der vergleichenden Politikwissenschaft setzt die materialistische Parteienanalyse im Modell Deutschland bei den politisch-ökonomischen Systemstrukturen an und bezieht die Parteien funktional und strukturell
darauf. Mithin geht es weniger um Parteienwettbewerb oder Mitgliederfragen,
sondern um politische Strategien im Kontext eines historisch spezifischen Regu-
lationszusammenhangs. Demnach gilt:

> „Parteien sind Organisationen – ja, aber nicht in dem Sinne, daß sich darin Menschen zu
> diesem oder jenem Zweck organisieren, sondern Parteien organisieren Menschen. Sie re-
> organisieren die Klassenindividuen im Politischen um ein hegemoniales Projekt, in dem ihre
> ihre ökonomischen und korporativen Klassenstandpunkte aufgehoben und transformiert
> sind" (*Elfferding* 1985: 145).

Das Ganze (d.h. das Gesellschaftsmodell Deutschland) und die Teile (hier die
Parteien) werden also in einem Zusammenhang betrachtet, was den Parteien ein
breites Spektrum an Funktionen der Interessenvermittlung und Politiksteuerung,
an Integration und an Spaltung, an ökonomischen und politischen Aufgaben zu-
weist.

Gleichwohl birgt dieser gesellschaftstheoretische Zugriff auf die Parteien bei
allen Vorzügen ebenfalls die Gefahr in sich, daß den theoretischen Höhenflügen
kein ausreichendes Pendant in den empirischen Niederungen gegenübersteht.
Manch ein komplexer und differenzierter Funktionskatalog läßt sich empirisch
schlicht nicht einlösen – weil nicht selten alles mit allem zusammenhängt, alles
irgendwie funktional sein kann bzw. für vieles funktionale und strukturelle
Äquivalente bestehen. Solche Argumentationen sind dann nicht nur immun gegenüber einer kritischen wissenschaftlichen Überprüfung, sondern sie tendieren
außerdem dazu, eine Hyperstabilität und Hyperfunktionalität des Realphäno-
mens Parteien zu postulieren. Insofern verhalten sie sich spiegelbildlich zu denjenigen (pessimistischen) Ansätzen, die die Krise der Parteien und das Ende der
„Bonner Republik" diagnostizieren.

Mangel an internationalen Vergleichen

Dieser Überhang an Theorie bei der Entwicklung von Bewertungskriterien
hängt auch mit dem lange verbreiteten Mangel an internationalen Vergleichen
zusammen. Die Rede vom Modell Deutschland macht ja eigentlich nur dann
Sinn, wenn es auch andere Modelle gibt. Und gerade die komparative empirische Analyse anderer Länder kann dabei helfen, relative Kriterien für Funktionalität und Effizienz von Parteien und Politikmodellen zu finden, wie es etwa

---

35 Gemeint sind hier Ansätze à la M.G. *Schmidt*, die versuchen, die Entwicklung von
Staatsaktivitäten und vor allem von Staatsausgaben durch die Variable Zusammensetzung der Regierung zu erklären. Allerdings werden Parteien dabei als „Black Box" behandelt, da weder organisatorische oder programmatische Differenzierungen von Bedeutung sind, sondern nach bürgerlich versus sozialdemokratisch klassifiziert wird.

später mit dem Vergleich zwischen Großbritannien und Deutschland auch geschehen ist. Dies gilt besonders für die Problematik des neokonservativen Strategiewechsels, wo der Blick auf den Thatcherismus gezeigt hat, daß es hierzulande keinen „Kohlismus" (*Heins* 1989), sondern allenfalls eine „halbe Wende" gibt (vgl. *Webber* 1992, *Schmid* 1991, *Lehmbruch* u.a. 1988).[36] Dasselbe gilt aber auch in bezug auf die aktuellere Debatte über den Wirtschaftsstandort Deutschland, dem im Lichte internationaler Vergleiche eine relativ erfolgreiche Position zugewiesen und damit eine im großen und ganzen richtige Politik bescheinigt wird – wobei Verbesserungsmöglichkeiten im Detail hier nicht bestritten werden sollen.

Schließlich gibt es wohl auch ein ganz spezielles Problem der Linken, aber auch anderen Intellektuellen mit der CDU und eigens mit dem derzeitigen Parteivorsitzenden und Bundeskanzler.[37] Zugespitzt schwankt die Einschätzung zwischen „Kohl-Witz" und „Kanzler-Mythos" – zum Beispiel kann ein großer Teil der Beiträge in der Zeit-Serie „Meine Jahre mit Helmut Kohl" leicht zu diesem Schluß führen.[38] Freilich gilt das auch für den früheren leitenden Mitarbeiter und Vordenker der CDU, W. *Dettling*. In seiner kritischen Bilanz der „Ära Kohl" heißt es etwa:

> „So hat die geistige und politische Lähmung, die die CDU seit geraumer Zeit befallen hat, ihren Grund auch darin, daß sich die Ideenwelt ihres großen Vorsitzenden erschöpft hat. Helmut Kohl hat als Parteivorsitzender nicht nur seine eigene Partei, die CDU, gelähmt, sondern auch die Opposition, die SPD." Und: „Kein Kanzler war als Parteivorsitzender so einflußreich – und keiner hat so wenig daraus gemacht. Keiner hat einen so schlanken, anspruchslosen Begriff von Politik praktiziert wie Helmut Kohl." (*Dettling* 1994: 29, 34).

Ähnliches wird nicht selten ebenfalls über R. Scharping – dem „Kohl mit Bart" (so H. *Broder* im Spiegel 21/1995) – verbreitet (was den Erklärungsgehalt solcher Thesen nicht unbedingt erhöht, sondern eher auf den Unterhaltungswert abzielt) Andererseits läßt sich dies im Kontext der oben angeführten Überlegungen durchaus auch positiv interpretieren. Eine Politik der Mitte und ein gewisses politisches Mittelmaß sind nämlich zwei Seiten einer Medaille. Und: „Die hohe Kunst des Durchwurstelns beherrscht niemand so virtuos wie die Christdemokratie und ihr Kanzler" (Zeit vom 18.10.1996).[39]

Helmut Kohl als Problem der Linken

---

36 Auch die (gemäßigte) Position und die Probleme der SPD sind vor dem Hintergrund des internationalen Vergleichs zu relativieren; siehe dazu *Merkel* 1993.

37 Dies gilt auch umgekehrt: H. Kohl ist kein Intellektueller oder Freund derselben (vgl. dazu den Auszug einer Rede von Kohl bei *Dettling* 1994: 105ff.)

38 Oder man lese in *Henscheids* (1993: 133) Wörterbuch die Bemerkungen über „Kohl, Helmut", wo es unter anderem heißt: „Das ‚pfälzische Gesamtkunstwerk' (Joschka Fischer) gilt zurecht als kaum nachlassender Lieferant des Dummdeutschen". Andererseits stilisiert Peter Lösche (im Spiegel 30/1996) die stärkere Rolle von Führungspersonen in der Fernsehdemokratie als „Neo-Bonapartismus", bei dem der Parteiapparat und die politischen Aktivisten durch den populistischen Apell an die Wählerbasis umgangen werden. Beide Positionen sind m.E. gleichermaßen extrem wie falsch. Siehe dagegen den interessanten Versuch, Personen und Parteien zu verbinden, bei *Haungs* 1993.

39 Die Frankfurter Rundschau (vom 10.2.1988) erkennt die Funktionalität dieses Musters ebenfalls sporadisch an und beschreibt die Rolle von Helmut Kohl so: „Gerade weil er diffus und unbestimmt auftritt, ist der Kanzler die ideale Führungsfigur für diese sehr

Zugleich ist beim „schwarzen Riesen" CDU immer noch vieles im Dunkeln geblieben, fehlt es an kumulativen theoretischen und empirischen Erkenntnissen sowie konsistenten Ansätzen, die sowohl den Stand der konventionellen Parteienforschung als auch die darüber hinausreichenden Modell Deutschland Debatten aufnehmen. Allerdings gilt dieses Verdikt auch für die SPD und Grünen sowie ganz besonders für die FDP als fast permanente Regierungspartei, so daß die für den Modell Deutschland Ansatz konstitutive Argumentationskette vom Individuum über Partei(en), Regierung, Staatsaktivitäten und Systemstrukturen zur Weltökonomie weiterhin erhebliche Lücken und Schwachstellen aufweist. Allerdings hängt dieses kritische Urteil auch mit den hohen Anforderungen zusammen, die die Modell-Deutschland-Theorie an die Parteienanalyse stellt – insofern ist bei trivialen Ansätzen der „Erfolg" leichter zu erreichen. Möglicherweise verhält es sich mit der Bewertung des realen Modells Deutschland ähnlich – je komplexer es sich darstellt, um so schwerer fällt ein eindeutiges Urteil über seinen Erfolg und seine Zukunftsaussichten bzw. die Fähigkeit der Parteien, die notwendigen Anpassungen zu vollziehen.

3.1.7 Literaturverzeichnis

Abelshauser, Werner: Wirtschaftsgeschichte der Bundesrepublik Deutschland 1945-1980, Frankfurt 1983.
Adamy, Wilhem et al: Die Wende stoppen. Tatsachen, Argumente, Alternativen zur Politik der Rechtskoalition, Hamburg 1985.
Albert, Michel: Kapitalismus versus Kapitalismus, Frankfurt 1992.
Alemann, Ulrich von: rororo special – Parteien, Reinbek 1995.
Andersen, Uwe: Stichwort Stabilitätsgesetz/Konzertierte Aktion, in: Uwe Andersen/Wichard Woyke (Hrsg.): Handwörterbuch des politischen Systems der Bundesrepublik Deutschland, (2. Aufl.) Opladen 1995.
Armin, Herbert von: Der Staat – Beute der Parteien in: Unseld, Siegfried (Hrsg.): Politik ohne Projekt? Nachdenken über Deutschland, Frankfurt 1993, S. 11-22.
Aus Politik und Zeitgeschichte B 1/94 (Schwerpunkt Parteien vor der Wahl).
Aus Politik und Zeitgeschichte B 51-52/94 (Themenheft zur Bundestagswahl).
Aus Politik und Zeitgeschichte B 6/96 (Themenheft zu Parteien).
Bachrach, Peter/Baratz, Morton: Zwei Gesichter der Macht, in: Wolf-Dieter Narr/Claus Offe (Hrsg.): Wohlfahrtsstaat und Massenloyalität, Köln 1975.
Baring, Arnulf: Machtwechsel. Die Ära Brandt-Scheel, München 1984.
Beyme, Klaus von/Schmidt, Manfred G. (Hrsg.): Politik in der Bundesrepublik Deutschland, Opladen 1989.
Beyme, Klaus von: Die politische Klasse im Parteienstaat, Frankfurt 1993.
Blüm, Norbert/Zacher, Hans F. (Hrsg.): Vierzig Jahre Sozialstaat Bundesrepublik Deutschland, Baden-Baden 1989.

---

breitangelegte Volkspartei, in der der Vorsitzende manchen Spagat zwischen widerstreitenden Interessen machen muß, um die Partei zusammenzuhalten. Was da nach außen als verschwommen und nebulös erscheint und immer wieder Gerüchten und Hoffnungen Nahrung gibt, daß Kohl sich nicht mehr lange halten könne, ist in Wahrheit wohl das stärkste Instrument seiner Macht in der CDU und damit seiner Unangefochtenheit als Regierungschef". S. hierzu neuerdings auch *Elfferding* 1994.

Buchhaas, Dorothee: Die Volkspartei. Programmatische Entwicklung der CDU 1950-1973, Düsseldorf 1981.
Czada, Roland: Großer Wirrwar oder List der Unvernunft. Die Treuhandanstalt im ökonomischen Transformationsprozeß, in: Perspektiven ds 11 (1994), S. 199-211.
Czada, Roland: Konfliktbewältigung und politische Reform in vernetzten Entscheidungsstrukturen, in: Roland Czada/Manfred G. Schmidt (Hrsg.): Verhandlungsdemokratie, Interessenvermittlung, Regierbarkeit, Opladen 1993, S. 73-98.
Dettling, Warnfried: Das Erbe Kohls. Bilanz einer Ära, Frankfurt 1994.
Dettling, Warnfried (Hrsg.): Perspektiven für Deutschland, München 1994.
Elfferding, Wieland: Helmut Kohl als Medienereignis. Zum Medien- und Machtdiskurs im Wahljahr 1994, in: Widerspruch 28 (1994), S. 46-56.
Elfferding, Wieland: Zur Perspektive materialistischer Parteitheorie, in: Prokla 59 (1985), S. 142-151.
Enzensberger, Hans M.: Politische Brosamen, Frankfurt 1985.
Esser, Josef/Hirsch, Joachim 1984: Der CDU-Staat. Ein politisches Regulierungsmodell für den nachfordistischen Kapitalismus, in: Prokla 65 (1984), S. 51-66.
Fach, Wolfgang/Simonis, Georg: Die politische Funktion der politischen Partei, in: Jürgen W. Falter et al. (Hrsg.): Politische Willensbildung und Interessenvermittlung, Opladen 1984, S. 131-139.
Fach, Wolfgang: Die Rationalität der Irrationalität. Über Vernunft und Vorurteil in Demokratiemodellen, in: Th. Ellwein/J.J. Hesse (Hrsg.): Verwaltungsvereinfachung und Verwaltungspolitik, Baden-Baden 1985, S. 139-156.
Falke, Wolfgang: Die Mitglieder der CDU. Eine empirische Studie zum Verhältnis von Mitglieder- und Organisationsstruktur der CDU 1971-1977, Berlin 1982.
Geißler, Heiner: Gefährlicher Sieg. Die Bundestagswahl 1994 und ihre Folgen, Köln 1995.
Geißler, Heiner: Die Neue Soziale Frage, Freiburg 1976.
Gellner, Wieland/Veen, Hans-Joachim (Hrsg.): Umbruch und Wandel des westeuropäischen Parteiensystems, Frankfurt 1995.
Glaeßner, Gert Joachim: Verfassungsgebot versus Realpolitik? Zur Entwicklung des innerdeutschen Verhältnisses, in: Werner Süß (Hrsg.): Die Bundesrepublik in den achtziger Jahren, Opladen 1991, S. 253-268.
Glaeßner, Gert-Joachim/Holz, Jürgen/Schlüter, Thomas (Hrsg.): Die Bundesrepublik Deutschland in den 70er Jahren. Versuch einer Bilanz, Opladen 1984.
Glotz, Peter: Die Arbeit der Zuspitzung, Berlin 1984.
Grafe, Peter: Tradition & Konfusion – SPD. Alle Macht den Profis, Frankfurt 1991.
Greven, Michael Th.: Die Parteien in der politischen Gesellschaft sowie eine Einleitung zur Diskussion über eine allgemeine Parteientheorie, in: Oskar Niedermayer/Richard Stöss: Stand und Perspektiven der Parteienforschung in Deutschland, Opladen 1993, S. 276-292.
Gros, Jürgen: Entscheidung ohne Alternativen? Die Wirtschafts-, Finanz- und Sozialpolitik im deutschen Vereinigungsprozeß 1989/90, Mainz 1994.
Grosser, Manfred u.a.: Soziale Marktwirtschaft. Geschichte, Konzept, Leistung, Stuttgart 1988.
Hacke, Christian: Die Ost- und Deutschlandpolitik der CDU/CSU. Wege und Irrwege der Opposition seit 1969, Köln 1975.
Hartwich, Hans-Hermann: Sozialstaatspostulat und status quo, Opladen 1977 (org. 1970).
Hartwich, Hans-Hermann: Konturen einer neuen ökonomischen Politik, in: Zeitschrift für Politik 14 (1967), S. 428-458.
Haungs, Peter: Persönliche und politische Parteien – eine Alternative, in: Peter Haungs u.a. (Hrsg.), Civitas. Widmungen für Bernhard Vogel, Paderborn 1993, S. 573-585.
Haungs, Peter: Die CDU: Prototyp einer Volkspartei, in: Alf Mintzel/Heinrich Oberreuter (Hrsg.): Parteien in der Bundesrepublik Deutschland, (2. Aufl.) Bonn 1992, S. 172-216.
Haungs, Peter: Die Christlich Demokratische Union Deutschlands (CDU) und die Christlich Soziale Union in Bayern (CSU), in: Hans-Joachim Veen (Hrsg.): Christlich-demokratische Parteien in Westeuropa, Band 1, Paderborn 1983, S. 9-194.

Häusler, Jürgen: Der Traum wird zum Alptraum. Das Dilemma einer Volkspartei – Die SPD im Atomkonflikt, Berlin 1988.

Häusler, Jürgen/Hirsch, Joachim: Regulation und Parteien im Übergang zum „Postfordismus", in: Das Argument 165 (1987), S. 651-671.

Heidenheimer, Arnold J.: Der starke Regierungschef und das Parteiensystem. Der „Kanzlereffekt" in der Bundesrepublik, in: Politische Vierteljahresschrift, 2 (1961), S. 241-262.

Heidenheimer, Arnold J.: Adenauer and the CDU: The rise of the leader and the integration of the party, The Hague 1960.

Heimann, Horst: Die Sozialdemokratie, in: Oskar Niedermayer/Richard Stöss: Stand und Perspektiven der Parteienforschung in Deutschland, Opladen 1993, S. 147-186.

Heins, Volker: Gefühl und Härte. Zur zweiten Modernisierung der CDU, in: Thomas Noetzel/Horst-Dieter Zahn (Hrsg.): Neokonservatismus und industrielle Kultur, Marburg 1989, S. 89-107.

Heinze, Rolf G./Schmid, Josef: Mesokorporatistische Strategien im Vergleich. Industrieller Strukturwandel und die Kontingenz politischer Steuerung in drei Bundesländern, in: Wolfgang Streeck (Hrsg.): Verbände und Staat, Opladen 1994, S. 65-99.

Henscheid, Eckhard: Dummdeutsch. Ein Wörterbuch, Stuttgart 1993 (Neuauflage).

Hirsch, Joachim/Roth, Roland: Das neue Gesicht des Kapitalismus. Vom Fordismus zum Post-Fordismus, Hamburg 1986.

Hirsch, Joachim: Der Sicherheitsstaat. Das Modell Deutschland, seine Krise und die neuen sozialen Bewegungen, Hamburg 1980.

Hockerts, Hans-Günther: Deutsche Nachkriegssozialpolitik vor dem Hintergrund des Beveridge-Plans, in: W. Mommsen (Hrsg.): Die Entstehung des Wohlfahrtsstaates in Großbritannien und Deutschland 1850-1950, Stuttgart 1982, S. 325-350.

Hofgeismar = Evangelische Akademie Hofgeismar (Hrsg.): Konservative Zukunftsentwürfe, Hofgeismar 1988.

Höfling, Wolfram: Die Vereinigungen der CDU, in: Heino Kaack/Reinhold Roth (Hrsg.): Handbuch des deutschen Parteiensystems, Band 1, Opladen 1980, S. 125-152.

Höfling, Wolfram: Funktionsprobleme des Vereinigungssystems der CDU, in: Heino Kaack/Reinhold Roth (Hrsg.): Handbuch des deutschen Parteiensystems, Band 1, Opladen 1980, S. 153-173.

Hüning, Hasko/Neugebauer, Gero: Die PDS, in: Oskar Niedermayer (Hrsg.): Intermediäre Strukturen in Ostdeutschland, Opladen 1996, S. 67-85.

Huster, Ernst-Ulrich et al.: Determinanten der westdeutschen Restauration 1945-1949, Frankfurt 1972.

Immerfall, Stefan: Die letzte Dekade westdeutscher Parteienforschung, in: Zeitschrift für Parlamentsfragen 23 (1992), S. 173-189.

Jäger, Wolfgang: Eine Lanze für den Kanzlerwahlverein, in M. Mols u.a. (Hrsg.): Normative und institutionelle Ordnungsprobleme des modernen Staates, Paderborn 1990, S. 96-110.

Kaltefleiter, Werner: Die Bundestagswahl vom 6. März 1983, in: Warnfried Dettling (Hrsg.): Deutsche Parteien im Wandel, München 1983.

Kastendiek, Hella/Reister, Hugo: Neue Technikbeherrschung durch die Reetablierung korporativer Vermittlungsstrukturen? Zur Analyse des Verhältnisses SPD und Gewerkschaften anhand der technologieorientierten Modernisierungsstrategien, in: Dietrich Herzog/Bernhard Weßels (Hrsg.): Konfliktpotentiale und Konsensstrategien, Opladen 1989.

Katzenstein, Peter J.: Policy and Politics in Germany. The Growth of a Semi-Souverein State, Philadelphia 1987.

Kersbergen, Kees van: Social Capitalism. A Study of Christian Democracy and the Post-War Settlement of the Welfare State, Florence (Dissertation) 1991.

Kirsch, Guy/Mackscheidt, Klaus: Staatsmann, Demagoge, Amtsinhaber, Göttingen 1985.

Kleinmann, Hans-Otto: Geschichte der CDU 1945-1982, Stuttgart 1993.

Kleßmann, Christoph: Die doppelte Staatsgründung. Deutsche Geschichte 1945-1955, Bonn 1984.

Kohl, Helmut: Die Tagesordnung der Zukunft, in: Klaus Weigelt (Hrsg.): Die Tagesordnung der Zukunft, Bonn 1986, S. 227-243.

Kreuder, Thomas/Loewy, Hanno (Hrsg.): Konservatismus in der Strukturkrise, Frankfurt 1987.
Lange, Hans-Jürgen: Responsivität und Organisation. Eine Studie über die Modernisierung der CDU von 1973-1989, Marburg 1994.
Langkau, Jochen u.a. (Hrsg.): SPD und Gewerkschaften (2 Bände), Bonn 1994.
Lapp, Peter J.: Das Zusammenwachsen des deutschen Parteiengefüges. Forum deutsche Einheit Nr. 13, Hrsg. von der Friedrich-Ebert-Stiftung, Bonn 1993.
Leggewie, Claus: Der neue Kanzlerwahlverein. Die Lage(r) der Union, in: Vorgänge 106 (1990), S. 70-78.
Leggewie, Claus: Der Geist steht rechts. Ausflüge in die Denkfabriken der Wende, Berlin 1987.
Lehmbruch, Gerhard: Die improvisierte Vereinigung, in: Leviathan 18 (1990), 462-486.
Lehmbruch, Gerhard: Parteienwettbewerb im Bundesstaat, Stuttgart 1976.
Lehmbruch, Gerhard: The ambiguous coalition in West Germany, in: Government and Opposition 3 (1968), S. 181-204.
Lehmbruch, Gerhard et al.: Institutionelle Bedingungen ordnungspolitischer Strategiewechsel im internationalen Vergleich, in: Manfred G. Schmidt (Hrsg.): Staatstätigkeit. International und historisch vergleichende Analysen, Opladen 1988, S. 251-283.
Lehmbruch, Gerhard/Lang, Werner: Die Konzertierte Aktion. Ansätze zu einem neuen Korporatismus in der Bundesrepublik, in: Der Bürger im Staat 27 (1977), S. 202-208.
Leif, Thomas/Raschke, Joachim: Rudolf Scharping, die SPD und die Macht, Reinbek 1994.
Linnemann, Rainer: Die Parteien in den neuen Bundesländern. Konstituierung, Mitgliederentwicklung, Organisationsstrukturen, Münster 1994.
Löbler, Frank u.a. (Hrsg.): Wiedervereinigung als Organisationsproblem, Bochum 1991.
Lösche, Peter/Walter, Franz: Die FDP. Richtungsstreit und Zukunftszweifel, Darmstadt 1996.
Lösche, Peter/Walter, Franz: Die SPD. Klassenpartei – Volkspartei – Quotenpartei, Darmstadt 1992 .
Matthes, Joachim: Gesellschaftspolitische Konzeptionen im Sozialhilferecht, Stuttgart 1964.
Merkel, Wolfgang: Ende der Sozialdemokratie? Machtressourcen und Regierungspolitik im westeuropäischen Vergleich, Frankfurt 1993.
Miller, Susanne/Potthoff, Heinrich: Kleine Geschichte der SPD (5. Aufl.), Bonn 1983.
Mintzel, Alf: Stichwort CSU, in: Uwe Andersen/Wichard Woyke (Hrsg.): Handwörterbuch des politischen Systems der Bundesrepublik Deutschland, Opladen 1995 (2. Aufl.).
Mintzel, Alf: Großparteien in der Bundesrepublik, in: Aus Politik und Zeitgeschichte B 11/89 (1989), S. 3-14.
Mintzel, Alf: Die CSU. Anatomie einer konservativen Partei, Opladen 1975.
Mintzel, Alf/Oberreuter, Heinrich (Hrsg.): Parteien in der Bundesrepublik Deutschland (2. Aufl.), Bonn 1992
Mosdorf, Siegmar: Die sozialpolitische Herausforderung, Köln 1980.
Müchler, Günter: CDU-CSU. Das schwierige Bündnis, München 1976.
Nadolny, Sten: Die Entdeckung der Langsamkeit, München 1983.
Narr, Wolf-Dieter/Thränhardt, Dietrich (Hrsg.): Die Bundesrepublik Deutschland, Königstein 1979.
Narr, Wolf-Dieter/Scheer, Hermann/Spöri, Dieter: SPD – Staatspartei oder Reformpartei, München 1976.
Narr, Wolf-Dieter/Offe, Claus (Hrsg.): Wohlfahrtsstaat und Massenloyalität, Köln 1975.
Naumann, Klaus: Sweet smell of success. Tendenzen und Grenzen einer Modernisierung der Union, in: Sozialistische Politik und Wirtschaft 39 (1988), S. 59-65.
Niedermayer, Oskar (Hrsg.): Intermediäre Strukturen in Ostdeutschland, Opladen 1996.
Niedermayer, Oskar/Stöss, Richard (Hrsg.): Parteien und Wähler um Umbruch. Parteiensystem und Wählerverhalten in der ehemaligen DDR und in den neuen Bundesländern, Opladen 1994.
Niedermayer, Oskar/Stöss, Richard: Stand und Perspektiven der Parteienforschung in Deutschland, Opladen 1993.
Oberreuter, Heinrich (Hrsg.): Parteiensystem am Wendepunkt. Wahlen in der Fernsehdemokratie, München 1996.

Padgett, Stephen: Parties and Party Systems in the New Germany, Aldershot 1993.
Politische Bildung 27: Parteien im vereinten Deutschland, Stuttgart 1994.
Pridham, Geoffrey: Christian Democracy in West Germany. The CDU/CSU in Government and Opposition, 1945-1976, London 1977.
Prokla 40: Modell Deutschland, Berlin 1980.
Prokla 56: Ein zweiter CDU-Staat?, Berlin 1984.
Prokla 91: Neues Deutschland, Münster 1993.
Raschke, Joachim (Hrsg.): Bürger und Parteien. Ansichten und Analysen einer schwierigen Beziehung, Bonn 1982.
Rudzio, Wolfgang: Das politische System der Bundesrepublik Deutschland, Opladen 1996[4].
Schabedoth, Hans-Joachim: Superwahljahr ohne Wende, in: Michael Kittner (Hrsg.): Gewerkschaften heute. Jahrbuch für Arbeitnehmerfragen, Köln 1995, S. 69-83.
Schäfer, Gert/Nedelmann, Carl (Hrsg.): Der CDU-Staat. Analysen zur Verfassungswirklichkeit der Bundesrepublik (2 Bände) 1972 (org. 1967).
Scharpf, Fritz W.: Die Politikverflechtungs-Falle. Europäische Integration und deutscher Föderalismus im Vergleich, in: Politische Vierteljahresschrift, 26 (1985), S. 325-356.
Scheer, Hermann: Die CDU/CSU, in: Klaus Schröder/Günther Verheugen (Hrsg.): Halbzeit in Bonn, Köln 1985.
Scheer, Hermann: Die nachgeholte Parteibildung und die politische Säkularisierung der CDU, in: Wolf-Dieter Narr (Hrsg.), Auf dem Weg zum Einparteienstaat, Opladen 1977, S. 149-172.
Scherer, Klaus-Jürgen/Tiemann, Heinrich: Wechsel '94. Das Regierungsprogramm der SPD. Stellungnahmen aus der Wissenschaft, Marburg 1994.
Scheuch, Erwin K./Scheuch, Ute: Cliquen, Klüngel und Karrieren, Reinbek 1992.
Schmid, Josef: Wohlfahrtsstaatsvergleiche. Stand, Perspektiven und Probleme der Organisation und Finanzierung von sozialen Sicherungssystemen in Europa, Opladen 1996.
Schmid, Josef: Wohlfahrtsverbände in modernen Wohlfahrtsstaaten. Soziale Dienste in historisch-vergleichender Perspektive, Opladen 1996.
Schmid, Josef: Der andere Standort in der Standortdebatte. Plädoyers für eine intelligente Industriepolitik (Literaturbericht), in: Die Neue Gesellschaft/Frankfurter Hefte 42 (1995), S. 763-767.
Schmid, Josef: Neuordnung der Wirtschaftsstrukturen in den neuen Bundesländern. Aufbau, Umbau oder Abbau? Ein Literaturbericht, in: Deutschland Archiv 28 (1995), S. 650-657.
Schmid, Josef: Stichworte, CDU, Parteien, Parteiensystem, in: Uwe Andersen/Wichard Woyke (Hrsg.): Handwörterbuch des politischen Systems der Bundesrepublik Deutschland, (2. Aufl.) Opladen 1995.
Schmid, Josef: Die CDU in Ostdeutschland, in: Deutschland Archiv, 27 (1994), S. 793-801.
Schmid, Josef: Haben die Volksparteien noch eine Chance? – Die CDU zwischen Modernität und Alterität, in: Politische Bildung 27 (1994), S. 32-40.
Schmid, Josef: Der Machtwechsel und die Strategie des konservativ-liberalen Bündnisses, in: Werner Süß (Hrsg.): Die Bundesrepublik Deutschland in den achtziger Jahren, Opladen 1991, S. 19-34.
Schmid, Josef: Die CDU. Organisationsstrukturen, Politiken und Funktionsweisen einer Partei im Föderalismus, Opladen 1990.
Schmid, Josef: Wo schnappt die Politikverflechtungsfalle eigentlich zu? Kritische Anmerkungen zu einer These von F.W. Scharpf, in: Politische Vierteljahresschrift, 28 (1987), S. 446-452.
Schmid, Josef u.a. (Hrsg.): Organisationsstrukturen und Probleme von Parteien und Verbänden, Marburg 1994.
Schmid, Josef/Tiemann, Heinrich (1990): Die Modernisierung der CDU, in: Hans-Joachim Schabedoth/Klaus-Jürgen Scherer (Hrsg.): Ende der Wende. Marburg 1990, S. 93-104.
Schmid, Josef/Tiemann, Heinrich (Hrsg.): Aufbrüche. Die Zukunftsdiskussion in Parteien und Verbänden, Marburg 1990.
Schmidt, Manfred G.: Die Politik des mittleren Weges, in: Aus Politik und Zeitgeschichte B 9-10/90 (1990), S. 23-31.
Schmidt, Manfred G.: Allerweltsparteien in Westeuropa, in: Leviathan, 13 (1985), S. 376-397.

Schmidt, Manfred G.: Wohlfahrtsstaatliche Politik unter bürgerlichen und sozialdemokratischen Regierungen. Ein internationaler Vergleich, Frankfurt 1982.

Schmidt, Manfred G.: CDU und SPD an der Regierung. Ein Vergleich ihrer Politik in den Ländern, Frankfurt 1980.

Schmidt, Manfred G.: Die „Politik der Inneren Reformen" in der Bundesrepublik Deutschland 1969-1976, in: Politische Vierteljahresschrift, 19 (1978), S. 201-253.

Schmidt, Peter: Erster Parteitag der CDU Deutschlands in Hamburg, in: Deutschland Archiv, 23 (1990), S. 1662-1664.

Schmidt, Ute: Die CDU, in: Oskar Niedermayer (Hrsg.): Intermediäre Strukturen in Ostdeutschland, Opladen 1996, S. 13-39.

Schmidt, Ute: Die Parteienlandschaft in Deutschland nach der Wiedervereinigung, in: Gegenwartskunde, 40 (1991), S. 515-544.

Schmidt, Ute: Die Christlich Demokratische Union Deutschlands, in: Richard Stöss (Hrsg.): Parteienhandbuch, Opladen 1983, S. 490-660.

Schneider, Jürgen : Große Koalition – Ende oder Neubeginn, München, 1969.

Schönbohm, Wulf (Hrsg.): Deutschland-Perspektiven, München 1995.

Schönbohm, Wulf: Die Zukunftsdiskussion der CDU muß weitergehen, in: Josef Schmid/ Heinrich Tiemann (Hrsg.): Aufbrüche. Die Zukunftsdiskussion in Parteien und Verbänden, Marburg 1990, S. 67-74.

Schönbohm, Wulf: Die CDU wird moderne Volkspartei. Selbstverständnis, Mitglieder, Organisation und Apparat 1950-1980, Stuttgart 1985.

Schroeder, Wolfgang: Die Freidemokratisierung der Union, in: Die Neue Gesellschaft/ Frankfurter Hefte 43 (1996), S. 1061-1064.

Seibel, Wolfgang: Erfolgreich scheiternde Organisationen, Politische Vierteljahresschrift 32 (1991), S. 479-496.

Seitz, Norbert: Zwischen Haider und Bubis. Wohin sich die FDP entwickelt, in: Die Neue Gesellschaft/Frankfurter Hefte 42 (1995), S. 293-296.

Shonfield, Andrew: Organisierte freie Marktwirtschaft, in: Wolf Dieter Narr/Dieter Tränhardt (Hrsg.): Die Bundesrepublik Deutschland, Königstein 1979, S. 115-127.

Spieker, Manfred: Legitimationsprobleme des Sozialstaats. Konkurrierende Sozialstaatskonzeptionen in der Bundesrepublik Deutschland, Stuttgart 1986.

Steffani, Winfried: Die Republik der Landesfürsten, in: Gerhard A. Ritter (Hrsg.): Regierung, Bürokratie und Parlament in Deutschland von 1848 bis zur Gegenwart, Düsseldorf 1983, S. 181-213.

Stöss, Richard: Parteien-Handbuch. Die Parteien in der Bundesrepublik Deutschland 1945-1980, Opladen 1983/84 (TB-Ausgabe 1986).

Süß, Werner (Hrsg.): Die Bundesrepublik Deutschland in den 80er Jahren, Opladen 1991.

Thaysen, Uwe: Mehrheitsfindung im Föderalismus, in: Aus Politik und Zeitgeschichte, B 35-85 (1985), S. 3-17.

Thränhardt, Dietrich: Geschichte der Bundesrepublik Deutschland, Frankfurt 1995.

Tiemann, Heinrich/Schmid, Josef: Eliten in Wartestellung. Zum Profil der Hauptamtlichen der IG Metall, in: Thomas Leif (Hrsg.): Die politische Klasse in Deutschland, Bonn/Berlin 1992, S. 331-338.

Unseld, Siegfried (Hrsg.): Politik ohne Projekt? Nachdenken über Deutschland. Frankfurt 1993.

Wagner, Christoph: Bis zum Bauch im Wasser. Die Kehrseite der CDU-Erfolgsgeschichte, in: Blätter für deutsche und internationale Politik 41 (1996), S. 193-204.

Webber, Douglas: Kohl's Wendepolitik after a Decade, in: German Politics 1 (1992), S. 149-180.

Webber, Douglas: Das Reformpaket: Anspruch und Wirklichkeit der christlich-liberalen „Wende", in: Werner Süß (Hrsg.): Die BRD in den 80er Jahren, Opladen 1991, S. 153-170.

Webber, Douglas: Die ausbleibende Wende bei der Deutschen Bundespost. Zur Regulierung des Telekommunikationswesens in der Bundesrepublik Deutschland, in: Politische Vierteljahresschrift, 27 (1986), S. 397-414.

Weidenfeld, Werner: Die Ratio der Wende stößt an ihre Grenzen, in: Rheinischer Merkur/ Christ und Welt vom 12. September, 1986.

Wiesendahl, Elmar: Mobilisierungsdefizite, Integrations- und Organisationsschwächen der Parteien in Deutschland, in: SOWI, 22 (1993), S. 77-87.

Wiesendahl, Elmar: Wie politisch sind politische Parteien? In: Jürgen W. Falter et al. (Hrsg.): Politische Willensbildung und Interessenvermittlung, Opladen 1984, S. 78-88.

Wildemann, Rudolf: Volksparteien, Ratlose Riesen?, Baden-Baden 1989.

Wilensky, Harold L.: Leftism, Catholicism, and Democratic Corporatism. The Role of Political Parties in recent Welfare State Development, in: Peter Flora/Arnold J. Heidenheimer (Hrsg.): The Development of Welfare States in Europe and America. New Brunswick 1981, S. 345-382.

Winter, Thomas von: Die Christdemokraten als Analyseobjekt oder: Wie modern ist die CDU-Forschung, in: R. Stöss/O. Niedermayer (Hrsg.): Stand und Perspektiven der Parteienforschung. Opladen 1993, S. 57-80.

Josef Esser

3.2 Das Modell Deutschland in den 90er Jahren – Wie stabil ist der soziale Konsens?

3.2.1 Fragestellung

In den letzten Jahren ist viel über das Ende oder die Abwicklung des Modell Deutschland spekuliert worden – nicht nur in Deutschland selbst. Dabei ist vor allem ein paradoxes Disskussionsmuster bemerkenswert: während hier von links bis rechts die schlechten Zukunfts-Aussichten des Wirtschaftsstandorts Deutschlands beklagt werden (statt vieler: *Henzler/Späth* 1993), erhält dieses jüngst noch als „rheinischer" Kapitalismus (*Albert* 1992) gefeierte Modell im Ausland, im Streit um die erfolgreichste oder nachahmenswerteste Variante der miteinander „rivalisierenden Kapitalismen" (*Hart* 1992), neben dem japanischen Modell immer noch die besten Noten (*Garten* 1992; *Thurow* 1992; *Porter* 1990). Meine zentrale Kritik an den unterschiedlichen Urteilen über seine Zukunftsfähigkeit besteht darin, daß sie zu vorschnell empirische Einzelanalysen verallgemeinern und das widersprüchliche Verhältnis von Kontinuität und Diskontinuität in der gesellschaftlichen und politischen Entwicklung nicht klären, obwohl nur auf dieser Basis plausible Einschätzungen möglich wären.

Obwohl es bei diesem Kurs meine Aufgabe ist, mich mit einem Element des Modells Deutschland zu beschäftigen, nämlich dem breiten Konsens zwischen Staat, privater Wirtschaft und Gewerkschaften für einen politisch regulierten sozialen Kapitalismus, möchte ich zunächst kurz meine theoretisch-methodischen Prämissen zur Analyse unterschiedlicher nationaler kapitalistischer Gesellschaften benennen (3.2.2) und danach zu bestimmen versuchen, was ich unter Modell Deutschland verstehe und welche strategische Bedeutung für sein bisher erfolgreiches Funktionieren die kooperative Zusammenarbeit von Staat, privater Wirtschaft und Gewerkschaften hatte (3.2.3). Der Schwerpunkt wird dann die Diskussion der These sein, daß mögliche Veränderungen, Risse oder Brüche des sozialen Konsenses in Deutschland nur vor dem Hintergrund von vier analytisch zu unterscheidenden Herausforderungen geklärt werden müssen:

Vorgehensweise des Beitrages

1. dem derzeit stattfindenden aber längst nicht abgeschlossenen Wandel der betrieblichen Rationalisierungsmuster und Arbeitspolitiken;
2. neuen Politiken der Deregulierung, Kommerzialisierung und Privatisierung im Infrastrukturbereich, die durch die Versuche zur Herstellung eines westeuropäischen Binnenmarktes noch beschleunigt werden;
3. den Auswirkungen der globalisierten Produktion auf den Produktions-Standort Deutschland;
4. dem Prozeß der „Wieder"vereinigung.

Herausforderungen an das Modell Deutschland

Diese vier Herausforderungen bedrohen, wie im einzelnen zu zeigen sein wird, in unterschiedlicher Weise den bisherigen sozialen Konsens: Neue Rationalisierungsmuster und Arbeitspolitiken sind vor allem das Ergebnis der Erfolge der japanischen Automobil- und Elektronik-Unternehmen auf den Weltmärkten und

stellen die bisherigen eingespielten friedlich-parternschaftlichen Verhandlungsmuster zwischen Unternehmensleitungen, Betriebsbsräten, Gewerkschaften um
Arbeitsbedingungen, Löhne und Sozialleistungen in Frage. Die auf europäischer
Ebene beschlossenen Deregulierungs- und Privatisierungsmaßnahmen zur Einführung von mehr Wettbewerb in den bisher national abgeschotteten Märkten
von Energieversorgung, Verkehr und Telekommunikation gefährden nicht nur
die bisherige national bestimmte, öffentlich-rechtlich organisierte und gemein-
wohlorientierte, d.h. auf dem Prinzip einer flächendendeckenden und bedin-
gungsgleichen Grundversorgung der gesamten Bevölkerung basierenden Infra-
strukturleistungen, sondern auch die im Verhältnis zur Privatwirtschaft solidari-
scheren Arbeits- und Beschäftigungsverhältnisse im Öffentlichen Dienst. Die
Globalisierung der Märkte und der Produktion könnte die bisherige enge wirtschaftliche und soziale Verbindung zwischen national orientierten Unternehmen,
Gewerkschaften und politischen Akteuren aufbrechen, da sich die Unternehmen
immer mehr entnationalisieren und sich zu weltweit operierenden Unternehmen
(*global player*) ohne besonders ausgeprägte nationale oder regionale Standortbasis entwickeln. Und daß die Wiedervereinigung mit ihren enorm hohen finanziellen und sozialen Kosten die Bevölkerung in West- und Ostdeutschland, die
das alles bezahlen oder ertragen muß, vor völlig neue Herausforderungen stellt,
bedarf wohl keiner weiteren Begründung.

    Ich werde jede dieser Herausforderungen und die Art und Weise, wie man
bisher in Deutschland damit umgegangen ist, einzeln diskutieren (3.2.4) und
dann am Ende fragen, welche Folgerungen sich daraus für eine Gesamteinschät-
zung der Stabilität des sozialen Konsenes ergeben (3.2.5).

3.2.2 Theoretisch-methodische Prämissen zum Vergleich unterschiedlicher Kapitalismen

In den Sozialwissenschaften lassen sich überspitzt zwei verschiedene Vorge-
hensweisen zur Analyse von Entstehung, Struktur, institutioneller Ausstattung,
Entwicklungsdynamik und Vergleich moderner, als kapitalistisch bezeichneter
Gesellschaften unterscheiden: modernisierungstheoretische und institutionalistische (Vgl. *Böckler* 1991).

Modernisierungs-
theorien:

    Modernisierungstheorien – in gesellschaftskritischer Variante: Spätkapitalis-
mustheorien (*Habermas* 1972; *Offe* 1972) oder Theorien des *organisierten Kapitalismus* (*Lash/Urry* 1987) – knüpfen an Max Webers Rationalisierungs- und
Bürokratisierungsthese oder Emile Durkheims technisch-funktionaler Arbeitstei-

Betonung linearer
Entwicklungen

lungsthese an (*Weber* 1976; *Durkheim* 1977; *Aron* 1964; *Dahrendorf* 1959; *Galbraith* 1968; *Schluchter* 1991; *Rosner* 1990). Die *moderne Industriegesellschaft,*
das *Projekt der Moderne,* der *Spätkapitalismus* oder der *organisierte Kapitalismus* werden als evolutionäre Ausdifferenzierung von verschiedenen unterschiedlichen funktional aufeinander bezogenen Teilsysteme verstanden (Wirtschaft, Gesellschaft, Politik, Wissenschaft, Kultur etc.), die sich heute im Stadium der Reife befänden (*Luhmann* 1975). Krisen seien normal und die jeweiligen
situationsspezifischen Antworten darauf wären Ausdifferenzierungs- und Insti-
tutionalisierungsprozesse neuer Teilsysteme bzw. eine weitere Binnendifferen-

zierung innerhalb dieser Teilsysteme. Entscheidend jedoch ist die Konvergenzthese: es existiert *eine* Moderne oder *ein* Spätkapitalismus oder *eine* moderne Industriegesellschaft. Trotz aller Unterschiede im einzelnen werden also lineare oder evolutinäre Entwicklungen überbetont und Brüche theoretisch unterbelichtet. Der Komparatistik wird vor allem die Bedeutung zugeteilt, Unterschiede im einheitlichen Entwicklungsweg zu erklären – nicht aber strukturelle Unterschiede im Sinne unterschiedlicher instiutioneller Gesellschafts-Formen oder -Konfigurationen mit jeweils eigener Entwicklungslogik und -dynamik. Auf Basis solcher Ansätze, das dürfte deutlich geworden sein, ist eine Debatte über verschiedene Gesellschaftsdmodelle im Rahmen der Moderne oder des Kapitalismus wenig sinnvoll.

Institutionalistische Ansätze sind deshalb auch als Kritik an dieser Unterbetonung historischer und instiutioneller Unterschiede zu verstehen. Nun kann man freilich nicht behaupten, es gäbe den einen institutionalistischen Ansatz und ich habe hier nicht die Möglichkeit, sie alle mit der notwendigen Tiefe zu behandeln. Es muß deshalb genügen, meine eigene Wahl kurz zu begründen: Den „neuen Institutionalismus" in der Politikwissenschaft (statt vieler: *March/Olson* 1989) halte ich für unangemessen, weil er Gesellschaften allein unter dem Aspekt ihrer unterschiedlichen politisch-institutionellen Konfigurationen vergleicht. Der aus den Wirtschaftswissenschaften kommende und sich auf Schumpeter stützende ökonomische Institutionalismus (statt vieler: *Dosi* et al. 1988) macht die Unterschiede der Kapitalismen an deren nationale Innovationssysteme fest und blendet Fragen nach differerierenden ökonomischen Ausgangslagen, gesellschaftlichen Kräfte- und politischen Herrschaftsverhältnissen völlig aus. Übrig bleiben dann die international vergleichende politische Ökonomie (statt vieler: *Zysman* 1983; *Hall* 1986; *Scharpf* 1987; *Stopford/Strange* 1991) und die auf die Marx'sche Kritik der politischen Ökonomie aufbauende Theorie der Regulation (statt vieler: *Aglietta* 1979; *Boyer* 1990; *Esser* et al. 1994). Unabhängig von erkenntnistheoretischen und wissenschaftspolitischen Differenzen im einzelnen unterscheiden diese Ansätze die verschiedenen nationalen kapitalistischen Gesellschaftsformationen nach den dort jeweils institutionalisierten ökonomischen Wachstumsmodellen (in der Sprache der Regulationstheorie: Akkumulationsregime) und sozialen und politischen Bündnissen oder Gesellschaftsprojekten, in der Begrifflichkeit der Regulationstheorie: Regulationsweise und hegemoniales Projekt). Will man diese jeweils nationalspezifische Verbindung von Wachstumsmodell und Gesellschaftsprojekt (oder Akkumulationsregime und Regulationsweise) empirisch-analytisch erfassen, so lassen sich fünf Dimensionen unterscheiden:

1. die Dialektik von interner sozioökonomischer Struktur und externer Stellung und Einbindung in den Weltmarkt einschließlich des daraus resultierenden ökonomischen Spezialisierungsprofils in der internationalen Arbeitsteilung und Konkurrenz;
2. die Organisation des Kapitals, d.h. die Art und Weise wie unterschiedliche Unternehmensgruppppen, Branchen oder Industrie- und Finanz-/Dienstleistungskapital miteinander verbunden sind, welche interne Fraktionierung und welche Kräfteverhältnisse zwischen ihnen bestehen und wie die Mechanismen (Modi) der Interessenvermittlung und Interessenartikulation aussehen und wie diese funktionieren;

Institutionalismustheorien:

Betonung historischer Unterschiede

3. die Organisation der Arbeit, also die Struktur und Differenzierung des Arbeitsmarktes, die Gewerkschaftsorganisation, das System der industriellen
   Beziehungen; die betriebliche Organisation der Arbeit, das Verhältnis der
   unterschiedlich qualifizierten bzw. ethnisch/geschlechtsspezifisch segmen-
   tierten Arbeitskräfte zueinander;
4. die Organisation des politischen Systems, d.h. die Beziehungen/Vermittlun-
   gen zwischen gesellschaftlichen Interessen und politischen Parteien, die institutionelle Ausgestaltung der politischen Arena, in der die politischen und
   sozialen Kämpfe ausgetragen werden und Kompromisse nach bestimmten
   Regeln und Verfahren geschlossen werden. Damit eng verbunden die interne
   Organisation des Staates, also die Art und Weise, wie die einzelnen Mini-
   sterien und Bürokratien miteinander verkoppelt sind oder die Art und Weise
   ihrer unterschiedlichen Beziehung zu den sozialen Interessen, Verbänden,
   politischen Parteien; schließlich die Modi, nach denen politische Entscheidungen getroffen werden;
5. die herrschenden (hegemonialen) politisch-ideologischen Deutungsmuster,
   die Art und Weise also, wie die bestehende Realität als Beste oder Einzige
   aller Möglichkeiten interpretiert und wie sie als hegemoniales Projekt (Gramsci) immer wieder hergestellt werden.

Zeitliche Dimension des Modell Deutschland

Wendet man diese theoretisch-methodische Verfahrensweise auf die Analyse des
Modell Deutschland an, so folgt zunächst daraus, daß sich aufgrund unterschiedlicher historischer Phasen kapitalistischer Vergesellschaftung in ihrer internen
und externen Dimension unterschiedliche historische Phasen des Modell Deutschland unterscheiden lassen. Und unsere gemeinsam an der Universität Konstanz
durchgeführten Analysen Ende der 70er und Anfang der 80er Jahre bezogen sich
nicht – wie häufig rezipiert wurde – auf ein sogenanntes sozialdemokratisches
Modell Deutschland, also die Phase zwischen 1969 und 1982, als die SPD mit
der FDP die Regierung stellte. Sondern sie hatten das Wachstums- und Gesellschaftsprojekt der Zeit nach dem 2. Weltkrieg zum Gegenstand, das aber auf
längerfristig wirkende und etablierte sozioökonomische Entwicklungen, Erfahrungen, Weltsichten, Strategien und Institutionalisierungen aufbaute, die bereits
im letzten Drittel des letzten Jahrhunderts entstanden (Gründerjahre) und ihre
Wirksamkeit bzw. Anpassung oder Veränderung in der Weimarer Republik, aber
auch der nationalsozialistischen Herrschaftsperiode erfuhren. Im Anschluß an
die Begrifflichkeit, die die Theorie der Regulation für unterschiedliche historische Phasen nationaler kapitalistischer Gesellschaftsformationen bereit gestellt
hat, nenne ich diese eingegrenzte historische Phase nach dem zweiten Weltkrieg
die *fordistische* Phase (*Aglietta* 1979; *Hirsch* 1980) des Modells Deutschland
(*Esser/Fach/Simonis* 1980; *Esser* 1982; *Esser/Hirsch* 1984; *Esser* 1989).

3.2.3 Inhaltliche Bestimmung des Modells Deutschland in der fordistischen Phase

Wir haben damals versucht, das Wachstums- und Gesellschaftsprojekt des westdeutschen Kapitalismus im Rahmen weltmarktvermittelter Konkurrenz und im Unterschied zu anderen kapitalistischen Industriegesellschaften als einen historisch-

spezifischen Komplex von ökonomischen, sozialen und politisch-ideologischen Strukturen einschließlich ihrer Institutionalisierungsformen zu bestimmen, die sich in den fünfziger Jahren herausbildeten und sich allmählich zu einer Art System verdichteten (*Esser/Fach/Simonis* 1980). Dessen Elemente seien hier kurz benannt:

1. Ein sektoral kohärenter[1] und ökonomisch erfolgreicher exportorientierter Kernsektor, bestehend a) aus Maschinen- und Anlagenbau, Fahrzeuge, Chemie, Elektrotechnik und Elektronik, Stahl einschließlich seiner Zulieferindustrie und b) einen diesem funktional zugeordneten Bereich von Finanz- und produktionsorientierten Dienstleistungen einschließlich der industriepolitisch so wichtigen Universal-Banken (*Esser* 1990).

   Elemente der fordistischen Phase des Modell Deutschland

2. Ein politisch regulierter und geschützter Infrastruktursektor bestehend aus Verkehrsbereich, Energieversorgung und Nachrichtenübermittlung.

3. Die effektive Selbstorganisation der kapitalfraktionellen Interessenvermittlung über Unternehmerverbände, Industrie und Handelskammern, Handwerkskammern.

4. Partnerschaftliche Zusammenarbeit zwischen Unternehmen und Gewerkschaften auf betrieblicher, Branchen- und gesamtstaatlicher Ebene (Mikro-, Meso- und Makrokorporatismus) über die Institutionen: Tarifautonomie, Betriebsverfassungsgesetz, Einheits- und Industriegewerkschaften, Konzertierte Aktionen, Runde Tische, Modernisierungs- und Krisenkartelle (*Streeck* 1981; *Esser* 1982; *Esser/Fach/Väth* 1983).

5. Ein fragmentierter aber funktional vernetzter Verhandlungsstaat, in dem die Bundesländer, die Bundesbank und das Bundesverfassungsgericht eine hohe Autonomie besitzen, weshalb institutionalisierte Aushandlungsprozesse zwischen Bundesregierung und Bundesländern (Kooperativer Föderalismus) einerseits und die Kooperation der Regierungen mit dem Zentralbankrat der Bundesbank anderserseits gewährleisten müssen, daß bestimmte Politiken überhaupt zustandekommen und durchgeführt werden können. Außerdem muß dauernd die Übereinstimmung mit der Verfassung, dem Grundgesetz, mitbedacht werden, weil ansonsten das autonome Bundesverfassungsgericht auf der Basis von Klagen Betroffener diese Politiken als nicht verfassungskonform verbieten könnte. Dieser mit weitreichenden wirtschafts-, sozial- und strukturpolitischen Kompetenzen ausgestattete Verhandlungsstaat (*Lehmbruch* 1976; *Scharpf* 1977; *Ellwein, Hesse* 1987; *Katzenstein* 1987) ist mit den sehr effektiv organisierten Interessengruppen in der Gesellschaft entweder direkt oder indirekt verkoppelt werden müssen, und zwar über den Korporatismus und über die großen Volksparteien SPD und CDU.

Bei der kurzen Zusammenfassung der Inhalte unserer Modell-Deutschland-Analyse Anfang der 80er Jahre dürfte die strategische Bedeutung des sozialen Konsenses für dessen international so bewunderten Erfolg deutlich geworden sein. Er verdankt sich vor allem der gelungenen sozialen und politischen Integration der Arbeiterbewegung in die soziale Marktwirtschaft. Diese sozialpartnerschaft-

Eminent hohe Bedeutung des sozialen Konsenses bzw. der Sozialpartnerschaft

---

1   Mit sektoral kohärent ist ein ökonomischer Sektor gemeint, in dem die unterschiedlichen Wirtschaftsbranchen in enger Abhängigkeit zueinander stehen und sich gegenseitig beeinflussen bzw. bedingen. Ein bekanntes Beispiel ist die enge Beziehung zwischen Automobil- und Werkzeugmaschinenbau und deren beider Verbindung zur Elektro-Industrie.

liche Grundstimmung in den Arbeiterorganisationen (SPD und DGB) ist eine Spätfolge der faschistischen Liquidation des Widerstands. Allerdings muß darüberhinaus berücksichtigt werden, daß sich die Assimilation der deutschen Arbeiterbewegung in die kapitalistische Wirtschafts- und liberaldemokratische Herrschaftsordnung bereits nach dem Ende des 1. Weltkriegs in der Ära der Weimarer Republik abgespielt hat. Ihre Eckwerte hießen *Wirtschaftsdemokratie* und *Reformismus* (*Nocken* 1981).

Gemäß dieser Perspektive hätte ein sozialdemokratisch dominiertes Parlament, gekoppelt mit staatlicher Wirtschaftsplanung und innerbetrieblicher Mitbestimmung imstande sein sollen, den Kapitalismus langfristig krisenfrei zu halten und „Wohlstand für alle" zu schaffen. Für die Gewerkschaften heißt das bis heute: Rückzug auf den nur-ökonomischen Kampf gegen die Unternehmer im Rahmen der Verantwortung für das vom Staat repräsentierte allgemeine Wohl; sowie Delegation der politischen Themen an die dafür zuständigen Instanzen Partei, Parlament, Regierung (Staatsfixierung). Die katholisch orientierte Minderheit unter den Arbeitern hat sich in dieses Konzept weitgehend einbinden lassen (katholische Soziallehre), der klassenkämpferische Rest (Kommunisten) wurde mit Hilfe des Staates unterdrückt.

Errungenschaften der sozialen Marktwirtschaft
Zwar ist die umfassende Verwirklichung der Wirtschaftsdemokratie historisch gescheitert, doch sind mit der paritätischen Mitbestimmung in der Montanindustrie sowie der drittelparitätischen Mitbestimmung nach dem Betriebsverfassungsgesetz von 1952 zwei Teilerfolge errungen worden, die für die ideologische Rechtfertigung der sozialpartnerschaftlichen Politik einen zentralen Stellenwert gewonnen haben. Dazu kam, daß die langanhaltende ökonomische Prosperität jenes alte Ziel des „Wohlstands für alle" in greifbare Nähe zu rücken schien. Der Abbau der Arbeitslosigkeit in den fünfziger Jahren, eine stetige Steigerung der Reallöhne und der rechtliche Anspruch auf eine breite Palette sozialstaatlicher Leistungen konnte den Eindruck erwecken, als ob die Klassengesellschaft durch eine staatlich geplante Reformpolitik überwunden werden könnte. Was seither von Gewerkschaften und SPD als demokratischer Sozialismus ausgegeben wird, ist nichts anderes als ein politisch regulierter sozialer Kapitalismus. Seine Philosophie in den Worten eines heutigen Gewerkschaftsvertreters:

> „Es gibt sicher wenige Deutsche, die der These widersprechen, daß die rasche wirtschaftliche Erholung der Bundesrepublik nach dem Zweiten Weltkrieg mit der sozialen Stabilität dieses Landes eng zusammenhing. Dabei wird auch von seiten der Gewerkschaft nicht bestritten, daß die nachhaltige Verbesserung der sozialen Lage der Arbeitnehmer auch mit der raschen Freisetzung der Marktkräfte nach 1950 verbunden war. Eine positive Wertung der Marktkräfte ist daher sicherlich nicht grundsätzlich falsch."

Allerdings: Diese Marktkräfte bedürfen „der sozialen Akzeptanz durch die Arbeitnehmer" – angeboten im Tausch gegen Mitbestimmungsrechte und Wohlfahrtsleistungen.

Ideologisch haben das Konzept der Sozialen Marktwirtschaft – einschließlich ihrer keynesinaischen Erweiterung zur Globalsteuerung in der Bundesrepublik ein bis weit in die Arbeiterklasse hineinreichendes dominantes instrumentelles Gesellschaftsbild entstehen lassen:

> „Nunmehr bildet die Wahrnehmung gesellschaftlich gegebener Funktionszusammenhänge (und damit des gesellschaftlichen status quo) das Kriterium, an dem die (...) Subjekte

ihr Verhalten zu kontrollieren haben. Dies konkretisiert sich in dem Imperativ, die staatlichen Bemühungen um das Gemeinwohl zu unterstützen, genauer: nichts zu tun, was
diese Bemühungen stören könnte. Insofern sind sie als individuelle und gesellschaftliche
Rationalität in die Handlungsperspektive des einzelnen eingebunden". (*Vobruba* 1983,
147).

Mit anderen Worten: Im instrumentellen Gesellschaftsbild wird die Verfolgung
von Einzelinteressen nicht aufgegeben, sondern uminterpretiert: Systemerhal-
tung erscheint als Privatinteresse.

Bereits Anfang/Mitte der 70er Jahre geriet die ökonomisch starke, sozial-
partnerschaftlich abgesicherte und politisch flankierte deutsche Wirtschaft aufgrund weltweit sinkender Wachstums- und Gewinnraten sowie verschärfter internationaler Konkurrenz unter erhöhten Anpassungs- und Modernisierungs-
druck und sie antwortete mit einer offensiven und antiprotektionistischen, alte
Märkte sichernde und neue Märkte öffnenden Anpassungsstrategie. Die Gewerkschaften ließen sich trotz der damit verbundenen hohen sozialen Kosten
(strukturelle Dauerarbeitslosigkeit, Steigerung der Arbeitsintensität und zunehmende Dequalifizierungsprozesse, Abbau von Reallöhnen und sozialstaatlicher
Leistungen, Verschärfung regionaler Ungleichheiten) weiterhin korporatistisch
einbinden (*Esser* 1982). Sie glaubten, mit dieser Kooperation im internationalen
Vergleich nicht schlecht zu fahren: auf der einen Seite überdurchschnittlich hohe
Löhne und Sozialleistungen, auf der andern Seite rasche und flexible Anpassung
an neue vom Weltmarkt geforderte wirtschaftliche Bedingungen, womit auch die
sozialen Kosten „sanfter" ausfielen als anderswo und durch ansehnliche Sozial-
plan- und Frühverrentungsregelungen auch besser „abgefedert" werden konnten
(*Esser/Fach/Väth* 1983). Diese positive Kooperationserfahrung behinderte freilich auch Diskussionen über gesellschafts- und wirtschaftspolitische Alternativ-
vorstellungen und deren mögliche politische Durchsetzung. In dieser Lage verdichtete sich die bisherige positive Kooperationserfahrung zum unentrinnbaren,
alternativlosen, von der Weltmarktkonkurrenz aufgeherrschten Kooperations-
zwang. Er brachte die Politik des „kleineren Übels" hervor, die wiederum das
produzierte, was wir *selektiven Korporatismus* genannt haben: Die gemeinsame,
aus den neuen Weltmarktzwängen resultierende ökonomische Interessenlage hat
weltmarktorientiertes Kapital, Staat und Gewerkschaften zu einem korporatistischen Block zusammengeschmiedet, der gemeinsam die Modernisierung der
Volkswirtschaft zur Sicherung der internationalen Konkurrenzfähigkeit voranzutreiben versuchte und zugleich die aus der Funktionslogik dieses Weltmarktes
herausfallenden Gruppen auf Dauer ausgrenzte. (*Esser/Fach* 1981).

*Kehrseite der
Entwicklung:*

*– hohe soziale
Kosten bei
verschärfter
internationaler
Konkurrenz*

*– Aufgabe taktischer
Auswahlmöglich-
keiten seitens der
Gewerkschaften*

3.2.4 *Sozialer Konsens im Übergang zum postfordistischen Modell Deutschland*

Der fordistische Kapitalismus befindet sich derzeit weltweit in einer *säkularen
Krise.* Und die augenblickliche Phase ist gekennzeichnet durch heftige Ausein-
andersetzugen um eine grundlegende Neuformierung der kapitalistischen Gesellschaften: Es geht um die Durchsetzung eines nachfordistischen Akkumulations-
und Regulationsmodus. Erschwerend wirkt sich aus, daß der für alle Länder Orientierung bietende Königsweg hin zum nachfordistischen Kapitalismus (noch)

*Keine Alternative
zum überkommenen
fordistischen
Kapitalismus in Sicht*

nicht auszumachen ist. Denn es fehlt das hegemoniale Zentrum im Weltkapitalismus, das diese Orientierung bieten könnte. Eher existiert derzeit ein Zustand hegemonialer Instabilität (*Arrighi* 1986): Weder die USA, die diese Rolle während der fordistischen Phase innehatten, noch Japan oder gar Europa konnten bislang diesen Part übernehmen, trotz allen Geredes von der Japanisierung, Reamerikanisierung oder Germanisierung des Weltkapitalismus. Freilich läßt sich auf Basis einer Krisenursachenanalyse für den fordistischen Kapitalismus so etwas wie ein Grundmuster politisch-ökonomischer Restrukturierung des Weltkapitalismus bestimmen.

Regulationsformen der alten Art behindern eine Umstrukturierung

Unabhängig von länderspezifischen Differenzen liegt die zentrale Krisenursache aus der Sicht der auf dem Weltmarkt konkurrierenden Unternehmen und ihrer politischen wie wissenschaftlichen Interessenvertreter in den überkommenen Regulationsformen selbst, die die Reproduktion des Kapitalismus in Form einer kontinuierlichen Absicherung der Profitrate gesamtgesellschaftlich nicht mehr gewährleisten können.

– In Produktion und Arbeitsorganisation erweise sich der Taylorismus als zu rigide, die fertigungstechnischen und arbeitsorganisatorischen Möglichkeiten der neuen Informations- und Kommunikationstechniken optimal zu nutzen.

– In den Betriebs- und Unternehmensorganisationen behindere der Vorrang der Produktions- vor der Marktökonomie (*economy of scale* statt *economy of scope*) die Unternehmen daran, sich in flexibler Weise auf die Veränderungen der Nachfragestruktur auf dem Weltmarkt einzustellen und den notwendig gewordenen technologischen Umbau der Massenprodukte voranzutreiben. Außerdem seien die Organisationsformen der Unternehmen untauglich für die stärkere Industrialisierung des Dienstleistungssektors und seine funktionale Verzahnung mit dem Produktionsprozeß auf Basis des mikro- und informationstechnischen Strukturwandels .

– Im Sytem der industriellen Beziehungen habe der zentral-korporatistische Aushandlungsmechanismus von Löhnen und Arbeitsbedingungen die Reallöhne im Verhältnis zur Arbeitsproduktivität gesteigert und damit auch die Lohnstückkosten erhöht. Und das werde auch durch die sehr starke Deutsche Mark nicht ausgeglichen. Außerdem verhindere die Verhandlungsmacht von betrieblichen und gewerkschaftlichen Interessenvertretungen die notwendig gewordene Freisetzung von Arbeitskräften, die Durchsetzung flexibler Arbeitszeiten sowie einer Differenzierung der Lohn- und Arbeitsverhältnisse.

– Der bestehende, zahlreichen Ansprüchen ausgesetzte Sozialstaat sei zu teuer und bürokratisch ineffizient. Da er über permanent steigende Lohnnebenkosten finanziert werden müsse, gerate die Kapitalprofitabilität auch von dieser Seite unter wachsenden Druck.

Wie der „herrschende" Sachverstand im einzelnen auch argumentieren mag, die Krise wird als politische bestimmt.[2] Die verkrusteten und inflexiblen Strukturen

---

2 Ein aktuelles sehr instruktives Dokument für diese Sichtweise ist der 1993 von der Bundesregierung verabschiedete *Bericht der Bundesregierung zur Zukunftssicherung des Standortes Deutschland*. Deutscher Bundestag 12. Wahlperiode, Drucksache 12/5620, 3.9.93.

der monopolistischen Regulationsweise[3] mit ihren mächtigen Gewerkschaften, den einem permanentem organisierten Interessendruck ausgelieferten Regierungen, dem vermachteten Netz von Anspruchshaltungen und Sozialbürokratien behindern den Aufschwung der Kapitalprofitibilität. Deshalb sei eine grundlegende Veränderung der institutionellen Strukturen und der sich darin kristallisierenden Machtverhältnisse, speziell der darin eingeschriebenen strukturellen Verhandlungsmacht der Gewerkschaften, erforderlich, um den Unternehmen auf den Weltmärkten mehr Flexibilität zu ermöglichen und die zu rigiden Arbeits- und Lohnbedingungen aufzubrechen. Im Kern richtet sich also der politische Angriff in allen Ländern des Westens auf die von den Gewerkschaften angestrebte (und im fordistischen Kapitalismus in den meisten Ländern zumindest teilweise auch durchgesetzte) Egalisierung und Kollektivierung von Qualifikationen, Arbeitsbedingungen, Lohn- und Beschäftigungsverhältnissen sowie die sozialpolitische Absicherung im Krankheits-, Invaliditäts- oder Rentenfall. Dies alles soll zugunsten einer stärkeren Flexibilisierung und Differenzierung bis hin zu Ausgrenzungen verschiedener Arbeitnehmergruppen und zur Spaltung des gesamten Arbeitnehmerlagers verändert werden. Wäre also diese „neoliberale Strategie" (*Overbeek* 1993) des Unternehmerlagers auch in Deutschland erfolgreich, gewänne die bereits in den 70er Jahren beginnende Politik des Sozialstaats-Umbaus mit ihrer Folge von sozialer Ausgrenzung und Gesellschaftsspaltung eine neue Qualität.

Aufbrechen der Verhandlungsmacht der Gewerkschaften ist der erste Schritt zum Sozialabbau

In welcher Form freilich, mit welchen Inhalten und Strategien und mit welchem Erfolg sich diese polit-ökonomische Restrukturierung in den einzelnen Ländern und zwischen ihnen im System der internationalen Arbeitsteilung vollzieht, hängt – gemäß unserer polit-ökonomischen und institutionalistischen Ausgangshypothese – zum einen von den jeweiligen ökonomischen, sozialen und politisch-ideologischen Bedingungen in jedem dieser Länder, zum andern von deren Stellung in der kapitalistischen Weltmarktkonkurrnz ab. Es wird deshalb jetzt genauer zu diskutieren sein, in welcher Weise dieser auch in Deutschland in Gang gekommene postfordistische Umbau den selektiv-korporatistischen Konsens der 70er Jahre gefährdet hat bzw. ihn gefährden könnte.

Das neue Rationalisierungsmuster und die neuen Arbeitspolitiken

Das Neue besteht zunächst einmal darin, daß die Denkmuster, Institutionen, Regulierungsformen, sozialen Arrangements und Praxen, die lange als selbstverständlich angesehen worden waren, auch in Deutschland historiert werden und damit als vergängliche bzw. neuerungsbedürftige interpretiert werden (*Siegel* 1995). Und bei den Akteuren in den Unternehmen, den Gewerkschaften, der

---

3   Mit monopolistischer Regulationsweise bezeichnet die Theorie der Regulation (*Aglietta* 1979) den im Fordismus vorherrschenden Modus der politischen Organisation und Regulierung der gesellschaftlichen Verhältnisse, der sich durch eine vom Zentralstaat durchgesetzte und durchgeführte allgemein- solidarische sozialstaatliche Daseinsvorsorge und wirtschaftspolitische Steuerungs- und Planungsmaßnahmen ebenso auszeichnet wie durch starke, prinzipiell alle gesellschaftlichen Interessen einbindende Volksparteien und die Mitbeteiligung aller als wichtig angesehenen gesellschaftlichen Interessenverbände wie Gewerkschaften, Wohlfahrtsverbände etc.

Politik und der Wissenschaft herrscht Konsens darüber, daß das zu fördernde neue Rationalisierungsmuster Abschied vom Taylorismus der Massenproduktion nehmen und sich flexiblen Strategien von Produktion und Arbeitsorganisation in den Formen einer *neuen Arbeitsteilung, neuer Produktionskonzepte einer neuen systemischen Rationalisierung* oder der *lean production* öffnen müsse (*Kern/Schumann* 1984; *Piore/Sabel* 1985; *Altmann* u.a. 1986; *Jacobi* u.a. 1992; *Altvater/Mahnkopf* 1993; *Kern/Sabel* 1994; *Schumann* u.a. 1994).

Tatsächlich wird in allen Sparten der deutschen Wirtschaft bis in den Dienstleistungsbereich und die öffentliche Verwaltung hinein mit dem Neuen experimentiert: Auf der Basis einer weiteren Verwissenschaftlichung der Produktions- und Arbeitsprozesse werden die verschiedenen Unternehmensbereiche zunehmend technisch und zeitökonomisch vernetzt und integriert. Die Arbeit am Werkstück und an der Maschine wird durch die Arbeit der Überwachung und Steuerung prozessualer Produktion abgelöst. Neuen Marktbedingungen und veränderten Kundenwünschen versucht man durch Flexibilisierung des Produktions- und Arbeitsprozesses Rechnung zu tragen. In unterschiedlichen Kombinationen wird das Flexibilitätspotential der Technik und das der Arbeitskräfte genutzt und es werden im Gegensatz zum tayloristisch definierten Einzweckarbeitsplatz insbesondere in der Form der Gruppenarbeit mehrere Tätigkeiten zusammengefaßt. Die Einheit von Unternehmensverbund und Produktionsprozeß wird gelockert und dezentralisiert. Und die permanent entstehenden Flexibilitätskosten und -risiken werden auf die Zulieferer und deren Beschäftigte abgewälzt (*Siegel* 1995).

Welche inhaltlichen Konsequenzen hat das? Da dieses neue Rationalisierungsmuster nur für einen Teil der Arbeitsplätze zutrifft, die in den einzelnen Branchen und Unternehmen sehr unterschiedlich erforderlich sind und es derzeit nicht so aussieht, als könnten die taylorisierten Arbeitsplätze generell abgeschafft werden, läßt sich auch nur ein bestimmtes Segment der Arbeitskräfte als neue, vielseitig qualifizierte und im kooperativen Stil zu führende Produktionsfacharbeiter und Angestellte charakterisieren. Anders gesagt: die Spaltung in diese sogenannten Rationalisierungsgewinner und den Rest der noch bestehenden, nach tayloristischem Muster dequalifizierten Arbeitskräfte nimmt zu. Und letzteren droht die Aussicht, im Zuge der weiteren Verbreitung der neuen Produktionskonzepte und/oder der Auslagerung von Produktionsstätten in sogenannte Billiglohnländer oder über „outsourcing" zu Zulieferunternehmen in die Dauerarbeitslosigkeit zu rutschen. Bereits heute wird die sogenannte Sockelarbeitslosigkeit auf 3 bis 4 Millionen geschätzt.

Ebenso bedeutsam ist, daß sich die herkömmlichen Arbeitsorganisationen sowie die Regulierung von Lohn- und Leistungsformen sowie Arbeitsbedingungen und Qualifikationen in der deutschen Industrie verändern. Zwar ist noch ungewiß, welche neue Formen sich endgültig durchsetzen werden, doch lassen sich folgende allgemeine Entwicklungstrends feststellen:

– In der Beziehung von betrieblichem Management und Belegschaften bildet die Arbeitsorganisation die entscheidende Schnittstelle. Denn starre Regelungen behindern nach Ansicht des Managements die Einführung von Arbeitsplatzinnovationen und dezentralen flexiblen Produktionsformen. Für weite Bereiche der deutschen Industrie haben *Schumann* u. a. 1994 festge-

stellt, daß sich die Arbeitsorganisation im Umbruch befindet: es wird experimentiert mit dezentralen Organisationsformen, Gruppen- oder Teamarbeit, weniger hierarchischen Organisationspyramiden.
- Von seiten des Managements wird personenbezogener Leistungsbeurteilung statt personenunabhängiger Leistungsbemessung der Vorzug gegeben.
- Die auf den Einzel- und Einzweckarbeitsplatz bezogene Grundlohndifferenzierung wird abgelöst durch den Bezug auf Arbeitssysteme und/oder die zunehmende Orientierung an der Qualifiaktion oder Seniorität – mit dem widersprüchlichen Ergebnis einer neuen Angleichung und Differenzierung innerhalb der Beschäftigtengruppen.
- Die im tayloristischen Leistungslohn enthaltene Verbindung zwischen Kontrolle, Motivation und Legitimation wird aufgelöst; und die betrieblichen Auseinandersetzungen um Lohn und Leistung werden repolitisiert.

Bisherige empirische Untersuchungen haben freilich ergeben, daß die für das deutsche Modell konstitutive Mitbestimmung, die jeweilige betriebliche Sozialverfassung und die gesetzlichen sowie tariflichen Regelungen bisher einen wirksamen Schutz gegen die Auflösung der Betriebspartnerschaften geboten haben (*Stahlmann* 1995). Fragen der Arbeitszeit, der Taktzeiten, Pausenzeiten, Stückzahlvorgaben, Arbeitsplatzbeschreibungen, Besetzungszahlen, Qualifizierungsmaßnahmen werden weiterhin in einem Aushandlungsprozeß zwischen Gewerkschaften/Betriebsräten und Management in den Handlungsmustern kooperativer Konfliktverarbeitung verwirklicht.

Aber es ist auch zu beobachten, daß durch stärkere Einbindung von Belegschaften und Betriebsräten in die Produktivitätsziele der Unternehmen sich der Trend zu einzelunternehmerischen Produktivitätspakten und damit zu Mikrokorporatismus und Betriebsgewerkschaften verschärft und das deutsche System der industriellen Beziehungen von unten her ausgehöhlt wird. Das hat einerseits zur Folge, daß seine Kreativitäts- und Flexibilitätspotentiale weiterhin als Wettbewerbsvorteil deutscher Unternehmen in der internationalen Konkurrenz erhalten bleiben. Anderseits verschärfen sich Konkurrenz, Entsolidarisierung, Ausgrenzung der Randbelegschaften, womit der bereits seit den 70er Jahren erkennbare Trend des selektiven Korporatismus in den Unternehmen massiv zunimmt und die übergreifende Kampfkraft der Gewerkschaften weiter zerstört wird.

> Aufweichen flächendecker Gewerkschaftsarbeit durch die Tendenz zu Betriebs-gewerkschaften

Außerdem dominiert der *Mikro-Korporatismus* immer mehr Reste des Meso- und Makrokorporatismus: Und meine Vermutung geht dahin, daß der Prozeß der Flexibilisierung, Differenzierung und Spaltung zwischen Industriezweigen, -regionen, und -firmen, Arbeitsorten und Arbeitskräften ohne jede politische Intervention von oben dazu führt, daß die bislang landesweit operierenden Gewerkschaften sich faktisch (nicht formell) in einem langen und widersprüchlichen Prozeß in Betriebs-Gewerkschaften verwandeln. Denn zu beobachten ist, daß die gewerkschaftliche Lohnpolitik immer häufiger durch autonome Entscheidungen privilegierter Gruppen auf Unternehmensebene bestimmt wird, was längerfristig auf eine komplette Umkehrung des herkömmlichen Verhältnisses zwischen Betriebsräten und Gewerkschaft – zu deren Ungunsten – hinauslaufen könnte.

Schließlich könnten die Schwächung der Gewerkschaften und die Strukturveränderungen der Branchen zu zunehmender Konkurrenz in und zwischen den

einzelnen Industriegewerkschaften führen und das Konzept der homogenen Industriegewerkschaften innerhalb der Einheitsgewerkschaft DGB bedrohen. Wie
gehen die deutschen Gewerkschaften bisher mit diesen Herausforderungen um?

Reaktionen der
Gewerkschaften:

Systematisch lassen sich zwei Strategien unterscheiden (*Altvater/Mahnkopf*
1993; *Hoffmann* 1995; *Hoffmann* et al. 1995):

Teilhabe am
Management

1. Auf der Ebene der Betriebe und Unternehmen wird versucht, den Prozeß der
   Umgestaltung von Produktion und Arbeitsorganisation mitzugestalten (sog.
   Gestaltungspolitik). Freilich lassen sich bei den Einzelgewerkschaften unterschiedliche Projekte des co-management unterscheiden. Paradigmatisch stehen IG Metall und ÖTV für einen umfassendern Anspruch, der Verhandlungsmacht auf der Betriebsebene und Gestaltungsmacht auf der Entscheidungsebene, also des „wie und was wird produziert?", miteinander kombinieren möchte. Damit ist gemeint, daß man auch auf der Unternehmenssebe-
   ne eigene Projekte einer sozialverträglichen lean production oder Gruppenarbeit denen des Managements entgegenstellt und darüberhinaus über Mit-
   gestaltung der Industrie- und Strukturpolitik auf Bundes- und Länder-Ebene
   soziale und ökologische Aspekte in die jeweiligen Forschungs-, Technolo-
   gie- und Regional/Struktur-Politiken einbringen will (*Riester* 1994). Dem-
   gegenüber konzentriert sich die IG Chemie auf das Mitbestimmen auf der
   Betriebs- Ebene und fordert die Direktionsgewalt der Manager über die
   Formulierung und Ausgestaltung des Akkumationsregimes nicht heraus.
   Neubestimmung der Rolle des DGB

Neubestimmung der
Rolle des DGB

2. Auf der Ebene der Einheitsgewerkschaft: DGB wird über dessen Reform in
   der Weise diskutiert, daß er finanziell abspecken und organisatorisch effektiver werden müsse. Aber abgesehen davon, daß diese Strategie der *lean
   administration* noch nicht weit gediehen ist, drücken sich die Gewerkschaften um die viel wichtigeren Fragen, ob nicht erstens die traditionelle Einteilung der Industriegewerkschaften nicht den neuen durch die Informati-
   ons-und Kommunkationstechnologien bedingten Veränderungen der Bran-
   chenstrukturen angepaßt werden müßte und ob nicht zweitens der bislang
   recht schwache Dachverband: DGB gegenüber den einzelnen Industriegewerkschaften in seiner gesellschafts-, wirtschafts-, europapolitischen Kompetenz gestärkt werden müßte, um auf diese Weise dem zunehmenden Prozeß der Fragmentierung, Heterogenisierung und Entsolidarisierung innerhalb der Gewerkschaften zu entgehen. Das bedeutet auch, daß der DGB bisher nicht in der Lage war, eine kompetente Mitgestaltungsstrategie zumindest im europäischen Integrationsprozeß zu formulieren und zusammen mit
   den übrigen Gewerkschaften auf europäischer Ebene ein stärkeres Gegen-
   gewicht gegen die Unternehmer-Macht zu etablieren.

Neuorientierung auch
auf der
Arbeitgeberseite

Aber nicht nur die Gewerkschaften wirken derzeit recht hilflos und schwach,
wenn es um die angemessene Antwort auf die neuen Rationalisierungsmuster
und Managementpraktiken geht. Auch bei den Interessenorganisationen der Ka-
pitalseite verschärfen sich die Widersprüche und Konflikte um die Beibehaltung
oder Definition und Ausgestaltung einheitlicher Branchen-Tarifpolitiken (Zukunft des Flächentarifvertrags) und bilden sich bereits oppositionelle Unterneh-
mensverbände oder verabschieden sich immer mehr Mitglieder aus der einheitli-

chen Tarifpolitik ihrer Branche (Schröder 1995). Doch konnten die Unternehmerverbände bisher durch kleinere organisatorische Reformen und neue Dienstleistungen an ihre Mitglieder einen Flächenbrand verhindern. Doch auch hier gilt, daß die Zukunft der einheitlich agierenden, die unterschiedlichen Betroffenheiten von Groß-, Mittel- und Klein-Unternehmen in unterschiedlichen Regionen und Branchen in homogene Tarifpolitiken integrierenden Unternehmerverbände ungewiß bleibt.

Deregulierung, Kommerzialisierung, Dezentralisierung und Teilprivatisierung des politisch regulierten Infrastruktursektors

In der sozialen Marktwirtschaft Deutschlands hat es neben dem international sehr wettbewerbsfähigen Sektor aus Kernindustrien wie Fahrzeug-, Maschinen- und Anlagenbau, Chemie und Elektrotechnik immer auch einen politisch regulierten Sektor gegeben, in dem aufgrund struktur- oder sozialpolitischer Ziele, Nützlichkeitserwägungen und Legitimationserfordernisse der Marktwettbewerb eingeschränkt war; und zwar bei Verkehr, Post- und Fernmeldewesen, Energieversorgung, öffentlich-rechtlichen Banken und Sparkassen (*Esser* 1993; 1995).

> Politisch regulierter Infrastruktursektor gewinnt ökonomisches Gewicht

Bedingt durch ein komplexes Gemisch von technologischen (neue Informations- und Kommunikationstechnologien), ökonomischen (Zusammenwachsen der Branchen im IuK-Bereich; neue Weltmarktpotentiale) und politischen (Schaffung eines Gemeinsamen Europäischen Binnenmarktes) Faktoren wird dieser Sektor derzeit in Deutschland, wie auch anderswo, dereguliert, reorganisiert, in den internen Betriebsabläufen rationalisiert und kommerzialisiert und teilweise auch privatisiert. Das hat zur Folge, daß die traditionellen politischökonomischen Interessenkoalitionen und lokalen oder regionalen Klientel-Strukturen in diesem Sektor schrittweise aufgebrochen werden und die dort herrschenden Normen und Praxen der Arbeitspolitik ebenso dem eben beschriebenen neuen Rationalisierungstyp unterworfen werden. Dies bedeutet aber auch, daß die traditionell sehr starken Gewerkschaften des Öffentlichen Dienstes (ÖTV, Post, Bahn, HBV) vor völlig neue Herausforderungen hinsichtlich der Lohn-, Leistungs- und Beschäftigungsbedingungen gestellt werden.

Die 1989 begonnene und derzeit mit der Postreform II fortgesetzte Umstrukturierung im Telekommunikationssektor ist allerdings ein gutes Beispiel dafür, daß diese Deregulierungs- und Privatisierungspolitik vorsichtig, pragmatisch und korporatistisch organisiert wird. Ohne hier auf Einzelheiten eingehen zu können (ausführlich dazu: *Esser* 1993 und 1995; *Esser/Lüthje* 1995) eingehen zu können, kann man zusammenfassend sagen, daß im Bereich der Deregulierung von Post und Telekommunikation die Mechanismen des Modell Deutschland bisher ebenso funktioniert haben wie im Bereich der Kommerzialisierung und Internationalisierung von Lufthansa und kommunalen Energieversorgungsunternehmen, oder der Organisations-Privatisierung der Bundesbahn (*Lehmkuhl/Herr* 1994).

> Neuformulierung interner Ausgleichsmechanismen aufgrund verschärften internationalen Wettbewerbs nötig

Die Gewerkschaften tragen diese Politik trotz üblicher öffentlicher Kampf-Rhetorik mit, interpretieren sie als das kleinere Übel gegenüber der Voll-Privatisierung und tragen damit ihren Teil zu dem nun auch in diesem bisher mehr abgeschotteten Sektor sich ausbreitenden selektiven Korporatismus bei. Inwieweit insgesamt in diesem Sektor die etablierten regionalen oder nationalen Interes-

senkoalitionen aufgrund verschärfter Globalisierung aufbrechen werden, kann
heute nicht schlüssig beantwortet werden.

Globalisierungstendenzen in der Produktion

Globale und
transnationale
Strategie als Antwort
auf die
Internationalisierung
der Wirtschaft

Ohne hier auf die komplizierte Debatte über die neue Qualität der Globalisierung
oder Triadisierung eingehen zu können (*Esser* 1993), beschränke ich mich hier
auf den Trend der führenden transnationalen Unternehmen, sog. *global player* zu
werden und globale Unternehmensnetzwerke mit neuen Formen internationaler
Zulieferstrukturen und neuer Internationalisierung der eigenen Forschungs- und
Entwicklungsaktivitäten aufzubauen. Im Gegensatz zu früheren Exportstrategien
oder multinationalen Strategien, womit lose Konglomerate von Zentrale und
stark eigenständigen Tochtergesellschaften gemeint sind, unterscheiden wir
heute analytisch den Typ der *globalen Strategie* von dem der *transnationalen
Strategie* (*Hirsch-Kreinsen* 1994), womit nicht ausgeschlossen wird, daß wir in
der Realität häufiger Mischformen zwischen beiden identifizieren können. Während erstere auf weltweit homogene Marktsegmente abzielt, sich die Integration
auf den Weg einer tendenziell weltweiten Standardisierung von Produktion und
Produkten vollzieht und die Zentralisierung von Entscheidungen und Funktionen
bzw. die optimale Ausnutzung der economies of scale durch Verringerung der
Fertigungstiefe in den einzelnen Produktionsstätten, der gezielten Nutzung regionaler und länderspezifischer Kostenvorteile sowie den Aufbau globaler Zulie-
ferbeziehungen angestrebt wird (vor allem im Bereich der Unterhaltungselek-
tronik), zeichnet sich letztere durch einen starken Regionalbezug und damit verbundene differenzierte Produkt- und Produktionsstrategien, also stärkere Dezentralisierung und Regionalisierung aus (vor allem im Bereich der Investitionsgüterindustrie). Bei beiden geht es um die weltweite Optimierung der Aktivitäten
entlang einer transnational integrierten Wertschöpfungskette. Und bei beiden ist
die Tendenz der Entnationalisierung festzustellen, was meint, daß sie sich immer
weniger auf eine nationale oder regionale Standortbasis konzentrieren (*Reich*
1991). Damit verabschieden sie sich aber auch schrittweise aus bisherigen nationalen politisch-ökonomischen Interessenbündnissen und versuchen auch mehr oder
weniger erfolgreich, sich den regulativen Zugriffen und Kontrollen nationaler Regierungen oder supranationaler Organisationen zu entziehen (UNCTC 1988). Eine
Entwicklung, die deshalb paradox ist, weil in einer Zeit des notwendigen politischen Gestaltungsbedarfs für ein vereinigtes Deutschland, für ein neues Europa
und für eine gerechtere Weltordnung sich die Weltwirtschaft, oder zumindest ihr
Kern: die Triade Nordamerika, Westeuropa, Japan/Pazifischer Raum immer mehr
ökonomisch integriert und politisch desintegriert (*Esser* 1993c).

Obwohl in deutschen Unternehmen beide Typen der Globalisierungsstrate-
gie diskutiert werden, ist bisher empirisch erst wenig erforscht, welche deutsche
Unternehmen konkret welche weltweiten Unternehmensnetzwerke aufgebaut
haben bzw. dabei sind, es zu tun. Eine erste Auswertung zeigt aber, daß der
Trend in der deutschen Automobil- und Elektroindustrie dahin geht, solche globalen Netzwerke aufzubauen, während bedeutende Unternehmen in der Chemieindustrie (z.B. Bayer, Hoechst, BASF) und der Banken (z.B. Deutsche Bank)
bereits zu wichtigen global playern geworden sind. Und auch große Teile der

Klein- und Mittelunternehmen versuchen durch Internationalisierung, sei es als Nischenproduzent, sei es als Bestandteil weltweiter Produktionsnetzwerke, in das sich globalisierende Zulieferer-Kartell hineinzukommen.

Bisher ist noch wenig erforscht, welche Veränderungen dies für die industriellen Beziehungen in Deutschland mit sich bringen wird. Meine These geht aber dahin, daß sich der Konkurrenzkampf um Produktionsstandorte innerhalb der Kernsektoren des deutschen Modells verschärfen wird und daß eine erfolgreiche sozio-ökonomische und politische Anpassung an die Investitionserfordernisse transnationaler Unternehmen die bereits existierenden wirtschaftlichen, sozialen und regionalen Spaltungen innerhalb Deutschlands verschärfen, die Betriebsräte und Gewerkschaften weiter schwächen, die gesetzlichen und tariflichen Normen aushöhlen und den Druck auf Lohn- und Sozialstandards erhöhen werde. Nicht zuletzt das *Standort-Deutschland-Programm* der CDU/FDP-Regierung von 1993 (*Bundesregierung* 1993) hat gezeigt, daß zumindest die politischen Diskussionen um den Umbau wichtiger politischer, sozialer und ökonomischer Ziele des bisherigen Modell Deutschland in vollem Gange sind – bisher allerdings mit wenig konkreten Ergebnissen.

THESE:
durch die Anpassung an die neuen Erfordernisse werden die Gewerkschaften geschwächt ...

Aber auch eine erfolgreiche Anpassung an die sozio-ökonomischen und politischen Anforderungen der transnationalen Konzerne und die Sicherung des Produktionsstandortes Deutschland würde die bereits eingetretenen wirtschaftlichen, sozialen und regionalen Spaltungen innerhalb Deutschlands (*Esser, Hirsch* 1994) verschärfen. Und wenn man die Gewerkschaften betrachtet, speziell die großen wie die IG-Metall oder die IG-Chemie – von den Oppositionsparteien SPD oder GRÜNEN ganz abgesehen – so findet man dort keinerlei ernstzunehmenden Konzepte und Strategien, um auf die negativen Konsequenzen dieser Globalisierungsprozesses zumindest in der Weise einzuwirken, daß sie darin Handlungs- und Gestaltungsspielräume, sei es auf regionaler, nationaler oder europäischer Ebene, identifiziert hätten. Auch die bereits erwähnte Co-Management-Strategie (s. o.) blendet diese Problematik völlig aus. Im Gegenteil: die Gewerkschaften akzeptieren bisher die Strategie von Regierung und Einzelunternehmen, attraktiver Standort im globalen Investitionswettkampf zu werden bzw. zu bleiben (*Simons, Westermann* 1994; IG *Metall* 1994) und beklagen deren negative soziale und politische Folgen bestenfalls rhetorisch. Und das heißt, um das Mindeste zu sagen: der selektive Korporatismus wird beibehalten und die Gesellschaftsspaltungen werden sich weiter vertiefen.

... und die Spaltung der Regionen und Arbeitnehmer vorangetrieben

Der Prozeß der „Wieder"vereinigung

Ob, wie und wann die reale ‚Wieder'vereinigung stattfinden wird, und welche Folgen dies für den bisherigen sozialen Konsens haben wird, kann heute von niemandem vorausgesagt werden. Die Aufgabe der Wiederbelebung der ostdeutschen Industrie wird zehn oder mehr Jahre beanspruchen, wenn sie überhaupt je gelingt, und deshalb wäre es sinnlos, darüber zu spekulieren, ob sich im neuen Osten ein sozial-konsensuales Modell der Partnerschaft zwischen Kapital, Arbeit und Staat vergleichbar dem im Westen herausbilden wird oder ob etwas anderes entsteht und welchen Einfluß das haben könnte für das für so lange Zeit erfolgreiche Modell im Westen.

Unübertragbarkeit
des westdeutschen
Modells auf
Ostdeutschland

Aber was klar gesagt werden kann ist, daß die politische Entscheidung für eine sofortige und gegen eine stufenweise Integration der östlichen Wirtschaft in die westlichen Strukturen (*Lehmbruch* 1990) die Zerstörung dieser Wirtschaft in einem Ausmaß beschleunigt hat, daß die *ökonomische* Spaltung zwischen den beiden Landesteilen sich in den nächsten Jahren eher vertiefen als verringern wird, trotz allen vordergründigen und interessierten Aufschwung-Ost-Geredes (*Hickel/Priewe* 1994). Gleichfalls ist bereits absehbar, daß diese ökonomische Spaltung, weil sie bisher nur durch sehr hohe finanzielle Transferleistungen des Westens in den Osten sozial stabilisert werden konnte, das bisherige Model Deutschland mit neuen Integrationsproblemen und Instabilitätsrisiken konfrontieren wird. Und diese Probleme haben sich alle beteiligten Akteure großenteils selbst aufgehalst, weil ihre politische Logik davon bestimmt war, das westdeutsche Modell ließe sich im Osten ohne allzu große Friktionen, sozusagen im Kolonialstil, einführen und die bisherige ökonomische Logik werde dadurch nicht beeinträchtigt (*Esser* 1991).

Aber bisher hat der soziale Konsens gehalten. Obwohl die Treuhand zunächst die Privatisierung sogenannter wettbewerbsfähiger und die Liquidierung sogenannter nicht-wettbewerbsfähiger Unternehmen zu ihrer prioritären Aufgabe erklärte und sich für struktur-, industrie- oder gar sozialpolitische Ziele nicht zuständig fühlte, hatte sie sich mit dieser harten Kahlschlagpolitik recht bald nicht nur bei der ostdeutschen Bevölkerung, sondern auch bei den politischen Repräsentanten in Kommunen und ostdeutschen Bundesländern sehr unbeliebt gemacht. Und auch die Gewerkschaften forderten bei Massendemonstrationen vehement, daß der Sanierung von Unternehmen der Vorzug vor deren Liquidierung oder Privatisierung zu geben sei. Vor allem gelte es, die industriellen oder strukturbestimmenden Kernstrukturen Ostdeutschlands zu bewahren und die totale Deindustrialisierung aufzuhalten.

Als im Frühjahr 1991 die Arbeitsplatzverluste drastisch zunahmen und die Proteste von Gewerkschaften und politischer Klasse in Ostdeutschland gegen die Privatisierungspolitik immer schärfer wurden, zwang die Bundesregierung die Treuhand zu einer Änderung ihrer politischen Prioritäten. Wichtig ist hierbei zu erwähnen, daß die Proteste aus dem Osten sich vor allem innerhalb der Regierungspartei CDU drastisch artikulierten und die Einheit dieser Volkspartei gefährdeten.

Hohe Steuerlasten für
die Westdeutschen

In den *Grundsätzen der Zusammenarbeit von Bund, neuen Ländern und Treuhandanstalt für den Aufschwung Ost* vom März 1991 wurde jetzt versucht, die Koordination zwischen Bund, Ländern, Treuhand, Gewerkschaften und der für die Arbeitsmarktpolitik zuständigen Bundesanstalt für Arbeit zu verbessern. Außerdem wurden „Treuhand-Wirtschaftskabinette" in jedem neuen Bundesland eingerichtet, die von der Treuhand frühzeitig von geplanten Privatisierungen zu informieren waren. Auch sollte die Treuhand jetzt der Sanierung nicht-rentabler Betriebe sowie der Sicherung strukturbestimmender Industriesektoren wie Stahl, Chemie, Schiffbau, Maschinenbau auch dann einen höheren Stellenwert einräumen, wenn sie dafür keine privaten Käufer fand. Bei der Entscheidung über das weitere Schicksal eines Unternehmens sollten industrie-, regional- und arbeitsmarktpolitische Aspekte stärker berücksichtigt werden. Solange die Treuhand an Unternehmen beteiligt war, sollte sie die volle unternehmerische Sanierungsaufgabe übernehmen. Den Gewerkschaften gelang es , der Treuhand Sozialplanregelungen bei Entlassungen und die Unterstützung von Beschäftigungs- und Qualifizierungsgesellschaften abzuringen. Im Herbst 1992 vereinbarte die Treuhand mit 500 Unternehmen bilaterale Investitionsförderungspläne. Außerdem baute sie fünf Managementgesellschaften auf, an denen sie in Kooperation mit erfahrenen Managern mehrheitlich beteiligt ist und mittelgroße Betriebe zur Sanierung zwecks späterer Privatisierung zusammenfaßte. Schließlich bauten die fünf neuen Bundesländer Agenturen auf, mit denen sie strukturbestimmende größere Unternehmen identifizieren und in Zusammenarbeit mit der Treuhand zu sanieren versuchten (*Hickel/Priewe* 1994, 60ff.). Finanziert wird das alles, einschließlich der hohen Kosten für Arbeitslosigkeit und Arbeitsbeschaffungs- und Qualifizierungsmaßnahmen der Arbeitsämter, vom westdeutschen Steuerzahler, der jährlich netto, zieht man also die Eigenleistungen des Ostens von der gesamten Transfersumme ab, rund 150 Milliarden DM dafür aufzubringen hat (*Czada* 1995). Damit ist es vorerst gelungen, „die institutionellen Standards und Verfahrensweisen des westdeutschen Modells" (*Seibel* 1995, 35) nach Ostdeutschland zu transferieren.

Die für unsere Fragestellung wichtige Schlußfolgerung besteht darin, daß nach anfänglicher Euphorie für neoliberale Privatisierungsmaßnahmen das Pendel inzwischen umgeschlagen hat: vom Neoliberalismus hin zum bekannten westdeutschen Modell der sozialen Marktwirtschaft und des Korporatismus. Allerdings ist es bisher zweifelhaft, ob in Ostdeutschland moderne, konkurrenzfähige industrielle Kerne bereits gebildet worden sind, also die ökonomische Basis für dieses Modell nach Osten hin ausgeweitet werden kann. Obwohl die Treuhand, zusammen mit den Landesregierungen und privaten Investoren, hartnäckig versuchte, die Schiffsbau-Industrie in Mecklenburg-Vorpommern, die Chemie-Industrie in Sachsen-Anhalt (Leuna-Werke, Chemiekombinat Bitterfeld-Wolfen) die Motor-Industrie in Thüringen und Sachsen (Volkswagen Mosel und Opel Eisenach), die Stahl-Industrie (Eko-Stahl, Eisenhüttenstadt) in Brandenburg, die optisch-elektronische Industrie in Thüringen (Jenoptik, Jena) und die mikroelektronische Industrie in Sachsen (Siemens, Dresden) zu retten, sind all diese „ostdeutschen champions" bislang nur lebensfähig dank hoher Subventionen aus westdeutscher Steuerzahlertasche. Und es ist schwer vorstellbar, daß viele dieser Unternehmen aus eigener Kraft überleben könnten, wenn man berücksichtigt, daß die weltweite Konkurrenz gerade in diesen Branchen immer härter wird. Obendrein ist es eine offen Frage, ob und wie diese Firmen als Kerne für eine regionale, sich selbst erhaltende Wirtschaft im Osten funktionieren sollen. Eher ist zu vermuten, daß einige von ihnen zwar in der internationalen Konkurrenz bestehen können, aber nur als „Kathedralen in der Wüste", also umgeben von einer weitgehend zerstörten Industrielandschaft.

Der Prozeß der De-Industrialisierung hat in Ostdeutschland bereits hohe offene und versteckte Arbeitslosigkeit verursacht. Etwa sechs der zehn Millionen Beschäftigten in der Ex-DDR arbeiten heute noch. Mehr als eine Million ist in den Westen ausgewandert; mehr als 400 000 arbeiten als Tagespendler im Westen; viele sind in Arbeitsbeschaffungsprogrammen oder leisten Kurzarbeit, was nicht tatsächlich, aber statistisch als beschäftigt zählt, weil sie eine staatlich finanziertes Entgeld erhalten; über 500 000 sind im Vorruhestand. Nur etwa 1,2

Millionen bleiben als offiziell registrierte Arbeitslose übrig. Die Opfer des Prozesses massiver De-Industrialiserung sind ungleich verteilt – sowohl regional wie sozial. Und dies verdoppelt die soziale und regionale Spaltung der Gesellschaft, die wir von Westdeutschland her kennen. Aber die Extreme werden in der ostdeutschen *Zweidrittelgesellschaft* wahrscheinlich weiter auseinanderliegen als in der westdeutschen.

Neue Gefahren für den sozialen Konsens der neuen BRD durch hohe Staatsverschuldung und Inflation sowie Verteilungskämpfen zwischen Bund, Ländern und Gemeinden

All dies bedeutet, daß die soziale und politische Stabilität in der neuen BRD hinsichtlich der Wiedervereinigung von zwei Seiten herausgefordert wird: eine langzeitliche Verschuldung zusammen mit steigender Inflation würde den wirtschaftlichen Erfolg des Exportmodell Deutschland bedrohen und innerhalb der politischen Klasse und zwischen den sozial Handelnden im westdeutschen Korporatismus zu unkalkulierbaren Konflikten führen. Ebenso gefährlich wäre eine massive Verringerung der Staatsquote, weil die Verteilung von Konflikten innerhalb des Staatsapparates (Bund, Länder, Gemeinden) und zwischen den sozialen Akteuren nicht mehr so friedlich ablaufen würde wie in der Vergangenheit.

Bislang wurde die Finanzierung der Einheit nach dem bekannten westdeutschen Modell des korporatistischen Aushandelns gesteuert – insbesondere durch den Versuch, einen sogenannten Solidarpakt zwischen Bundes- und Länderregierungen, Gewerkschaften, Opposition und Unternehmern zu errichten, um die langzeitlich anfallenden Kosten der Vereinigung zu finanzieren, ohne die Wirtschaft in den Abgrund zu treiben. Das geht nach dem Motto: im Westen sparen, um den östlichen Aufschwung zu bezahlen. Lohnverzicht der Gewerkschaften, Einsparungen im Bundes- und anderen öffentlichen Haushalten, Anreize zu Extra-Investitionen. Es ist wichtig zu erwähnen, daß viele Details in diesem Solidarpakt in geheimen Zirkeln mit vier hohen Gewerkschaftern und dem Kanzler abgesprochen wurden. Das ist deutscher selektiver Korporatismus pur. Aber viele weitere Kürzungen im Sozialetat sind geplant, um diese Politik zu finanzieren – und die Gewerkschaften wie sozialdemokratische Opposition unterstützen sie bisher. Freilich sind die Gewerkschaften in einer heiklen Lage: Sie wollen die wirtschaftliche Gesundung und die soziale Integration des Ostens unterstützen, sei es aus Solidariät, sei es, weil sonst die Möglichkeit eines Sozial-Dumping im Osten ihre Verhandlungsmacht im Westen zerstören könnte. Andererseits sind die Gewerkschaftsmitglieder nicht sehr stark engagiert bei der Unterstützung des Ostens, wenn diese den eigenen Lebensstandard berührt. Dasselbe gilt für die Mehrheit der westdeutschen Bevölkerung. Deshalb wird die erfolgreiche Weiter-

Erfolg des Solidaritätspaktes bestimmt den Erfolg der politischen Regulation für das Modell Deutschland

führung des Solidarpakt entscheidend für die Frage, ob das Modell Deutschland die politische Kraft und die soziale Unterstützung für die Wiederbelebung und Integration Ostdeutschlands besitzt und als Modell eines international konkurrenzfähigen, selektiv-korporativen politisch regulierten Kapitalismus überleben kann.

3.2.5 Wie stabil ist der soziale Konsens?

Bedingte Stabilität, große Gefahren

Die Antwort ist: ja er funktioniert trotz der analysierten Herausforderungen weiter. Aber er ist dramatischen Erosionsprozessen mit ungewissem Ausgang ausgesetzt:

– Der export-orientierte Kernsektor wird sich mehr und mehr globalisieren mit der Folge, daß sich die Spaltungen zwischen Regionen, Branchen und sozialen Gruppen weiter verschärfen werden. Und auch die so vorbildhafte sektorale Kohärenz der deutschen Industrie steht nicht mehr auf festem Grund.

– Der politisch regulierte Sektor befindet sich im halbwegs selbstlaufenden, zum Teil politisch initiierten Prozeß der Deregulierung, Flexibilisierung und Kommerzialisierung. Dieser wird begleitet von einer umfassenden Reorganisation der Unternehmensstrukturen, die das Ende der sozialstaatlichen Infrastruktureinrichtungen, so wie wir sie kennen, einläutet.

– Der bereits in den 70er Jahren einsetzende Wandel vom Korporatismus zum selektiven Korporatismus geht weiter ,die Gesellschaftsspaltung hat sich verschärft. Die „informellen" Betriebsgewerkschaften haben an Gewicht gewonnen, die „formalen" Gewerkschaften verloren.

– Während eine schnelle soziale Vereinigung von zwei sozio-ökonomisch und politisch so verschiedenen Systemen nicht erwartet werden konnte, hat die politische Entscheidung für eine schnelle und gegen eine stufenweise Integration der östlichen Wirtschaft in die westlichen Strukturen die Zerstörung der östlichen Wirtschaft in einem Ausmaß beschleunigt, daß die Spaltung zwischen den zwei Gesellschaften für die nächsten zehn Jahre eher zu- als abnehmen wird. Und entgegen dem offiziellen Optimismus, der Ostdeutschland gerne als das kommende „Japan von Europa" stilisiert, überschwemmen momentan westdeutsche und ausländische Waren Ostdeutschland eher, als daß dort in nennenswertem Maße produziert würde. Bisher also keine tragfähige Basis für den Bestand des westdeutschen Modells der industriellen Beziehungen im Osten. Die westdeutschen Steuerzahler müssen das alles bezahlen, auch für die weit über dem Produktivitätsfortschritt liegenden Löhne und Sozialleistungen und es fragt sich nur, wie lange sie dazu bereit sind.

3.2.6 Literatur

Aglietta, M. 1979, A Theory of Capitalist Regulation, London.

Albert, M. 1992, Kapitalismus contra Kapitalismus, Frankfurt/New York.

Altmann, N. u.a. 1986, Ein „Neuer Rationalisierungstyp" – neue Anforderungen an die Industriesoziologie, in: Soziale Welt, 37 (2/3).

Altvater, E./Mahnkopf, B. 1993, Gewerkschaften vor der europäischen Herausforderung, Münster.

Aron, R. 1964, Die industrielle Gesellschaft, Frankfurt am Main.

Arrighi, G. 1986, Eine Krise der Hegemonie, in: S. Amin u. a. (Hrsg.), Dynamik der globalen Krise, Opladen.

Becher (Hrsg.), Politik und Technologieentwicklung in Europa, Berlin.

Böckler, S. 1991, Kapitalismus und Moderne, Opladen.

Boyer, R. 1990, The Regulation School, New York.

Bundesregierung 1993, Bericht der Bundesregierung zur Zukunftssicherung des Standortes Deutschland, BT-Drucksache 12/5620.

Czada, R. 1995, Der Kampf um die Finanzierung der deutschen Einheit, in: G. Lehmbruch (Hrsg.), Einigung und Zerfall, Opladen.

Dahrendorf, R. 1959, Class and Class Conflict in Industrial Society. Stanford.

Dosi, G. u. a. (Hrsg.) 1988, Technical Change and Economic Theory, New York.

Durkheim, E. 1977, Über die Teilung der sozialen Arbeit, Frankfurt am Main.

Ellwein, T./Hesse, J. 1987, Das Regierungssystem der Bundesrepublik Deutschland, 6. Aufl., Opladen.

Esser, J. 1982, Gewerkschaften in der Krise, Frankfurt am Main.

Esser, J. 1986, State, Business and Trade Unions in West Germany after the „Political Wende", in: West European Politics 9 (2).

Esser, J. 1988, Symbolic Privatisation: The Politics of Privatisation in West Germany, in: West European Politics 11 (4).

Esser, J. 1989a, Neokonservatismus und das „Modell Deutschland", in: H. Epskamp u.a. (Hrsg.), Die neokonservative Verheißung und ihr Preis, Köln

Esser, J. 1989b, Does Industrial Policy Matter? Land Governments in Research and Technology Policy in Federal Germany, in: C. Crouch and D. Marquand, The New Centralism, Oxford

Esser, J. 1990a, Bank Power in West Germany Revised, in: West European Politics 13 (4).

Esser, J. 1990b, Post-Fordist Capitalism? Corporatism and Dualism in Britain and West Germany, in: J. Clark u. a. (Hrsg.), John Goldthorpe – Consensus and Controversy, London.

Esser, J. 1991, Das neue Deutschland – zwei Gesellschaften in einem Staat, in: Links 23 (258-259).

Esser, J. 1993a, Allemagne: privatisations symboliques dans une économie sociale de marché, in: V. Wright (Hrsg.), Les privatisations en Europe, Poitiers (engl. Übersetzung: J. Esser 1994, Germany: Symbolic Privatizations in a Social Market Economy, in: V. Wright (Hg.), Privatization in Western Europe, London).

Esser, J. 1993b, Technologieentwicklung in der Triade. Folgen für die europäische Technologiegemeinschaft, in: W. Süß u. G. Bender (Hrsg.), Politik und Technologieentwicklung in Europa, Berlin, S. 21-42.

Esser, J. 1993c, Die Suche nach dem Primat der Politik, in. S. Unseld (Hrsg.), Politik ohne Projekt? Nachdenken über Deutschland, Frankfurt am Main.

Esser, J. 1994, Modell Deutschland in den 90er Jahren?, in: Links 26 (294/295), S. 14-17.

Esser, J. 1995, Germany: Challenges To The Old Policy Style, in: J. Hayward (Hrsg.), Industrial Enterprise And European Integration, Oxford.

Esser, J./Fach, W. 1981, Korporatistische Krisenregulierung im „Modell Deutschland", in: U. von Alemann (Hrsg.), Neokorporatismus, Frankfurt/New York.

Esser, J./Fach, W. 1983, „Social Market" and Modernization Policy: West Germany, in: K. Dyson, S. Wilks (Hrsg.), Industrial Crisis, Oxford.

Esser, J./Fach, W. 1989, Crisis Management „Made in Germany": The Steel Industry, in: P. Katzenstein (Hrsg.), Industry and Politics in West Germany, Ithaca/London.

Esser, J./Fach, W. /Simonis, G. 1980, Grenzprobleme des „Modells Deutschland", in: Prokla 10 (40).

Esser, J./Fach, W./Väth, W. 1983, Krisenregulierung, Frankfurt am Main.

Esser, J./Görg, C./Hirsch, J. 1994 (Hrsg.), Politik, Institutionen und Staat, Hamburg.

Esser, J./Hirsch, J. 1984, Der CDU-Staat: Ein politisches Regulierungsmodell für den „nachfordistischen" Kapitalismus, in: Prokla 14 (56).

Esser, J./Hirsch, J. 1994, The Crisis of Fordism and the Dimensions of a „Post-Fordist" Regional and Urban Structure, in: A. Amin (Hrsg.), Post-Fordism, Oxford.

Esser, J./Lüthje, B. 1995, Monopoly am Ende?, in: Die Mitbestimmung, 8 (August).

Galbraith, J.K. 1968, Die moderne Industriegesellschaft, München/Zürich.

Garten, J. 1992, A Cold Peace, New York.

Habermas, J. 1973, Legitimationsprobleme im Spätkapitalismus, Frankfurt am Main.

Hall, P. 1986, Governing The Economy, Oxford.

Hanesch, W. 1994 (Hrsg.), Armut in Deutschland, Reinbek.

Hart, J. 1992, Rival Capitalists, Ithaca/London.

Henzler, H./Späth, L. 1993, Sind die Deutschen noch zu retten? München.

Hickel, R./Priewe, J. 1994, Nach dem Fehlstart, Frankfurt am Main.

Hirsch, J. 1980, Der Sicherheitsstaat, Frankfurt am Main.

Hirsch-Kreinsen, H. 1994, Die Internationalisierung der Produktion: Wandel von Rationalisierungsstrategien und Konsequenzen für Industriearbeit, in: Zeitschrift für Soziologie, 23 (6).

Hoffmann, J. 1995, The Reform of the Trade Unions in Germany – some critical remarks concerning the current debate, in: Transfer, European Review of Labour and Research 1 (1).

Hoffmann, R. u. a. (Hrsg.) 1995, German Industrial Relations Under The Impact Of Structural Change, Unification and European Integration, Düsseldorf.

IG Metall 1994, Gemeinsames Positionspapier Gesamtmetall/IG Metall zum Standort Deutschland, Frankfurt am Main.

Jacobi, O., et al. 1992, Germany: Codetermining the Future, in: A. Ferner, R. Hyman (Hrsg.), Industrial Relations in the New Europe, Oxford.

Katzenstein, P. 1987, Policy and Politics in Germany. The Growth of a Semi-Sovereign State, Ithaca.

Kern, H./Schumann, M. 1984, Das Ende der Arbeitsteilung?, München.

Kern, H./Sabel, C. 1994, Verblaßte Tugenden – Zur Kritik des deutschen Produktionsmodells, in: Soziale Welt, Sonderband 9: Umbrüche gesellschaftlicher Arbeit, Göttingen.

Lash, S./Urry, J. 1987, The End of Organized Capitalism, Oxford.

Lehmbruch, G. 1976, Parteienwettbewerb im Bundesstaat, Stuttgart.

Lehmbruch, G. 1990, Die improvisierte Vereinigung: Die dritte deutsche Republik, in: Leviathan 18.

Lehmkuhl, D./Herr, C. 1994, Reform im Spannungsfeld von Dezentralisierung und Entstaatlichung: Die Neuordnung des Eisenbahnwesens in Deutschland, in: Politische Vierteljahrsschrift 35 (4).

Luhmann, N. Soziale Systeme, Frankfurt am Main.

March, J./Olsen, J. 1989, Rediscovering Institutions, New York.

Nocken, U. 1981, Korporatistische Theorien und Strukturen in der deutschen Geschichte des 19. und frühen 20. Jahrhunderts, in: U. von Alemann (Hg.), Neokorporatismus, Frankfurt am Main.

Offe, C. 1972, Strukturprobleme des kapitalistischen Staates, Frankfurt am Main.

Overbeek, H. (Hg.) 1993, Restructuring Hegemony in the Global Political Economy, London/New York.

Piore, M./Sabel, C. 1985, Das Ende der Massenproduktion, Berlin.

Porter, M. 1990, The Competitive Advantage of Nations, London.

Riester, W. 1994, Minderheitsvotum zum Bericht der Zukunftskommission „Wirtschaft 2000" von Baden-Württemberg, in W. Fricke (Hrsg.), Jahrbuch Arbeit und Technik 1994, Bonn.

Rosner, S. 1990, Gesellschaft im Übergang? Frankfurt am Main.

Scharpf, F.W. u. a. 1976, Politikverflechtung, Kronberg.

Scharpf, F.W. 1987, Sozialdemokratische Krisenpolitik in Europa, Frankfurt am Main.

Schluchter, W. 1991, Religion und Lebensführung, 2 Bde., Frankfurt am Main.

Schröder, W. 1995, Industrielle Beziehungen, Integrationsprobleme und strategische Reaktionen. Arbeitgeberverbände in der Metall- und Elektroindustrie, (Frankfurter Arbeitspapiere zur gewerkschaftsethischen und sozialwissenschaftlichen Forschung; 15).

Schumann, M. u. a. 1994, Rationalisierung im Übergang, in: WSI-Mitteilungen 47 (7).

Seibel, W. 1994, Strategische Fehler oder erfolgreiches Scheitern? Zur Entwicklungslogik der Treuhandanstalt 1990-1993, in: Politische Vierteljahrsschrift 35 (1).

Siegel, T. 1995, Schlank und flexibel in die Zukunft. Überlegungen zum Verhältnis von industrieller Rationalisierung und gesellschaftlichem Umbruch, in: B. Aulenbacher, T. Siegel (Hrsg.), Diese Welt wird völlig anders sein. Denkmuster der Rationalisierung, Pfaffenweiler.

Simons, R. u.a.(Hrsg.) 1994, Wirtschaftsstandort Deutschland, Köln.

Stahlmann, M. 1995, Lean Production, Aus Politik und Zeitgeschichte B 5/95.

Stopford, J./Strange, S. 1991, Rival States, Rival Firms, Cambridge.

Streeck, W. 1981, Gewerkschaftliche Organisationsprobleme in der sozialstaatlichen Demo-
    kratie, Königstein/Ts.
Thurow, L. 1992, Head To Head, New York.
UNCTC 1988, United Nations Centre on Transnational Corporations, Transnational Corpora-
    tions in World Development, New York.
Vobruba, G. (Hrsg.) 1983: „Wir sitzen alle in einem Boot." Gemeinschaftsrhetorik in der Kri-
    se, Frankfurt/M.
Weber, M. 1976, Wirtschaft und Gesellschaft, 5. Aufl., Tübingen.
Zysman, J. 1983, Governments, Markets, and Growth, Oxford.

4 Wandel der Souveränität

Martin List

4.1 Das sicherheitspolitische Modell Deutschland

Generell überholt, Generalüberholung oder Überholung durch die Generäle?

4.1.1 Einleitung

In den Beiträgen dieses Bandes wird deutlich, daß sich sowohl mit dem „Modell" als auch mit seiner Prüfung recht unterschiedliche Vorstellungen verbinden lassen. Auch für die Zwecke dieses Beitrags müssen daher ein paar einleitende Worte gesagt werden dazu, was damit gemeint ist. Im Hauptteil gilt es, da sich die „klassische" Modell Deutschland-Diskussion ja vorwiegend auf die politisch-ökonomischen Gegebenheiten dieses Landes und seine Stellung im Rahmen der Weltwirtschaft bezog, das sicherheitspolitische Modell recht eigentlich erst zu bestimmen, wiederum im Hinblick auf die binnengesellschaftlichen wie auf die – in diesem Fall vorwiegend militär- und sicherheitspolitischen – äußeren Rahmenbedingungen. Dies geschieht in vier Schritten, in denen insgesamt zehn wesentliche Elemente des Modells vorgestellt werden. Abschließend wird im Sinne eines Resümees, gestützt auf die Modelldiskussion, eine Antwort auf die im Untertitel gestellte Frage gegeben.

Zunächst also einige Worte zum Modell-Begriff und zur Überprüfung des Modells. Wie bereits mehrfach berichtet entstammt die Rede vom „Modell Deutschland" der sozialdemokratischen Wahlkampagne des Jahres 1976. Spielte die sozialdemokratische Partei hier mit der normativen Bedeutung des Wortes „Modell" im Sinne von „nachahmenswertes Muster", um der von ihr geführten Regierung unter Helmut Schmidt ein gutes Zeugnis auszustellen und sie zur Wiederwahl zu empfehlen, so spielte eine Gruppe eher gesellschaftskritischer Sozialwissenschaftler den Ball zurück, indem sie mit ironischem Unterton ein eigenes „Modell Deutschland" entwarf. Abzüglich der Ironie war dies jedoch als Modell im analytischen Sinne gemeint, und so soll das Wort auch hier verstanden werden. Ohne weiteren Bezug auf das sozialdemokratische „Modell Deutschland" (SPD-M) wird hier also ein analytisches sicherheitspolitisches Modell Deutschlands (SPMD) entworfen.

Modell im analytischen Sinne ist also ein Hilfsmittel wissenschaftlicher Untersuchung. Im simpelsten Falle handelt es sich dabei, um es bildhaft auszudrükken, um einen Holzschnitt. Ein solcher zeichnet sich, wie die oft kritisch gemein-

unterschiedliche Modellbegriffe:

normatives Modell

analytisches Modell

Zweck: Reduzierung von Komplexität

te Verwendung der Metapher zeigt, durch starke Konturen und kräftige Linien aus, nicht unbedingt durch Detailtreue. Gleichwohl kann auch ein Holzschnitt seinen – ästhetischen – Wert haben, und das analytische Modell kann heuristischen Wert haben, also wissenschaftliche Erkenntnis fördern. Dies gilt dann, wenn der Holzschnitt gelungen ist und das dargestellte Objekt auf seine wesentlichen Bestandteile reduziert wurde. Dann ermöglicht er, das heißt ermöglicht das simple analytische Modell, einen Vergleich unterschiedlicher Fälle, die jeweils auf ein Modell reduziert wurden und die für eine unreduzierte vergleichende Betrachtung zu komplex wären. Reduzierung der Komplexität zum Zwecke des Vergleichs lautet also die Devise. Dabei können Modelle unterschiedlicher realer „Objekte" angefertigt werden. Das (analytische) Modell Deutschland bezieht sich auf das Ensemble der polit-ökonomischen Bedingungen dieses Landes, das sich dann mit anderen Ländern vergleichen läßt. Auf etwas höherer Abstraktionsebene hat z.B. Gösta *Esping-Andersen* drei Modelle kapitalistischer Wohlfahrtsstaaten unterschieden.[1] Eine solche abstraktere Modellbildung erlaubt dann die vergleichende Zuordnung konkreter Fälle zu einzelnen Modellen. Man erhält so eine Klassifikation oder Typologie.

statische und dynamische Modelle

Bisher war von Holzschnitt-Modellen die Rede, die zwar Komplexität in beschreibender Absicht reduzieren, aber gleichsam statisch sind. Sowohl das analytische Modell Deutschland als auch die drei Modelle des Wohlfahrtsstaates gehen jedoch über die reine Formbeschreibung hinaus, insofern sie auch Funktionszusammenhänge zwischen den wesentlichen Elementen des Modells skizzieren. Mit anderen Worten: es sind dynamische Modelle. Auch diese erfüllen zunächst den Zweck der Komplexitätreduktion, allerdings für die Erklärung von Funktionszusammenhängen. Darüber hinaus können sie im günstigsten – im sozialwissenschaftlichen Bereich aber seltenen – Falle auch zur Prognose weiterer Entwicklungen genutzt werden. Im folgenden wird ein zunächst statisch-beschreibendes sicherheitspolitisches Modell Deutschland entwickelt, das hoffentlich keinen Holzschnitt im schlechten Sinne darstellt. An einigen Stellen werden wir uns auch in Richtung Erklärung bewegen, indem Funktionszusammenhänge skizziert werden. Eine Prognose wird allerdings hier nicht angestrebt, statt dessen münden die Ausführungen in eine auf die Diskussion des Modells gestützte Stellungnahme zu aktuellen Fragen deutscher Sicherheitspolitik. Damit erfolgt zugleich die Überprüfung des Modells in dem Sinne, daß die Notwendigkeit von Veränderungen an der (im analytischen Modell abgebildeten) Realität deutscher Sicherheitspolitik erörtert wird. Die davon zu trennende Überprüfung des analytischen Modells auf seine Fruchtbarkeit hin, also die Beantwortung der Frage, ob die vorgenommene modellhafte Vereinfachung der deutschen sicherheitspolitischen Lage für deren Analyse und Vergleich etwas bringt, bleibt den Leserinnen und Lesern überlassen.

---

1   *Esping-Andersen* 1990.

4.1.2 Binnenpolitische Elemente des SPMD

Die beiden binnenpolitischen (im Sinne des englischen „domestic") Elemente des sicherheitspolitischen Modells für (West-)Deutschland können auch als die anti-militaristischen Elemente apostrophiert werden. Dieser strukturelle Anti-militarismus westdeutscher Sicherheitspolitik umfaßt erstens den Primat der Politik, also die Frage der Streitkräfte in der Demokratie, sowie zweitens die Frage nach der Demokratie in den Streitkräften. Beide Fragen hängen eng zusammen und sind nur vor dem geschichtlichen Hintergrund in ihrer Bedeutung zu verstehen.

zwei anti-militaristische Elemente: Primat der Politik und Demokratie in den Streitkräften

Der der westdeutschen Sicherheitspolitik hier scheinbar blanko attestierte strukturelle Antimilitarismus ist nicht im Sinne unkritischer Selbstzufriedenheit der demokratischen Gesellschaft oder ihrer Streitkräfte mißzuverstehen. Anti-militaristische Wachsamkeit steht beiden immer gut an (was nicht heißt, daß jeder „antimilitartistische" An- oder Vorwurf gerechtfertigt wäre[2]). Struktureller Antimilitarismus meint in (West-) Deutschland jedoch im Hinblick auf seine Geschichte die Abkehr von vier weit zurückreichenden Untugenden.

Abkehr von vier historischen Untugenden

1. Die erste Untugend bestand darin, daß die Streitkräfte eher als verlängerter Arm der Exekutive zum Einsatz auch gegen die Bevölkerung gebraucht wurden. Aus der Geschichte ist etwa zu denken an die Beendigung des ersten deutschen Experimentes mit der Demokratie in Gestalt der Frankfurter Nationalversammlung, die unter Einsatz noch nicht demokratischer Kontrolle unterstehender Streitkräfte erfolgte. Die 1968 durch die sog. Notstandsgesetzgebung erfolgte grundgesetzliche Regelung des Einsatzes von Streitkräften im Innern und der darum entbrannte innenpolitische Streit zeigte, daß diese Frage noch immer sehr brisant ist. Art.87 a, Abs.2 GG stellt deshalb zunächst fest: „Außer zur Verteidigung dürfen die Streitkräfte nur eingesetzt werden, soweit es dieses Grundgesetzt zuläßt." Absatz 3 nennt einige einschränkend formulierte Aufgaben (Objektschutz und Verkehrsregelung im Spannungs- und Verteidigungsfall „auch zur Unterstützung polizeilicher Maßnahmen"), Abs. 4 sieht die Einstellung der von der Bundesregierung verfügbaren militärischen Unterstützung der Polizei und des Bundesgrenzschutzes „bei der Bekämpfung organisierter und militärisch bewaffneter Aufständischer" vor, „wenn der Bundestag oder der Bundesrat es verlangen." Soweit solche hypothetischen Situationen überhaupt noch durch Regeln dieser Art steuerbar sind, sind der Primat der Politik und die demokratische Kontrolle also festgeschrieben.

Einsatz der Streitkräfte im Innern

2. Die zweite, damit zusammenhängende Untugend bestand darin, daß das Militär selbst als Sozialisationsstätte undemokratische Denk- und Verhaltensmuster vermittelte (vgl. den sprichwörtlichen preußischen „Kadavergehorsam"). Dem eigenen Anspruch nach, wenn auch sicher nicht in allen

Militär als Sozialisationsstätte undemokratischer Denk- und Verhaltensmuster

---

2   Was wiederum aber auch nicht heißt, daß jede – und sei sie zugespitzte – kritische Äußerung gegen das Militär, etwa der Vergleich von Soldaten und Mördern, strafrechtlich geahndet werden sollte; wie inzwischen durch Urteil des Bundesverfassungsgerichtes vom 25.8.1994 (vgl. dazu: Neue Juristische Wochenschrift [NJW] 45, 1994, 2943f.) zu Recht erkannt wurde, hat hier das Gut der Meinungsäußerungsfreiheit Vorrang.

Fällen mit durchschlagendem Erfolg, wurde bei Wiedereinrichtung von Streitkräften in Westdeutschland durch Rückgriff auf Konzepte wie das der „Inneren Führung" sowie des „Staatsbürgers in Uniform" eine Zäsur zu setzen versucht. Sie wird ergänzt durch institutionelle Innovationen wie die des als Ombudsman der Soldaten fungierenden, vom Parlament (nicht der Regierung!) gewählten und ihm Bericht erstattenden Wehrbeauftragten oder auch das grundgesetzlich gewährleistete Recht auf Kriegsdienstverweigerung (Art.4 Abs.3 GG).

fehlende parlamentarisch-demokratische Kontrolle von Ausrüstung und Planung der Streitkräfte

3. Eine dritte historische Untugend bestand darin, daß die Streikräfte in ihrer Planung und der ihrer Ausrüstung parlamentarisch-demokratischer Kontrolle entzogen wurden (vgl. den Preußischen Heeres- und Verfassungskonflikt von 1861-66). Zwar ist auch in der Bundesrepublik die parlamentarische Kontrolle des Beschaffungswesens schwächer geblieben, als zu wünschen wäre, was zu zahlreichen Einzelskandalen geführt hat[3] ; ihre prinzipielle Berechtigung jedoch steht außer Frage.

Festschreibung von Politik durch militärische Planung

4. Schließlich kennt die deutsche Geschichte (etwa in Gestalt des Schlieffen-Planes) verhängnisvolle Beispiele dafür, daß durch die Festschreibung von militärischen Planungen politischer Entscheidungsspielraum eingeengt wurde statt daß im Sinne der englischen Spruches: „put experts on tap, not on top" der Politik mit militärischem Sachverstand erarbeitete Optionen zur Verfügung gestellt worden wären, ohne sie dadurch auf ein bestimmtes oder überhaupt auf militärisches Vorgehen festzulegen. Die Behauptung des Primats der Politik in diesem Sinne bleibt eine der zentralen Daueraufgaben im Bereich der Sicherheitspolitik.

4.1.3 Äußere politische Elemente des SPMD

Erbe des verlorenen 2. Weltkriegs und Folgen des Ost-West-Konfliktes

Die äußeren politischen Rahmenbedingungen des SPMD lassen sich unter zwei Rubriken fassen: das Erbe des verlorenen (Zweiten) Weltkriegs und die Folgen des entstandenen Ost-West-Systemkonfliktes. Zum Erbe des verlorenen Weltkriegs seien hier zwei für das SPMD wichtige Elemente gerechnet: Die eingeschränkte äußere Souveränität und die besondere sicherheitspolitische Lage Deutschlands aufgrund der Teilung.

eingeschränkte äußere Souveränität

1. Die eingeschränkte äußere Souveränität: In Folge der vollständigen Kapitulation unterlag Deutschland zunächst gänzlich der Hoheit der Alliierten. Um den Preis der Teilung des Landes gelang es dem westlichen Teil, schrittweise verlorengegangene Souveränitätsrechte wiederzugewinnen. Gleichwohl unterlag der westdeutsche Staat gerade im außen- und sicherheitspolitischen Bereich einer Reihe von Beschränkungen, die erst mit Erlangen der deutschen Einheit endgültig aufgehoben wurden. So hatten die Alliierten des Zweiten Weltkriegs, neben ihren Vorbehalten in bezug auf Regelungen für „Deutschland als Ganzes" und für Berlin, einerseits zunächst aus eigenem Recht, seit 1954 auf vertraglicher Grundlage (Pariser Verträge) Truppen in Deutschland stationiert, andererseits unterlag die Produktion von Waffen sowie die Ausrüstung der Streitkräfte in Westdeutschland besonderen Kon-

---

3 Vgl. die Beiträge in *Dülffer* 1992.

trollen und Beschränkungen (im Rahmen der Westeuropäischen Union[4]). Schließlich wurde auf die Einrichtung eines eigenen Oberkommandos der westdeutschen Streitkräfte verzichtet, die nur im Rahmen der integrierten Kommandostruktur der NATO eingesetzt werden konnten.

2. Die Teilung Deutschlands zunächst in vier Besatzungszonen und, im Gefolge des Kalten Krieges, in zwei Staaten, die noch dazu unterschiedlichen Bündnissystemen beitraten (die Bundesrepublik der NATO, die DDR dem Warschauer Pakt), hatte für das westdeutsche sicherheitspolitische Modell erhebliche Folgen. Sie resultierte in einer in mehrfacher Hinsicht besonderen und besonders prekären sicherheitspolitischen Lage.

Teilung Deutschlands

Rein militär-strategisch bedeutete die deutschlandpolitisch motivierte Absage an Überlegungen zur Errichtung eines „high-tech-Ostwalls" an der innerdeutschen Grenze, daß für den Fall eines Angriffs aus dem Osten mit einem raschen Vorstoßen von Truppen in die norddeutsche Tiefebene gerechnet werden mußte, was praktisch von Beginn an die Kampfhandlungen weit auf westdeutsches Gebiet hinein verlagert hätte. Doch auch ohne dies hätte jeder militärische Zusammenstoß zwischen Ost und West wesentlich auf deutschem Boden, einschließlich des Gebietes der DDR, stattgefunden. Im Verteidigungsfall wäre somit auf deutschem Boden wenn schon kein Bürgerkrieg, so doch – gemäß Art.116 GG – ein Krieg zwischen Brüdern (und indirekt auch Schwestern) geführt worden, was nicht zuletzt psychologisch die – beiden! – deutschen Armeen innerhalb ihrer jeweiligen Bündnisse in eine besondere Situation versetzte.

besondere strategische und psychologische Situation

Nicht nur die Soldaten auf beiden Seiten der deutsch-deutschen Grenze befanden sich jedoch für den Fall eines Krieges in einer prekären sicherheitspolitischen Lage. Vielmehr mußten beide Staaten im Kriegsfall mit weitgehender Zerstörung rechnen. Dies galt bereits für den Fall der wohl eher verharmlosend konventionell genannten Kriegsführung, erst recht jedoch für die von westlicher Seite angesichts der als zahlenmäßig stark überlegen geltenden konventionellen Streitkräfte des Ostens in der strategischen Planung vorgesehene Verteidigung auch unter Einsatz von Nuklearwaffen. Dies führte nicht nur zur höchsten Nuklearwaffendichte weltweit in beiden Staaten, sondern auch zu erheblichen Zweifeln an der Sinnhaftigkeit einer nuklearen Verteidigung, unter der politischen Führung[5] wie den Soldaten[6]. Dieses „deutsche nukleare Dilemma"[7] hat

das nukleare Dilemma

---

4 Die Verbote bezogen sich auf ABC-Waffen sowie auf eine Reihe von konventionellen Großwaffensystemen (Kriegsschiffe, U-Boote, Flugzeuge, Raketen etc.) und sind in Protokollen zum WEU-Vertrag festgehalten.

5 Kein geringerer als der ehemalige Verteidigungsminister und spätere Bundeskanzler Helmut *Schmidt* (1990, 280f.) schreibt in seinen Erinnerungen diesbezüglich: „Das militärisch-strategische Konzept der NATO enthielt einen kardinalen inneren Widerspruch ... Die Doktrin lief darauf hinaus, daß der Westen damit drohte, als erster taktische Nuklearwaffen anzuwenden. Falls diese Drohung nicht ausgereicht ... hätte, wären schwere Menschenverluste bei den Deutschen auf beiden Seiten – sowie bei den Tschechen, Slowaken und Polen – und schwere Zerstörungen die Folge gewesen. Es handelte sich um eine Militärstrategie, die unwillentlich das zerstört hätte, was sie verteidigen wollte (sic!) ... Diese unsinnigen Folgen waren schon zu Beginn der sechziger Jahre klar vorauszusehen. ... Aber ich konnte weder damals (als Verteidigungsminister, ML) noch später als

auch mit zu den heftigsten sicherheitspolitischen Kontroversen in der Bundesrepublik geführt, etwa um die Stationierung von Marschflugkörpern und Mittel-
streckenraketen im Zuge des NATO-Doppelbeschlusses von 1979.

sicherheitspolitischer
Importeur oder
Träger eines
Extrarisikos?

Zugleich verweist dieses implizite Selbstzerstörungsrisiko, das für Deutschland – der Singular ist hier kein Anachronismus – aus der Bündniskonfrontation
in Verbindung mit der Möglichkeit nuklearer Kriegführung resultierte, darauf,
daß die in der aktuellen sicherheitspolitischen Diskussion durchaus aus poli-
tisch-taktischen Gründen gewählte Charakterisierung der westdeutschen sicherheitspolitischen Lage der Vergangenheit als die eines „sicherheitspolitischen Im-
porteurs"[8] wohl nicht angemessen ist. Weder bestand eine einseitige „Importrol-
le" der Bundesrepublik, die ja nicht nur das Risiko des potentiellen Kriegsschau-
platzes, sondern auch die finanziellen Lasten einer immerhin 495.000 Mann starken Armee sowie von – in ihrer Höhe unter dem Stichwort „burden sharing"
gleichwohl stets umstrittenen – Unterstützungszahlungen für die Stationierung
alliierter Truppen trug.[9] Noch ist andererseits die von linker, der Friedensbe-
wegung nahestehender wie von neokonservativ-geschichtsrevisionistischer
Warte aus gepflogene Sichtweise zutreffend, derzufolge der Bundesrepublik ein
besonderes Risiko von ihren westlichen Verbündeten auferlegt, ja aufgezwungen
worden ist. Die sicherheitspolitische Lage Deutschlands war objektiv prekär; der
von westdeutschen Eliten ja bewußt, als Schritt zur Wiedergewinnung von Ansehen, Handlungsspielraum und durchaus auch von Macht, betriebene Beitritt
und Beitrag zum Bündnis war insofern freiwillig. Der Bündnisbeitritt machte
somit aus der Bundesrepublik weder einen – einseitigen – sicherheitspolitischen
Importeur, noch bürdete er ihr ein zusätzliches Risiko auf, jedenfalls kein von ihrer Führung nicht gesehenes und akzeptiertes. Er war freilich auch von jener
Ambivalenz der Folgen gekennzeichnet, die für politische Entscheidungen dieses Kalibers ganz allgemein typisch ist. Der Bündnisbeitritt war eine Folge wie
eine Mitursache der Vertiefung der Spaltung in Ost und West.

Folgen des
Ost-West-Konfliktes
Einbindung der
westdeutschen Streit-
kräfte in das Bündnis
der NATO

Wir sind damit bereits bei den beiden weiteren äußeren politischen Elemente
des SPMD angelangt, die hier unter der Rubrik Folgen des Ost-West-Konfliktes
zusammengefaßt werden sollen. Die Wiederaufstellung deutscher Streitkräfte
selbst, zumal so kurz nach Niederringung der nationalsozialistischen Armee, ist
nur vor dem Hintergrund des beginnenden Kalten Krieges zu verstehen und war
sowohl von westlicher alliierter Seite als auch innenpolitisch von zahlreichen

---

Bundeskanzler die ganze Doktrin des Ersteinsatzes taktischer Nuklearwaffen ... abschaf-
fen."

6   In einer 1984 für das Verteidigungsministerium angefertigten Studie lehnten 73,4 % der
    befragten 1560 Mannschaftsdienstgrade aller drei Teilstreitkräfte den Einsatz von Mas-
    senvernichtungsmitteln im Kriegsfall ab. Die Studie sorgte 1985 im Kontext der Nach-
    rüstungsdebatte für einiges Furore, vgl. *Klein* 1995.

7   So der treffende Titel der einschlägigen Studie von *Boutwell* 1990.

8   So bei *Hamilton* (1994, 12), der schreibt: „Deutschland muß sich von einem Importeur
    zu einem Exporteur von Sicherheit und Stabilität wandeln."

9   Für eine vorzügliche politikwissenschaftlich-analytische Behandlung der Problematik
    der Lastenteilung in der Allianz vgl. *Boyer* 1993.

Vorbehalten begleitet.[10] Die Einbindung der westdeutschen Streitkräfte in das Bündnis der NATO war die äußere politische institutionelle Lösung des Problems, daß ein deutscher Verteidigungsbeitrag von seiten der Westalliierten gewünscht war, das Wiedererstehen einer auch den Westen bedrohenden deutschen Streitmacht jedoch verhindert werden sollte.[11] Neben dieser Einbindungsfunktion und der soeben diskutierten „Risiko- und Kostengemeinschaft" sind an der Bündnismitgliedschaft und der mit ihr begründeten sicherheitspolitischen Interdependenz der westlichen Staaten zwei Aspekte für das SPMD von Belang. Zum einen war das Bündnis als ein Verteidigungsbündnis für „die Unversehrtheit des Gebietes, die politische Unabhängigkeit oder die Sicherheit" der Mitgliedstaaten gedacht, wie es in Art.4 des NATO-Vertrags von 1949 heißt, was den Schwerpunkt bei der Verteidigung „within the area", also bezogen auf das Staatsgebiet der Mitgliedstaaten, legt. Zum andern verstand sich das westliche Bündnis nie nur als militärischer Zweckverband, sondern auch als Werteverbund demokratischer Staaten. Was zeitweilig wie ein etwas selbstgefälliger Werbeslogan klingen mochte – „Bündnis der freien Welt"[12] –, hatte seinen realen Kern darin, daß dem Bündnis in Gestalt der kommunistischen (realsozialistischen) östlichen Staaten nicht nur ein militärischer Gegner, sondern eine gesellschaftssystemare Alternative gegenüberstand, deren mangelnde Attraktivität nicht von Beginn an für jedermann so sichtbar war wie in ihrem Endstadium.

Im sicherheitspolitischen Bereich spitzte sich dies, als ein weiteres Element des SPMD, auf die Feindbild-Problematik zu, also auf die Frage danach, ob die Bundeswehr im west-östlichen Systemkonflikt ein Feindbild habe oder brauche. Im Ergebnis wird man sagen können: Während vieles dafür spricht, daß ein solches nicht gebraucht wurde – klare wertmäßige Abgrenzung ist möglich ohne ideologische Verteufelung –, spricht manches dafür, daß sie zumindest in Teilen gleichwohl eines hatte. Zu stark war in der Hoch-Zeit des Kalten Krieges der beinahe gesamtgesellschaftliche antikommunistische Affekt, zu stark auch die gedankliche und personale Kontinuität im Bereich der „geistigen Wehrhaftmachung" und der „Feindaufklärung", als daß von einem klaren Feindbildverzicht in allen Teilen der westdeutschen Streitkräfte gesprochen werden könnte.[13] Daß

Feindbild-Problematik

---

10 Als Beispiel für letzteres sei nur an die Äußerung des späteren Verteidigungsministers Franz Josef Strauß erinnert, daß demjenigen, der in Deutschland noch einmal eine Waffe in die Hand nehme, der Arm abfallen solle.

11 Berühmt geworden ist der Ausspruch von Lord Ismay, dem ersten NATO-Generalsekretär, der die Aufgabe dieser Organisation mit britischem Humor dahingehend umriß, sie diene dazu „to keep the Russians out, the Americans in, and Germany down" (zitiert nach *Hamilton* 1994, 51); um Mißdeutungen im Sinne des neo-nationalen Geschichtsrevisionismus zu verhindern, ist hinzuzufügen, daß dieses „down" in bezug auf Westdeutschland sich – erstaunlich – schnell und durchaus im Interesse der damaligen politischen Führung zu einer relativ gleichberechtigten Partnerschaft wandelte.

12 Das Bild einer demokratischen Wertegemeinschaft wurde auch getrübt durch die rein strategisch motivierte Beteiligung von zeitweilig diktatorischen Regimen in Portugal, Griechenland und der Türkei.

13 So sagte beispielsweise Generalleutnant a.D. Heusinger im Oktober 1952 anläßlich der Beratungen im Bundestag über die Europäische Verteidigungsgemeinschaft, hiermit die spezifisch anti-russische, nicht nur anti-kommunistische Kontinuität zum Ausdruck bringend: „Der einzige Soldat, der den Russen (sic!) kennt, ist der deutsche ... Das Plus, das durch 12 deutsche Verbände kommt, von der Nation, die sich jahrelang mit dem Russen

dem auf östlicher Seite eine ebenfalls von wenig Skrupeln geplagte, über die Armee hinaus weit in die Gesellschaft (Betriebskampfgruppen; militaristische Jugendschulung) ausgreifende Klassenfeind-Propaganda gegenüberstand[14], kann dies auch im Nachhinein nicht rechtfertigen, macht aber deutlich, wie besonders gespannt die sicherheitspolitische Lage zwischen den beiden deutschen Staaten war. Dennoch darf wohl festgehalten werden, daß der im Zuge der Entspannungspolitik zunehmend glaubhafte Verzicht auf die offizielle Propagierung eines Feindbildes in Westdeutschland als eine bedeutende strategische Entscheidung angesehen werden kann. Unter dieser Rubrik sind auch zwei weitere Elemente des SPMD zu erfassen.

4.1.4 Strategische „Entscheidungen" als Elemente des SPMD

Atomwaffenverzicht Anführungszeichen um das Wort „Entscheidung" sollen hier andeuten, daß es sich nicht unbedingt um Entscheidungen im engeren Sinne, als Ergebnis von konkreten Beschlüssen politischer Gremien handelt, sondern auch um das – zum Teil unintendierte – Ergebnis historischer Prozesse. Als Entscheidung im engeren Sinne läßt sich noch der westdeutsche Verzicht auf Herstellung und Besitz von Massenvernichtungswaffen (ABC-Waffen) verstehen. Wiederum wird die Bedeutung dieses Schrittes angesichts der deutschen Geschichte deutlich, die den Einsatz von Giftgas im Ersten Weltkrieg ebenso einschließt wie die zum Glück nicht mehr erfolgreiche Suche nach „Wunderwaffen" gegen Ende des Zweiten Weltkriegs. Dieser Verzicht erfolgte wie erwähnt vertraglich durch Beitritt der Bundesrepublik zur WEU sowie speziell für die Atomwaffen durch den 1969 erfolgten Beitritt zum Atomwaffensperrvertrag von 1968. Die Tatsache, daß dieser

---

bekriegt hat, dieses Plus in der Bewegung der europäischen Verteidigung darf meiner Ansicht nach nicht unterschätzt werden. ... Ich habe persönlich – ich muß es ehrlich sagen – ein so felsenfestes Vertrauen zu dem deutschen Menschen und den deutschen Eigenschaften, daß eine neue Truppe auch einen ähnlichen Grad der Festigkeit und Zähigkeit, den Russen zu bekämpfen, erwirbt, wie ihn die alte Truppe gehabt hat." (zitiert nach: Volker Ullrich: Ein singulärer Vernichtungskrieg – dort nach dem rezensierten Buch von: Hans-Erich Volkmann (Hrsg.): Das Rußlandbild im Dritten Reich, Köln/Weimar/Wien 1994 -, in: Die Zeit Nr.45, 4.11.1994, S.17) Zum problematischen Traditionsverständnis der Bundeswehr, wie es sich auf einem anderen Gebiet, dem der Kasernenbenennung, zeigt, vgl. *Knab* 1995.

14 Am 1.2.1978 erließ das Ministerium für Volksbildung der DDR eine Direktive zur Einführung und Gestaltung des Wehrkundeunterrichts an den Klassen 9 und 10 der allgemeinbildenden polytechnischen Oberschulen ab dem 1.9. In der Klasse 9 umfaßte er vier Doppelstunden im Jahr zur „sozialistischen Landesverteidigung" sowie das zweiwöchige Lager zur „Wehrausbildung" für Jungen oder zur „Zivilausbildung" für Mädchen. In Klasse 10 umfaßte er vier Doppelstunden Unterricht und drei Tage „Wehrbereitschaft", wobei ein „Marsch der Waffenbrüderschaft", ein militärisches Geländespiel, stattfand. Kirchlicher Widerstand regte sich hiergegen, wobei die Befürchtung geäußert wurde, daß Eltern, die ihre Kinder an diesem Unterricht teilnehmen lassen wollten, als politisch unzuverlässig diffamiert würden. Am 12.12.1978 wurde auch der FDGB in die „Wehrerziehung" einbezogen. Zu den vereinbarten Maßnahmen gehörten die Vorbereitung berufstätiger Jugendlicher auf den Wehrdienst sowie betrieblicher „Wehrsport". Angaben nach *Bögeholz* 1995, 495, 499 und 507.

letztere Schritt innenpolitisch, insbesondere auf der konservativen Seite, nicht unumstritten war, zeigt, daß Reste eines Denkens in Kategorien militärischen Prestiges noch nicht völlig verschwunden sind. Andererseits unterstreicht gerade dies wie auch die aufgrund der industriellen Kapazität wohl relativ leicht erreichbare Möglichkeit von ABC-Waffen-Produktion in Deutschland die Bedeutung des geübten Verzichts hierauf.

War diese Absage eine Entscheidung im Sinne eines politisch gefaßten Beschlusses, so ist die zweite hier zu erwähnende „strategische Entscheidung" eher Resultat komplexer historischer Entwicklungen. Gemeint ist, als weiteres Element des SPMD, die dreifache Absage an traditionelles Hegemoniestreben, an traditionelle Machtpolitik sowie an traditionelle Intervention. Sie verdienen jeweils eine kurze Erläuterung. *dreifache Absage*

Das traditionelle Streben nach Hegemonie setzt den traditionellen Hegemonie-Begriff voraus, der eine vorwiegend militärisch gestützte Vormachtstellung meint. Eine solche anzustreben, zumindest in bezug auf Europa, war mehrfach in der deutschen Geschichte Ziel der politischen Eliten oder zumindest von Teilen von ihnen. Daß dieses „Projekt" nach dem Zweiten Weltkrieg aufgegeben wurde, hat nicht nur mit seinem katastrophalen Ausgang, sondern auch mit dem dadurch nun doch erreichten Wandel der Einstellung der Eliten in Deutschland zu tun[15] wie auch mit dem Wandel ihrer soziologisch beschreibbaren Zusammensetzung. Mit letzterem ist gemeint, daß mit der Teilung Deutschlands und der realsozialistischen Umgestaltung seines östlichen Teils eine traditionelle Trägerschicht deutschen Militarismus, der preußische Adel, als Elitensegment praktisch ausschied. Ebenfalls einen soziologisch erfaßbaren Wandel stellt das im Vergleich zu früheren historischen Perioden gesunkene Prestige des Militärs und des Militärischen dar, gleichsam das Korrelat im Bereich der politischen Kultur zum oben erwähnten strukturellen Antimilitarismus. *Absage an traditionelles Hegemoniestreben*

Gegen diese Darstellung erscheinen zwei Einwände denkbar, die von einer gemeinsamen, alternativen Hegemonie-Vorstellung ausgehen. Sie lauten: 1. Auf traditionales Hegemoniestreben konnte von westdeutschen Eliten verzichtet werden, weil der modernisierte Kapitalismus international auch ohne Waffengewalt Vorherrschaft erlangt[16]; und 2.: Dies gilt umso mehr, wenn Hegemonie weiter gefaßt wird als materielle Überlegenheit und ideologische Führerschaft, die auch ohne absichtlichen Einsatz von Gewalt Einfluß über andere Staaten verleiht. Ein solcher, auf strukturelle (statt auf direkte) Macht abhebender Hegemoniebegriff ist in der Disziplin der internationalen Politik in jüngster Zeit vor allem, aber nicht ausschließlich, von Vertretern eines undogmatischen histo- *zwei Einwände unter Hinweis auf unterschiedliche Hegemoniekonzepte*

---

15 Hierbei ist insbesondere der Kontrast zwischen der Elitenreaktion auf die Niederlage in beiden Weltkriegen von Bedeutung: hielt sich nach dem Ersten ein Revanchismus, gekoppelt mit einer von Uneinsichtigkeit und Verdrehung historischer Wahrheit getragenen „Dolchstoßlegende", so wurde das Projekt „Großdeutschland" nach dem Ende des Zweiten Weltkriegs außer von marginalen Gruppen am äußersten rechten Rand des politischen Spektrums aufgegeben. Vgl. zu diesem Vergleich die Beiträge in *Niedhart/Riesenberger* 1992.

16 Dieses Argument ist ganz parallel zu bestimmten Kritiken am „Neoimperialismus", der formal die Dekolonialisierung zulassen könne, faktisch jedoch die Vorherrschaft der ehemaligen und weiterhin bestehenden Zentren stabilisiere.

risch-materialistischen Ansatzes im Anschluß an Arbeiten des italienischen politischen Theoretikers Antonio Gramsci entwickelt worden.[17]

Erwiderung

Der erste Einwand leidet unter zwei Schwächen. Analytisch ist er gar zu funktionalistisch, als ob „der Kapitalismus" schon alles richte, inklusive der Unterwerfung seiner Gegner. Er verkennt auch das Eigengewicht politisch-militärischer Aspekte des internationalen Systems. (Über-)Lebenspraktisch gesehen unterschätzt er den Unterschied zwischen militärischer Eroberungspolitik und wirtschaftlicher Durchdringung: ausländisches Eigentum an führenden Industrien eines Landes mag als störend empfunden werden; es ist jedoch weit von militärischer Besatzung entfernt. Der reale, auch analytisch fruchtbare Kern des ersten Einwands wird vom zweiten Einwand zutage gebracht. Hegemonie im weiteren Sinne nicht-intentionaler Vorherrschaft ist möglich – und, so läßt sich argumentieren, für das wiedervereinigte Deutschland in Europa gegeben.[18]

Absage an traditionelles Machtstreben

Um so wichtiger ist die zweite Absage, die an traditionelles Machtsteben. Es wurde aus Anlaß der deutschen Wiedervereinigung von Außenminister Genscher vor der Vollversammlung der Vereinten Nationen bekräftigt als er kundtat, Deutschland strebe nicht nach Macht. Dies bleibt von Belang, auch wenn man aus hegemoniekritischer Sicht hinzufügen mag: Es braucht auch nicht danach zu streben, weil sie ihm – im strukturellen Sinne – bereits zukommt. Wichtiger erscheint hier jedoch der Hinweis, daß die Absage an traditionelle Machtpolitik nichts mit dem gemein hat, was einer ihrer Kritiker seit Jahren als „Machtvergessenheit" geißelt.[19] Vielmehr hat Deutschland auch im sicherheitspolitischen Bereich seine Interessen durch Einbindung in multilaterale Kooperation geschickt gewahrt, so geschickt, daß es keine fünfzig Jahre nach der totalen Niederlage in einem Angriffskrieg nicht nur international seine Wiedervereinigung abgesegnet bekommen hat, sondern auch weltweit, sogar im sicherheitspolitischen Bereich, als Kooperationspartner wieder gefragt ist. Was es ansonsten, abgesehen vom zweifelhaften Prestige einer Nuklearmacht, denn aufgrund der angeblichen „Machtvergessenheit" verfehlt haben soll, konnte auch der Autor dieses Konzepts bisher nicht deutlich machen.[20]

Absage an traditionelle Interventionspolitik

Damit sei schließlich die dritte Absage, die an traditionelle Interventionspolitik, noch kurz angesprochen, die zugleich auch zum letzten hier zu behandelnden Elemente-Paar des SPMD überleitet. Die Betonung liegt hier auf „traditionell". Die machtpolitisch motivierte Intervention in anderen Staaten findet heute bereits im allgemein geltenden Völkerrecht ihre normative Grenze. Darüber hinaus hat die Bundesrepublik weder die Absicht noch ein Interesse daran, im Stil des 19. Jahrhunderts in ihrer Nachbarschaft zu intervenieren. In Westeu-

---

17   Zu auf Gramsci gestützten Hegemonievorstellungen im Bereich internationaler Politik vgl. z.B. *Gill* und *Law* 1988, 76 ff.; *Gill* 1990, 54 ff.; sowie die Beiträge in *Gill* 1993. Für die nicht-marxistische Verwendung des Konzeptes „struktureller Macht" vgl. theoretisch *Strange* 1988, als gelungene empirische Arbeit *Schirm* 1994.

18   Vgl. z.B. den Beitrag von *Markovits* und *Reich* 1992.

19   Vgl. *Schwarz* 1985.

20   Vielmehr kommt er jüngst selbst zu dem Schluß: „Deutschland ist zwar das stärkste, somit auch potentiell einflußreichste europäische Land – vermag aber nur zu prosperieren, solange es sich in das Interdependenzgefüge partnerschaftlich einfügt" (*Schwarz* 1994, 78).

ropa scheint dies aufgrund des erreichten Integrationsstandes geradezu undenkbar, in Osteuropa wurde der wie gesagt schon allgemein-völkerrechtlich gültige Gewaltverzicht sowohl bilateral, durch die Ostverträge, als auch multilateral, im Rahmen der KSZE, nunmehr OSZE, bekräftigt. Hieran hat auch die deutsche Einheit nichts geändert, vielmehr war sie erneut Anlaß für die Bekräftigung der Absage an gewaltsame Intervention.

4.1.5 Polit-ökonomische Elemente des SPMD

Im Kontext der Interventionsproblematik ist nun auch das erste der beiden polit-ökonomischen Elemente des SPMD von Belang, wurde doch durch die erwähnten west- und gesamteuropäischen Integrations- und Kooperationsvertragswerke eine Intervention in Gebieten außerhalb Europas nicht berührt. Und in der Tat haben zwei der westeuropäischen Mächte, Frankreich und Großbritannien, auch in der Zeit nach dem Zweiten Weltkrieg mehrfach „am anderen Ende der Welt" Flagge gezeigt, namentlich dort, wo sie einstmals als Kolonialmacht aufgetreten waren (man denke an die Suez-Krise von 1956, diverse französische Einsätze in Afrika und auf britischer Seite an den Konflikt mit Argentinien um die Falkland/Malwinen-Inseln). Ist man bereit, hier im Sinne der These des Neokolonialismus von post-kolonialem Interventionismus zu sprechen, der auch der Wahrung wirtschaftlicher Interessen dient und somit in einem polit-ökonomischem Nord-Süd-Zusammenhang zu sehen ist, so fällt als weiteres Element des SPMD die Abwesenheit einer postkolonialen Versuchung auf. Da Deutschland, zweifellos nicht freiwillig, seiner kolonialen Besitzungen bereits mit dem Ende des Ersten Weltkriegs verlustig gegangen ist, besteht zumindest insofern für das wiedervereinigte Deutschland keine Gefahr mehr, in postkolonialen Interventionismus zu verfallen. Inwiefern eine erweiterte Neudefinition deutscher sicherheitspolitischer Interessen hieran etwas ändert, wird abschließend anzusprechen sein.

Abwesenheit einer postkolonialen Versuchung

Das zweite polit-ökonomische Element des SPMD führt uns zurück zu den heimischen Bedingungen. Es betrifft die ökonomische Bedeutung von Rüstungsproduktion und Rüstungsexport. Das Theorem von der Bundesrepublik als Handelsstaat steht hier im Zentrum.[21] Drei Aspekte sind hieran wichtig.

Bundesrepublik als Handelsstaat: drei Aspekte des Theorems

1. Das Theorem schlägt eine Verbindung zwischen dem sicherheitspolitischen und dem allgemeinen polit-ökonomischen Modell Deutschland. Die zentrale These ist nämlich, daß Nationen, die sich nach dem Zweiten Weltkrieg auf den Aufbau einer konkurrenzfähigen zivilen Wirtschaft konzentrierten – gedacht ist an die Bundesrepublik und Japan –, damit besser gefahren sind als solche Staaten, die zum Teil hohe Verteidigungs- und Rüstungsproduktionskosten getragen haben (wie Großbritannien, Frankreich und namentlich die USA).

Verbindung zwischen SPMD und allgemeinem Modell D

2. Das im Vergleich zum historisch Erwartbaren und ökonomisch Möglichen geringere Ausmaß von Rüstungsproduktion in (West-) Deutschland resultiert somit nicht nur aus den mehr oder minder freiwilligen erwähnten recht-

funktionaler Rüstungsverzicht

---

21 Es geht zurück auf die Arbeit von *Rosecrance* 1987.

lichen Beschränkungen in diesem Bereich. Es ist auch funktional für das Ge-
deihen der auf den Export ziviler Güter konzentrierten Wirtschaft. Der Export von Rüstungsgütern wurde unter der Devise „keine Lieferung in Span-
nungsgebiete" deutlichen, wenn auch stets als zu milde kritisierten politischen Beschränkungen unterworfen (Kriegswaffenkontrollgesetz), eine aktive Rüstungsexportpolitik in geringerem Maße als etwa bei westeuropäischen
Partnern betrieben (es gibt keine regelmäßigen Verkaufsschauen, die größte
in Deutschland – die Hannovermesse – ist zivil ausgerichtet), auch wenn
dies zum Teil durch die Rüstungsproduktions- und damit indirekt auch Ver-
kaufs-Kooperation mit den westeuropäischen Partnern relativiert wird. Allerdings führte die Auflösung der NVA-Bestände im Zuge der deutschen
Wiedervereinigung doch dazu, daß Deutschland auf Platz drei der Liste der
internationalen Waffenexporteure geriet.

aber: Problem der dual use-Güter 3. Der eigentliche Fleck auf dieser weißen Zivilmachtsweste jedoch ist wohl in
der Kehrseite der Handelsstaatpolitik zu sehen, die auf möglichst freien Ex-
port ziviler Güter angelegt ist und sich dabei schwer tut, genau hinzusehen,
wenn es um den Export sog. „dual use"-Güter geht, also solcher Produkte,
die als solche oder mit wenig Aufwand abgewandelt neben zivilen auch militärischen Zwecken dienen können. Der Export ganzer Giftgasproduktions-
anlagen unter dem Deckmantel der „Pflanzenschutzmittelproduktion" ist
nicht nur skandalträchtig; er unterminiert auch Ansehen und Glaubwürdigkeit der deutschen Politik im Ausland.[22] Selbst im hochsensiblen Nukleabe-
reich war es Politik aller Bundesregierungen, die Tür zu zivilem Export offen zu halten unter Inkaufnahme der Tatsache, daß die mit dem Nichtweiter-
verbreitungsvertrag beabsichtigte Kontrolle dadurch an Schärfe einbüßte.[23]

Wir haben damit das Ende des Überblicks über die Elemente des sicherheitspolitischen Modell Deutschland erreicht und wollen diese graphisch resümieren,
bevor wir uns einigen Schlußfolgerungen dieser Modelldiskussion für aktuelle
Fragen deutscher Sicherheitspolitik zuwenden (vgl. Abbildung).

---

22 Unangenehmer Höhepunkt insofern war bisher die Entdeckung einer deutschen Beteiligung am Bau der Giftgasanlage im libyschen Rabta, die den einflußreichen amerikanischen Kolumnisten William Safire in der New York Times im Januar 1989 zum Schlag-
zeilen-Kommentar „Ausschwitz im Wüstensand" veranlaßte. Ihre jüngste Fortsetzung
fand diese „leidige Geschichte" in der im August 1996 publik gemachten Aufdeckung
der Beteiligung wiederum zweier deutscher Firmen an der Konstruktion der „Nachfolge-
anlage" in Libyen („Rabta II"), was auch zu einer Wiederholung des kritischen Kom-
mentars geführt hat (vgl. Wolfgang Hoffmann: „Ein Auschwitz unterm Wüstensand", in:
Die Zeit Nr.35, 23.8.96, S.2). Vgl. in diesem Zusammenhang auch das deutschen dual-
use- und Rüstungsexporten gewidmete, bissig „Germany: export über alles" überschrie-
bene Kapitel 7 in *Burrows/Windrem* 1994. Dort wird auch berichtet, daß 24 der 40 von
der Internationalen Atomenergiebehörde (IAEA) als Technologielieferanten für das ira-
kische Nuklearwaffenprogramm ausgemachten Firmen deutsche sind. Und weiter: „Of
the 602 machine tools found by the inspectors at Iraqi nuclear weapons plants, 242 had
been made in Germany." (ebd., 222)
23 Vgl. dazu *Küntzel* 1992.

Elemente des sicherheitspolitischen Modell Deutschland

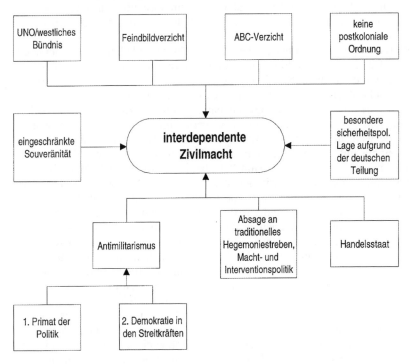

Wie ersichtlich, läßt sich das sicherheitspolitische Modell resümieren unter dem Begriff der interdependenten Zivilmacht. Letzteres umfaßt aber mehr, als gewöhnlich damit gemeint ist. Insgesamt wurden hier zehn Elemente des Modells ausgemacht. Mindestens zwei davon: die eingeschränkte Souveränität und die deutsche Teilung sind nunmehr entfallen. Es bleibt daher die Frage, ob das hier in Gestalt eines analytischen Modells resümierte Realmodell deutscher Sicherheitspolitik überholt ist oder inwiefern die deutsche Sicherheitspolitik einer Überholung bedarf.

4.1.6 Das Realmodell auf dem Prüfstand

Die durch den Wegfall des ost-westlichen Systemgegensatzes sowie die deutsche Einheit geänderte Lage macht eine Überprüfung der bisherigen Sicherheitspolitik erforderlich. Anhand des entwickelten analytische Modells dieser Politik läßt sich zunächst verdeutlichen, daß dies nicht heißt, daß alle seine Elemente und damit das Realmodell generell überholt wären. Eine Überholung des Modells ist aber angesagt. Dabei sollte sich allerdings die Politik nicht von „den Generälen" überholen lassen[24] – auch wenn, gestützt auf das analytische Modell, die häufig

---

24 Wenn hier von „den Generälen" die Rede ist, so geht es natürlich, um eine bekannte Verbrechensvorbeugungssendung des deutschen Fernsehens zu zitieren, nicht darum, ei-

beschworene Gefahr einer „Militarisierung deutscher Außenpolitik" als weniger akut erscheint, beruht doch der Charakter der Bundesrepublik als interdependente Zivilmacht auf mehr Elementen, als den Urhebern dieser Kritik bewußt zu sein scheint.

entfallende und bleibende Elemente des Modells

Betrachten wir also zunächst die entfallenden und bleibenden Elemente des Modells. Das Ende der Teilung hat in Verbindung mit dem Ende des Systemgegensatzes nicht nur die äußere Bedrohung reduziert. Sie hat auch die spezifisch innerdeutsche Zuspitzung des Gegensatzes beendet und damit nicht zuletzt das nukleare Dilemma, um nicht vom nuklearen Albtraum zu sprechen, aufgelöst. Die nunmehr begonnene Suche für neue verteidigungspolitische Aufgaben für die Bundeswehr und einer neudefinierten Rolle des NATO-Bündnisses geht zuweilen einher mit Diskussionen um „neue Feindbilder", etwa das des „bedrohlichen islamischen Fundamentalismus". Dabei ist allerdings nicht klar, ob es einzelne Stimmen aus dem militärischen Bereich oder solche von „kritischen Kritikern" sind, die im Moment mehr davon reden. Festzuhalten ist, daß solche neue Feindbilder ebenso unnötig sind wie die alten es schon waren. Zugleich hat der Wiedergewinn voller Souveränität den rein rechtlichen Handlungsspielraum Deutschlands erweitert. Die künftige Aufgabe lautet hier, verantwortlich mit ihm umzugehen, und das kann für die Nachbarn erträglich wohl auch weiterhin nur durch Einbindung in multilaterale Strukturen, im sicherheitspolitischen Bereich also in das westliche Bündnis, sowie in breiterem Rahmen in der UNO geschehen. Geändert (und zwar entgegen der Militarisierungs-These deutlich vermindert) hat sich bereits der Umfang der Streitkräfte[25], darüber hinaus auch ihre Zusammensetzung, die nunmehr auch ehemals ostdeutsche Truppenteile umfaßt. Nach Abzug der russischen Truppen erstreckt sich auch der Auftragsbereich der Sicherheitswahrung auf Gesamtdeutschland. Erhalten bleibt, im doppelten Sinne, auch die Aufgabe der Achtung des Prinzips der Demokratie in den Streitkräften, spezifisch militaristische Elemente der DDR-Wehrordnung sind hinfällig. Von den polit-ökonomischen Elementen wird, ungeachtet des erwähnten „Zwischenhochs" des Rüstungsexportes durch Verkauf von NVA-Beständen[26], in der Exportpolitik keine Abweichung von der restriktiven Linie zu erwarten oder sinnvoll sein, allerdings ihre Beibehaltung angesichts der Europäisierung sowohl der Produktion wie der außenhandelspolitischen Richtlinien anzustreben sein.[27] Da

---

nen ganzen Berufsstand zu verunglimpfen. Der Autor bekennt vielmehr, in diesem Punkt ein Opfer seiner sprachspielerischen Neigung geworden zu sein.

25 Vgl. dazu etwa *Grundmann* 1994. Allerdings weist er kritisch darauf hin: „Quantitativer Militärabbau ist eine Voraussetzung für die qualitative Entmilitarisierung von Politik und Gesellschaft. Aber letztere folgt nicht zwingend aus ersterem." (144) Vielmehr sieht er in jüngsten Veröffentlichungen des Verteidigungsministeriums, so auch im Weißbuch von 1994, eine Tendenz zu „Ideologischem Wandel": „Wie selbstverständlich werden die neuen Elemente altbekannten Begrifflichkeiten zugeordnet und diese damit neu definiert" (142).

26 Dazu *Grundmann* 1994, 135 ff.

27 Zur ökonomischen Begründung gemeinsamer europäischer Rüstungsproduktion vgl. z.B. die Beiträge im Economist vom 8.4.1995: „Attack the frontiers" (S.18f.) und „A Eurogun is a tricky thing" (S.73f.), zur politikwissenschaftlichen Analyse ihrer Probleme die Beiträge in *Karl* 1994; was die gemeinsame Exportkontrolle der EU anbelangt, so hat der EU-Rat am 19.12.1994 eine Verordnung über die Kontrolle der Ausfuhr von Gütern mit

der Schwerpunkt deutscher (Export-)Wirtschaft auch weiterhin im Zivilbereich liegen wird, ist die handelsstaatliche Komponente des Zivilmachtcharakters gut abgesichert. Es bleibt allerdings auch die dual-use-Problematik. Schließlich ist der Bereich der oben so genannten strategischen Entscheidungen anzusprechen. Unverändert weiterzuverfolgen und darüber hinaus sogar im normativen Sinne als Modell zu empfehlen ist der Verzicht auf ABC-Waffen. Der wichtigste Punkt, an dem eine strategische Neuentscheidung ansteht, ist die Frage der Intervention. Die, wie oben erläutert, mehrfach auch gesellschaftlich verankerte Absage an traditionelle Machtpolitik macht es hier möglich, der Herausforderung zum verantwortlichen Gebrauch des neu gewonnenen rechtlichen Handlungsspielraums gerechtzuwerden und sich, im kollektiven Rahmen der Vereinten Nationen, an Interventionen dort zu beteiligen, wo erstens der Sicherheitsrat hierzu eine rechtliche Grundlage schafft und zweitens ein deutscher, auch militärischer Beitrag zur Durchführung einer so beschlossenen Aktion sinnvoll ist.

Aufgabe der Politik – und damit kommen wir als zweitem Punkt unserer Schlußbemerkungen zu deren Primat – ist es jedoch, zu bestimmen, wann dies der Fall ist. Nachdem aufgrund einer unguten Blockade von Regierung und Opposition die grundsätzliche, in einer Demokratie eigentlich vom Parlament zu fällende Entscheidung über die Möglichkeit solcher Einsätze als vermeintlich verfassungsrechtliche Frage dem Bundesverfassungsgericht zugeschoben worden ist[28], sollte sich die Politik wenigstens bei den nun möglichen und nötigen institutionellen Änderungen und den dann fälligen konkreten Einzelentscheidungen nicht das Konzept aus der Hand nehmen lassen. Es droht dabei nämlich nicht nur der Verlust des Primats der Politik dadurch, daß militärische Planung die Politik überholt. Das Militär kann auch dadurch in eine prägende Rolle geraten, daß die Politik ihr aus Entscheidungsschwäche das Feld überläßt. So wirkt es inkonsequent, wenn Verteidigungsminister Rühe einerseits das Ansinnen nach der Einrichtung eines an den einstmaligen Generalstab erinnernden eigenen deutschen „Führungskommandos Bundeswehr" zurückweist, andererseits aber doch in der Hardthöhe seit Anfang Januar 1995 „probehalber" ein Führungszentrum der Bundeswehr eingerichtet wurde, das der damalige Generalinspekteur Naumann als „Bestandteil meines Stabes" bezeichnet und die Welt am Sonntag

Aufgaben der Politik: Wahrung und Wahrnehmung ihres Primats

doppeltem, zivilen wie militärischem, Verwendungszweck angenommen sowie mit Beschluß vom selben Datum ein Gemeinschaftssystem zur Kontrolle dieser Ausfuhr eingerichtet. Beide treten ab 1.3.1995 in Kraft. Über eine gemeinsame Rüstungsexportpolitik wird weiterhin verhandelt, wobei sich abzeichnet, daß nicht alle EU-Partner gewillt sind, das bisherige deutsche Niveau an Restriktionen zu übernehmen. Dies hat ihrerseits die Bundesregierung veranlaßt, vorwegnehmend den Export in diese und „befreundete" Staaten zu erleichtern. Im Vergleich zum bisherigen Niveau deutscher Restriktionen im Bereich Waffenexport deutet sich also eine „Harmonisierung nach unten" an. Dies mag man bedauern, es ist aber gerade nicht Anzeichen einer – im Vergleich zu anderen westlichen Demokratien – besonderen „Militarisierung" deutscher Außenpolitik.

28   Am 12.7.1994 entschied das Bundesverfassungsgericht, daß Auslandseinsätze der Bundeswehr im Rahmen internationaler Organisationen wie der UNO, aber auch der NATO und der WEU verfassungsrechtlich zulässig sind, nachdem die – mit einfacher Mehrheit erteilbare – Zustimmung des Bundestags eingeholt worden ist (vgl. dazu NJW 34, 1994, 2207-2219).

einen „Mini-Geralstab" genannt hat.[29] Auch die Diskussion um den Einsatz deutscher Tornados im Falle eines Abzugs der UNO-Truppen aus Bosnien machte
Unzulänglichkeiten der gegenwärtigen Politik deutlich. Statt klar Position zu beziehen, was sie für sinnvoll und notwendig erachtete, und somit, im Sinne politischer Führung, der Bevölkerung klare Vorschläge zu unterbreiten, argumentierte
die Regierung mit womöglich auch nur vermeintlichen Sachzwängen (daß nämlich allein deutsche Tornados geeignet seien). Durch solches Vorgehen wird eine
politische Entscheidung als „Sachzwang" zu verkaufen versucht. Der notwendige gesellschaftliche Konsens für die deutsche Unterstützung kollektiver Sicherheit im Rahmen der Vereinten Nationen läßt sich so jedoch nicht schaffen. Aber
auch einschüchternde Rhetorik wie der im In- und Ausland erhobene Vorwurf
der „Drückebergerei"[30] oder der Scheckbuchdiplomatie kann die offensiv und
offen zu führende Argumentation nicht ersetzen, die positive Gründe anführen
muß, warum Deutschland, notfalls auch militärisch, als interdependente Zivilmacht Mitverantwortung tragen sollte. Den Primat der Politik in diesem Sinne zu
(re)etablieren ist, wie bereits oben gesagt, eine Daueraufgabe in jeder Demokratie.,

Problematik des „erweiterten Sicherheitsbegriffs", aber keine drohende Militarisierung

Dies gilt schließlich gerade auch für die im Zuge der Diskussion um einen
„erweiterten Sicherheitsbegriff" erfolgende Bestimmung künftiger deutscher Si-
cherheitsinteressen und der Politik zu ihrer Verfolgung. Der berechtigte Hinweis
darauf, daß deutsche Sicherheit von mehr abhängt als von der Zurückweisung
ohnehin kaum mehr sichtbarer massiver militärischer Bedrohungen, darf nicht
dazu führen, daß die Wahrnehmung dieser „erweiterten Sicherheitsaufgaben" als
vorwiegend militärische Aufgabe gedacht wird. Spätestens seit dem Harmel-Be-
richt von 1967 hatte die NATO im Bereich klassischer Sicherheitspolitik auch
offiziell erkannt, daß diese Sicherheit nicht mit militärischen Mitteln allein verfolgt werden kann – nicht zuletzt, weil diese oft kontraproduktiv sind, etwa aufgrund des Sicherheitsdilemmas Bedrohung erhöhen statt mindern. Auch für die
neuen globalen Gefährdungen gilt, daß die Bundesrepublik neben ihrem militärischen Beitrag zur globalen Sicherheit dort, wo sie ihn im Rahmen der UNO und
aufgrund eigenen wohlüberlegten Beschlusses leisten kann, zur Abwehr zahlrei-
cher ebenfalls wichtiger globaler Bedrohungen, etwa der Umwelt, aufgrund ihrer
ökonomischen Leistungsfähigkeit weit mehr in nicht-militärischer Form beizutragen hat. Dies und die sich gerade im Vorwurf der Militarisierung der Außenpolitik, der mir überzogen erscheint[31], zeigende Wachsamkeit der Öffentlichkeit,

---

29 Nach: „Einsatz ins ungewisse", in: Der Spiegel Nr.5, 1995, 68-79, hier: S.78.
30 Beispiele solcher Rhetorik finden sich zuhauf. So schreibt Daniel *Hamilton* (1994, 53,
    meine Herv.) als inoffizielles Sprachrohr amerikanischer Politik, die neue Berliner Re-
    publik könne sich „nicht mehr hinter der deutschen Geschichte *verstecken* oder die Wirt-
    schaftskraft des Landes in den Vordergrund schieben oder multilaterale Beziehungen als
    Ausrede benutzen", und auch Christian *Hacke* (1993, 520/21) würzt sein flammendes
    Plädoyer für deutsche Entschlußkraft, dem in vielem durchaus zuzustimmen ist, mit dem
    Hinweis: „Deutschland erscheint ... als feige, unentschlossen, unsympathisch und
    selbstmitleidig." Eine solche Sicht müßte aber ertragen werden, wenn die Position, die zu
    ihr führt, auf guten Gründen beruht. Diese Gründe selbst zu erörtern kann uns niemand
    abnehmen, auch kein psychologischer Druck von außen.
31 Außer in jenem rein formalen Sinne, daß eine (künftige) deutsche Außenpolitik, allein
    schon weil sie sich auch eines Mittels – in diesem Fall: militärischer Gewalt – bedient,

selbst Teil der gesellschaftlichen Verankerung des sicherheitspolitischen Modells Deutschland[32], bildet eine Gewähr dafür, daß Deutschland eine interdependente Zivilmacht auch dann bleiben wird, wenn es sich künftig an ohnehin nur in
seltenen Einzelfällen sinnvollen militärischen Aktionen beteiligt.

4.1.7 Literatur

Bögeholz, Hartwig 1995: Die Deutschen nach dem Krieg. Eine Chronik, Reinbek.

Boutwell, Jeffrey 1990: The German Nuclear Dilemma, London.

Boyer, Mark A. 1993: International Cooperation and Public Goods. Opportunities for the
Western Alliance, Baltimore/London.

Burrows, William E./Windrem, Robert 1994: Critical Mass. The Dangerous Race for Super-
weapons in a Fragmenting World, New York.

Dülffer, Jost (Hrsg.) 1992: Parlamentarische und öffentliche Kontrolle von Rüstung in
Deutschland 1700-1970. Beiträge zur historischen Friedensforschung, Düsseldorf.

Esping-Andersen, Gösta 1990: The Three Worlds of Welfare Capitalism, Cambridge.

Gill, Stephen/Law, David 1988: The Global Political Economy. Perspectives, Problems and
Policies, Hemel Hempstead.

Gill, Stephen 1990: American Hegemony and the Trilateral Commission, Cambridge.

Gill, Stephen (Hrsg.) 1993: Gramsci, Historical Materialism and International Relations,
Cambridge.

Grundmann, Martin 1994: Die Bundeswehr: Eine Bilanz nach vier Jahren „Abrüstung", in:
Hanne-Margret Birckenbach/Uli Jäger/Christian Wellmann (Hrsg.): Jahrbuch Frieden
1995, München, 132-143.

Hacke, Christian 1993: Weltmacht wider Willen. Die Außenpolitik der Bundesrepublik
Deutschland, Aktualisierte und erweiterte Neuausgabe, Frankfurt a.M./Berlin.

Hamilton, Daniel 1994: Jenseits von Bonn. Amerika und die „Berliner Republik", Frankfurt
a.M./Berlin.

Karl, Wilfried (Hrsg.) 1994: Rüstungskooperation und Technologiepolitik als Problem der
westeuropäischen Integration, Opladen.

Klein, Paul 1995: Wehrpflichtige der Bundeswehr und Atomkrieg, in: Wolfram Wette
(Hrsg.): Der Krieg des kleinen Mannes. Eine Militärgeschichte von unten, 2.Aufl., Mün-
chen/Zürich, 440-454.

Knab, Jakob 1995: Falsche Glorie. Das Traditionsverständnis der Bundeswehr, Berlin.

Küntzel, Matthias 1992: Bonn und die Bombe. Deutsche Atomwaffenpolitik von Adenauer
bis Brandt, Frankfurt a.M./New York.

Markovits, Andrei/Reich, Simon 1992: Deutschlands neues Gesicht: Über deutsche Hegemonie in Europa, in: Leviathan 20, 1, 15-63.

Michal, Wolfgang 1995: Deutschland und der nächste Krieg, Berlin.

Niedhart, Gottfried/Riesenberger, Dieter (Hrsg.) 1992: Lernen aus dem Krieg? Deutsche
Nachkriegszeiten 1918/1945, München.

---

das ihr bisher aufgrund von Souveränitätsbegrenzungen und politischen Vorbehalten des
Auslands nicht zu Gebote stand, mehr „militärisch" und also „militarisiert" sei. Das läuft
allerdings auf einen wenig differenzierten Gebrauch des Militarismusbegriffes hinaus,
der z.B. demokratisch kontrollierten und legitimierten Gewalteinsatz von solchem, für
den beides nicht gilt, nicht mehr zu trennen vermag. Dies freilich war die eigentliche In-
tention des Begriffs.

32 In diesem Sinne ist auch der politische Essay von *Michal* 1995 zu verstehen und zu be-
grüßen, der es – zugespitzt als Debattenbeitrag – unternimmt, aktuelle, von ihm als be-
denklich empfundene Tendenzen der deutschen Sicherheitspolitik fortzuschreiben und
damit drohende Militarisierung, wie er sprachspielerisch sagt, *fort*-zuschreiben (19).

Rosecrance, Richard 1987: Der neue Handelsstaat. Herausforderungen für Politik und Wirtschaft, Frankfurt a.M./New York.

Schirm, Stefan A. 1994: Macht und Wandel: Die Beziehungen der USA zu Mexiko und Brasilien, Opladen.

Schmidt, Helmut 1990: Die Deutschen und ihre Nachbarn, Berlin.

Schwarz, Hans-Peter 1985: Die gezähmten Deutschen. Von der Machtbessesenheit zur Machtvergessenheit, Stuttgart.

Schwarz, Hans-Peter 1994: Die Zentralmacht Europas. Deutschlands Rückkehr auf die Weltbühne, Berlin.

Strange, Susan 1988: States and Markets. An Introduction to International Political Economy, London.

Christian Deubner

4.2 Die Wiedervereinigung der Deutschen und die Europäische Gemeinschaft[1]

4.2.1 Fragestellung

Wie verändern sich das wirtschaftliche Gewicht Deutschlands und damit die Struktur der wirtschaftlichen Beziehungen innerhalb der EG im Gefolge der Wiedervereinigung? Was für Folgen ergeben sich daraus für den Europäischen Integrationsprozeß?

Der strukturelle deutsche Handelsüberschuß und der Stabilitätsvorsprung sowie die Leitwährungsfunktion der Deutschen Mark in der EG sind wichtige Strukturmerkmale sowohl für das wirtschaftliche Gewicht wie für die Struktur der Wirtschaftsbeziehungen. An der Entwicklung dieser beiden Strukturmerkmale wird daher der Effekt der Wiedervereinigung überprüft. Als Hintergrund und Kontext für diese Überprüfung wird auch das politische Gewicht der Bundesrepublik innerhalb der EG und seine Veränderung im Gefolge der Wiedervereinigung kurz skizziert.

Das „Modell Deutschland" steht als Vorverständnis im Hintergrund dieser Untersuchung. Ohne daß es ausführlich belegt wird, liefert es die wesentlichen Erklärungen und identifiziert die wesentlichen Pfeiler und Triebkräfte der deutschen wirtschaftlichen Überlegenheit in der EG. Das wird sich weiter unten zeigen, wenn einige dieser Pfeiler und Triebkräfte noch ausdrücklich angesprochen werden.

„Modell Deutschland" als Vorverständnis

Die deutsche Wiedervereinigung stellt sich dem Wirtschaftswissenschaftler, dem Soziologen oder dem Kenner der europäischen Integration als ein längerdauernder Prozeß dar, der verschiedene Etappen durchläuft. Er beginnt mit dem staatsrechtlichen Akt der Vereinigung und er setzt sich fort mit den staatlichen Maßnahmen zu einer möglichst weitgehenden wirtschaftlichen, sozialen und kulturellen Anpassung der beiden bisher getrennten Teile aneinander und mit dieser Anpassung selbst. Der eine Einheitsschritt und die Prozeßschritte danach sind nationalstaatliche Maßnahmen größter Dimensionen und stehen sowohl in ihrer Form wie in ihren Wirkungen in einem wichtigen Spannungsverhältnis zur deutschen Integrationspolitik in Europa.

Insofern ähnelt der deutsche Vereinigungsprozeß der Europäischen Integration, die auch keine Gegebenheit, kein Status, sondern vor allen Dingen ein Prozeß ist, ein Prozeß allerdings, dessen Zielsetzung anders als bei der deutschen Wiedervereinigung nicht vorab klar definiert ist, sondern sich erst mit der Integrationsentwicklung selbst weiter konkretisiert.

Ähnlichkeit zwischen deutschem Vereinigungsprozeß und europäischer Integration

Die staatsrechtliche deutsche Wiedervereinigung erfolgte 1990 zu einem Zeitpunkt, als auch in der Europäischen Integration ein neuer Zyklus ablief, der

---

1 Im folgenden wird der Einfachheit halber durchgehend von der Europäischen Gemeinschaft gesprochen, auch wenn diese seit 1992 durch den Maastrichter Vertrag in Europäische Union umbenannt wurde.

Mitte der achtziger Jahre mit der Einigung über die Schaffung eines Europäischen Binnenmarktes und mit der Einheitlichen Europäischen Akte eingesetzt hatte, und von da an mit der Verwirklichung des Binnenmarktes durch gemeinschaftliche und nationale Instanzen als auch dem Vertrag von Maastricht weiterging.

Zwischen der Europäischen Integration und der Wiedervereinigung erkennt man auf zwei Ebenen und in zwei Richtungen eine wichtige Wechselbeziehung: zunächst auf den Ebenen (a) des gegebenen Status und seiner aktuellen Bewertung durch alle Partner und (b) der noch weitergehenden Veränderung der Vorgaben und Triebkräfte – der realen und der psychologischen – für die weitere Entwicklung der EG. Weiterhin hinsichtlich der Einflußrichtungen (c) von der Wiedervereinigung Deutschlands hin zur EG und (d) von der Integration Deutschlands in die EG hin zur Wiedervereinigung.

Neues Gewicht der Bundesrepublik in der EG   Im folgenden soll besonders im Sinne von (a), (b) und (c) der Einfluß der Wiedervereinigung auf die EG-Integration untersucht werden. Im weiteren wirkt dieser Einfluß auch über die Öffnung des Ostens hinaus, die gleichzeitig die Gemeinschaft und die Deutschen herausfordert und die neue Rolle der Deutschen in der EG noch zusätzlich beeinflußt. Dabei müssen einmal ganz allgemein die Veränderungen des wirtschaftlichen und politischen Gewichts der Bundesrepublik in der EG zur Sprache kommen, und zwar sowohl auf dem Stand von 1995 in ihrer heute erkennbaren Ausprägung, wie auch in ihrer absehbaren weiteren Entwicklung. Genauer sind dann noch die wirtschaftlichen Veränderungen im innergemeischaftlichen Handel und der Währungskooperation zu analysieren, die am deutlichsten die Effekte der Wiedervereinigung erkennen lassen und für die Integrationsentwicklung von großer Bedeutung sind.

4.2.2 Das wirtschaftliche Gewicht der Deutschen in der Europäischen Gemeinschaft und die Wiedervereinigung

Das wirtschaftliche Gewicht der Deutschen in der EG hat seit langem die Aufmerksamkeit der Beobachter und der Politiker auf sich gezogen. Es weckte immer den Verdacht, daß dadurch auch eine politische Hegemonie der Deutschen in der Gemeinschaft herbeigeführt wird. Schematisch gesehen handelt es sich einmal vor allem um die gleichsam stumme Auswirkung des Umfangs und der Konkurrenzfähigkeit der nationalen Volkswirtschaft im Austauschverhältnis mit ihren Partnerländern, darunter insbesondere um die strukturelle Beeinflussung zweier zentraler gesamtwirtschaftlicher Beziehungsgrößen, nämlich der gegenseitigen Handels- und Zahlungsbilanzen und des Außenwertes der jeweiligen nationalen Währungen.

Vor der Vereinigung

Unter diesem Blickwinkel war das Gewicht der westdeutschen Volkswirtschaft in der EG bereits vor der Wiedervereinigung sehr groß: in ihr wurden 1987 knapp 26 v.H. des Bruttoinlandsproduktes der 12er-EG (zu Marktpreisen) erwirtschaftet; sie nahm zu einem Anteil von 22 v.H. am internen Handelsaustausch der EG teil (Eurostat 1989).

Die Bundesrepublik war schon vor der staatlichen Vereinigung der größte Markt in der EG

Schon aufgrund ihres schieren Umfangs bildete sie für alle ihre Partner den bei weitem bedeutendsten Exportmarkt in der Gemeinschaft, und ebenso den bedeutendsten Herkunftsort ihrer Importe. Im Vergleich dazu war jedes einzelne Partnerland von weit geringerer Bedeutung für die deutschen Exporte oder Importe. Allein bei den alten Kernländern der EWG sah 1987 die Relation *Anteil der jeweiligen Exporte nach der Bundesrepublik an den jeweiligen Gesamtexporten zu Anteil der westdeutschen Exporte ins jeweilige Land an den westdeutschen Gesamtexporten* folgendermaßen aus:

– Frankreich (16,7 zu 12,1 v.H.),
– Italien (18,6 zu 8,8 v.H.),
– Belgien-Luxemburg (19,9 zu 7,4 v.H.),
– Niederlande (27,7 zu 8,8 v.H.)

(Zahlen aus *Wallace* 1990, Tab. 5.2).

Für diese Ungleichgewichte war nicht nur die reine Bevölkerungszahl entscheidend, die bereits vor der Vereinigung diejenige jedes anderen Partnerlandes übertraf, sondern auch die Einkommen der Privaten und der Unternehmen und damit die Kaufkraft, die Qualität der Nachfrage sowie der Öffnungsgrad des deutschen Marktes. Bei Einkommen, die mit denen in Luxemburg, Belgien und und Dänemark an der Spitze der Gemeinschaft standen, bei einem hohen technischen Entwicklungsgrad der Industrie und bei einer großen strukturellen Offenheit des deutschen Marktes für die weltweite Konkurrenz war für die höchstentwickelten und preislich günstigsten Waren des internationalen Marktes die Nachfrage am stärksten. Dementsprechend festigte sich auf diesem Markt auch die Position japanischer und anderer außereuropäischer Anbieter bei vielen Waren, anders etwa als in Frankreich und Italien.

Der Hinweis auf die hohen Einkommen in anderen Gemeinschaftsländern läßt schon erkennen, daß es nur das quantitative zusammen mit dem qualitativen Element ist, das der deutschen Volkswirtschaft ihre überragende Rolle in der EG verschafft. Nur in Bruttoinlandsprodukt (BIP) pro Einwohner gerechnet (zu Marktpreisen und Kaufkraftparitäten) lagen 1987 z.B. die Dänen und die Luxemburger vor den Westdeutschen; nimmt man gar Aus- oder Einfuhren pro Kopf als Indikator, erzielten 1988 Luxemburger und Belgier ein dreifach höheres Ergebnis als die Westdeutschen, und auch Niederländer, Iren und Dänen übertrafen sie noch (Zahlen aus Eurostat 1989).

Das mit diesen Ungleichgewichten gegebene wirtschaftliche und politische Problem ist, und das ist hier entscheidend, in der bestehenden Organisation der EG nicht aufhebbar; seine endgültige Lösung hängt davon ab, welche Rolle die Nationalstaaten und ihre Regierungen als entscheidende Komponenten der Gemeinschaft und Organisatoren der nationalen Gesellschaften und Wirtschaften

Wirtschaftliche Ungleichgewichte als Basisproblem in der EG

weiter spielen. Je schwächer diese Rolle wird, um so mehr, so läßt sich argumentieren, wird auch die politische Bedeutung dieser Fragen abnehmen.

Das große wirtschaftliche Gewicht der Bundesrepublik in Europa beruhte auf einer Reihe tradierter industrieller Strukturen, wirtschaftlich-sozialer Verhaltensmuster und staatlicher, gesellschaftlicher und kultureller Besonderheiten, deren Gesamtheit eine überenthusiastische sozialdemokratische Rhetorik in den siebziger Jahren gern als „Modell Deutschland" bezeichnete, und von denen nur einige hier stichwortartig genannt werden können (u.a. *Deubner/Rehfeldt/Schlupp* 1978, S. 91-136; *Menyesch/Uterwedde* 1982, S. 105-138):

Elemente des „Modells Deutschland"

– konsensuale Beziehungen der hoch organisierten Sozialpartner;
– bedeutende Rolle der modernen Industriesektoren seit der Jahrhundertwende;
– duale Ausbildung der Facharbeitskräfte;
– Universalbankensystem mit starkem industriellen Engagement der Banken;

eine im westeuropäischen Vergleich recht homogen entwickelte Wirtschaft und Gesellschaft mit relativ geringen geographischen und sozialen Entwicklungs- und Wohlstandsunterschieden.

Nach der Vereinigung

Ohne Zweifel hat die Vereinigung aber neue Fragezeichen gesetzt. Vor allem ist die Homogenität der geographischen und sozialen Entwicklung durch das Hinzukommen der vergleichsweise unterentwickelten und verarmten neuen Länder dramatisch aufgehoben, der soziale Konsens durch das neue regionale Auseinanderklaffen von Beschäftigung und Wohlstand aufgebrochen und seine Wiederherstellung gefährdet worden. Insgesamt ist dieses vereinigte Deutschland trotz der Vergrößerung von Bevölkerung und Gebiet für eine unbestimmt lange Übergangszeit entsprechend weniger modern, weniger reich, weniger konkurrenzfähig sowie monetär und sozial instabiler als zuvor. Die Folgen für seine außenwirtschaftliche Position sind bereits deutlich erkennbar. Es ist seinen großen Nachbarn in der Gemeinschaft zunächst erst einmal ähnlicher geworden.

Nach der Vereinigung „verliert" die neue Bundesrepublik den strukturellen Vorsprung der alten Bundesrepublik

Wie und wann und ob die Wirtschaft des vereinigten Deutschland die Wettbewerbsposition der alten Bundesrepublik in Westeuropa (wieder-)erlangen wird, läßt sich noch nicht vorhersagen. Es hängt nicht von den deutschen Entwicklungen allein, sondern auch davon ab, wie schnell die Partnerländer in der deutschen Schwächephase zumindest qualitativ aufholen und ob und mit welcher Geschwindigkeit die Erweiterung der Gemeinschaft in den nächsten Jahren noch weitergeht. Schließlich wird eine Rolle spielen, in welchem Maße und in welcher Verteilung zwischen den westeuropäischen Mitgliedsländern sich die wirtschaftlichen Austauschströme der Gemeinschaft nach Osten hin verbreitern.

4.2.3   Das politische Gewicht der Bundesrepublik in der Europäischen Gemeinschaft und die Wiedervereinigung

Vor der Vereinigung

Die politischen Wirkungen des deutschen wirtschaftlichen Gewichts werden hinsichtlich des strukturellen deutschen Handelsüberschusses und des Stabilitätsvorsprung der deutschen Mark weiter unten noch genauer untersucht. Allgemein soll hier nur auf drei Punkte hingewiesen werden.

In einem ausschließlich politischen Sinne haben sich die Gewichte in der Europäischen Gemeinschaft im vergangenen Jahrzehnt spürbar verschoben, und zwar in eine Richtung, die sowohl die deutsche Rolle in Westeuropa langfristig stärkt, wie auch die Chancen zur europäischen Integration dieses stärkeren Deutschland verbessert. Allerdings nehmen auch seine Möglichkeiten und Versuchungen zu, sich aus allzu eng empfundener EG-Bindung zu lösen. Die beiden entscheidenden historischen Momente dieser Verschiebung sind:

> *Ambivalenz der neuen politischen Möglichkeiten*

a) das Scheitern der sozialistisch inspirierten nationalen Antikrisen- und Modernisierungspolitik in Frankreich, dem bedeutendsten der übrigen großen EG-Länder, 1981 bis 1983, das darauf folgende Einschwenken seiner Regierung auf eine entschieden progemeinschaftliche Integrationspolitik und die damit einhergehende Konsolidierung eines progemeinschaftlichen Konsenses beim größten Teil der politischen Eliten;
b) das Zerbrechen der europäischen Nachkriegsordnung in den Jahren 1989-90 mit ihrer Einteilung der westeuropäischen Staaten in Sieger und Besiegte, ihrer Fesselung in gegeneinander gerichtete Machtblöcke, ihrer Überbewertung militärischer und insbesondere nuklearer Machtmittel, und – im Zusammenhang damit – die Überwindung der deutschen Teilung und die Vergrößerung des EG-Mitgliedslandes Bundesrepublik um fast 25 v.H. mehr Einwohner und ca. 40 v.H. mehr Territorium sowie seine Befreiung von den verbliebenen einseitigen Kontrollrechten der Siegermächte, den Status-Beschränkungen des Besiegten und der selbstauferlegten außenpolitischen Priorität der Wiedervereinigung.

Eine aufmerksame Durchsicht dieser verschiedenen Veränderungen macht deutlich, wie sehr besonders Frankreich und Deutschland von ihnen betroffen waren, wie sehr die subjektive und objektive Handlungsfreiheit und Macht des einen ab- und des anderen zugenommen haben (u.a. Deubner 1991a, S. 39 und S. 53ff.).

In bezug auf die Chancen der weiteren EG-Integration ergibt sich die erwähnte Ambivalenz und Unsicherheit der Bewertung. Wir werden uns im folgenden in einer beabsichtigten Begrenzung vor allem auf eine innergemeinschaftliche und hier vor allem wirtschaftlich-wirtschaftspolitische Analyse konzentrieren und die Bewertung der neuen institutionellen und außergemeinschaftlichen Herausforderungen für Deutschland und die EG nur am Rande berücksichtigen, wohl wissend, daß diese die Ergebnisse noch erheblich beeinflussen werden.

Die implizite Form des deutschen wirtschafts- und sozialpolitischen „Modells" hat sich über die vergangenen Jahrzehnte erheblich verstärkt. Mit dem unübersehbaren wirtschaftlichen Erfolg wurden auch die ihm zugrundeliegenden Mechanismen seit Anfang der neunziger Jahre verstärkt als attraktive Vorbilder für die Politik anderer Mitgliedstaaten diskutiert.[2]

Ob das „deutsche Modell" wirklich Entwicklungskraft entfaltet, werden die Nachbarn jetzt noch einmal an der Eingliederung der neuen Länder in die „alte" Bundesrepublik überprüfen wollen. Für die Deutschen, wie für viele Kritiker ihres bisherigen Übergewichts in der EG, ist darüber hinaus die Frage wichtig, ob sich in dieser „Schwächeperiode" ein in der EG durch weniger Reichtum, Konkurrenzüberlegenheit und Stabilität herausragendes Deutschland auch als leichter „integrierbar" oder als geeigneterer bzw. nützlicherer Partner für die Integration erweist und einen ebenso grossen oder größeren Beitrag zur Integrations-Dynamik leistet, wie die „alte" Bundesrepublik. Damit wird man vielleicht auch eine exaktere und nüchternere Bewertung der deutschen „Macht" in der EG ermöglichen.

Neubewertung deutscher „Macht" in der EG nach 1990

Die Wahrnehmung bundesdeutscher Interessen in der EG konnte sich in der Vergangenheit weitgehend auf die Verteidigung des Status quo beschränken, der nach Wortlaut und bisheriger Verwirklichung der Römischen Verträge nur wenig zu wünschen übrig ließ. Die EG war vor allem eine Institution zum Abbau intraeuropäischer Austauschbarrieren aller Art, und damit zur Durchsetzung einer zunehmenden gegenseitigen Öffnung der westeuropäischen Volkswirtschaften. Die nahezu einzige positiv-gestaltende Politik der Gemeinschaft betraf den Bereich der Landwirtschaft.

Mangelnde Zukunftsorientierung herkömmlicher deutscher EG-Politik

Diese Verteilung der Schwerpunkte trug den Interessen der Deutschen so gut Rechnung, daß sie zwischen 1956 und 1985 mehr auf die Erhaltung dieser Konstellation als auf die Schaffung neuer Politiken bedacht waren. In dieser Zeit konzentrierte sich Bonn auf die Verhinderung von Bestrebungen, daran dadurch etwas zu ändern, daß die EG in der Technologie/Industriepolitik und im Außenhandel mehr Kompetenzen und wirksamere Instrumente erhalten würde. Die Abwesenheit einer vorwärtsweisenden strategischen EG-Politik der Deutschen kann auch die fehlenden zentralisierten Koordinierungs- und Entscheidungsmechanismen in diesem Bereich erklären (vgl. etwa *Deubner* 1986, S. 57ff.). Umgekehrt schwächt dieses Fehlen entsprechende deutsche Initiativen. Sowohl Frankreich als auch Großbritannien haben eine unvergleichlich stärker zentralisierte Europapolitik. Von der Sache her vertrat die Bundesrepublik innerhalb der Gemeinschaft auch die von ihr mitgetragenen Interessen des GATT und der USA. Im übrigen wirkte implizit das „Modell".

---

2   Hier und weiter unten wird von „impliziter Form" oder einer „impliziten Wirkung" des Modells gesprochen, weil die deutsche Politik nur in Ausnahmefällen explizit die deutschen Strukturen und Verfahren den Nachbarländern als „Modell" vorhielt und sie drängte, es nachzuahmen. Vielmehr weckten vor allem die vermuteten oder wirklichen Erfolge dieses „Modells" in Deutschland den Nachahmungstrieb in anderen Ländern. Vgl. nur beispielsweise die Hinwendung der ersten Regierung Mauroy in Frankreich zur Dezentralisierung, der Regierungen Rocard und Cresson zu Anfang der 90er Jahre zum dualen Ausbildungssystem, die Freisetzung der Banque de France im Jahr 1993 und ganz allgemein die weit positivere Weise, in der das deutsche Modell inzwischen diskutiert wird. Vgl. Andrei S. *Markovits* und Simon *Reich*, 1991/1992.

Das änderte sich unter dem Einfluß sowohl außer- als auch innergemein-schaftlichen Entwicklungen (u.a. *Ross* 1992). Zu nennen sind hier:

– Die Ölschocks zu Anfang und Ende der siebziger Jahre und die Schwierig-keiten jedes allein nationalen Auswegs aus der dadurch verursachten Krise;
– die Fortsetzung der technologischen Revolution in der industriellen Produk-tion, die immer mehr die wenig qualifizierten Arbeitsplätze gefährdet;
– der zunehmende Neomerkantilismus im Welthandel;
– die Freisetzung und starken Kursschwankungen des US-Dollar nach der Aufkündigung von Bretton Woods;
– die Verschärfung der Außenhandelskonkurrenz bei HiTech einerseits, bei Niedriglohn-Produkten andererseits, und neue Barrieren für den intrage-meinschaftlichen HiTech-Handel.

Diese und die schon oben angesprochenen Entwicklungen führten in den Ge-meinschaftsstaaten, besonders aber in der Bundesrepublik und Frankreich, dazu, die Stabilisierungs-, Schutz- und Verhandlungsfunktion der EG höher einzu-schätzen. Frankreich hob die Blockierung des Integrationsfortschritts auf. Die deutschen Interessen favorisierten bei der Weiterführung der EG-Integration stärker die von der französischen Regierung befürwortete aktive EG-Politik im Außenwirtschafts-, im Technologie- und im Währungsfeld.

Die erste Herausforderung bestand in den schon Mitte der siebziger Jahre immer unsicherer werdenden gegenseitigen Beziehungen der westeuropäischen Währungen zueinander, auf die die Deutschen zusammen mit den Franzosen durch die Einführung des Europäischen Währungssystems reagierten.

Währungspolitik als erste Herausforderung

Im Gegensatz zu in und außerhalb Deutschlands oft gehörten Auffassungen konnten also deutsche Interessen in der EG in der Vergangenheit wahrgenom-men werden, ohne daß die Bundesrepublik etwa als sichtbarer und durchset-zungsfähiger Promotor neuer Politiken hätte auftreten müssen. Wie schon er-wähnt, traten die deutschen Minister in den EG-Ministerräten in der Regel sogar in relativ unkoordinierter und eng ressortbezogener Weise auf, ohne daß das den deutschen Interessen Abbruch getan hätte. Die Einführung des EWS zusammen mit Frankreich war die erste wesentliche Ausnahme von dieser Verhaltensweise.

Diese Wendung der 80er prägt noch die deutsche Politik der neunziger Jahre bei der Verwirklichung des Binnenmarktes und der Europäischen Währungs-Uni-on. Die deutsche Wiedervereinigung und die Öffnung des Ostens vergrößerten das Spektrum positiver deutscher Interessen im Hinblick auf eine aktive EG-Politik[3].

EG-Osterweiterung als Aufgabe der Zukunft

---

3 Vgl. zu der hier diskutierten Frage der deutschen Macht im Europa nach Wiedervereini-gung und Öffnung des Ostens die in USA einflußreiche Deutung von Andrei S.*Markovits* und Simon *Reich*, 1991, die hauptsächlich auf die normative Kraft von Vorbild und ma-teriellem Gewicht der Deutschen abheben, um die deutsche Macht in Europa zu erklären und zu beschreiben, aber auch die etwas politischer ansetzende Bewertung von Anne-Marie *le Gloannec*, 1992. Sie bezieht sich trotzdem vielfach auf Markovits und Reich. An Thesen über hegemoniale Machtausübung orientiert sich schließlich Reinhard *Rode*, 1991, nach dessen Analyse die deutschen Leistungen vor allem in der stabilisierenden, liberalisierenden, Wachstum induzierenden und kapitalversorgenden Funktion der Bun-desrepublik lagen. Während die anderen Funktionen auch im vorliegenden Text bestätigt werden, können wir eine Wachstum induzierende Wirkung Deutschlands in der EG ge-

Es gibt allerdings zu Anfang der 90er Jahre auch gegenläufige weltwirtschaftspolitische Tendenzen. Im Laufe der 80er und zu Anfang der 90er Jahre ist die Weltwirtschaftsordnung vor allem durch die Durchführung der Uruguay-Verhandlungsrunde des GATT, ihren Abschluß 1994 und die Gründung der Welthandelsorganisation WTO in Richtung auf weitere Liberalisierung reformiert worden. Verstöße gegen den freien Welthandel, merkantilistische und protektionistische Verhaltensweisen einzelner Regierungen können durch diese Organisation wirkungsvoller bekämpft werden als das GATT. Große, bisher nicht von der globalen Regelung erfaßte Felder des internationalen Austausches wie Agrargüter, Dienstleistungen, Textilien und Bekleidung sowie Produkte der Unterhaltungsindustrie sollen ebenfalls unter die Regeln dieses Systems gestellt werden.

Die schon (in anderen Beiträgen beschriebene) faktisch vorhandene ungeheure Internationalisierung von Konzeption, Finanzierung und Dislozierung der Produktion, sowie der Vermarktung ihrer Erzeugnisse in weltweiten Netzwerken würde sich bei einem Erfolg dieses Vorhabens stärker als in der Vergangenheit an den rein wirtschaftlichen, sozialen und ressourcenmäßigen Vorgaben der Standorte ausrichten können und weniger an politischen Regelungen.

Damit könnte sich das weltwirtschaftspolitische Umfeld auch für Deutschland so verbessern, daß dies einmal weniger auf den geregelten europäischen Absatzmarkt angewiesen bleibt und letztlich auch seine Chancen auf diesem regionalen Markt weniger vom Erfolg der Integration abhängen. Die Folgen könnten sein, daß die deutsche Europapolitik in ihrer internen Vertiefungsdynamik gebremst, und daß Deutschland auch weniger bereit zu noch schärferer Regelung der EU-Außenwirtschaft würde.

Zwei weitere Bedingungen sollten dafür allerdings hinzukommen. Einmal wäre bei allen Liberalisierungsschritten der Weltwirtschaft auch wichtig, daß das Verhältnis der D-Mark zum Dollar (und in gewissem Maß zum japanischen Yen) auf einem Niveau stabilisiert werden kann, das in Deutschland hergestellten Waren auf Dollar- und Yen-Märkten die preisliche Wettbewerbsfähigkeit sichert. Und zweitens wäre wichtig, daß in einem solchen Rahmen die Kostenentwicklung in Deutschland und der technologische Gebrauchswert der deutschen Waren eine Balance halten können, die diese internationale Wettbewerbsfähigkeit auch künftig erhält.

Integrationsbegünstigende Faktoren

Alle drei Punkte sind in dieser Sicht aber nicht entschieden. Weiterhin wirken die Faktoren, wenngleich vielleicht weniger eindeutig als zu Mitte der 80er Jahre, die eine vertiefte Integration der Bundesrepublik in die EU begünstigen. Im Mai 1995 haben sich Tokio und Washington in ihrem langen Handelskonflikt zu gegenseitigen handelspolitischen Beschuldigungen und zu Ankündigungen einseitiger Gegenmaßnahmen verstiegen, die der neuen Ordnung krass widersprechen würden. Sie werden jetzt der WTO zur Schlichtung vorgelegt. Man wird sehen, ob diese tatsächlich die liberale Ordnung durchsetzen kann.

Im Frühjahr 1995 ist es zu einer neuen dramatischen Dollarabwertung gekommen, die die preisliche Wettbewerbsfähigkeit der deutschen Waren auf den

---

rade wegen seiner strukturellen Exportüberschüsse in diesen Raum für die Vergangenheit nicht erkennen.

internationalen Märkten infrage stellte. Gleichzeitig gefährdete sie wegen der Folgewirkungen auf die internationale Wettbewerbsfähigkeit der anderen Volkswirtschaften die Kursstabilität zwischen den europäischen Währungen. Erst gegen Mitte des Jahres ergibt sich wieder ein langsamer Wiederanstieg der US-Devise.

Drittens schließlich ist die Kostensituation der Fertigung in Deutschland gegenüber der internationalen Konkurrenz für immer mehr Produktarten tatsächlich weiter verschlechtert, während sich die Qualität nicht ausreichend verbessert, um diesen Abstand auszugleichen. Eine umfangreiche Standortdebatte in Deutschland ist die Folge.

Nach der Vereinigung

Was die deutsche Wiedervereinigung angeht, so hat sie – abgesehen von dem enormen europapolitischen Gewicht der deutschen Vereinigungs-Entscheidung als solcher, das nur teilweise durch die Unterwerfung unter das Ergebnis der 2+4-Verhandlungen und unter die Vorgaben des *Acquis Communautaire*[4] aufgefangen wurde – die Position der deutschen Regierung in der Gemeinschaft kurzfristig nicht erkennbar stärken können. Einige kursorische Anmerkungen lassen das erkennen.

Gleichbleibendes europapolitisches Gewicht der deutschen Regierung

Die Bundesregierung hat gegenüber ihren Partnerstaaten zunächst ausdrücklich auf jede Forderung nach einer Vergrößerung ihrer personellen Vertretung in der Europäischen Kommission oder auf eine Erhöhung ihres Stimmenanteils im Ministerrat verzichtet. Im Europäischen Rat sind und bleiben ohnehin nur die Staatschefs mit je einer Stimme vertreten. Einzige wesentliche Ausnahme von dieser Selbstbeschränkung war bis jetzt das während der intergouvernementalen Verhandlungen über die politische Union vorgetragene und auf dem EG-Gipfel von Edinburgh im Herbst 1992 erfolgreiche Verlangen nach einer Vermehrung der deutschen personellen Vertretung im Europäischen Parlament um jene 18 Abgeordnete, die nach dem bisherigen Schlüssel jetzt die ostdeutsche Bevölkerung vertreten sollten. Ob die deutsche Abgeordnetenzahl erhalten bleibt, ist bei alledem unsicher. Sie steht unter dem Vorbehalt erweiterungsbedingter, weiterer Änderungen (*Wessels* 1991).

Auch sonst ist das Thema der deutschen Stärke in den Institutionen und Verfahren der EU mit den Neuerungen des Maastricht-Vertrages und des Edinburgh-Gipfels noch nicht abschließend geregelt. Es wird unweigerlich neu gestellt, wenn die Unionsländer auf der Regierungskonferenz von 1996/7 die Revision des EU-Vertrags vornehmen und dabei u.a. eine Reform des Beschlußverfahrens im Rat der EU (dem alten Ministerrat) versuchen sollten. Der zur Zeit meistdiskutierte Vorschlag für die Reform der Mehrheitsabstimmung ist die Einführung einer sogenannten „doppelten Mehrheit", wobei das Stimmgewicht jedes Staates nicht nur durch die im Vertrag festgelegten Stimmen, sondern auch durch seine Bevölkerungszahl bestimmt wird; bei der Abstimmung muß dann auf

---

4　Der Acquis Communautaire umfaßt die Gesamtheit der Gemeinschaftsverträge und Regeln sowie der durch sie gesicherten Kompetenzen und Verfahren der Europäischen Gemeinschaft.

beiden Ebenen eine Mehrheit zustande kommen. Diese Reform müßte – wenn sie beschlossen wird – das deutsche Gewicht im Rat letztenendes doch erhöhen.

Die kommende Wiedervereinigung hat die Bundesregierung auch nicht an der Fortführung des schon älteren Projekts der Währungsunion gehindert, an dem sie bereits zuvor mitgearbeitet hatte, dem aber vor allem Initiativen anderer EG-Regierungen, darunter v.a. der französischen, zugrundelagen und das 1991 durch den Vertrag von Maastricht gekrönt wurde (*Schönfelder/Thiel* 1994). 1989/90 war gerade in Frankreich deutlich erkennbar, daß man an der Bereitschaft der Bundesrepublik zweifelte, trotz der Wiedervereinigung, gemeinsam mit den Partnern auf diesem Weg weiter zu gehen. Medien und Politiker verlangten von Deutschland, seine weitere EG-Solidarität sichtbar unter Beweis zu stellen. Als ein solcher Beweis wurde das weitere deutsche Eingehen auf das Projekt der Europäischen Wirtschafts- und Währungsunion (EWWU) dann verschiedentlich gewertet.

EG-Treueschwur über die Wirtschafts- und Währungsunion

Das Ergebnis, nämlich die Entscheidung für die EWWU selbst, zusammen mit den Regelungen für das künftige Europäische Zentralbanksystem (EU-Vertrag, Art. 105ff.), stellt einen exemplarischen institutionellen Kompromiß dar. Darin sind, trotz langen deutschen Zögerns, sowohl die Interessen sehr vieler Partnerländer an einer baldigen, effektiven und stabilitätsbewußten Währungsunion als auch der deutsche Wunsch verwirklicht worden, diese Stabilitätsorientierung mittels einer Übertragung des deutschen und niederländischen Zentralbank-Modells auf das neue Europäische Zentralbanksystem und mit der Vorgabe stringenter Konvergenzkriterien sicherzustellen. Im neuen Europäischen Zentralbankrat wird die Bundesbank wie alle anderen nationalen Zentralbanken nur eine Stimme haben (EU-Vertrag, Protokoll über die Satzung des Europäischen Systems der Zentralbanken und der Europäischen Zentralbank, Artikel 10.2).

Die von deutscher Seite Anfang 1990 gestartete Initiative einer stärkeren Gemeinschafts-Einbindung des vereinten Deutschland in eine demokratischere Politische Union mit vergrößerten Kompetenzen auch in der Außen- und Sicherheitspolitik zeigte deutlich die Verunsicherung der deutschen Regierung und ihre Sorge um die Erhaltung der EG angesichts des neuen deutschen Status und der neuen externen Herausforderungen. Sie wurde im Gegensatz zum EWWU-Projekt von den EG-Partnern nur sehr widerstrebend und eingeschränkt akzeptiert. Entsprechend wenig findet sich davon im Maastrichter Vertrag.

Auch hier ist anzumerken, daß damit ein souveränes und potentiell stärkeres und durch die Öffnung Gesamteuropas stärker als früher außenpolitisch herausgefordertes Deutschland gegen seinen eigenen Wunsch in derselben unzureichenden Weise wie bisher in die außenpolitische Zusammenarbeit der EG eingebunden bleibt. Das wird weitere Probleme für die Kohäsion der Gemeinschaft schaffen.

Geringe Beeinflussung der Europapolitik durch die Wiedervereinigung

Geringe Beeinflussung der Europapolitik durch die Wiedervereinigung

In bezug auf EG-interne Politiken und Institutionen hat Deutschland im vergangenen Jahrzehnt bis nach der Wiedervereinigung eine erhebliche Anpassung an die Präferenzen seiner Partnerländer, aber auch an die innere Logik der Europäischen Gemeinschaft vollzogen, worin sich zunächst eher eine Relativierung als eine Stärkung seiner Position spiegelt und die nur zum kleinsten Teil auf die Wiedervereinigung zurückgeführt werden kann.

4.2.4 Die wirtschaftlichen Folgen der Wiedervereinigung für die EG-Partnerstaaten

Die strukturellen Probleme des innergemeinschaftlichen Wirtschaftsaustausches

Der innergemeinschaftliche Wirtschaftsaustausch wurde über Jahrzehnte von der relativen wirtschaftlichen Stärke der Bundesrepublik beeinflußt. Das führte dazu, daß sich gegenüber fast allen Mitgliedsländern ein struktureller Handelsüberschuß herausbildete und daß die Stabilität der Deutschen Mark diejenige der anderen großen Gemeinschaftswährungen einige Jahrzehnte lang deutlich übertraf.

(Randnotiz: Handelsüberschuß und starke DM)

Aus diesen strukturellen Ungleichheiten ergab sich ein permanenter Druck auf die Freizügigkeit und Stabilität der innergemeinschaftlichen Handels- und Währungsbeziehungen, die zu den Eckpfeilern des *Acquis Communautaire* gehören. Fernwirkungen machten sich etwa im gemeinschaftlichen Außenhandel und in der Industriepolitik, aber auch in der EG-internen Freizügigkeit bemerkbar, wo Gemeinschaftsländer versuchten, durch nationale Sonderstrategien teilweise Ausgleich für den deutschen Konkurrenzdruck innerhalb der Gemeinschaft zu finden, ihre Märkte auch gegenüber EG-Partnern zu schützen oder ihre Konkurrenzposition in der EG unilateral zu verbessern. Solche einseitigen nationalen Maßnahmen gefährdeten den *Acquis* der Freizügigkeit im Warenhandel und die über das Europäische Währungssystem erreichte Stabilisierung der gegenseitigen Währungsbeziehungen, am radikalsten erkennbar in den ersten Jahren der sozialistischen Regierung in Frankreich von 1981-83, aber auch in den ständigen De-facto-Regelverletzungen durch die Italiener.

Es ist allerdings auch nicht zu übersehen, daß zwischen den EG-Ländern gerade die innergemeinschaftlichen Konkurrenzungleichheiten und Instabilitätsrisiken ihrerseits das Motiv für weitere politisch ausgehandelte Gemeinschaftspolitiken bildeten und bilden. So war es nach dem Zerbrechen von Bretton Woods und nach den Ölschocks der siebziger Jahre das Risiko steigender interner Devisenkurs-Schwankungen mit negativen Auswirkungen für den gegenseitigen Warenhandel, das 1979 den deutschen Bundeskanzler und den französischen Präsidenten zur erfolgreichen Initiative für die Errichtung eines Europäischen Währungssystems motivierte. Nur der Stabilitätsvorsprung der Deutschen Mark und ihr die anderen EG-Währungen weit überragender Anteil am internationalen Zahlungsverkehr und an den weltweiten Währungsreserven gaben die Grundlage für die im EWS unentbehrliche Leitwährungs- und Ankerfunktion. Die Entstehung neuer geschützter nationaler Märkte im HiTech-Bereich in der EG war schließlich ein wichtiger Impuls für die Binnenmarkt-Initiative Mitte der achtziger Jahre.

(Randnotiz: DM als Leit- und Ankerwährung)

Damit eine gemeinschaftsfreundliche Wirkung zustandekommen konnte, bedurfte es allerdings der – plausiblen – Erwartung, daß die Gemeinschaft nicht nur die Wirkungen von Ungleichheiten, sondern auch diese selbst auf längere Sicht reduzieren können würde. Die widersprüchlichen Wirkungen struktureller interner Ungleichheiten auf den Integrationsprozeß in der Gemeinschaft, ebenso wie die

Bedeutung dieser Erwartung, haben sich auch bei der deutschen Wiedervereinigung gezeigt.

Der strukturelle Handelsüberschuß der Bundesrepublik gegenüber den EG-Partnerländern

Der Handelsüberschuß der Bundesrepublik, vor allem seine Verfestigung in bestimmten Sektoren, drängten andere Volkswirtschaften der EG in Abhängigkeit, die nur schwer akzeptiert wurde. Das galt insbesondere für die beherrschende Position der Bundesrepublik im Maschinenbau und anderen industriellen Ausrüstungen, die bei jeder größeren industriellen Modernisierung eine Importwelle aus der Bundesrepublik erzwang.

"Einengung" der anderen EG-Staaten

Außerdem hatte dieser Überschuß sein Pendant in strukturellen Defiziten vor allem der großen Handelspartner in Europa, die sich auf deren Währungsstabilität und wirtschaftspolitischen Handlungsspielraum negativ auswirkten. Dies wiederum provozierte seitens der nach der deutschen größten anderen EG-Volkswirtschaft, der französischen, den Versuch, entweder die Freizügigkeit des Warenhandels in der EG einzuschränken oder aber in der Außenhandels- sowie der Industrie- und Technologiepolitik der EG zu Reformen zu kommen, die letzten Endes die französische Defizitsituation korrigieren sollten (*Deubner*, 1986 und 1991b). Die aus diesen Versuchen entstehenden Kontroversen und Spannungen belasteten die EG in der Vergangenheit erheblich.

Der Effekt der Wiedervereinigung

Der Handelsüberschuß der vereinigten Bundesrepublik mußte sich, das war bereits bei den ersten Prognosen bezüglich der wirtschaftlichen Auswirkungen der Wiedervereinigung erkennbar, deutlich verringern. Diese Vorhersage ergab sich aus den absehbaren Wirkungen einer Bevölkerungs- und Marktvergrößerung um fast 30 v.H., der eine Vergrößerung des Produktionspotentials und damit auch des realen Einkommenseffektes von höchstens ca. 8 v.H. entsprach, aber auch angesichts der politischen Entscheidung, diese Lücke durch öffentliche Transfers in die neuen Länder zu schließen.

Gegen diese Prognose sprach allenfalls die Erwartung, daß in den neuen Ländern aufgrund niedriger Arbeitskosten und konkurrenzfähiger Produkte eine Niedrigpreis-Produktion entstünde, die im Bereich einfacher Ver- und Gebrauchsgüter sehr schnell nicht nur auf dem deutschen Markt entsprechende Importe verdrängen, sondern auch starke Exporte in die EG zur Folge haben könnte.

Ausbleiben eines "Vereinigungsbooms"

Wie zu erwarten war, ist die erste Annahme eingetreten; die zweite dagegen noch viel weniger, als es 1990 viele Optimisten in der Bundesrepublik, einschließlich des Bundeskanzlers erhofft hatten. Eher lagen französische und andere ausländische Analysen richtig, die mit einem noch längeren Ausbleiben des Wiederaufschwungs in den neuen Ländern rechneten.[5]

---

5 Vgl. die optimistischen Analysen der fünf großen Wirtschaftswissenschaftlichen Forschungsinstitute über die Aussichten des künftigen Wachstums in der früheren DDR, und die Aussagen des Bundeskanzlers während des Wahlkampfes im Sommer-Herbst 1990, der unter Bezug auf diese Untersuchungen der Meinung vertrat, es werde schnell und ohne übermäßig großen Einsatz öffentlicher Mittel aus dem Westen zu einer Stabilisierung und einem Wiederaufschwung der Industrieproduktion im Osten kommen. Seriöse Untersuchungen (ein Beispiel *Pohl/Vesper/Zwiener* 1990, S.269-277) rechneten mit jähr-

Die ostdeutsche Produktion hat also einen viel tieferen und dauerhafteren Einbruch erlitten als vorausgesehen. Darüber hinaus wurde die Konkurrenzfähigkeit der deutschen Exporte durch eine wieder anziehende Inflation, die 1990 die französische übertraf, beeinträchtigt. Schließlich zeigten die ostdeutschen Verbraucher, mit einer gewissen Verzögerung bei der Anpassung an globale Nachfragegewohnheiten eine Präferenz für westeuropäische Produkte, wovon die westeuropäischen Exporteure besonders profitierten. Der Nachfragestoß der ostdeutschen Privatverbraucher mag zwar ab 1992 nachlassen, dafür aber dürfte sich zunehmend der nach der Verringerung der Investitionshemmnisse beschleunigende Aufschwung im Infrastruktur-, Hoch- und Tiefbau sowie im Ausrüstungsbereich auswirken. Bei nachlassender deutscher und ausländischer Konjunktur mußte sich allerdings der gesamtdeutsche Importeffekt dieser Nachfrage etwas abschwächen.

Insgesamt sind die deutschen Exporte schon seit Mitte 1990 zurückgegangen, und zwar so stark, daß die deutsche Handelsbilanz 1991 in einem gewaltigen Sturz vom Vorjahresüberschuß von 105,4 Mrd auf nur noch 21,9 Mrd D-Mark gefallen ist. Dieser Überschuß hat sich 1992 wieder auf knapp 34 und 1993 auf ca. 59 Mrd DM verbessert (kalkuliert aus *BMWiZahlen* 1994, S. 91ff.). Die Leistungsbilanz (Handel, Dienstleistungen und Übertragungen) ist von +75,7 Mrd. DM (1990) zu einem Defizit von -32,2 Mrd DM in 1991 abgeschmolzen und bleibt auch noch 1992 und 1993 mit -34,4 und -35,2 Mrd. DM negativ (*Dresdner Bank* 1994a, S. 5). Hierzu stellte die *Bundesbank* 1992 fest:

> „Der Importsog aus Deutschland kam den Nachbarländern in der EG am meisten zugute. Insgesamt konnten sie ihre Lieferungen in die größer gewordene Bundesrepublik um 29,5% ausweitengesunken; betrug er für Westdeutschland 1989 noch 94 Mrd. DM, so waren es 1991 für Gesamtdeutschland mit 25 Mrd. DM nahezu drei Viertel wenigerrausgleich der deutschen Leistungsbilanz noch jahrelang halten, bis das ostdeutsche Produktionspotential wieder aufgebaut und der ostdeutsche Nachfragesog normalisiert ist."

Dafür ist Frankreich ein (ambivalentes) Beispiel, das später noch angesprochen wird. Die große Belastung der EG durch das zentrale Problem des strukturellen deutschen Leistungsbilanzüberschusses ist also auf Jahre hinaus beseitigt oder doch weitgehend reduziert.

Fazit: Reduktion des deutschen Leistungsbilanzüberschusses

Der strukturelle Stabilitätsvorsprung der Deutschen Mark gegenüber anderen EG-Währungen

Die deutsche Mark hatte jahrzehntelang gegenüber den anderen drei großen Währungen in der EG, dem Britischen Pfund, dem Französischen Franc und der

---

lichen öffentlichen Transferzahlungen in die neuen Ländern von nur 50 Mrd.DM (!). Tatsächlich lagen die öffentlichen Transferzahlungen 1991 bei ca. 140 Mrd.DM, 1992 sollten sie 180 Mrd.DM erreichen (*Deutsche Bundesbank*, 1992). Ein pessimistisches „Mezzogiorno-Szenario" findet sich z.B. in einer vorzüglichen französischen Analyse (*Harasty/Le Dem* 1990), aber auch in Untersuchungen, die zur selben Zeit im französischen Plan-Kommissariat angestellt wurden, und die zusätzlich auf das Risiko hinwiesen, daß das vereinigungsbedingte deutsche Wachstum wegen aufkommender Inflationsrisiken zu früh und brutal von der Bundesbank gestoppt werden könnte. (Eine neuere deutsche Analyse in *Franzmeyer/Schumacher* 1991.)

Italienischen Lira, einen strukturellen Stabilitätsvorsprung4 . Hinzu kam der herausragende Anteil deutscher Ex- und Importeure am Welthandel. Beide Faktoren führten dazu, daß ein zunehmender Anteil des weltweiten (rd. 14 v.H.), vor allem des westeuropäischen Außenhandels in D-Mark fakturiert wurde. Sie begünstigten außerdem eine steigende Nachfrage vieler Zentralbanken nach der D-Mark als Reservewährung, die in dieser Funktion nach dem US-Dollar 1991 mit 18,5 v.H. der offiziellen Devisenreserven aller Staaten an zweiter Stelle stand; ausländische Investoren schließlich investierten mit Vorliebe in die D-Mark (Bundesbank). Die D-Mark wurde zu Europas Leitwährung, und zwar auf einem EG-Kapitalmarkt, der immer offener wurde, und in dem gleichzeitig noch keine Kurs-Fixierung erreicht war. Bestätigung und Festschreibung dieser Entwicklung war die Herstellung der Kapitalverkehrsfreiheit in der EU ab 1988, die ihrerseits mit durch die Internationalisierung und Deregulierung der Finanzmärkte determiniert worden war. Dieser Zusammenhang ist von grundlegender Bedeutung für die Dringlichkeit und die Form, in der sich in der EU seitdem die währungspolitische Frage stellt.

Außenwert europäischer Währungen bestimmt von der nationalen Politik der Bundesbank

Der Außenwert anderer europäischer Währungen bestimmte sich deshalb immer stärker in Bezug zur D-Mark; wollten die Währungsbehörden der anderen Länder ihn stabil halten, sahen sie sich zunehmend gezwungen, die nationalen Schritte der Bundesbank zur Stabilisierung der D-Mark in ihren Ländern nachzuvollziehen, um einen Abwertungsdruck gegen ihre Währung oder eine Abwanderung von Kapital aus ihrem Land zu vermeiden. Da diese anderen Währungen im Vergleich zur D-Mark vielfach einem Abwertungsverdacht unterlagen, mußten die nationalen Währungsbehörden aus den gleichen Gründen darüber hinaus einen Zinsaufschlag erheben, der die dortigen Kreditkosten regelmäßig noch über diejenigen in Deutschland anhob.

War schon allein das deutsche Zinsniveau für südlichere EG-Länder aus demographischen Gründen und wegen des Zwanges, „aufholen" zu müssen, nur schwer zu akzeptieren, so erschien das zusätzliche Zinsgefälle gegenüber der D-Mark als eine besonders unerträgliche Folge von freiem Kapitalverkehr und EWS. Gegen Ende der achtziger Jahre allerdings, mit wachsender – politischer – Glaubwürdigkeit der Devisenkursfixierung im EWS, das zur EWU umgeformt werden sollte und in dem die Inflations-Abstände spürbar gesunken waren, haben sich auch diese Zinsabstände erheblich verringert. Dies ließ die – ebenfalls politische – Erwartung entstehen, sie würden ganz verschwinden. Entsprechend stieg die Akzeptanz des EWS, das jetzt auch öfters als „Neues EWS" bezeichnet wurde. In einer ökonomischen Bewertung allerdings blieben für viele Beobachter die Stabilitätsabstände zwischen D-Mark und insbesondere den anderen großen EG-Währungen über die achtziger Jahre hinweg weiterhin zu groß, als daß sie an die Haltbarkeit der 1987 zum letzten Mal geänderten Währungsparitäten glauben konnten.

DM als internationale Anlagewährung

Seit Mitte der siebziger Jahre entwickelte sich die D-Mark auch zu derjenigen großen EG-Währung, die gegenüber dem nunmehr floatenden US-Dollar die stärkste Aufwertung und ganz allgemein die stärksten Kursausschläge verzeichnete – sie wurde es, in die Anleger bei Dollarschwäche umstiegen – und deren

---

6   Vgl. zu diesen Problemen und ihrer Wirkung im EWS Deubner, 1986, S.73ff.

Beziehungen zu den anderen EG-Währungen dadurch am stärksten destabilisiert wurden. Das Europäische Währungssystem mit seiner stärkeren Fixierung der innergemeinschaftlichen Devisenkurse übte auf die Währungen anderer weniger konkurrenzfähiger Volkswirtschaften innerhalb der EG zusätzlichen Druck zum Nachvollzug der deutschen Paritätsänderungen aus, gegenüber der US-Devise und – in Aufwertungsphasen – damit auch zur Verringerung ihrer Wettbewerbsfähigkeit auf ihren außereuropäischen Exportmärkten. Widerstand dagegen führte immer wieder zu schweren Belastungen des EWS. Erst die relative Stabilisierung des Dollarkurses in den achtziger Jahren durch zunehmende Koordinierungsbestrebungen bei den Dollar-Interventionen der großen Notenbanken einschließlich der Federal Reserve Bank (auch hier spielte die deutsche Bundesbank eine herausragende Rolle) brachte eine gewisse Entspannung.

Andere EG-Regierungen, darunter vor allem wiederum die französische, zeigten trotz der sich positiver entwickelnden Zinsrelationen im EWS wachsende Unzufriedenheit mit dieser Situation, die zahlreiche Autoren als Dominanz/Abhängigkeits-Verhältnis beschrieben haben. Dieser Deutung kann man insofern widersprechen, als es sich vielmehr um ein asymmetrisches Verhältnis handelte und handelt. Die anderen EG-Regierungen folgten der beschriebenen Anpassungslogik nicht deshalb, weil die Deutschen sie dazu veranlaßten oder gar zwangen. Vielmehr hatten sie ein Interesse daran, am freien Kapitalverkehr in Europa teilzunehmen, die interne und externe Stabilisierungsfunktion des EWS für ihre eigenen Währungen sicherzustellen und dafür auch die Ankerfunktion der D-Mark zu nutzen. Um diese ureigenen Ziele zu verfolgen, nahmen sie auch zunehmend die Bedingungen in Kauf, die auf einem offenen westeuropäischen Kapitalmarkt herrschen, einschließlich des Nachvollzugs jener deutschen DM-Politik, die diese Ziele eben förderte. Bei einer Aufgabe dieser Ziele wären sie frei, sich aus der EWS-Bindung an die D-Mark zu lösen und sich auch deren faktischem Gewicht durch eine stärkere Kontrolle ihres auswärtigen Kapitalverkehrs weiter zu entziehen. Eine solche Linie wurde kurzfristig von der französischen Regierung im Frühling 1983 allen Ernstes erwogen (*Uterwedde* 1988, S. 184ff.). Allerdings beschloß man schließlich, nach Abwägung der Vor- und Nachteile für Frankreich, statt dessen eine Stärkung des EWS durch Schaffung einer echten Währungsunion mit einer europäischen Zentralbank anzustreben, so daß nicht mehr nur der deutsche Zentralbankrat über direkte oder indirekte Steuerungsmechanismen verfügt, denen auch Frankreich folgt, sondern wirklich eine europäische Währungsinstanz entsteht, die unter französischer Mitsprache die gemeinsame Geldpolitik bestimmt. Über die Dollarparität der neuen gemeinsamen Währung würden dann die Partner ebenfalls gemeinsam bestimmen.

In dem Maße, wie die Deutschen ihrerseits das EWS mit seiner Stabilisierung des freien Kapitalmarktes und der Kursrelationen der D-Mark in Europa anstrebten, und in dem aus auf dem internationalen Markt konkurrierenden nationalen währungspolitischen Präferenzen und Institutionen eine integrationspolitisch ausgehandelte und institutionell abgesicherte Kooperation wurde, die deutschen Vorstellungen und institutionellen Vorbildern ausdrücklich folgen sollte, war es allerdings politisch schwerer zu rechtfertigen, daß die deutsche Geldpolitik allein die entscheidenden Randbedingungen für diese Kooperation festlegt.

Zwar konnte eine stabile DM auf diese Weise in einem europäischen Markt mit freiem Kapitalverkehr durchaus erhalten werden. Die deutsche Währungspolitik kann darauf bauen, daß das schiere Gewicht ihrer eigenen Entscheidungen für alle anderen Notenbanken den Handlungsspielraum für abweichendes Verhalten drastisch beschneidet und zusammen mit deren eigenen Präferenzen dahin wirkt, daß viele von ihnen die deutschen Entscheidungen nachvollziehen. Die Jahre nach der Wiedervereinigung haben aber auch vor Augen geführt, daß:

-   bei dieser Praxis die „richtigen" Tauschkurse innerhalb Europas nicht sicher erreicht und erhalten werden;
-   im schlimmsten Fall Aufwertungs- und Abwertungsspiralen in Gang gesetzt werden;
-   dabei wirtschaftlich und politisch unakzeptable Kosten entstehen;
-   wirtschaftlich durch die zunehmende Unfähigkeit des existierenden EWS, gleichzeitig die interne Stabilisierung von Geldmenge und Geldwert in Deutschland und die Bestimmung und Stützung der „richtigen" Paritäten zwischen den teilnehmenden Währungen möglich zu machen, und dadurch, daß die DM in einem ersten Schritt je allein dem Auf- oder Abwertungsdruck des US-Dollar oder des japanischen Yen unterliegt und sich dadurch heftiger bewegt als wenn sie Teil einer europäischen Währung wäre, und dadurch, daß in einem zweiten Schritt ihre Paritäten und damit auch die Wettbewerbsfähigkeit deutscher Waren in der wichtigsten Exportregion Europa destabilisiert werden;
-   politisch die Forderung nach Teilung der geld- und währungspolitischen Kompetenz mit den Partnern immer höhere europapolitische Legitimität erlangte.

Damit erhielt aber auch die alte Frage neue Aktualität, ob denn bei allem guten Willen eine rein währungs- und geldpolitische Abstimmung eine stabile Währungszone zwischen den Teilnahmeländern schaffen und dauerhaft erhalten könne, wenn finanz- und haushaltspolitische Abstimmung zwischen ihnen fehlt. Es gibt gute plausible Gründe für die Annahme, daß das unmöglich ist, daß v.a. bei einseitigen Schocks (siehe deutsche Wiedervereinigung!) entweder die stabile Währung selbst, oder aber die loyale Unterwerfung aller Teilnehmer unter diese leidet.

Kosten einer nicht-vollzogenen europäischen Währungsunion

Der Schluß aus dieser Annahme könnte sein, auf die Währungsunion doch lieber zu verzichten als unter solchen Unsicherheiten in sie einzutreten. Die Kosten dieser Unsicherheit wären als noch höher und weniger akzeptabel einzuschätzen als die Kosten einer fortgesetzten hegemonialen Rolle für die deutsche Währungspolitik. Alternativ könnte er allerdings auch darauf hinauslaufen, von Deutschland aus die Währungsunion von vornherein nur unter der Vorgabe ins Auge zu fassen, daß alle Teilnehmer zugleich eben auch in engste finanz- und haushaltspolitische Abstimmung eintreten. Damit würde der erste Teilnehmerkreis eo ipso auch besonders klein und seine Kooperation besonders intensiv.

In der Währungspolitik stellte sich schon seit über zwanzig Jahren zunehmend deutlich, und klarer als in manchem anderen Bereich oder allgemeinen Diskurs über das „deutsche Modell" auch die Frage der deutschen Macht und ihrer Einbindung innerhalb der EG. Viel direkter als in der Außenhandelsfrage kamen hier die verschiedenen Ebenen von Macht und Integration zusammen. Es standen nicht nur „Standorte" und Wirtschaftssubjekte im zunehmend freien Binnenmarkt im Wettbewerb, im Sinne einer „passiven" Integration. Sondern wirtschaftspolitische Entscheidungszentren mit ihren unterschiedlichen Ordnungskonzepten rangen um den Primat bei der Bestimmung einer im gesamten EG-Raum direkt eingreifenden Politik, im Sinne einer „aktiven" Integration. Auch in diesem Feld ist nun zu prüfen, ob und wie die Wiedervereinigung Vorgaben und Wirkung der „Macht der DM" in der EU beeinflußt hat.

Die Wiedervereinigung der Deutschen hat an dieser Situation nur im eng monetären Bereich einiges geändert. Die massive staatlich finanzierte Kaufkraftausweitung hat erstens das deutsche Wachstum ein paar Jahre lang dramatisch beschleunigt. Zweitens, und damit zusammenhängend, hat sie die Defizite in den öffentlichen Haushalten deutlich erhöht und die Geldmenge unverhältnismäßig stark ausgeweitet. Hatte die Nettokreditaufnahme der öffentlichen Hand 1986-1989 noch durchschnittlich 42 Mrd. DM pro Jahr betragen, so schnellte sie 1990 auf 112,2, lag 1991 bei 107, 1992 bei 102 und 1993 bei 159 Mrd. Erst 1994 sackte sie sehr spürbar auf 76 Mrd. ab (*Bundesbank* 1995b, S.39). Die Folge war eine überschießende Geldmenge, und steigende Inflation in Westdeutschland die 1991 rund 3,5 v.H. und 1992 die 4 v.H.-Marke erreichte, höher als in Frankreich. 1993 lag sie bei 4,2 v.H., 1994 allerdings begann sie spürbar zu sinken, am Ende des Jahres war sie bei 3 v.H. angekommen und sank 1995 weiter deutlich unter 2,5 v.H. und näherte sich wieder dem französischen Niveau, das in diesem Jahr bei unter 2 v.H. liegen dürfte. Von Bedeutung bei dem Rückgang war, daß die besonders dramatischen Preissteigerungen in Ostdeutschland ab 1994 verschwanden. Auch die Geldmarktzinsen reagierten auf diese Entwicklungen schon ab 1989 mit einem Anstieg, der sich mit einer kurzfristigen Ausnahme Ende 1991 fortsetzte und diese Zinsen bis 1993 auf einem hohen Niveau hielt.

Steigende Netto-
kreditaufnahme und
Inflation nach der
Wiedervereinigung

Ihr stabilitätspolitischer Auftrag zwang die Bundesbank zu lauten Warnungen vor der staatlichen Finanzpolitik. Wegen des Primates von Wirtschafts- und Sozialpolitik auf der vereinigungspolitischen Agenda der Bundesregierung sah sie sich aber zunächst ignoriert; angesichts steigender Marktzinsen schritt sie deshalb erst zu einem nachholenden, und dann interventionistischen Einsatz ihrer Instrumente. (Nachholend in dem Sinne, daß der Diskontsatz zunächst den steigenden Marktzinsen entsprechend angehoben wurde, interventionistisch danach, als er noch weiter erhöht und als geldpolitisches Instrument gegen die Verschuldungspolitik der Regierung eingesetzt wurde). Ihr Diskontsatz war, konjunkturell bedingt, von etwa 3 v.H. in der zweiten Hälfte der 80er Jahre auf einen Jahresdurchschnitt von 4,8% in 1989 gestiegen. Sie hob ihn auf 6,0% in 1990, 7,3% 1991 und 8,2% 1992. Erst 1993 senkte sie ihn wieder auf 6,9% (*Dresdner Bank* 1994b, S. 5) um 1994 auf unter 5 v.H. zu gehen (Bundesbank 1995b, S. 43); dieser Satz liegt wieder in der Norm der letzten zwanzig Jahre.

Ihre Maßnahmen wirkten solange nicht, wie sie von der Finanzpolitik des Staates und der Kapitalnachfrage der Investoren nicht als Signal der Dämpfung verstanden wurden bzw. verstanden zu werden brauchten. Daher war die ohne europäische Absprache vorgenommene Leitzinserhöhung der Bundesbank vom 16. Juli 1992, von 8,0 v.H. auf 8,75 v.H., ein nachdrücklicher Hinweis. Er sollte nicht nur intern, sondern auch im EWS bzw. der EWWU als Signal der weiteren geldpolitischen Glaubwürdigkeit und Handlungsfähigkeit der Zentralbank verstanden werden (*Bundesbank* 1992, S. 23f.).

Die gängigsten deutschen Bankkreditzinsen (Kontokorrent) lagen, der Bundesbank zufolge, bei diesen Werten: in der 2. Hälfte der 80er Jahre bei ca. 6,5 v.H., um von 1989 bis 1992 von 8,3 über 9,9 und 10,9 auf 12 v.H. zu steigen und schließlich über 11 v.H. auf 9,6 v.H. im Jahre 1994 wieder zu fallen. Damit lagen sie noch deutlich über dem Niveau von 1987/88 (*Bundesbank* 1995b).

Die deutsche Wiedervereinigung führte damit vor allem zu einem Geldmengen-Schock im ehemaligen Stabilitätsanker des EWS. In den Jahren 1989-1993 waren wichtige EWS-Funktionen für die beteiligten Staaten zeitweilig entwertet. Einerseits konnte man aus Deutschland keine stabilitätspolitische Glaubwürdigkeit mehr importieren, um eine eigene Hinwendung zur Stabilitätspolitik abzustützen. Andererseits brachte auch eine drastische autonome Stabilitätspolitik (wie in Frankreich) bei fortdauernder europäischer Leitfunktion der D-Mark nur noch wenig Nutzen für die EWS-Mitglieder.

Der Interessenausgleich im EWS für die anderen Mitglieder war also auf beiden Ebenen deutlich beeinträchtigt. Verzicht auf geldpolitische Autonomie – prima vista ein Nachteil – konnte im „neuen" EWS den Vorteil der Wechselkursstabilität und importierter interner Stabilitätsimpulse bringen, wenn selbst bei unzureichenden eigenen Stabilitätsanstrengungen die Stabilität der Deutschen Mark als Haltegitter funktionierte. Verzicht auf kurzfristige nationale Nachfrageerhöhung und Wachstum durch autonome Einkommens- und Fiskalpolitik – ebenfalls prima vista ein Nachteil – wurde ebenfalls durch Gewinne in Stabilität von Geldwert und Wechselkursen und letztlich niedrigere Zinsen ausgeglichen. Der ersterwähnte Mechanismus konnte nicht funktionieren, wenn die deutsche Währung selbst ihre Stabilität verlor. Der zweite wurde gefährdet, wenn die Früchte der autonomen Stabilisierung der nationalen Währung – z. B. eine Senkung der Kreditzinsen – nicht geerntet werden konnten, weil damit eine ungewollte Abwertung gegenüber der europäischen Leitwährung Deutsche Mark herbeigeführt wurde. Der Ausgleich zwischen Vor- und Nachteil der EWS-Bindung war damit also beeinträchtigt worden. (*Artus/de Boissieu*, 1991, S. 185f).

Schließlich führte die einseitige Stabilisierungspolitik der Bundesbank für die Deutschen sowie für die anderen europäischen Volkswirtschaften zu erheblichen Nachteilen, während die Vorteile solange ausblieben, bis 1993 endlich, zusammen mit der Wirtschaftskrise, auch die angestrebte Dämpfung eintrat (*Gauron* 1992).

Die Funktionsfähigkeit des EWS-Systems zeigte bei dieser Gelegenheit sehr deutlich ihre Grenzen. Es gab keinen Mechanismus zu einer kooperativen Verringerung und Beseitigung der „deutschen Abweichung". *Artus* und *de Boissieu* haben wie andere Autoren auch, gefunden, daß die relativ starke Wechselkurs-Fixierung des EWS und seine o.a. angesprochene asymmetrische Struktur in dieser Situation nicht den optimalen Ansatz bildeten. Eine symmetrischere Struktur, in der die Pflicht zur internen geld- bzw. zur währungspolitischen Anpassung bei einem Auseinanderlaufen der Gelwertentwicklung zwischen Auf- und Abwertungskandidaten im EWS gleichmäßiger verteilt wäre, hätte eine unter den EWS-Mitgliedern abgesprochene und abgestimmte Aufwertung der deutschen

Mark erlaubt bzw. herbeigeführt, die den Schock auch auf die anderen Staaten verteilt hätte und die für alle beste Lösung gewesen wäre (*Artus/de Boissieu* 1991; *Begg* et al. 1990). Auf die Bundesbank und die anderen Zentralbanken der DM-Zone hätte stärkerer politischer Druck gewirkt, eine solche Aufwertung zu akzeptieren, die anderen wären leichter zu einer entsprechend schwächeren Abwertung bereit gewesen. In einem System fester Wechselkurse hätte Deutschland ersatzweise eine reale Aufwertung zulassen sollen, und zwar über eine Inflation, die nicht zu einseitig durch restriktive Währungspolitik der Bundesbank, sondern auf EWS-Ebene insgesamt allmählich gebremst würde. Möglicherweise wären aber andere Länder aus dem sogenannten DM-Block (v.a. die Niederlande und Belgien) nicht bereit gewesen, zusammen mit den übrigen EWS-Ländern gegenüber der D-Mark abzuwerten.

Aus dieser Sicht war zu bedauern, daß es die EWS-Regeln Deutschland erlaubten, auch angesichts des Geldmengenschocks der Wiedervereinigung die dritte Lösung zu wählen, die kaum währungspolitische Kooperation im EWS erfordert: die einseitige und längere Zeit ergebnislose Stabilisierungspolitik der Bundesbank, die den ohnehin auf die anderen Länder ausstrahlenden Zinseffekt der erhöhten deutschen Kapitalnachfrage noch verstärkte.

Wie Artus und *de Boissieu* schon 1991 mit Recht vermuteten, ist jedoch die überragende Stellung der D-Mark trotz der zeitweiligen Schwäche weiter erhalten geblieben und kann wohl nur durch eine künftige gemeinsame Währung abgelöst werden. Von den anderen europäischen Währungen hat keine das Gewicht, um sich an ihre Stelle zu setzen; auch gegenüber Dollar und Yen konnte die DM-Parität weiterhin den Ton für die EWS-Währungen angeben. Daher hatten und haben jene auch künftig keine Möglichkeit, ihre Zinssätze von denen der Bundesbank abzukoppeln.

Stabilisierungspolitik der Bundesbank bleibt dominierend

Ein Blick auf Haushaltsdefizite, Staatsverschuldung und Inflation in der EG im Jahr 1994 zeigt außerdem, daß Deutschland mit einem besonders niedrigen und sinkenden öffentlichen Haushaltsdefizit von 2,9 v.H. des BIP, einer Gesamt-Verschuldung von 51 v.H. des BIP und einer sinkenden Inflationsrate von 2,8 v.H. im Vergleich der großen fünf Mitgliedsländer eine gute mittlere Position hält. Sein Schuldenstand dürfte sich zwar zunächst noch steigern, für 1995 wird er auf 59,4 v.H. des BIP geschätzt. Aber im Vergleich der Fünfzehn liegt auch dieser noch in weitem Abstand von den großen Schuldenmachern Belgien, Griechenland und Italien, deren jeweilige Schulden ihr BIP übersteigen (Europäische Kommission, November 1994).

Auch die anderen schon erwähnten geld- und finanzwirtschaftlichen Zahlen für 1994/5 zeigen, daß im vereinigten Deutschland der Konflikt zwischen Wirtschafts- und Sozialpolitik einerseits und Geldpolitik andererseits, der anläßlich der innerdeutschen Wirtschafts- und Währungsunion ausbrach, abgeflaut ist. Für die EG dürfte vor allem im Blick auf die vertraglich vereinbarte Wirtschafts- und Währungsunion wichtig sein, daß dadurch auch die Rolle des deutschen und europäischen Währungs-Stabilisators Bundesbank wieder konstruktiver funktionieren kann. Die vorerst überstandene Krise der Wiedervereinigung hat für alle Beteiligten zweierlei deutlich gezeigt:

Fazit: relative Macht der deutschen Währung

1. Einzelne nationale Notenbanken, und lägen sie auch in Frankfurt am Main, sind nicht mehr imstande, die verschiedenen Ziele ihrer Politik gleichzeitig

und befriedigend zu erreichen; sie brauchen dazu mehr und verbindlichere Kooperation mit ihren Partnerinstituten. Darauf kommen wir abschließend noch zurück.

2. Die Deutsche Bundesbank zeigt sich in einer Situation der D-Mark-Schwäche und des geldpolitischen Konflikts mit der Bundesregierung nicht als ein besonders nützlicher, besonders kooperationsfähiger und -williger Partner einer europäischen Geldpolitik, eher im Gegenteil.

Das Urteil über die „Macht der D-Mark" in Europa muß vor diesem Hintergrund wohl differenzierter als bisher ausfallen.

Kapitalkosten und Wachstum in der EG

Damit sind nun jedoch, in einem zweiten Schritt, auch politisch negative Folgen für die weitere Herausbildung einer Währungsunion in Europa entstanden. Sie wurden durch die anderen, mit der Wiedervereinigung nicht zusammenhängenden Entwicklungen des Jahres 1992 noch drastisch verschlimmert.

Von den anderen EG-Mitgliedsländern – und darüber hinaus – wurden und werden also auch negative Wirkungen der vereinigungsbedingten Nachfrageausweitung in Deutschland befürchtet (IWF 1992). Die am Ende der achtziger Jahre durch die EWS-Disziplin erreichte Zinssenkung wurde für die Partnerländer Deutschlands durch einen diesmal von den Deutschen verursachten Vorgang wiederum konterkariert. Steigende deutsche Kapitalnachfrage und Zinsen hatten in Europa selbst bei einem Abwertungsverdacht für die D-Mark die Folge, aus anderen Ländern Kapital nach Deutschland zu ziehen[5]. Um diesen Abfluß zu begrenzen, mußten die Zentralbanken in den anderen EG-Mitgliedsländern den Zins ebenfalls anheben; durch beide Bewegungen werden, so befürchtet man, die dortigen Wachstumschancen ernsthaft beeinträchtigt. Bis Ende 1992 haben allerdings

Keine schwindenden Wachstumschancen bei EG-Partnern

> „die für Investitionsentscheidungen wichtigen Kapitalmarktzinsen für längerfristige Kredite in Deutschland und in den meisten europäischen Partnerländern einen solchen Effekt nicht erkennen lassen. Vielmehr sind sie 1991 gesunken. Im Frühjahr 1992 waren die Umlaufrenditen öffentlicher Anleihen in den EG-Mitgliedsländern um einen halben Prozentpunkt (Deutschland, Niederlande) bis dreieinhalb Prozentpunkte (Spanien) niedriger als Anfang 1990".

So die Bundesbank, die daraus schließt, daß der Beweis für die Stichhaltigkeit der genannten Befürchtung bisher noch fehlt. Diese Geldmarktzinsen sanken überdies kontinuierlich weiter und lagen in Deutschland Anfang 1995 bei ca. 5,1-5,2 v.H./pa.a., zu diesem Zeitpunkt niedriger als die der anderen großen eu-

---

5   Für die Berechtigung dieser Befürchtung war ein Indikator der Umfang und die Entwicklung allein der ausländischen Käufe deutscher öffentlicher Anleihen über die letzten Jahre: deren Nettoabsatz an Ausländer stieg deren Nettoabsatz an Ausländer von 1989 22,5 auf 1991 46,9 Mrd. D-Mark. Vgl. I.W.D., 26.03.1992, S.1. Das waren 1988 88 v. H. und 1991 immerhin 54 v. H. dieses Nettoabsatzes, und diese Summen übertrafen in beiden Jahren die Neuverschuldung des Bundes (als Differenz zwischen dem Verschuldungsstand im Vor- und im Berichtsjahr, ermittelt aus *Dresdner Bank* 1994a).

ropäischen Währungen und der USA (*Bundesbank* 1992, S. 23 und 1995b, S. 13f.).

Neben den befürchteten oder tatsächlich eingetretenen Nachteilen, die die deutsche Wiedervereinigung für die EG-Staaten mit sich bringt, gab es freilich auch die im Kapitel über den Handel schon angesprochenen Vorteile. Dazu gehört u.a., daß in diesen Ländern nach Auffassung der Deutschen Bundesbank

> „...der vor allem durch den einigungsbedingten Importsog hervorgerufene Rückgang des bilateralen deutschen Handelsbilanzsaldos sowohl 1990 als auch 1991 jeweils rund einen halben Prozentpunkt zum realen gesamtwirtschaftlichen Wachstum beigetragen hat und damit wohl rein rechnerisch – (1991) *neun Zehntel* und (1990) *ein Drittel des gesamten Wachstums in den EG-Partnerländern* der Bundesrepublik Deutschland ausmachte."

Rückgang des deutschen Handelsbilanzüberschusses

4.2.5 Wiedervereinigung und EG-Integration, Anfang 1995

Bereits vor fast vier Jahren hat Reinhard Rode die Möglichkeiten, die sich heute abzeichnen, auf die vielleicht etwas apodiktisch formulierte, aber einleuchtende Alternative zwischen einem optimistischen und einem pessimistischen Szenario gebracht:

> „Ersteres geht von einer kurzfristigen Belastung aus, weil Modernisierungsinvestitionen und Wachstum die Verschuldung (als wesentlichen Teil der deutschen Überforderung) unproblematisch machen, letzteres von einer mittel- und längerfristigen Überforderung Deutschlands als Euro-Hegemon. Für diesen Fall wäre die deutsche Hegemonialschwäche für die Nachbarökonomien überaus belastend. Die positive, also die stabilisierende, liberalisierende, Wachstum induzierende und kapitalversorgende Hegemonialleistung würde nicht mehr, oder nur noch unzureichend, erbracht, die negative Kehrseite der Hegemonie, das Quasi-Diktat der regionalen Wirtschaftspolitik wegen zu geringer Handlungsspielräume der kleineren Länder, träte umso deutlicher zutage. Enttäuscht von der unzureichenden deutschen Wirtschaftsleistung und dennoch im Schatten seiner dominanten Ökonomie würde die Kritik aus dem Umfeld einen Boom erfahren, ohne daß die Kritiker ihrerseits sich imstande sähen, eine Alternative zur deutschen Führungsrolle zu bieten" (*Rode* 1991, S. 13f).

„Hegemonialschwäc he" Deutschlands?

Ohne daß wir uns *Rodes* Alternative nun in dieser Form zueigen machen (vgl. weiter oben) oder gar schon – nach vier weiteren Jahren – eines der Szenarien als eindeutig zutreffend bezeichnen könnten, führen die Entwicklungen im ersten Halbjahr 1995 doch eher zu einem unentschiedenen Urteil. Die „Hegemonialleistung" wird in ihren wichtigsten Funktionen seit 1994 wieder erbracht, mit Ausnahme vielleicht der kapitalversorgenden Funktion, die zumindest in Richtung Westeuropa noch mehr gefährdet ist als schon vor 1990. Das ostdeutsche Hilfsprogramm funktioniert weiter als eine enorme staatliche Nachfrageförderung (Nettokreditaufnahme des Staates noch 1993 159 Mrd.DM), die auf alle anderen europäischen Volkswirtschaften ausstrahlt. Die französische Wirtschaft etwa hat seit 1992 sowohl zunehmende Überschüsse im Außenhandel wie eine der deutschen überlegene Geldwertstabilität, wie schließlich seit 1994 ein kräftiges Wachstum aufzuweisen. Allerdings: Frankreich hat in diesem positiven Anpassungsprozeß auch eine wachsende Arbeitslosigkeit zu verzeichnen: 1995 etwa 3,3 Millionen oder 12,3 v.H. der Bevölkerung im erwerbsfähigem Alter; sei-

Führungsrolle weitgehend wieder eingenommen

ne soziale und politische Lage ist dadurch spürbar gespannter und risikoreicher geworden.

Gesamteuropäische Wachstumsimpulse in den Jahren 1990/91

Trotz der Befürchtungen für das EWS schien es schon 1991 durchaus eine insgesamt positive Entwicklungschance zu geben. Deutschland brauchte für eine längere Zeit ein stärkeres Wachstum als in den achtziger Jahren, um die innere Wiedervereinigung zu vollziehen. Sein Wachstumsbedarf konnte sich damit demjenigen anderer großer EG-Staaten nähern. So hatte die Wachstumsrate der deutschen Wirtschaft von 1983 bis 1988 im Jahresdurchschnitt um wenig höher als 2 v.H. gelegen. Da ein so geringes Wachstum besonders für Frankreich und die anderen Staaten im Süden Europas aus den genannten Gründen ungenügend war, bedeutete für sie der Übergang zu der vereinigungsbedingten deutschen Wachstumsrate von real 5,5 v.H. (1990) und 4,3 v.H. (1991) im Westen des Landes (Dresdner Bank 1994 (1), S. 1) eine günstige Beschleunigung. Hier müssen noch die Daten für Ostdeutschland addiert werden, dessen Wirtschaft zwar bis 1991 dramatisch schrumpfte, das indirekt jedoch bereits als Import-Lokomotive fungierte und ab 1991 eigenes reales Wachstum verzeichnete.

Damit schien sich auch die Möglichkeit einer längerfristigen Einbindung der Deutschen in einem europaweiten Kompromiß zur Förderung höherer Wachstumsraten mit Deutschland als Lokomotive zu eröffnen. Die entscheidende Frage war, ob das Wachstum in Gesamt-Deutschland weiter auf dem Niveau von 1990/91 verlaufen würde, ob auch beim Zins ein Kompromiß zu finden wäre, der in der EG insgesamt wachstumsbegünstigend wirkt, und ob das wirtschaftliche und institutionelle Umfeld in Europa und der Welt wenigstens stabil bleiben würde.

Diese Frage beantwortete das Jahr 1992 erst einmal weitgehend negativ. Die Nachfrage Ostdeutschlands nach Gütern und Leistungen aus dem Westen war zwar fortdauernd hoch. Gleichzeitig machten sich 1992 aber die rezessiven Tendenzen aus der internationalen Wirtschaft so stark bemerkbar, daß das reale Wachstum der westdeutschen Wirtschaft von 4,3 v.H. (1991) auf nur noch 1,0 v.H. (1992) zurückging und 1993 sogar um 2,4 v.H. schrumpfte. *Gesamt*deutschland verzeichnete in dieser Zeit wegen der deutlichen Verbesserung in Ostdeutschland noch einen Wachstumsanstieg von 0,7 auf 1,1 v.H. Die Wachstumserwartungen aus dem Jahre 1991 wurden also insgesamt spürbar enttäuscht. Für 1993 kam es für Gesamtdeutschland zu einem Minus von -1,8 v.H. (*Dresdner Bank* 1994a, S. 1).

Einbrüche im Jahr 1993

In Ostdeutschland war der Einbruch so tief, der Kapitalbedarf im Vergleich zur deutschen Güterproduktion so ernorm und in Gesamt-Deutschland der Kampf um die Verteilung der Lasten so scharf, daß es bis 1993 nicht gelang, diesen Bedarf ohne zunehmende inflationäre Spannungen zu decken. Daher sah sich die Bundesbank gezwungen, die kurzfristig wirkenden Zinsen auf hohem Niveau zu halten (*Bundesbank* 1992, S.24; Europäische Wirtschaft Nr.50 1991, S.9; *Harasty/Le Dem* 1992, S.195ff.).

Angesichts der dargestellten Sonderrolle der deutschen Geldpolitik in der EG, deren Nachahmung sich die Partner im Wechselkursmechanismus des EWS nicht entziehen können, es sei denn, sie handelten Paritätenänderungen aus oder scheiden aus dem EWS aus, kam es dort zu noch (etwas) höheren Zinsen, die von der dortigen Wirtschaftspolitik als wachstumshemmend angesehen wurden. Manches spricht zwar dafür, daß die den neuen deutschen Ländern 1990, 1991 und auch 1992 tatsächlich zur Verfügung gestellten Kapitalmengen ein höheres – auch für Westeuropa insgesamt wirksames – Wachstum hervorbrachten, als es erreicht worden wäre, hätte man größere Zinsspielräume in anderen Gemeinschaftsländern bestehen lassen, die dort einem möglichen Wachstum bessere Chancen gegeben hätten. Dieser Mechanismus dürfte auch noch weiterhin wirken. Man kann auch argumentieren, daß den Nachbarländern Deutschlands selbst ohne EWS in einem offenen Kapitalmarkt keine Möglichkeit geblieben wäre, autonome Leitzinsänderungen vorzunehmen. Andererseits gibt es etwa in Frankreich tatsächlich gute Gründe dafür, objektive Zinssenkungsspielräume zu sehen, deren Ausschöpfung ohne die enge monetäre Bindung an die Leitwährung D-Mark leichter möglich wäre. Die Unterauslastung und die hohe Produktivität der Unternehmen sowie die Eindämmung andere preis- und kostensteigernder Faktoren lassen selbst bei leichterer Geldversorgung ein inflationsarmes Wachstum erwarten. Nur die Wechselkursbindung im EWS bringt bei niedrigeren nationalen Zinsen sofort das risiko der ungewünschten und ungerechtfertigten Abwertung mit sich.

Beschränkte Zinsspielräume der anderen europäischen Notenbanken

Die Ablehnung des EWWU-Projektes durch Großbritannien und Dänemark, sein weiterer Glaubwürdigkeits-Verlust im Verlauf von 1992, löste außerdem die politische Bremse gegen Paritäten-Anpassungen zwischen den EWS-Mitgliedstaaten und sogar gegen temporäre Austritte aus dem Wechselkursmechanismus. Aus diesen zusammenwirkenden Gründen entlud sich der seit der letzten Anpassung allzu lang aufgestaute Abwertungsdruck in Italien, Großbritannien, Spanien und anderen Mitgliedsländern (in Frankreich konnte er wegen dessen Stabilitätsvorsprungs vor Deutschland wieder abgebaut werden) zwischen September 1992 und Januar 1993 in zeitweiligen Austritten aus dem Wechselkursmechanismus (italienische Lira und Pfund Sterling im September 1992) und in Abwertungen von drei großen und mehreren kleineren EWS-Währungen.

Im Anschluß an diese Währungskrise wurde die Erweiterung der Bandbreiten im Wechselkursmechanismus auf 15 v.H. beschlossen. Die Deutsche Mark hat ihren Wert von Beginn der Währungskrisen Mitte 1992 bis Februar 1995 gegenüber den anderen EG-Währungen um knapp 11 v.H. gesteigert, in den zwölf Monaten zwischen Februar 1994 und 1955 allein um 4 v.H. im gewogenen Durchschnitt (*Bundesbank* 1995b, S.71). Wie die Bundesbank feststellte, war diese Aufwertung

„kaum mit entsprechenden Veränderungen ... des Preisgefälles zwischen Deutschland und den übrigen Mitgliedsländern der EU" zu erklären. Sie bringt überdies das Risiko von „Rückschlägen bei der internationalen Wettbewerbsfähigkeit" (a.a.O., S.70) mit sich. Gegenüber den beiden großen nichteuropäischen Währungen US-Dollar und japanischem Yen waren die Schwankungen seit Mitte 1992 sehr viel größer. Der Dollar stieg erst um 20 und fiel dann wieder um 15 v.H.; der Yen stieg um über 30 v.H. um dann in Sprüngen von fast 5 v.H. zu fallen und wieder zu steigen. Im Vergleich dazu hatte die Wertzunahme der DM gegenüber den am Wechselkursmechanismus der EG beteiligten Währungen seit Mitte 1992 nur etwa 4,2 v.H. betragen (ebda.).

Erweiterung der Bandbreiten im EWS

Damit hatten sich die ökonomischen und politischen Vorgaben für die weitere Integration in der EG im Vergleich zur zweiten Hälfte der achtziger Jahre spürbar verändert. Die deutsche Vereinigung hatte dazu beigetragen, aber in einer durchaus widersprüchlichen Weise. Ceteris paribus und in einer ersten Phase ist dieser Beitrag *politisch* positiv gewesen. Die erfolgreichen Verhandlungen über den Vertrag über die Europäische Union, im Herbst 1990 offiziell begonnen, im Februar 1992 mit der Unterschrift unter das Vertragswerk abgeschlossen, beweisen es.

Auch *ökonomisch* sind positive Wirkungen deutlich erkennbar, und zwar vor allem in bezug auf die Verwirklichung des Binnenmarkts und das Gemeinschaftswachstum von 1990-1992. Beim Abbau des Nord-Süd-Gefälles innerhalb der EG sind aber auch die Nachteile erkennbar. Deutschland ist weniger reich und daher weniger imstande zu hohen Nettozahlungen als früher. Das zeigte sich bei den Verhandlungen über das Delors-II-Paket und in dem auf dem EG-Gipfel in Edinburgh im Herbst 1992 erreichten Ergebnis. Es zeigt sich in den nach Maastricht intensivierten Versuchen der deutschen Europapolitik, die Nettozahlerposition der Bundesrepublik dauerhaft zu verringern.

Verringerte Nettozahlungen der Bundesrepublik

Eindeutig scheinen die nachhaltigen Wirkungen auch im Bereich der *währungspolitischen Integration* zu sein. In diesem Bereich sind sie allerdings am schwersten zu bestimmten. Klar ist zwar, daß die vereinigungsbedingte geldpolitische Starrheit Deutschlands im Jahr 1992 einer der Faktoren war, die das „Neue EWS" auf dem die Wirtschafts- und Währungsunion des Maastrichter Vertrages gegründet werden sollte, zum Einsturz brachte. Es läßt sich aber nicht beweisen, daß internationale Wirtschaftskrise, Glaubwürdigkeitslücke von Maastricht und aufgestaute Strukturdifferenzen der europäischen Volkswirtschaften im Jahre 1992 nicht auch allein zum gleichen Resultat geführt hätten.

Andererseits zeigte der deutsche Geldmengen-Schock eine Schwäche des bestehenden Europäischen Währungssystems, die nur in weiteren Schritten auf dem Weg der Währungsunion erfolgreich überwunden werden kann. Das gilt auch und gerade dann, wenn die Stabilitäts-Funktion der deutschen Währung für das übrige EWS in Frage steht. Das gilt vor allem angesichts der Tatsache, daß die anderen Grundlagen der faktischen Dominanz Deutschlands auf dem europäischen Währungsfeld kurz- und mittelfristig nicht zu erschüttern sind. Die quantitative Bedeutung der deutschen Währung, über deren Entwicklung bei einem Status-quo-EWS weiter allein die deutsche Bundesbank entschiede, wird zweifelsohne durch die Vergrößerung der Bundesrepublik und die Ausweitung des deutschen Wirtschaftsaustauschs nach Mittel-Osteuropa weiter spürbar wachsen (*Artus/de Boissieu* 1991, S.190f.).

Hätte 1990 bereits eine Währungsunion existiert, so Artus und de Boissieu, dann hätte es für die Deutschen hinsichtlich des Tempos der gemeinsamen Lasten-Übernahme und damit der Wiedervereinigung sicher mehr Zwang zur innergemeinschaftlichen Konsultation und sogar Abstimmung gegeben. Allerdings wären in diesem Fall die Kosten der Wiedervereinigung wohl auch stärker von den Gemeinschaftshaushalten übernommen worden (Strukturfonds und vergleichbare Mechanismen), und das im übrigen erforderliche Kapital hätte schon im ersten Schritt auf dem gesamten europäischen Kapitalmarkt aufgenommen werden können, so daß die Auswirkungen auf die Zinssätze insofern geringer geblieben wären (*Artus/de Boissieu* 1991, S.187f.).

Schaffen diese Einsichten zusätzliche Motivation für eine noch eindeutigere Zustimmung zur Währungsunion und ihrer schnellen Verwirklichung? Für die meisten Mitgliedsländer der Gemeinschaft würde man die Frage wohl bejahen müssen, selbst wenn ihre Fähigkeit zum Mitmachen vorerst drastisch reduziert erscheint. Auch für die Bundesrepublik selbst gibt es zwar keine neuen Gründe für ein schnelles Voranschreiten zur einheitlichen Währung, wenigstens in einer kleinen Stabilitätsgruppe, aber die alten und bekannten sind nach der Wiedervereinigung noch deutlicher erkennbar als zuvor:

Fazit: Wirtschafts- und Währungsunion weiterhin vordringlich

a) in einem offenen europäischen Kapitalmarkt, bei zunehmender weltweiter Deregulierung dieses Marktes und bei drastisch beschleunigter Internationalisierung des Kapitalverkehrs ist auch die Bundesbank nicht mehr imstande, in einer nur nationalen Strategie ihre verschiedenen geldpolitischen Ziele gleichzeitig zu erreichen;

b) das gilt umso mehr, wenn externe Schocks wie Dollarab- und Yenaufwertung die Paritäten der D-Mark und damit auch die Wettbewerbsfähigkeit deutscher Waren außer- und innerhalb Europas destabilisieren, ohne daß die wirtschaftlichen Grunddaten das rechtfertigen. Die oben genannten Zahlen zeigten, daß dann die Zone geldpolitischer Kooperation (Europäischer Wechselkursmechanismus) in Europa noch am wenigsten getroffen ist, Auf- beziehungsweise Abwertungen sich dort im engsten Rahmen halten.

c) Das EWS kann diese erwünschte Stabilisierungsleistung gegenüber außer- und innereuropäischen Währungsschwankungen aber nicht mehr übernehmen. Die Ausweitung der Bandbreiten im Wechselkursmechanismus ist ein deutlicher Indikator dafür. Nur ein qualitativer Schritt vorwärts gäbe die Möglichkeit, diese Leistung wieder zu erbringen, die in der neuen Welt deregulierter internationaler Finanzmärkte noch notwendiger als früher ist.

d) Die Europäische Währungsunion hat aber in den Augen ihrer ernsthaftesten Befürworter aus Regierung, Wirtschaft, Banken und der neoklassischen Wirtschaftswissenschaft auch eine grundsätzliche sozial- und wirtschaftspolitische Funktion für die Ordnungspolitik in Deutschland selbst, auf welche an dieser Stelle nur noch in aller Kürze hinzuweisen ist. Sie soll einerseits die deutsche Geldpolitik mit der Verlagerung der entscheidenden Kompetenzen in die Europäische Zentralbank noch weiter aus der Einflußsphäre der deutschen Politiker herausbringen als das für die Bundesbank der Fall gewesen war. Dafür nur ein einziger Hinweis: Ist die Bundesbank noch dem deutschen Bundebankgesetzu und ebventuellen Änderungen dieses Gesetzes unterworfen, so wird die EZB europäischen Verfassungsrang besitzen, und um so weiter abgehoben sein vom Willen der Parlamentarier.

Andererseits soll sie die korporatistisch begründeten deutschen Einkommens-Strukturen aufbrechen helfen. Der Wegfall des „Währungsschleiers" wird nicht nur südeuropäischen Arbeitnehmern in direktem Vergleich ihr Zurückbleiben gegenüber denjenigen Nordwesteuropas klar machen und sie möglicherweise zu stabilitätswidrigen Protestaktionen dagegen, bzw. zu Verlangen nach noch weiter erhöhten EU-Transfers nach Süden motivieren; so die Angst von Euro-Skeptikern wie Wilhelm Hankel. Vielmehr soll sie auch deutsche Arbeitnehmer und Unternehmer in derselben Direktheit zum Vergleich nötigen. Innereuropäische Vergleiche der Entwicklung der Stücklohnkosten etwa werden nicht mehr durch die Umrechnung nach Paritäten, die sich ihrerseits über die Zeit gegeneinander und gegenüber dem Dollar verändern, doppelt gebrochen. Dieser direkte Vergleich wird innerhalb des Großen Binnenmarktes mit seiner noch zunehmenden Freizügigkcit deutlicher zeigen als je zuvor, wo die deutsche Wirtschaft weiterhin empfindlich für den Kosten-Wettbewerb ist. Dort, so das Kalkül von Bankiers und Wissenschaftlern, wird die Euro-Währung im Verein mit Freizügigkeit ein potenter zusätzlicher Hebel, um mehr Anpassungsbereitschaft und Flexibilität bei Tarifverträgen und staatlichen Sozialleistungen in Deutschland zu erzwingen, und zwar in Richtung einer Absenkung, vor allem durch höhere Differenzierung. Niemand hat das in den letzten Monaten klarer gesagt, als Olaf Sievert, anläßlich einer Veranstaltung der Leipziger Wirtschaftspolitischen Gesellschaft am 28. 1 97 (Währungsunion und Beschäftigung, in Deutsche Bundesbank, Auszüge aus Presseartikeln, Nr.9, 14.2.97, S. 6-14).

Sieverts Ausführungen ruhen auf noch grundsätzlicheren Erwägungen über den Zusammenhang von Aufwertung, und Arbeitslosigkeit in Deutschland, die in dieser Schärfe für die Wirtschaftswissenschaft des „mainstream" neu sind und aufhorchen lassen. Im selben Artikel versucht er nämlich zu zeigen, daß die permanente Aufwertung der Deutschen Mark (zusätzlich zu den tarifbedingten Lohnerhöhungen) in den vergangenen Jahrzehnten sehr wohl zu einem Anstieg der deutschen Arbeitslosigkeit gefiel habe, In einem Satz gesagt, sei das dadurch geschehen, daß die Unternehmen unter dem Druck des Kostenwettbewerbs ihre niedrig produktiven aber im internationalen Vergleich unzumutbar teurer werdenden Arbeitsplätze fortrationalisiert hätten, so daß nur noch die hochproduktiven übrig blieben Das war nun im Sinne des Modell Deutschland in einer Hinsicht durchaus willkommen, wurden im Zuge dieser Entwicklung doch die Einkommen nicht nur erhöht, sondern immer stärker einander angeglichen, und zwar im Gleichschritt mit einer allgemeinen Qualifizierungszunahme der deutschen Arbeitskräfte in ihrer Gesamtheit, und einer entsprechenden Zunahme der technologischen Wettbewerbsfähigkeit der deutschen Waren und Dienstleistungen, Damit erfüllten sich programmatische Vorstellungen aus den optimistischen siebziger Jahren der deutschen Sozialdemokratie, die seinerzeit mit der Bildungsreform, der verstärkten Technologieförderung, weiterer Liberalisierung der deutschen Außenwirtschaft und verbesserten sozialen Leistungen vorangetrieben wurden. Hauff/Scharpf lassen grüßen,

Andererseits zeigt sich aber –vor allem nach der Aufnahme wirtschaftlich weit zurückgebliebener Regionen in die Bundesrepublik durch die Wiedervereinigung, im Zuge des Eintritts Mittelosteuropas in die internationale Konkurrenz und noch beschleunigter Globalisierung von wirtschaftlicher Produktion und Vermarktung – auch die Unfähigkeit Deutschlands, dieses Modell ohne dramatisch wachsende Arbeitslosigkeit fortzusetzen. Es setzt ständig in gewissem Gleichschritt wachsende Produktivitätsfortschritte aller Arbeitskräfte voraus, die dieses Modell unter den gewandelten Bedingungen nicht sicherzustellen vermag.

4.2.6 Literaturverzeichnis

Artus, Patrick/de Boissieu, Christian 1991, Deutsche Wiedervereinigung, Europäisches Währungssystem und der Übergang zur Europäischen Wirtschafts- und Währungsunion, in: Deubner, Christian (Hrsg.) Die Europäische Gemeinschaft in einem neuen Europa, Baden-Baden: Nomos-Verlag, S. 175-191.

Begg, David et al. 1990, The East, the Deutschmark and EMU, London: Centre for Economic Policy Research, S. 31-69.

BMWI Zahlen 1994, Bundesministerium für Wirtschaft (Hrsg.), Wirtschaft in Zahlen '94, Bonn: Bundesministerium für Wirtschaft.

Bundesbank 1992, Deutsche Bundesbank, Der Einfluß des deutschen Vereinigungsprozesses auf die wirtschaftliche Entwicklung in den europäischen Partnerländern, in: Monatsbericht, Juli, S. 23-29.

Bundesbank 1995a, Deutsche Bundesbank (Hrsg.), Monatsbericht Februar 1995.

Bundesbank 1995b, Deutsche Bundesbank (Hrsg.), Monatsbericht März 1995.

Deubner, Christian 1986, Mitterrands Reformpolitik in Westeuropa. Die Relevanz der Contrainte Extérieure, unveröffentlichtes Manuskript, Stiftung Wissenschaft und Politik, Ebenhausen.

Deubner, Christian 1991a, Frankreichs Europapolitik und der europäische Binnenmarkt, in: Kreile, Michael (Hrsg.), Europa 1992 – Konzeptionen, Strategien, Außenwirkungen, Baden-Baden: Nomos-Verlag, S. 37-55.

Deubner, Christian 1991b, Die Konkurrenzfähigkeit der französischen Industrie und die deutsche Europapolitik, unveröffentlichtes Manuskript, Stiftung Wissenschaft und Politik, Ebenhausen.

Deubner, Christian 1993, Die Wiedervereinigung der Deutschen und die Europäische Gemeinschaft, in: Jakobeit, Cord/Yenal, Alparslan (Hrsg.) Gesamteuropa – Analysen, Probleme und Entwicklungsperspektiven, Opladen: Leske und Budrich.

Deubner, Christian 1995, Deutsche Europapolitik: Von Maastricht nach Kerneuropa?, Baden-Baden: Nomos-Verlag.

Deubner, Christian 1996a, Neue Machtgeometrie in Europa, in: Strukturwandel der Weltpolitik, Kolloquium zum Besuch des Bundespräsidenten Prof. Dr. Roman Herzog am 13. März 1996 in Ebenhausen, Ebenhausen: Stiftung Wissenschaft und Politik, S. 21-25.

Deubner, Christian 1996b, Wirtschaftliche und politische Konvergenz als Voraussetzungen der Europäischen Währungsunion, Ebenhausen: Stiftung Wissenschaft und Politik.

Deubner, Christian 1996c, Germany as Architect of European Integration and Eastern Europe, Working Paper 7/11 des Center for German and European Studies, Berkeley: University of California Press.

Deubner, Christian/Rehfeldt, Udo/Schlupp, Frieder 1978, Deutsch-französische Wirtschaftsbeziehungen im Rahmen der weltwirtschaftlichen Arbeitsteilung: Interdependenz, Divergenz oder strukturelle Dominanz?, in: Picht, Robert (Hrsg.), Deutschland, Frankreich, Europa. Bilanz einer schwierigen Partnerschaft, München/Zürich: Piper Verlag, S. 91-138.

Dresdner Bank (Hrsg.) 1994a, Die Wirtschaftsentwicklung der Bundesrepublik Deutschland 1950-1993, Frankfurt/M.: Dresdner Bank Statistische Reihen, Mai 1994.

Dresdner Bank (Hrsg.) 1994b, Historische Statistische Reihen, Frankfurt/M.: Dresdner Bank Statistische Reihen, Mai 1994.

Europäische Union (Hrsg.), Vertrag über die Europäische Union, in: Amtsblatt der Europäischen Gemeinschaften, 35 (31.8.1992) 224.

Eurostat 1989, Statistisches Amt der Europäischen Gemeinschaften (Hrsg.), Statistische Grundzahlen der Gemeinschaft, Luxemburg: Amt für amtliche Veröffentlichungen der EG.

Franzmeyer, Fritz/Schumacher, Dieter 1991, Ostdeutschland in der Europäischen Gemeinschaft – Problemfall oder Integrationsimpuls?, in: Deubner Christian (Hrsg.) Die Europäische Gemeinschaft in einem neuen Europa, Baden-Baden: Nomos-Verlag, S. 57-70.

Gauron, André 1992, Le dilemme allemand, in: Figaro, 17.7.1992, S. Eco III.

Harasty, Hélène/Le Dem, Jean 1990, Les conséquences macroéconomiques de la réunification allemand, in: Economie Prospective Internationale, 43, S. 91ff.

Harasty, Hélène/Le Dem, Jean 1992, Réunification allemande et croissance européenne: un espoir déçu?, in: Observations et diagnostics économiques, (Januar 1992) 39, S. 195ff.

IWD 1992, Informationsdienst des Instituts der Deutschen Wirtschaft, 26.03.1992, S. 1

IWF 1992, Internationaler Währungsfonds, Ausblick auf die Weltwirtschaft 1992-1993, Washington.

Le Gloannec, Anne-Marie 1992, Le sens de la puissance allemande, in: Laidi, Zaki (Hrsg.), L'ordre mondial relaché. Sens et puissance après la guerre froide, Paris: Presses de la Fondation Nationale des Sciences Politiques.

Markovits, Andrei S./Reich, Simon 1991, Modell Deutschland and the New Europa, Dies. u.a. in: Telos, Nr.89/Fall 1991, S. 45-63.

Markovits, Andrei S./Reich, Simon 1991, Should Europe fear the Germans?, in: German Politics and Society, (Sommer 1991) Nr.23, S. 1-20.

Menyesch, Dieter/Uterwedde, Henrik 1982, Partner oder Konkurrenten? Wirtschaftsbeziehungen zwischen nationalen Strategien und internationalen Abhängigkeiten, in: Picht, Robert (Hrsg.), Das Bündnis im Bündnis. Deutsch-französische Beziehungen im internationalen Spannungsfeld, Berlin: Severin und Siedler, S. 105-139.

Pohl, Reinhart/Vesper, Dieter/Zwiener, Rudolf 1990, Gesamtwirtschaftliche Auswirkungen der deutschen Währungs-, Wirtschafts- und Sozialunion auf die Bundesrepublik Deutschland – Ergebnisse einer ökonometrischen Simulationsanalyse, in: Wochenbericht des DIW, 57 (1990) 20, S. 269-277.

Rode, Reinhard 1991, Deutschland: Weltwirtschaftsmacht oder überforderter Euro-Hegemon?, Frankfurt, (Hessische Stiftung für Friedens- und Konfliktforschung), HSFK-Report No. 1/1991.

Ross, George 1992, Confronting the New Europe, in: New Left Review, Januar/Februar, S. 49-68.

Schönfelder, Wilhelm/Thiel, Elke 1994, Ein Markt – Eine Währung. Die Verhandlungen zur Europäischen Wirtschafts- und Währungsunion, Baden-Baden: Nomos-Verlag.

Uterwedde, Henrik 1988, Die Wirtschaftspolitik der Linken in Frankreich, Frankfurt a.M./ New York: Campus Verlag.

Wallace, William (Hrsg.) 1990, The Dynamics of European Integration, London: Pinter Publishers.

Wessels, Wolfgang 1991, Westeuropäische Evolution und osteuropäische Revolutionen: Revision oder Bestätigung europapolitischer Leitbilder und institutioneller Konzepte?, in: Deubner, Christian (Hrsg.), Die Europäische Gemeinschaft in einem neuen Europa, Baden-Baden: Nomos-Verlag, S. 225-238.

Wolfgang Reichardt

4.3 Die Auswirkungen der europäischen Integration auf interne Politikstrukturen der Bundesrepublik Deutschland

4.3.1 Fragestellung

Die Geschichte der Bundesrepublik Deutschland von ihrer Entstehung bis zur Gegenwart, bis zu ihrer tiefgreifenden quantitativen und qualitativen Veränderung im Prozeß der Wiedervereinigung, ist aufs engste verknüpft mit der Geschichte der europäischen Integration.

Im vorliegenden Beitrag wird der Frage nachgegangen, in welcher Weise der Prozeß der europäischen Integration interne Politikstrukturen der Bundesrepublik beeinflußt, möglicherweise sogar grundlegend verändert. Wie gezeigt werden wird, läßt sich eine ganze Reihe von Indizien und Belegen finden, die

1. auf einen Prozeß wechselseitiger Beeinflussungen externer und interner Strukturen hinweisen: Ebenso wie die europäische Integration politische Prozesse, Institutionen und politisches Bewußtsein in der Bundesrepublik herausfordert und vielfach einem kontinuierlichen Wandel unterzieht, findet umgekehrt gewissermaßen ein „Export" deutscher Institutionen, Regelungen, Traditionen nach Europa statt. Außerdem gibt es
2. vielfältige Anzeichen nicht nur für einen erheblichen Wandel interner bundesdeutscher Strukturen von Politik, Wirtschaft und Gesellschaft, sondern zugleich auch für eine beträchtliche Stabilität wichtiger Strukturen im Angesicht neuer, europäischer Herausforderungen.

Es wird also eine „doppelte Dialektik" von internen und externen Wirkungen sowie von Wandel und Stabilität vor allem politischer – aber nicht nur politischer – Strukturen konstatiert, die schließlich in der „Synthese" von überkommener nationalstaatlich-souveräner und neuer postnational-vernetzter Staatlichkeit mündet.

Und im Hinblick auf die Erfolgsgeschichte der „alten" Bundesrepublik, für die wirtschaftliche Prosperität und politische Hyperstabilität kennzeichnend waren, wird argumentiert, daß sie sich ohne die europäische Integration wohl kaum in der beobachtbaren Weise entwickelt hätte.

Europäische Integration hat die Bundesrepublik gefestigt

Intern war für die „alte" Bundesrepublik zumindest bis zur Wiedervereinigung – und im Kern wohl auch darüber hinaus – eine Konstellation politischer, wirtschaftlicher und gesellschaftlicher Strukturen typisch, auf die in diesem Buch immer wieder Bezug genommen wird. Schlaglichtartig lassen sich als Bestandteile dieser Strukturkonstellation etwa benennen:

– politisch und wirtschaftlich feste Einbindung in das westlich-marktwirtschaftliche System;
– interne politische Stabilität, sichergestellt durch die dominante Stellung zweier Volksparteien, föderale Machtverteilung und neokorporatistische, inkrementale Entscheidungsprozesse;

- stabilitätsorientierte Wirtschafts- und Währungspolitik von Bundesregierung und Bundesbank;
- tragende Rolle moderner exportorientierter Industriesektoren;
- „Sozialpartnerschaft" von Arbeitgebern und Gewerkschaften;
- vergleichsweise große gesellschaftliche Homogenität und relativ geringe Einkommensdisparitäten.

Dieser Katalog ist natürlich nicht vollständig, sondern dient allein einer gewissen Orientierung darüber, welche Strukturen in diesem Beitrag als Charakteristika des bundesdeutschen Entwicklungsweges verstanden werden. Damit ist zugleich angedeutet, daß es sich um einen analytisch pragmatischen, vergleichsweise wenig theorielastigen Zugriff handelt.

Diskussionsabsicht   Vielmehr ist beabsichtigt, in diesem Beitrag eine faktenorientierte, kritische Diskussion wesentlicher Aspekte der bundesdeutschen Teilnahme am Integrationsgeschehen vorzunehmen und Schlußfolgerungen hinsichtlich der Entwicklungsdynamik des bundesdeutschen Modells – und ansatzweise auch des Integrationsprozesses – zu ziehen. Bei der Analyse des Wandels interner Politikstrukturen durch die europäische Integration wird vor allem auf integrationstheoretische Überlegungen zurückgegriffen; die Erörterung der von der Bundesrepublik verfolgten europapolitischen Strategie steht in der Tradition realistischer Interessenanalyse.

Dabei wird zunächst der Integrationsweg aus deutscher Sicht nachvollzogen, um sodann die wichtigsten Einflüsse der Integration auf die Bundesrepublik zu skizzieren. Diese werden konterkariert durch die Diskussion der bundesdeutschen Politik-„Exporte" auf die europäische Ebene. Anschließend wird im Lichte der konstatierten Wechselbeziehung zwischen interner Integrationswirkung und externer Verteidigung und Erweiterung mitgliedstaatlicher Besitzstände sowie im Lichte neuerer europapolitischer Diskussionsbeiträge ein Streiflicht auf mögliche Weiterentwicklungen der Integration geworfen, ehe schließlich die Darstellung resümiert und auf weiterhin offene Fragen verwiesen wird.

4.3.2 Die Bundesrepublik als Teilnehmerin am europäischen Integrationsprozeß: Motive, Interessen und Aktionen

Die junge Bundesrepublik hat sich sowohl freiwillig als auch gezwungenermaßen nicht nur am beginnenden (west-) europäischen Integrationsprozeß beteiligt, sondern ihn sogar mitinitiiert und in Gang gesetzt. – Der scheinbare Widerspruch in diesem Diktum läßt sich leicht auflösen:

Einerseits engagierten sich wenn nicht *die* Deutschen, so doch *viele* Deutsche für die Idee Europa, um nach dem ungekannten und unfaßbaren Maß an Leid und Zerstörung, das vom faschistischen Deutschland ausgegangen war, zu einem friedlichen Europa der Völker beizutragen, das – in der Lesart der frühen 1950er Jahre – angesichts der unheilvollen Erfahrungen mit einem Europa der konkurrierenden Nationalstaaten nur ein geeintes, „postnationales" Europa sein konnte. Insoweit war die Beteiligung Deutschlands an der europäischen Integration freiwillig, obschon sie von vielen als ethische und politische Verpflichtung begriffen wurde.

Andererseits blieb dem neuen west- (oder rest-) deutschen Staat gar keine andere Wahl, als verbindliche und verpflichtende Beziehungen mit seinen Nachbarn einzugehen, wollte man Ängste, Mißtrauen und Haß gegenüber Deutschland abbauen helfen und *gleichzeitig* – und eben nicht erst *danach* – den wirtschaftlichen Wiederaufbau forcieren, was nichts anderes heißen konnte als die Wiederherstellung der industriellen Basis der deutschen Volkswirtschaft. Insofern orientierte sich das europäische Engagement des neuen deutschen Staates an politischen und ökonomischen Notwendigkeiten und war somit in gewisser Weise von diesen erzwungen.

Anders gewendet, war die Förderung wirtschaftlicher und politischer Verflechtung über aufkündbare Zusammenarbeit hinaus eine Voraussetzung für größere Handlungsfreiheit Deutschlands beim wirtschaftlichen Wiederaufbau und für die Rückkehr Deutschlands auf die Bühne der internationalen Beziehungen. Der mit der Integration verbundene und durch die Übertragung von Hoheitsrechten auf europäische Institutionen – zunächst die Europäische Gemeinschaft für Kohle und Stahl (EGKS), später die Europäische Wirtschaftsgemeinschaft (EWG) – vollzogene Verzicht auf Souveränität fiel Deutschland relativ leicht, weil er einen Rollenwechsel einleitete: vom besiegten Gegner zum Partner, vom Paria zum rasch wieder akzeptierten, international operierenden politischen Akteur. Erleichtert wurde dieser Rollenwechsel durch die Interessenlage der westeuropäischen Nachbarn und der Vereinigten Staaten, denen an einer starken Einbindung der Bundesrepublik in das westlich-kapitalistische Lager gelegen war: Auf diese Weise ließen sich politische Berechenbarkeit und Kontrolle der BRD steigern und ihre Gefolgschaft im Rahmen von Systemkonkurrenz und Blockkonfrontation sichern; außerdem waren die ökonomischen Potentiale Westdeutschlands auch für den Wiederaufbau Frankreichs, Belgiens, Hollands und anderer europäischer Staaten von beträchtlicher Bedeutung.

Westintegration der jungen Bundesrepublik

Die Aufgabe einzelner Elemente einzelstaatlicher Souveränität erwies sich daher letztlich als Weg zu mehr Souveränität. Der Prestigegewinn und die Erweiterung der Handlungsspielräume der Bundesregierung, die europäische Integration und Westbindung ermöglichten, ließen sich sowohl politisch als auch wirtschaftlich nutzen. Die Einbeziehung der westdeutschen Kohle- und Stahlproduktion in das westeuropäische Regulationsregime der EGKS beförderte die Vertrauensbildung bei den europäischen Nachbarn *und* den Wiederaufstieg der deutschen Industrie; die Teilnahme an der Marktintegration im Rahmen der EWG verbesserte den Zugang der Bundesrepublik zu attraktiven Absatz- und Rohstoffmärkten. (Der Zugang zu neuen Produktionstechnologien und Konsumgütern eröffnete sich im wesentlichen durch die Wirtschaftsbeziehungen mit den USA und war daher von der europäischen Integration unabhängiger.)

Politische und Wirtschaftliche Nutzung des Prestigegewinns

Die proeuropäische Haltung der Bundesrepublik war zunächst also im wesentlichen durch Motive und Interessen bestimmt, die sich allesamt noch aus der Nachkriegssituation begründen lassen:

1. Errichtung einer dauerhaften westeuropäischen Friedensordnung;
2. Wiederaufnahme in den Kreis der zivilisierten Völker;
3. Gewinn von Souveränität durch Integration;
4. Gewinn von Handlungsspielraum beim wirtschaftlichen Wiederaufbau;
5. Verbesserung des Zugangs zu Märkten und ökonomischen Ressourcen.

Während der Schuman-Plan zur Gründung der Europäischen Gemeinschaft für Kohle und Stahl in der Bundesrepublik noch erbitterte innenpolitische Auseinandersetzungen provozierte (Kritiker waren vor allem Teile der Wirtschaft, die sich in ihren Entfaltungsmöglichkeiten beschnitten und Frankreich als Nutznießer der sektoralen Integration sahen, sowie die linken Parteien, die in der EGKS die Entscheidung für den kapitalistischen Entwicklungsweg und den Verzicht auf Wiedervereinigung erblickten) und der Plan zur Gründung der Europäischen Verteidigungsgemeinschaft sowohl innenpolitisch als auch in den deutsch-französischen Beziehungen zwischen Anhängern und Gegnern einer deutschen Wiederbewaffnung tiefe Gräben aufriß, etablierte sich seit der Vorbereitung der Europäischen Wirtschaftsgemeinschaft eine weitgehend einheitliche positive Grundeinstellung der maßgeblichen Parteien, Wirtschaftsverbände und Gewerkschaften.

Weitgehender europapolitischer Konsens
Die politische Aufwertung und der wirtschaftliche Wohlfahrtsgewinn, durch die die westdeutsche Integrationsstrategie belohnt wurde, führten zur Entstehung und Festigung eines europapolitischen Konsenses in der Bundesrepublik: Ohne Übertreibung kann von der Einigkeit aller relevanten politischen und wirtschaftlichen Kräfte hinsichtlich der deutschen Teilnahme an der europäischen Integration gesprochen werden (vgl. *Hrbek* 1986). Dieser Konsens wurde auch durch Krisen und Rückschläge des Integrationsprozesses im Grundsatz nicht beschädigt. Wenn auch eine klare Vision des schließlichen Zieles der Integration nicht artikuliert wurde (spätestens seit De Gaulles Formel des „Europa der Vaterländer" war die Idee des europäischen Bundesstaates politisch zumindest komatös, wenn nicht gar tot), dominierte gleichwohl ein zweifelsfreies Ja zu immer mehr Integration, d.h. Vertiefung und Erweiterung des Integrationsgebäudes, und zur Verknüpfung von Marktintegration und politischer Integration, allerdings nicht zu ihrer Parallelität. Der europapolitische Konsens gehörte seit den 1960er und 1970er Jahren zum festen Traditionsbestand der Bundesrepublik.

Interessanterweise blieb dieser Konsens unabhängig von der nachlassenden Evidenz der ursprünglichen Motive auch bestehen, als die Bundesrepublik längst zu den wichtigsten westlichen Industriestaaten zu rechnen war und keineswegs noch um internationale Anerkennung kämpfen mußte. Zwar kühlte sich die Europa-Begeisterung der Deutschen ein wenig ab, führten Turbulenzen und zeitweilige Stagnation der Gemeinschaft – etwa im Nachhall der Ölkrisen von 1973/74 und 1979 – zu einer gewissen Ernüchterung, die nicht zuletzt durch das offensichtliche Mißmanagement der Gemeinsamen Agrarpolitik verstärkt wurde. Gleichwohl blieb jene proeuropäische Grundeinstellung des politischen Establishments und weiter Kreise der Öffentlichkeit ungebrochen, die sich vorrangig aus drei Quellen speiste, nämlich

1. dem Vertrauen in die stabilitätsfördernde Rolle der Gemeinschaft für Europa,
2. der Anerkennung der ökonomischen Vorteile der westdeutschen Mitgliedschaft,
3. der Einsicht in das Fehlen jeglicher – politischer wie wirtschaftlicher – Alternativen zur Teilnahme an der europäischen Integration.

Hinzu trat in zunehmendem Maße ein weiteres Motiv: die Chance, in der Europäischen Gemeinschaft eine Führungsrolle übernehmen und den bewußten – teils aus historischer Verantwortung, teils aus Bequemlichkeit geborenen – Verzicht auf eine stärker exponierte Stellung in den internationalen Beziehungen in gewisser Weise kompensieren zu können. „Führung" in der Europäischen Gemeinschaft meint hier nun nicht eine Position unmittelbar und ungeniert ausgeübter Macht, die die Partner des Führenden zu Erfüllungsgehilfen degradiert, ja nicht einmal die auf der Anerkennung der Führungsqualitäten durch die Partner basierende Rolle eines *primus inter pares.* Gemeint ist vielmehr die Anwendung der sich auf das faktische politische und wirtschaftliche Gewicht eines „Seniorpartners" der europäischen Integration stützende Fähigkeit, die Richtung und das Tempo des gemeinschaftlich getragenen Integrationsprozesses wesentlich zu beeinflussen. Eine solche Fähigkeit kann – wie im Falle Italiens – verspielt oder – wie im Falle Großbritanniens – Transportmittel nationalen Eigensinns werden. Sie kann aber auch – wie im Falle der Bundesrepublik und Frankreichs – durch die Verbindung nationaler mit gemeinschaftlichen oder zumindest mehrheitsfähigen Interessen gestaltend genutzt werden.

Tatsächlich ging mit der Etablierung des „Tandems" Deutschland-Frankreich auch eine Veränderung des Politik- und Verhandlungsstils der Europäischen Gemeinschaft einher, die zur Gewichtsverstärkung der deutsch-französischen Konsultationen als Werkstatt der gemeinsamen Integrationspolitik der beiden Partner und zur Aufwertung intergouvernementaler Verhandlungs- und Entscheidungsmodi in der EG führten. Dieser Intergouvernementalismus, von Bundeskanzler Schmidt gemeinsam mit Präsident Giscard d'Estaing zunächst eher gegen die von ersterem nicht sonderlich geschätzte Brüsseler Bürokratie und endlose Ministerrunden gerichtet, geriet später angesichts der britischen (und griechischen) Verweigerungspolitik eher zum Versuch, auf höchster Ebene überhaupt noch tragfähige Regelungen zustande zu bringen. Bemerkenswerte Produkte dieses Verfahrens und zugleich Zeichen seiner Grenzen sind die Einführung des Europäischen Währungs-Systems 1979 – ohne Großbritannien – und die Neuordnung des Haushalts- und Finanzsystems der EG auf dem Stuttgarter Gipfel von 1983 – mit Großbritannien als Hauptkontrahent.

Politisch bedeutsame Initiativen Deutschlands blieben aber eher die rare Ausnahme; zu nennen ist allenfalls die Genscher-Colombo-Initiative zur Errichtung einer Europäischen Union von 1981. Besondere deutsche Leistungen bei den Verhandlungen zur Einheitlichen Europäischen Akte von 1986 sind nicht protokolliert. Daß die Bundesrepublik zu den entschiedensten Verfechtern des Binnenmarktprojekts zählte, liegt angesichts der wirtschaftlichen Vorteile, die „Europa '92" der *économie dominante* zwischen Rhein und Elbe[1] eintrug, auf der Hand; über das deutsche Engagement bei der Binnenmarkt-*Realisierung* wird unten noch zu sprechen sein.

Nachdem Bundeskanzler Kohl die Einwände Präsident Mitterrands gegen die deutsche Wiedervereinigung offenbar ausgeräumt hatte, wurde das deutsch-französische Tandem zum Promotor des Unionsvertrages: Die Aufforderung an die seinerzeitige irische Ratspräsidentschaft, eine intergouvernementale Konferenz zur Politischen Union vorzubereiten, markiert den Beginn der zügigen,

Marginalien:

Deutsch-Französische Kooperation

Einwände gegen die staatliche Vereinigung der beiden deutschen Staaten

---

1   Deutschland erwirtschaftete bereits vor der Wiedervereinigung mehr als ein Viertel des Bruttoinlandsprodukts der gesamten EG.

wenn nicht gar hastigen Aushandlung des Maastrichter Unionsvertrages, durch den Deutschland demonstrieren wollte, „that unification would not weaken its commitment to integration, that the aim was ‚a European Germany, not a German Europe'“ (*Nicoll/Salmon* 1994:226-227). Dieses Demonstrationsinteresse hinderte Kohl und Mitterand allerdings nicht, die niederländische Ratspräsidentschaft mit ihrem ambitionierten Vertragsentwurf im Regen stehen zu lassen.

Seit dem Beitritt der adhoc föderalisierten DDR zur Bundesrepublik haben die Europa-Positionen von Politik und Öffentlichkeit in Deutschland an Eindeutigkeit verloren: Einerseits werden Treueschwüre auf die europäische Integration im allgemeinen und die Europäische Union im besonderen geleistet, andererseits wird sowohl über einen grundlegenden Umbau von Integrationsprinzipien und -institutionen nachgedacht, der Blick verstärkt nach Osten gerichtet und in sonorer Stimmlage nationale Gesinnung geäußert. Deutet sich hier womöglich eine Trendwende an? Einstweilen wollen wir diese Frage offenlassen und zunächst einen etwas genaueren Blick auf die Auswirkungen der europäischen Integration in der alten Bundesrepublik werfen.

4.3.3 Auswirkungen der europäischen Integration auf Politik, Wirtschaft und Gesellschaft der alten Bundesrepublik

Supranationale Konstruktion der EG

Integration in dem Sinne, in dem sie zugleich Vorgang und Ziel der EG bzw. EU ist, bewirkt zum einen eine Verschmelzung ehedem je nationalstaatlicher Hoheitsrechte in den Institutionen und der Rechtsordnung des supranationalen Konstruktes Europäische Union und zum anderen das Aufgehen der einzelnen Volkswirtschaften und nationalen Gesellschaften in einer europäischen Wirtschaft, in einer europäischen Gesellschaft. Damit geht Integration über die auf Interdependenz beruhenden wechselseitigen Verflechtungen und Durchdringung von Staaten, Ökonomien und Gesellschaften hinaus und ist erst recht gänzlich verschieden vom klassischen internationalen Verkehr der Staaten, der ihr jeweiliges Innere – idealtypisch – völlig unberührt läßt. Dagegen muß Integration – wie unvollständig sie auch sein mag – Wirkungen in die teilnehmenden Staaten hinein entfalten, ihr jeweiliges politisches, ökonomisches und gesellschaftliches System strukturell tangieren und verändern. Welche Befunde lassen sich in dieser Hinsicht für die Bundesrepublik feststellen?

Im Sinne der bereits in der Einleitung angesprochenen „doppelten Dialektik“ wird davon ausgegangen, daß zum einen interne Wirkungen externer Prägefaktoren *und* externe Wirkungen interner Strukturen sowie zum zweiten Wandel *und* Stabilität interner Strukturen unter veränderten Rahmenbedingungen beobachtbar sind. Bei der nun folgenden Diskussion wird nach diesen verschiedenen Wirkungsrichtungen und -qualitäten unterschieden. Im Mittelpunkt wird die politische Sphäre stehen, doch werden auch einzelne, besonders bedeutsame wirtschaftliche und gesellschaftliche Faktoren zur Sprache kommen.

Wandel *interner Politikstrukturen*

Die neuen Entscheidungsarenen und administrativen Regelungseinheiten, die mit der Schaffung der europäischen Institutionen etabliert und durch die Übertragung immer weiterer Kompetenzen schrittweise aufgewertet wurden, haben weitreichende Konsequenzen für die Bundesrepublik:

1. Jene Politikbereiche, für die die EU die vollständige Kompetenz besitzt – etwa Agrar- oder Handelspolitik –, sind einem nationalen Zugriff gänzlich entzogen. Statt nationaler Politikentscheidungen ist lediglich noch die die Mitwirkung der Mitgliedstaaten an der Aushandlung der gemeinschaftlichen Position möglich. Die europäische Integration hat hier also zu einem klaren Verlust an einzelstaatlich ausübbarer Souveränität geführt. Überdies tangiert die Erhebung von Eigenmitteln der EU (Zölle, Abschöpfungen und ein bestimmter Anteil des jeweiligen Mehrwertsteueraufkommens der Mitgliedstaaten) die nationalstaatliche Finanz- und Haushaltsautonomie.

2. Diejenigen Politikbereiche, für die die Union konkurrierende Zuständigkeiten besitzt, sind insofern nicht mehr länger nationale Domäne, als gemeinschaftliche und nationale Regelungen nicht konträr zueinander stehen dürfen und rechtsförmliche Regelungen der EU Vorrang vor nationalen Regelungen genießen. Auch hier hat die Bundesregierung also Entscheidungsbefugnisse und Entscheidungsautonomie in durchaus erklecklichem Maße eingebüßt.

3. Selbst in Bereichen, wo die nationalen Kompetenzen erhalten geblieben sind, empfiehlt sich aufgrund gesellschaftlicher, ökonomischer oder sonstiger sachlicher Interdependenzen vielfach die Abstimmung mit den Integrationspartnern.

4. Wenn aber nun ein erheblicher Prozentsatz der politischen Entscheidungen und administrativen Regelungen mit unmittelbarer Durchschlagskraft nicht länger in Bonn, sondern in Brüssel getroffen wird, ist daraus nicht nur ein faktischer Bedeutungsverlust nationaler Entscheidungsträger abzuleiten. Vielmehr konstituieren sich auch neue Anforderungen an nahezu alle Teilnehmer des politischen Prozesses, die ihre Aktivitäten auf die neue Entscheidungsebene und den neuen Akteurskreis zuschneiden müssen. Dies gilt vor allem für organisierte Interessen (aber auch für Verwaltungen!), die in Brüssel *statt* in Bonn, zumindest aber in Bonn *und* in Brüssel tätig werden und möglichst unter Verbänden, Parteien und anderen Interessengruppen in verschiedenen EU-Ländern Verbündete suchen müssen, da die erfolgreiche Interessenvertretung beim Bund allein nicht mehr ausreicht, um interessengerechte Entscheidungen sicherzustellen.

5. Diese Verlagerung politischer Entscheidungsfindung auf die europäische Ebene führt unter den Bedingungen der gegenwärtigen Aushandlungsmodi und institutionellen Arrangements auch zu einer Verminderung des parlamentarischen Einflusses auf politische Entscheidungen.

6. Die Etablierung der europäischen Politikarena hat die Komplexität politischer (und administrativer) Aushandlungs- und Entscheidungsprozesse und die Anzahl der beteiligten Akteure deutlich erhöht. Damit verbunden sind eine gewisse Langwierigkeit von Verfahren, Schwerfälligkeit der Entscheidungsvorbereitung und größere Uneindeutigkeit bzw. Formel- oder Kompromißhaftigkeit von Entscheidungen. Überdies bewirkt das nötige Zusammenwirken einer wachsenden Anzahl von Akteuren unterschiedlicher Ebenen – mit beständig steigenden wechselseitigen Beteiligungsrechten und Konsultationsverpflichtungen – eine unter dem Schlagwort von der „Politik-

Politikverflechtungs-falle

verflechtungsfalle" (*Scharpf* 1985) zu einiger Berühmtheit gelangte Unübersichtlichkeit – allerdings auch Stabilität! – der Verhältnisse, bei der Handlungsanteile und Verantwortlichkeiten einzelnen Akteuren kaum mehr zugeordnet werden können und der Zwang zur Kooperation und zur Austarierung diverser Einzelinteressen tendenziell zu Selbstblockade und Reformunfähigkeit führen kann. Der Aufwand für Entscheidungsvorbereitung und -findung, den bundesdeutsche Institutionen treiben müssen, steigt, während der eigene Einfluß auf die einzelne Entscheidung eher abnimmt.

7. Umfang und Durchgriffscharakter europäischer Regelungen zwingen in zunehmenden Maße die Bundesländer und selbst kommunale Körperschaften zu einer „Europäisierung" ihrer politischen Aktivitäten. Informelle Kontakte zu den Dienststellen in Brüssel und internationale Kooperation mit anderen regionalen und kommunalen Körperschaften werden zur Voraussetzung sowohl einer wirksamen Interessenvertretung bei der EU als auch einer sachgerechten und wohlfahrtssteigernden Einbeziehung in europäische Aktionen und Programme, etwa in der Regionalpolitik und der Verkehrsinfrastrukturförderung. Seit dem Maastrichter Unionsvertrag steht Ländern und Kommunen im Ausschuß der Regionen ein Repräsentations- und Artikulationsforum zur Verfügung, dessen Handlungsfähigkeit allerdings bislang gering ist (vgl. *Strohmeier* 1994:371-374, *Kalbfleisch-Kottsieper* 1994); außerdem betreiben die deutschen Bundesländer in Brüssel Büros, die Informationen über aktuelle Vorgänge in der EU sammeln und bei den europäischen Institutionen für die Interessen der Länder werben.

8. Für das Wirtschaftsleben stellten die Schaffung der EGKS, die Errichtung der Zollunion, die Einführung von Gemeinsamer Handelspolitik und Gemeinsamer Agrarpolitik, die Schaffung des EWS und die Vollendung des Binnenmarktes jeweils entscheidende Stationen der Veränderung von Rahmenbedingungen wirtschaftlicher Aktivitäten durch die europäische Integration dar. Parallel dazu sorgten die verschiedenen Erweiterungen von EG und EU um neue Mitgliedstaaten für die Ausdehnung des Gültigkeitsbereichs dieser Rahmenbedingungen auf weitere wichtige Partner der deutschen Wirtschaft. Die europäische Integration sorgt somit für eine Verlagerung wirtschaftlich relevanter Entscheidungen, beispielsweise über Außenhandelsbedingungen, Zölle, Normen, Markt- und Wettbewerbsordnungen sowie Subventionen.

Veränderung der
politischen Identität
Westdeutschlands

9. Die Teilnahme an der europäischen Integration hat die politische Identität und die Lebensgewohnheiten der Westdeutschen verändert. Das Vakuum, das der unter Schutt und Asche begrabene, übersteigerte Nationalismus von Kaiserreich und Drittem Reich hinterlassen hatte, wurde eben nicht nur durch das von Wirtschaftswunder und Bonner Demokratie geweckte neue bundesdeutsche Selbstbewußtsein und den sachlich-gemäßigten Nationalstolz der Ära Heuss und Adenauer ausgefüllt, sondern auch von der europäischen Gesinnung der Westdeutschen, die eingedenk des Schattens der Vergangenheit dieselbe zu überwinden suchte und im Laufe der 1960er, 1970er und 1980er Jahre mehr und mehr zu einer wenig reflektierten, selbstverständlichen Befindlichkeit wurde. Um die 80 Prozent der Bundesbürger pflegten in den letzten 25 Jahren eine positive Grundeinstellung zur Verei-

nigung Westeuropas (vgl. Schaubild 3), wobei sich enthusiastische und nüchterne Befürworter bis Mitte der 1980er Jahre in etwa die Waage hielten, ehe die nüchternen Befürworter ein Übergewicht erhielten, das in den turbulenten Jahren 1989 und 1990 vorübergehend schwand, als in der europäischen Integration offenbar in besonderem Maße ein Stabilitäts- und Wohlstandsgarant gesehen wurde. Seit der Wiedervereinigung verliert die europäische Sache für die Deutschen zwar an Dringlichkeit, doch liegt die Zustimmung zur Vereinigung Westeuropas noch immer klar bei über 70 Prozent.

Überdies hat die europäische Integration im Verein mit dem wachsenden Wohlstand breiter Bevölkerungsschichten zu einer pragmatischen und nahezu selbstverständlichen Internationalisierung geführt. Die Überschreitung von Grenzen, die Verwendung einer enormen Palette ausländischer Produkte, selbst die Existenz eines deutsch-französischen TV-Kanals sind im Bewußtsein der Bundesbürger kein besonderes Ereignis mehr. Daß diese durchaus tiefgreifende und vor einer Generation wohl noch nahezu undenkbare integrationsinduzierte Veränderung des Alltagslebens der Deutschen allerdings nicht zwangsläufig ihre nationale Identität in Frage stellt, werden wir unten noch sehen.

10. Die Etablierung eines europäischen Rechtssystems beschneidet den Geltungsbereich nationalen Rechts und nationaler Rechtsprechung. Neben (oder vielmehr: *über*) die höchstrichterliche Rechtsprechung der Bundesgerichte sind die Entscheidungen des Europäischen Gerichtshofes getreten.

Absicherung des „Modell Deutschland" durch Europäisierung

Im Kosten-Nutzen-Kalkül der beteiligten Akteure muß der Integrationsprozeß positiv bewertet werden, soll die politische Unterstützung des erreichten Status quo oder gar einer Integrationsvertiefung stabil bleiben. Die Bundesrepublik verfolgt seit jeher – neben den in Abschnitt 2 erwähnten spezifischen Gründen der Beteiligung an der Integration in den Nachkriegsjahren – eine Integrationsstrategie, die auf die Sicherung der bundesdeutschen Stabilität und der wirtschaftlichen Vorteile der Integration angelegt ist. Die dadurch motivierte Bereitschaft zu weiteren Integrationsschritten und zur Mitfinanzierung der europäischen Aktivitäten wird ergänzt durch politische Anstrengungen zur Zukunftssicherung und zur Erweiterung des Gültigkeitsbereichs bundesdeutscher „Essentials" von Wirtschaft und Politik.

Sicherung des deutschen Wohlstands im europäischen Rahmen

Schaubild 1: Einstellung der Bundesbürger zur Vereinigung Westeuropas
in Prozent

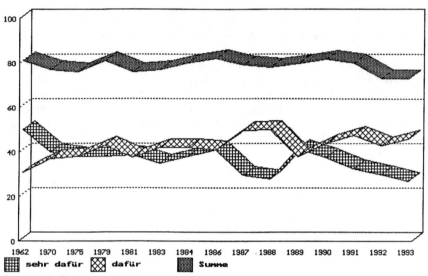

Daten nach: Eurobarometer, zitiert nach *Platzer/Ruhland* 1994:29)

1. Durch die Strategie der Marktintegration ließen sich Ausbau und Prosperität
    des bundesdeutschen „Handelstaates" durch intensive Beziehungen und
    Verflechtungen mit den Nachbarn und Integrationspartnern sichern. Ein
    Blick in die Außenhandelsstatistik zeigt, daß die Bedeutung der EU und ih-
    rer Vorläufer für den Außenhandel der BRD (bis zur Wirtschaftskrise im
    Gefolge der deutschen Wiedervereinigung) beständig zugenommen hat;
    Schaubild 2 belegt dies für die bundesdeutschen Exporte.

Der Bedeutungszuwachs der Integrationsregion als Absatzmarkt der bundesdeutschen Wirtschaft zeigt sich noch deutlicher im Vergleich mit anderen Exportmärkten (siehe Schaubild 3): Nicht nur ist die EU der mit Abstand aufnahmebe-
reiteste Exportmarkt; auch die Steigerungsraten waren (bis 1990) am höchsten,
und gemeinsam mit den Exporten in die übrigen europäischen Industrieländer,
die mittlerweile ebenfalls Mitglieder der EU sind oder ihr wirtschaftlich im Europäischen Wirtschaftsraum (EWR) quasi kooptiert wurden, bilden die EU-Ex-
porte das Rückgrat der deutschen Exportorientierung[2].

---

2   Wenn auch die Exportabhängigkeit ein wichtiges strukturelles Charakteristikum der
    deutschen Wirtschaft ist, so verdient doch zugleich der Umstand Beachtung, daß dies für

Schaubild 2: Ausfuhren in die EWG/EG/EU im Verhältnis zu den gesamten
deutschen Exporten in Prozent

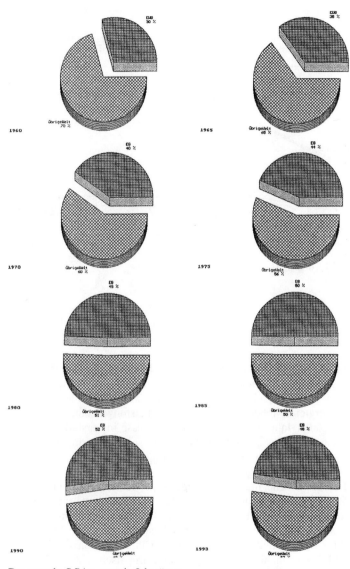

Daten nach: *StBA a*, versch. Jahrgänge

nahezu alle Mitgliedstaaten der EU gilt. Betrachtet man die Exportleistung pro Kopf, so
liegt Deutschland sogar hinter Belgien und Luxemburg, den Niederlanden, Irland und
Dänemark sogar nur auf einem Mittelplatz. In absoluten Zahlen freilich ist deutsche Beitrag zum Intra- und Außenhandel der Union mit Abstand der größte unter ihren Mitgliedern (vgl. *Deubner* 1993:394-395).

Schaubild 3: Exportregionen der deutschen Wirtschaft. Deutsche Exportleistung in Mill. DM

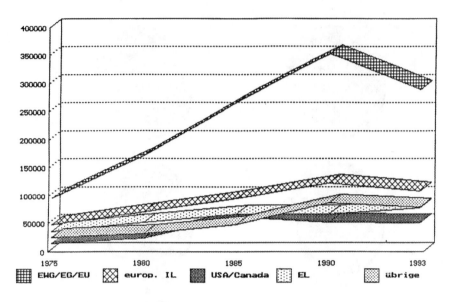

Daten nach *StBA a*, versch. Jahrgänge

2. Die zugegeben nicht auf den Integrationsraum beschränkte, jedoch in ihm besonders konzentrierte Internationalisierung der deutschen Wirtschaft wirft seit Jahrzehnten jene Überschüsse ab, die lange die Finanzquelle der im internationalen Vergleich hohen Löhne und Sozialleistungen darstellten. Erst seit Mitte der 1980er Jahre werden diese Überschüsse in verstärktem Maße nicht mehr breiten- und sozialwirksam eingesetzt, sondern vermehrt aus den Unternehmungen abgezogen und renditeträchtig (und steuergünstig) vorzugsweise im Ausland angelegt.

DM als dominierende
Währung

3. Die durch die europäische Integration begünstigte faktische Herausbildung einer „DM-Zone" in Europa (vgl. *Rode* 1992:214) verbesserte die Verwertungsbedingungen deutschen Kapitals und die Geschäftsbedingungen deutscher Wirtschaftsaktivitäten im benachbarten Ausland.

4. Die Architektur der geplanten Europäischen Währungsunion entspricht – von den Stabilitätszielen bis zur Stellung der Europäischen Zentralbank – weitestgehend dem bundesdeutschen Modell. Mit diesem „Export" hat sich der klassische (seit der Wiedervereinigung allerdings binnenpolitisch nicht mehr konsequent durchgehaltene) bundesdeutsche währungspolitische Stabilitätskurs, der als einer der Garanten des wirtschaftlichen Erfolgs der BRD gilt, in der EU durchgesetzt. Davon bleiben allerdings die erheblichen psychologischen Implikationen, die mit der Aufgabe der D-Mark und der Ein-

führung des Euro im Zuge der Währungsunion verbunden sind, unberührt: Die gegenwärtige Stimmungslage in Deutschland ist nicht so, daß der Stabilitätspakt von Dublin als großer Sieg empfunden wird; eher wohl als Minimalbedingung.

5. Während die institutionelle Struktur der EU – insbesondere der Europäischen Kommission – sowie Form und Sprache rechtsförmlicher Verwaltungsakte einen starken französischen Einfluß erkennen lassen und weitreichende politische Initiativen von der Kommission oder den wechselnden Ratspräsidentschaften der EU ausgehen, kristallieren sich deutsche Interessen vielfach unterhalb der Ebene grundsätzlicher politischer Entscheidungen, also auf der Ebene der Richtlinien, Normierungen, Finanz- und Verwaltungsvorschriften – wenig spektakulär, jedoch kontinuierlich und von einer nicht zu unterschätzenden Bedeutung für wirtschaftliche Aktivitäten und den verwaltungsmäßigen Vollzug von EU-Politik.

6. Politische Initiativen werden von der Bundesrepublik in der Rolle eines „Vorreiters" – wie von anderen Mitgliedstaaten auch – nicht zuletzt gestartet, um innenpolitischen Druck abzubauen oder um wirtschaftliche Interessen zu befriedigen. Beispiele für das erstgenannte Handlungskalkül sind verschiedene umweltpolitische Vorstöße der 1970er und 1980er Jahre vor allem im Bereich der Luftreinhaltung (Waldsterben!) oder auch das deutsche außenpolitische und diplomatische Engagement zu Beginn des Jugoslawien-Konflikts; Beispiele für das zweite Handlungskalkül sind Vorstöße im Bereich der Forschungs- und Technologiepolitik, die deutsche Firmen in den Genuß umfangreicher Fördermittel brachten, oder das deutsche Drängen auf die rasche Einführung von Katalysatortechnologie bei PKWs Mitte der 1980er Jahre, die deutschen Automobilherstellern zeitweilige Wettbewerbsvorteile verschafft hätte.

7. Die vieldiskutierten hohen Beiträge der Bundesrepublik Deutschland zum Haushalt der Europäischen Union (vgl. Schaubilder 4a und 4b) sind nicht nur Ausdruck einer großen Bevölkerungszahl und eines hohen Lebensstandards (Mehrwertsteueranteil), Folge der besonderen Bedeutung Deutschlands im Außenhandel der EU (Zölle und Abschöpfungen) sowie Konsequenz des Großbritannien zugestandenen Beitragsrabatts (Ausgleichsbeiträge). Sondern sie dienen auch der Absicherung der wirtschaftlichen Vorteile, die Deutschland durch die EU-Mitgliedschaft genießt: Die Steigerung der deutschen Beiträge seit Mitte der 1980er Jahre ist nicht zuletzt das Ergebnis der Aufwertung der EU-Regionalpolitik und ihrer Finanzierungsinstrumente, der Strukturfonds. Diese Aufwertung wurde den wirtschaftlich schwachen Mitgliedstaaten zur Kompensation des durch den EU-Binnenmarkt erwarteten härteren wirtschaftlichen Wettbewerbs zugestanden. Die Bundesregierung als eine der Hauptinteressenten des Binnenmarkt-Projekts hielt die Finanzierungserfordernisse der ausgeweiteten EU-Regionalpolitik offenbar für einen gerechtfertigten Preis der Binnenmarktvorteile. Überdies fließt ein erheblicher Anteil der Strukturfondsmittel, die Griechenland, Irland, Portugal und Spanien für Infrastrukturvorhaben erhalten, in Form von Aufträgen an deutsche Firmen – insbesondere in den Bereichen Bau, Energie, Maschinen- und Anlagenbau, Telekommunikation und Engineering –

EG-Beiträge der Bundesrepublik

weiter. Zudem hat sich die Nettoleistung der Bundesrepublik zuletzt verringert, da durch die Einstufung der ostdeutschen Bundesländer als „Regionen mit Entwicklungsrückstand" eine Grundlage für die Zahlung erheblicher Mittel aus den Strukturfonds der EU geschaffen wurde. Während Deutschland bis zur Wiedervereinigung nur etwa 5% der Strukturfondsmittel zugewiesen bekam, wird der deutsche Anteil an den Zuweisungen bis Ende der 1990er Jahre auf über 14% anwachsen (vgl. *Strohmeier* 1994:238).

Maastrichter   8. Politische Ideen aus deutschen Landen spielen in der aktuellen Europa-Diskussion zweifellos eine gewisse Rolle. Zu denken ist dabei vor allem an die im Maastrichter Unionsvertrag vorgenommene Etablierung des Subsidiaritätsbegriffes im europäischen Vokabular, für die die Bundesrepublik – ob zu Recht oder zu Unrecht – das Urheberrecht beansprucht. Dagegen hat sich das deutsche Föderalismus-Modell bisher als Exportschlager auf der europäischen Bühne nicht durchsetzen können, obgleich der publizistische Aufwand der Europäisierung deutscher Föderalismus-Tradition beträchtlich ist. Die Aufwertung der Regionen, der „dritten Ebene", im EU-Kontext mag zwar als Anzeichen von Gewichtsverlagerungen zwischen den Ebenen gedeutet werden, doch der Einstieg in eine Föderalisierung der EU nach dem Muster des deutschen Bundesstaates ist dies gewiß nicht. Beide Versuche nicht nur des Bundes, sondern zuvorderst der Länder, Elemente des bundesdeutschen institutionellen Systems zu europäisieren, können jedoch als Teil der Strategie verstanden werden, bundesdeutsche Traditionen und Zuständigkeitsverteilungen im Zuge des Integrationsprozessses abzusichern oder gar aufzuwerten.

Die Randbeschriftung "Maastrichter Unionsvertrag" steht links neben Punkt 8.

Stabilität und Beharrung interner Politikstrukturen unter veränderten Rahmenbedingungen

Nachdem bisher die internen Wirkungen der europäischen Integration in der Bundesrepublik und die externen Wirkungen deutscher Strukturen im Integrationsraum – und damit implizit der integrationsinduzierte Wandel von Strukturen – diskutiert worden sind, soll nun noch der vierte Aspekt der „doppelten Dialektik" der Integration, die Stabilität von Strukturen unter den den durch die Integration veränderten Rahmenbedingungen, erörtert werden. Zu bedenken ist freilich, daß Integration ohnehin keineswegs bezweckt, alle Bereiche des politischen, wirtschaftlichen und gesellschaftlichen Systems der teilnehmenden Staaten zu erfassen und einem Wandel zu unterziehen. Dennoch: Die Resistenz und Persistenz interner politischer Strukturen im Verlaufe des Integrationsprozesses ist Indiz für die Stabilität und Funktionalität tradierter Strukturen und Gradmesser der Aufgeschlossenheit und Innovationsfähigkeit der beteiligten Akteure.

Schaubild 4a: EU-Beiträge ausgewählter Mitgliedstaaten im Vergleich,
in Prozent der Gesamteinnahmen der EU

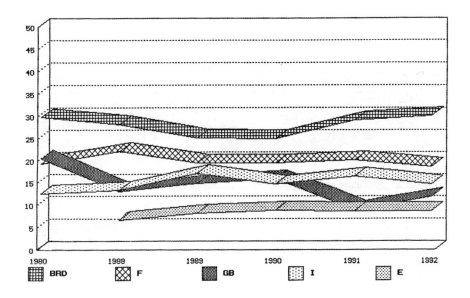

Daten nach: *StBA b*, versch. Jahrgänge

1. Die Kompetenzen für wesentliche Steuerungsbereiche des „Modell Deutschland" hat die Bundesrepublik durch vierzig Jahre Integration erhalten können: Die Organisation der Arbeitsbeziehungen einschließlich der Mitbestimmung, das Sozialversorgungssystem, Bildung und Ausbildung, die rechtlichen Grundlagen des Bankensystems, die Geldmengensteuerung – um nur
einige Bereiche zu nennen – sind nationale Domäne geblieben.
2. Die mit dem Status einer regionalen Leit- und Ankerwährung verbundene
Verantwortung für die Zins- und Wirtschaftsentwicklung in den einzelnen
Volkswirtschaften der DM-Zone wird bisher originär bundesdeutschen
Stabilitäts- und Geldmengenzielen klar untergeordnet. Die von der Bundesbank Anfang der 1990er Jahre durchgesetzte Hochzinspolitik beispielsweise
wirkte sich in der gesamten EU wachstumsbremsend aus; faktisch leisteten
auch die europäischen Partner durch die höheren Kapitalkosten ihren
„Solidarbeitrag" zur Sanierung Ostdeutschlands. Auch zeigen das seit Maastricht zunehmend dogmatische Festhalten an der „D-Mark-Ideologie" und
Überlegungen, die Währungsunion zu vertagen, die – trotz der am deutschen
Modell orientierten Konzeption der Europäischen Währungsunion – offenbar in großem Maße identitäts- und vertrauensstiftende Rolle der nationalen,
deutschen Währung und ihrer Institutionen.

Schaubild 4b: Saldo von Einnahmen und Zahlungen der EU im Verkehr
mit ausgewählten Mitgliedstaaten in Mill. DM

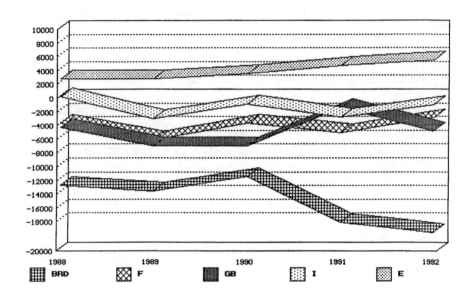

Daten nach: *StBA b*, versch. Jahrgänge

Bestandssicherung   3.   Der deutsche Föderalismus ist durch den Integrationsprozeß bisher nicht
des deutschen   grundlegend bedroht, auch wenn als Konsequenz der Europäisierung von
Föderalismus   Kompetenzen und Entscheidungsprozessen vielfach seine Aushöhlung be-
                          fürchtet wird. Zwar hat die Ausweitung des Aktionsbereiches der EU Do-
                          mänen der Bundesländer bereits berührt, etwa in der Bildungs-, Medien-,
                          Forschungs- und Strukturpolitik (vgl. *Hrbek* 1992:10-11). Und es haben in
                          der Tat die Bundesländer immer wieder auf die ihrer Meinung nach fehlende
                          Rechtsgrundlage für eine solche Erweiterung von EU-Aktivitäten ohne de-
                          zidierten vertraglichen Auftrag hingewiesen. Doch zum einen ist es ihnen
                          gelungen, nach und nach gewisse Informations- und Beteiligungsverfahren
                          bei der Behandlung von EU-Angelegenheiten durchzusetzen. Diese waren
                          zunächst auf rechtlich nicht abgesicherte Zusagen seitens des Bundes, die
                          Länder umfassend über Europa-Angelegenheiten zu informieren, be-
                          schränkt. Erst seit dem anläßlich der Einheitlichen Europäischen Akte be-
                          schlossenen – länderzustimmungspflichtigen – Ratifikationsgesetz besitzen
                          die Länder auf rechtlicher Grundlage beruhende, genau definierte Mitspra-
                          cherechte (vgl. *Hrbek* 1992:14-15, *Leonardy* 1994:143-144).[3] Und zum

---

3   Eine direkte Beteiligung der Länder an Verhandlungen der EU ist hingegen nur in bil-
    dungspolitischen Angelegenheiten gegeben, wo der jeweilige Präsident der Kultusmini-

zweiten ist von der nachweisbar zunehmenden Politikverflechtung und einer zweifellos gegebenen Beeinflussung der föderativen Ordnung noch nicht auf wirklich einschneidende Autonomieeinbußen der Länder zu schließen, zumal in einigen Bereichen – etwa der Regionalpolitik – die Europäisierung tendenziell zu einer parallelen Aufwertung der europäischen und der subnationalen zu Lasten der nationalen Ebene führt.

4. Eine breite und tiefgehende Europäisierung der politischen Klasse, der Medien und der Öffentlichkeit ist bisher ebenso ausgeblieben wie eine integrationsinduzierte Reform von politischen Entscheidungs- und administrativen Vollzugsstrukturen. Die zentrale Bezugsebene ist nach wie vor der Nationalstaat, nicht aber der europäische Verbund. Dies zeigt sich etwa am vergleichsweise geringen Stellenwert europäischer Mandate und Kommissionsämter für deutsche Politkarrieren, am flachen europäischen Profil deutscher Parteiprogramme, an der wenig intensiven, kontinuierlichen und sachkundigen Berichterstattung der Medien zu europäischen Fragen.[4] Es zeigt sich auch an der großen Schwerfälligkeit von Legislative und Exekutive bei der Adaption europäischer Vorgaben: Beispielsweise war die Bundesrepublik (gemeinsam mit Griechenland) klar am säumigsten bei der Umsetzung der Rechtsvorschriften des – von Deutschland so eindeutig bejahten – Binnenmarktprojektes; die eifrigsten Europäer waren übrigens in punkto Binnenmarkt die verschrieenen Dänen und Briten... (vgl. *Laffan* 1994:122).

5. Eine wie auch immer geartete europäische Identität bildet sich unter den Deutschen kaum heraus: Ob in West oder Ost – in allen Altersgruppen fühlen sich die Bundesbürger überwiegend nur oder vor allem als Deutsche und nicht als Europäer. Allein unter den 16-34jährigen machen die bewußten Europäer und die gleichermaßen deutsch und europäisch Empfindenden einen gewichtigen – wenn auch nicht mehrheitsfähigen – Prozentsatz aus (vgl. Schaubild 5). Erstaunlich ist in diesem Zusammenhang, daß unter den älteren Ostdeutschen die deutsche Identität weniger ausgeprägt ist als unter den Westdeutschen, die über vierzig Jahre Erfahrung mit der europäischen Integration verfügen.

(Randnotiz:) Eine europäische Identität existiert gleichwohl nicht

---

sterkonferenz deutscher Delegationsleiter im Ministerrat ist, wenn im Rat solche Gegenstände zur Beratung anstehen, die in der Bundesrepublik in die ausschließliche Gesetzgebungskompetenz der Länder fallen – eine Praxis, die allerdings auf rechtliche Vorbehalte der EU gestoßen ist (vgl. *Eyrich* 1992:36).

4   In allen drei Bereichen gilt: Ausnahmen – ad eins etwa Martin Bangemann, ad zwei die Europapolitik der CSU, ad drei die Europadiskussion in der Frankfurter Allgemeinen – bestätigen die Regel.

Schaubild 5: Nationale und europäische Identität der Deutschen. West- und
Ostdeutschland nach Altersgruppen in Prozent, 1993

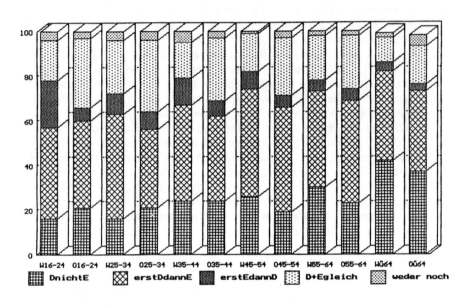

Daten nach: *Platzer/Ruhland* 1994:170,191

Veränderung von Staatlichkeit als Integrationsfolge

Wenn wir die soeben angeführten Aspekte des Wandels und der Kontinuität
sowie der Binnenwirkung europäischer und des Europa-Exports interner bundesdeutscher Politikstrukturen bilanzieren, so ist das zentrale Charakteristikum
des Integrationsprozesses die Wechselwirkung zwischen der „Staatswerdung Europas" (*Wildenmann* 1991) und dem je spezifischen Verständnis von (Eigen-
oder National-)Staatlichkeit in den Mitgliedstaaten.

Souveränitätsverlust?   Über die staatliche Qualität des Integrationsverbundes wird seit der Gründung der ersten Gemeinschaftsinstitutionen gestritten. Handelt es sich um die
Übertragung einzelstaatlicher Souveränität auf eine neue, supranationale Einheit, der dann eigene Staatlichkeit zu bescheinigen wäre? Institutionalisten und
Neofunktionalisten bejahen dies. Oder handelt es sich um die *gemeinsame Ausübung* von Souveränität („pooling") im Rahmen einer von nationalen Regierungen geschaffenen und kontrollierten Organisation, wie es die Intergouvenemen-
talisten sehen?[5] Während dem Integrationsgebäude der Europäischen Union ei-

---

5   Es kann an dieser Stelle nur auf die Existenz verschiedener integrationstheoretischer
     Schulen und Positionen hingewiesen werden; ihre Diskussion aber würde zu weit führen.

nerseits bereits der Status eines „fusionierten Föderalstaates" zugemessen wird, in dessen Mehrebenensystem zunehmend staatliche Handlungsinstrumente in spezifischen gegenseitigen Beteiligungsformen verschmolzen werden (*Wessels* 1992), wird andererseits eine auch nur tendenzielle Bundesstaatlichkeit der Europäischen Union strikt geleugnet (*Lübbe* 1994). Über die Staatlichkeit des Integrationskonstruktes Europäische Union und seiner Vorläufer wurde und wird also vielstimmig und kontrovers debattiert.

Dagegen ist die Diskussion über die Veränderung der Staatlichkeit der Mitgliedstaaten vergleichsweise verhalten geführt worden. Daß es zu einzelstaatlichen Autonomieverlusten und Souveränitätseinbußen kommt, ist dabei im wesentlichen unstrittig. Doch wie sich die einzelstaatliche Ausübung von Staatlichkeit konkret verändert, wird erst neuerdings – empirisch gehaltvoll – detailliert untersucht (vgl. etwa *Héritier* u.a. 1994). Eine Reihe von Befunden ist in den drei vorigen Abschnitten bereits diskutiert worden. Da wir uns konkret mit den Auswirkungen der europäischen Integration auf die Bundesrepublik und nicht generell mit der (staats-)theoretischen Würdigung des Integrationsprozesses und seiner Konsequenzen für die Mitgliedstaaten der EU beschäftigen, wollen wir auf eine weitere Vertiefung der Erörterung von sich verändernder Staatlichkeit an dieser Stelle verzichten.

4.3.4 Nach dem Kontinuitätsbruch: Europa, quo vadis? Deutschland, quo vadis?

Die gewiß historischen Ereignisse der Jahre 1989/90 bedeuten für die EU einen zweifachen Kontinuitätsbruch: Erstens ist seitdem die *west*europäische Exklusivität der Integration nachhaltig in Frage gestellt. Zweitens hat sich seitdem – zumindest in der Perzeption der Integrationspartner – das schon zuvor vorhandene Übergewicht Deutschlands in der EU aufgrund der deutschen Wiedervereinigung zusätzlich verstärkt[6]. Die Verunsicherung, die die solchermaßen grundlegend veränderte Lage ausgelöst hat, führt fast zwangsläufig zu der Frage, die wir mit *Kühnhardt* (1993) stellen wollen: Europa, quo vadis? Deutschland, quo vadis?

Die Bundesregierung hat bislang, was die Rolle Deutschlands in der EU angeht, ganz auf Kontinuität gesetzt und mit weitgehenden Angeboten gemeinschaftlicher Zusammenarbeit im Vorfeld des Maastrichter Unionsvertrages deutlich gemacht, daß die Einbindung auch des *vereinigten* Deutschland in den Integrationsverbund außer Frage steht. Die bislang eher schleppende Diskussion um die institutionelle Reform der mit steigender Mitgliederzahl zunehmend heterogenen und nur begrenzt handlungsfähigen EU erhält aber auch aus Deutschland wenig konstruktive Impulse.

Die Bundesregierung betont europapolitische Kontinuität

Daher sei auf einschlägige Literatur verwiesen, etwa *Bellers/Häckel* 1990, *Platzer* 1993, *Keohane/Hoffmann* 1990).

6 An dieser Wahrnehmung ändert auch die zweifellos richtige Einschätzung nichts, daß „dieses vereinigte Deutschland trotz der Vergrößerung von Bevölkerung und Gebiet für eine unbestimmt lange Übergangszeit [...] weniger modern, weniger reich, weniger konkurrenzfähig sowie monetär und sozial instabiler als zuvor" ist (*Deubner* 1993:396).

Gleichwohl sind Entwicklungstendenzen erkennbar, die *möglicherweise*
eine integrationspolitische Trendwende anzeigen, ganz *gewiß* jedoch als Reaktionen auf die Dynamik des Integrationsprozesses und der gesamteuropäischen
Umwälzungen gedeutet werden können.

Im Angesicht von Wiedervereinigung und sich verändernder Staatlichkeit: Renaissance nationalstaatlicher Politik und intergouvernementaler Kooperation

Die Wiedervereinigung hat unzweifelhaft eine neue Diskussion über die nationale Identität der Deutschen und die Rolle der Bundesrepublik in der Weltpolitik
angeregt. Bei aller realpolitischer Kontinuität wird dadurch natürlich auch die
Einstellung Deutschlands zur europäischen Integration berührt. Und auch die Erfahrung der zunehmenden Bedeutung (und häufigen Suboptimalität) europäischer Entscheidungen für nationale Politik- und Ökonomiezusammenhänge
bleibt nicht ohne Folgen.

Deutschland als Führungsmacht? 1. Die Diskussion hierzulande reflektiert eine durch die Wiedervereinigung
ausgelöste Rollensuche: Ist Deutschland zukünftig – gewollt oder nicht – die
neue europäische Führungsmacht? *Kühnhardt* warnt davor, „Deutschland in
einen europäischen Führungsanspruch hineinreden zu wollen, den die politische Elite des Landes zu Beginn der neunziger Jahre entschieden von sich
weist und der von ihr kaum ausgefüllt werden kann" (*Kühnhardt* 1993:116).
Und in der Tat wird dieser Führungsanspruch auch ungern offen angemel-
det. Nachgedacht wird aber sehr viel lauter als früher über „deutsche Interessen" (*Stürmer* 1994) und gefordert, sich dem „Dilemma der Größe und der
Dynamik Deutschlands" (*Schwarz* 1994:86) zu stellen. Die Teilnahme an
der europäischen Integration wird dabei nicht in Frage gestellt: „Das Land
ist, ob es will oder nicht, bei Strafe des Alleinseins und der Handlungsunfä-
higkeit, zum Europäertum verurteilt." (*Stürmer* 1994:55). Und: Die Bundesrepublik Deutschland „erkauft die Öffnung des Binnenmarktes für ihre Waren, Dienstleistungen und ihr Kapital mit Hinnahme eines Regelwerks, das
ihre Übermacht einschränkt. Dennoch: Sie bleibt die europäische Zentralmacht mit allen damit verbundenen Ambivalenzen. Einerseits wird sie vielfach als ökonomische Führungsmacht in Anspruch genommen, als solche
auch kritisiert. Andererseits ist sie verpflichtet, ihre Überlegenheit gemeinschaftlich einzubinden." (*Schwarz* 1994:92-93) Eine ebenso selbst- wie ver-
antwortungsbewußte Selbsteinschätzung muß also zu dem Ergebnis kommen, daß Deutschland faktisch eine europäische Führungsmacht ist, die sich
aber im eigenen und im Interesse der Partner selbst am straffen Zügel führen
muß. Daß sie dazu bereit ist, ist jedoch noch keineswegs ausgemacht. Die
politische Kompromißfähigkeit Deutschlands in der EU hat sich zwar bislang in aller Regel bestätigt. Doch zeigt die ungerührte Heranziehung der
Integrationspartner zur Finanzierung der deutschen Einheit, daß die wirtschaftlich fundierte Hegemonie, die die BRD in der EU nach Ansicht vieler
Beobachter hat (vgl. etwa *Rode* 1992, *Willis/Bonder/Röttger* 1992, *Marko-
vits/Reich* 1992), von einer „wohlwollenden" leicht zu einer „räuberischen"

verkommen kann (vgl. *Deppe* 1993:45). Was also offenkundig ansteht, ist die Redefinition der „nationalen Interessen" unter den veränderten gesamteuropäischen Rahmenbedingungen und unter Berücksichtigung der im Verlaufe des Integrationsprozesses veränderten (Eigen-)Staatlichkeit der Bundesrepublik.

2. Der mit dem Integrationsfortschritt verbundene reduzierte Durchgriff nationaler Regelungen wird angesichts der nach wie vor auf nationaler Ebene definierten Interessen und Politikziele zunehmend als unzureichend empfunden. Zugleich sinkt offenbar die Frustationstoleranz gegenüber den langwierigen Aushandlungsprozessen und häufig suboptimalen Politikergebnissen der EU. Die Drohung mit nationalen Alleingängen ertönt jedenfalls mit steigender Frequenz und Amplitude. *Zunehmende Drohung nationaler Alleingänge*

3. Unter den EU-Mitgliedstaaten kristalliert sich mehr und mehr ein System exklusiver und weniger exklusiver Binnenbeziehungen heraus. Daran ist die BRD nicht unschuldig: In der Ära Kohl-Mitterand hatte sich mehr und mehr eine Art „Integrationspolitik nach Gutsherrenart" etabliert, die nicht mehr ausgleichs- oder mehrheitsorientiert war, sondern tradierte Konsultations- und Verhandlungsmuster der Gemeinschaft unterlief, Interessen des deutsch-französischen Tandems als europäische Notwendigkeiten deklarierte und kompromißlos durchzusetzen suchte. Europapolitischen Initiativen gingen nicht mehr vorsichtige Auslotungen der Interessenlage und Verhandlungsbereitschaft aller Integrationspartner, sondern bisweilen nur noch deutsch-französische Konsultationen voraus. Dies führte nicht nur zur Verschlechterung des Verhandlungsklimas, sondern auch zu zweifelhafter Rationalität und Nutzenerwartung solcher Unternehmen, wie sich etwa beim Konflikt um die Nachfolge des Kommissionspräsidenten Delors zeigte. *Exklusive Binnenbeziehungen*

Seit dem Amtsantritt Präsident Chiracs freilich ist die Achse Bonn-Paris brüchiger geworden. Die „Renationalisierung" (*Statz/Weiner* 1996: 1489) der französischen Politik, die massiven französischen Einwände gegen die deutschen Forderungen nach einem „Stabilitätspakt" für die Währungsunion, der die Traditionen und das Selbstverständnis französischer Demokratiekultur ignoriert (vgl. *Adam* 1996), die offenbar nicht ganz so reibungsarme „Chemie" zwischen Kohl und Chirac; all dies sind Beispiele für eine Abkühlung des deutsch-französischen Verhältnisses, das gleichwohl weiterhin integrationsentscheidend bleibt.

Im Angesicht von zunehmender Interdependenz und Öffnung nach Osten: Renaissance von Kerneuropa- und Abstufungsmodellen

Die vertiefte Interdependenz der Integrationspartner trotz erheblicher politischer, wirtschaftlicher und kultureller Heterogenität und die nach wie vor offene Frage von Zeitpunkt und Art der Einbeziehung mittel- und osteuropäischer Staaten in das europäische Kooperations- und Integrationsnetz sind derzeit Ausgangspunkte vielfältiger politischer und intellektueller Auseinandersetzungen, aus denen jedoch noch kein eindeutiger Trend abzulesen ist. Allerdings werden insbesondere im intellektuellen Diskurs vielfältige Kursänderungen eingefordert – sowohl was die Integrationsstrategie ganz generell als auch was speziell die Europapolitik Deutschlands anlangt. Die Bandbreite der Positionen und die Radikali-

tät mancher Kombattanten im Kampf um die „Diskursherrschaft" sind beträchtlich – übrigens nicht nur in Deutschland, sondern auch jenseits des Rheins, wo
die einen mittelbar eine von Deutschland betriebene Auflösung Frankreichs in
einem europäischen Superstaat, in dem nur noch völkisch definierte Subeinhei-
ten existierten, auf sich zukommen sehen (vgl. *Kowalsky* 1995:18, FN 6), während die anderen die Vereinigung von Frankreich und Deutschland zu einer „gal-
lo-germanischen Republik" als europäischem Kernstaat fordern (*Korinman*
1995).

Europa à la carte
1. Von der Einheitlichkeit des europäischen Integrationsverbundes nimmt allmählich die Politik, längst schon die politische und wissenschaftliche Publizistik Abschied. Auf die Überlegungen zur „abgestuften Integration" und eines „Europa *à la carte*" der 1980er Jahre folgten zunächst die „konzentri-
schen Kreise", die neben den EU-Staaten, die das europäische Gravitations-
zentrum bilden, auch für die EFTA-Staaten und die mittel- und osteuropäischen Länder jeweils funktionale Stufen der Teilnahme an der Integration
zur Verfügung stellen sollten (vgl. *Kühnhardt* 1993:120-121). Tatsächlich
lösten die Integrationswünsche mittel- und osteuropäischer Staaten keineswegs die Debatte um Integrationsprinzipien und institutionelle Reformen
aus, sie verliehen ihr lediglich größere Dringlichkeit. Denn schon zuvor
hatten die Schwerfälligkeit der Gemeinschaft und der bremsende Einfluß
einzelner Integrationsteilnehmer diese Debatte nötig gemacht.

Schäuble/Lamers-
Papier
2. Daß die Einbeziehung der mittel- und osteuropäischen Staaten nur stufenweise geschehen kann und vermutlich wirtschaftlich sehr viel weitreichender
sein wird als politisch, scheint konsensfähig zu sein. Sehr viel kontroverser
wird die Weiterentwicklung des Integrationsverbundes der jetzigen fünfzehn
Mitgliedstaaten diskutiert. Das Schäuble/Lamers-Papier der CDU/CSU-Bun-
destagsfraktion (1994), das sowohl die weitere Intensivierung der deutsch-
französischen Achse als auch die Ausbildung eines Integrationskerns dieser
zwei Staaten plus der Benelux-Länder ins Gespräch brachte, brach mit diesem Plan einer weitreichenden Abstufung innerhalb des Kreises der zwölf
EU-Gründer ein integrationspolitisches Tabu. Zwar weisen die Autoren mit
Recht darauf hin, daß es auch bisher Vorreiter und Nachzügler gegeben hat:
Die EWG startete mit sechs Mitgliedern, am EWS oder am Schengener Abkommen sind nicht alle EU-Mitglieder beteiligt. Der Unterschied liegt aber
darin, daß die Beteiligung weiterer Partner an diesen Integrationsfortschritten
stets gewünscht war, während der Integrationskern des CDU/CSU-Papiers
hart und also exklusiv sein soll. Problematisch ist der Vorschlag aber nicht
nur wegen der mit ihm verbundenen Ausgrenzung sich selbst als „gute Europäer" verstehender Mitglieder wie Italien oder Irland, sondern auch, weil –
wohl nicht völlig zu Unrecht – geargwöhnt wird, es gehe nicht allein um die
Rückgewinnung der Handlungsfähigkeit der EU und um ein forscheres Inte-
grationstempo, sondern auch (oder vor allem?) um eine Einflußsteigerung
der Bundesrepublik:

„Den Franzosen ist seit der deutschen Wiedervereinigung ihr Europa abhanden gekommen. Nach dem Zweiten Weltkrieg hatten sie den Deutschen aus der Isolation geholfen –
darum dachten sie, Europa werde immer französisch sein. Jetzt sehen sie konsterniert,
wie die Deutschen den Spieß umdrehen: Sie bauen ihr Europa, und dies zunehmend nach

den Plänen von Schäuble/Lamers. Die gallischen Freunde sind eingeladen, mitzutun –
aber als Juniorpartner." (*Korinman* 1995:18)

3. Das Gros der Stimmen in der derzeitigen deutschen Integrationsdebatte variiert zwischen vorsichtigen Plädoyers für eine Fortsetzung des bisherigen
Kurses und solchen Vorschlägen, die auf eine Zweiteilung in ein hoch integriertes Kerneuropa ohne mißliebige Querulanten und Nachzügler einerseits
und ein in ein lockerer verbundenes, vor allem wirtschaftlich kooperierendes
Resteuropa hinauslaufen. Daß derartige Positionen und die Ungeduld ange-
sichts der Mängel des bisherigen Integrationsstandes nun gerade jetzt, im
Anschluß an die Wiedervereinigung und den von ihr offenbar bei manchen
Denkern bewirkten nationalen Adrenalinstoß aufkommen, stimmt allerdings
ebenso nachdenklich wie die Tatsache, daß der unbestreitbar notwendige
Diskurs über den Fortgang der Integration weitgehend vom konservativen
Lager dominiert wird. Auch ist zwischen neuem Selbstbewußtsein und neuer
Unverschämtheit auf deutscher sowie zwischen neuem Denken und alter Ar-
roganz auf französischer Seite bisweilen nur noch schwer zu unterscheiden.
Jede Prognose, die heute über den Fortgang der Integration nach 1996 abge-
geben wird, ist angesichts des gegenwärtigen Wortnebels und der politischen
Ratlosigkeit riskant.

Prognosen sind zum Scheitern verurteilt

4. Wenn man die Ergebnisse des Dubliner Gipfels Ende 1996 als Maßstab für
die weitere Entwicklung heranzieht, so darf davon ausgegangen werden, daß

  – Deutschland sich mit seinem Stabilitätsrigorismus im Zusammenhang
     mit der Währungsunion weitgehend durchgesetzt hat,
  – eine Verschiebung der Währungsunion ihrem Scheitern gleichkäme,
  – die Erreichung der Kriterien, die die „Eintrittskarte" zur Währungsunion
     darstellen, neben den Mittelmeerländern der EU den Deutschen selbst
     den größten Kraftakt abverlangen wird,
  – die Osterweiterung der EU zur Jahrtausendwende in Angriff genommen
     werden wird,
  – damit zugleich aber die institutionelle Reform der Union unausweich-
     lich wird, wobei die „Flexibilisierung" des Integrationsgebäudes mehr
     und mehr zum Leitbild werden dürfte.

5. Diese Reform der institutionellen und vertraglichen Struktur der EU wird
aller Voraussicht nach auf zwei Pfeilern ruhen:

„Die Entwicklung läuft auf eine Effektivierung der Entscheidungsstrukturen im Sinne
der ‚Großen' hinaus, Die Notwendigkeit einer Reform erfährt allgemeine Anerkennung,
und die ‚Kleinen' geraten mit dem Versuch einer politischen Besitzstandswahrung zunehmend in die Defensive." (*Statz/Weiner* 1996: 1485)

Allerdings laufen die Vorschläge der Mitgliedstaaten noch weit auseinander. An
der auch von Deutschland betriebenen Stärkung des Europaparlaments hat
Frankreich kein sonderliches Interesse. Der deutsche Versuch, das Initiativmo-
nopol der EU-Kommission einzuschränken und den Rat aufzuwerten, hat bislang
gar keinen gewichtigen Verbündeten gefunden – zum Glück, wie man anzumerken versucht ist, wurde doch mit der Realisierung dieses Vorschlags die institutionelle Balance der EU insgesamt in Frage gestellt.

Überlegungen eines „Europa à la carte" oder eines „Integrationskerns" haben in das Konzept der Flexibilisierung gemündet, das die selektive Teilnahme der Mitgliedstaaten an weiteren Integrationsschritten vorsieht. Aus kritischer Sicht würde dies freilich eine hierarchische Struktur der Teilnehmer am Integrationsgeschehen generieren:

> „Daß die nicht teilnehmenden Mitgliedstaaten zur Solidarität verpflichtet werden, indem sie die Mehrheitsbeschlüsse politisch mittragen und über den gemeinsamen EU-Haushalt mitfinanzieren, soll die Einheitlichkeit der EU-Politik wiederherstellen. Das hegemoniale Konzept, das einem Kerneuropa zugrundeliegt. wird auf folgende Art abgesichert: der harte ‚Kern' von Mitgliedsländern mitsamt dem deutsch-französischen ‚Kerneskern' bestimmt Art und Intensität der Integration und weiß um die für die Peripherien bindenden Auswirkungen seiner Politik. Zielpunkt ist eine ‚hierarchische Neuformierung der Integration', abgesichert durch feste Kriterien wie bei der Währungsunion oder durch da-hoc-Beschlüsse wie bei Entscheidungen über politische und militärische Interventionen im Rahmen der GASP.
>
> Die Zustimmung zu einer Flexibilisierung der Integration ließe sich durch Zugeständnisse Deutschlands und Frankreichs in der Beschäftigungs und Umweltpolitik sowie in anderen Bereichen erkaufen. Damit wären aber die Weichen sowohl für eine wachsende Desintegration wie für eine hegemoniale Instrumentalisierung der EU gestellt." (*Statz/Weiner* 1996:1489)

Ein absurdes Schreckensszenario? Vielleicht. Es macht aber deut l i ch, wie prekär grundlegende Entscheidungsstruktur der EU für die Funktionsweise des Integrationsverbundes insgesamt sind. Es läßt sich also im Grunde nur hoffen, daß am Ende wieder einer jener suboptimalen, umständlichen und genialen Änderungen in der Teilnehmer- und Kompromisse herauskommt, für die die Institutionen der EU berühmt sind.

4.3.5 Zusammenfassung und Ausblick: Deutschland in der europäischen Integration – am Ende der Rollengewißheit

Die Teilnahme der Bundesrepublik Deutschland am europäischen Integrationsgeschehen hat unzweifelhaft politisch und wirtschaftlich immense Vorteile gebracht, die sich mit den Stichworten Wohlfahrtsmehrung, Einflußsteigerung und Friedenssicherung verbinden. Der Preis dafür war eine Reduktion einzelstaatlich ausübbarer Souveränität, eine beständig steigende Notwendigkeit kooperativer Problemlösungen und eine ausgeprägte Bereitschaft zu Kompromissen und finanziellen Zugeständnissen. Der Integrationsprozeß hat die internen politischen Strukturen der Bundesrepublik in wesentlichen Bereichen einem tiefgehenden Wandel unterzogen; zugleich haben aber bestimmte bundesrepublikanische Strukturelemente europäische Gültigkeit erlangt; daneben ist jedoch auch eine beträchtliche Persistenz von Binnenstrukturen zu beobachten – alles in allem jene oben beschriebene „doppelte Dialektik" von Wandel und Kontinuität, von interner Wirkung europäischer und europäischer Wirkung interner Politikstrukturen, die charakteristisch für das Wechselverhältnis von (supranationaler) Integration und nationaler Staatlichkeit ist und in der „Synthese" spezifischer neuer, supranationaler und mitgliedstaatlicher Staatlichkeit mündet.

Die deutsche Europapolitik bis zur Wiedervereinigung spiegelt recht klar die politischen Möglichkeiten, Interessen und Befindlichkeiten der alten Bundesrepublik. Die Integration wurde bejaht und mitgetragen, ihre Vorteile waren unübersehbar. Der unzweifelhafte wirtschaftliche und politische Nutzen der Integration für die Bundesrepublik machte es vergleichweise einfach, der Übertragung von Hoheitsrechten an die europäischen Institutionen zuzustimmen und einen beträchtlichen Teil der Finanzlast zu tragen: Das „Modell Deutschland" fand in der europäischen Integration fast ideale Entwicklungsbedingungen. Die deutsche Europapolitik war durch und durch pragmatisch und – solange der günstige Status quo nicht massiv gefährdet schien – flexibel.

Auch mit dem Binnenmarktprojekt zeichnete sich noch kein grundlegender Wandel in dieser Haltung ab. Erst im Zuge der Verhandlungen zur Europäischen Union – also unmittelbar nach der Wiedervereinigung – gewann die deutsche Europapolitik an Nachdruck, zum einen um den Vereinigungsprozeß außenpolitisch abzufedern, zum zweiten aber wohl auch um sicherzustellen, daß weitere Integrationsschritte Eckpunkte des bundesdeutschen Selbstverständnisses nicht tangieren würden – man denke an die Subsidiaritätsdebatte und den deutschen Durchmarsch bei der Währungsunion. Doch wurden die Deutschen vor und nach Maastricht verschiedentlich von anderen Integrationspartnern „ausgebremst", die Währungsturbulenzen von 1992/93 spielten den Währungsnationalisten auf allen Seiten in die Hände, die gemeinsame außenpolitische Linie ging bereits im ersten Testfall – Jugoslawien – verloren, die deutsche Ratspräsidentschaft 1994 war ein Fiasko, und in Deutschland selbst begann der proeuropäische Konsens zu bröckeln: Intellektuelle und Experten zogen gegen Maastricht zu Felde, gegen weitere Integrationsvertiefungen gab es plötzlich in der Bevölkerung massive Vorbehalte, mit dem Blick nach Osten schien die westeuropäische EU plötzlich nur noch eine halbe Sache zu sein, und Deutschlands Platz als *ein* Partner unter zwölf oder fünfzehn war manchem nunmehr nicht exponiert genug.

Der Umbau Europas findet statt. Ob es ein Abriß, eine Entkernung, eine Totalrenovierung oder ein ganz neues Projekt geben wird, wieviele Architekten an welchen Bauabschnitten mitwirken werden, ob neue Baumaterialien zum Einsatz kommen oder am Ende nur die Reststoffverwertung steht – dies alles haben nicht allein die Deutschen zu entscheiden, aber es wird auch nicht ohne sie entschieden werden können.

Die europapolitischen Interessen der alten Bundesrepublik waren klar: Absicherung und Förderung des ökonomischen Prosperitätskurses, Absicherung wirtschaftlicher und politischer Stabilität, Vermeidung politischer Isolation, begrenzte Teilnahme an der Weltpolitik ohne weitgehende Verpflichtungen. Die europapolitischen Interessen der neuen Bundesrepublik hingegen bleiben unklar, solange die nationale Rollensuche nicht abgeschlossen und offen ist, ob in der Europa-Debatte die Verteidiger der Kontinuität, die Anwälte einer neuen deutschen Führungsrolle oder die Architekten differenzierter, abgestufter Ordnungsmodelle die Oberhand gewinnen.

Entgegen aller Rhetorik spielt die Bundesregierung keineswegs mehr die Rolle eines Integrationsmotors. Der Auseinandersetzung um den Stabilitätspakt als Voraussetzung der Währungsunion kann wohl kaum als Zeichen dafür gedeutet werden, daß die Bundesregierung als Anwalt Europas auftritt. Daß sie viel-

Europapolitik auf Widerruf seitens der Bundesregierung

mehr heute ungenierter als Anwalt vorrangig deutscher Interessen auftritt, ruft in mancher europäischer Hauptstadt Stirnrunzeln hervor. Auch der deutsche Druck, Europol als wirklich effektive europäische Streitmacht wider das organisierte trans- und internationale Verbrechen zu installieren, wurde mehr als Schaukampf für deutsche Wähler denn als ur-europäisches Sachwaltertum verstanden. Solange Motive und Taktik der Bundesregierung so ambivalent bleiben oder gar nur als ambivalent verstanden werden betreibt die Bundesregierung Europapolitik auf Widerruf, auch wenn ihre grundsätzliche Europatreue niemand in der EU bestreiten wird.

4.3.6 Literaturverzeichnis

Adam, Konrad 1996: Geld kontra Freundschaft. Europas Staaten erkennen im Näherrücken ihre Unterschiede, in: Frankfurter Allgemeine Zeitung Nr. 292 vom 14. Dezember 1996, 33.

Bellers, Jürgen/Häckel, Erwin 1990: Theorien internationaler Integration und internationaler Organisationen, in: Rittberger, Volker (Hrsg.): Theorien der Internationalen Beziehungen (PVS-Sonderheft 21), Opladen, 286-310.

CDU/CSU-Fraktion des Deutschen Bundestages 1994: Überlegungen zur europäischen Politik vom 1. September 1994, in: Blätter für deutsche und internationale Politik, 10, 1271-1280.

Deppe, Frank 1993: Die Rolle Deutschlands in der Weltwirtschaft – Zwischen Internationalisierung und Regionalisierung, in: Thomas, Caroline/Weiner, Klaus-Peter (Hrsg.): Auf dem Weg zur Regionalmacht? Die deutsche Außenpolitik nach der Vereinigung, Köln.

Deubner, Christian 1993: Die Wiedervereinigung der Deutschen und die Europäische Gemeinschaft, in: Jakobeit, Cord/Yenal, Alparslan (Hrsg.): Gesamteuropa. Analysen, Probleme und Entwicklungsperspektiven, Bonn, 393-413.

Eyrich, Heinz 1992: Der Grundsatz der Bundestreue in der politischen Praxis: Das Zusammenwirken von Bund und Ländern in EG-Angelegenheiten, in: Vogel, Bernhard/Oettinger, Günther H. (Hrsg.): Föderalismus in der Bewährung, Köln, 35-43.

Héritier, Adrienne u. a. 1994: Die Veränderung von Staatlichkeit in Europa. Ein regulativer Wettbewerb: Deutschland, Großbritannien und Frankreich in der Europäischen Union, Opladen.

Hrbek, Rudolf 1986: German Politics and the European Community, in: Lützeler, Paul Michael (Hrsg.): Western Europe in Transition. West Germany's Role in the European Community, Baden-Baden, 19-43.

Hrbek, Rudolf 1992: Die deutschen Länder vor den Herausforderungen der EG-Integration, in: Vogel, Bernhard/Oettinger, Günther H. (Hrsg.): Föderalismus in der Bewährung, Köln, 9-33.

Kalbfleisch-Kottsieper, Ulla 1994: Der Ausschuß der Regionen – ein neuer Akteur auf der Europäischen Bühne. Institutionalisierung und Arbeitsperspektiven, in: Bullmann, Udo (Hrsg.): Die Politik der dritten Ebene: Regionen im Europa der Union, Baden-Baden, 134-143.

Keohane, Robert O./Hoffmann, Stanley 1990: Conclusions: Community politics and institutional change, in: Wallace, William (Hrsg.): The Dynamics of European Integration, London, 276-300.

Korinman, Michel 1995: Muß-Ehe für Europa, in: Die Woche, 3, 13. Januar 1995, 18.

Kowalsky, Wolfgang 1995: Europa vor der Herausforderung zivilisierter Innenbeziehungen, in: Aus Politik und Zeitgeschichte, B 3-4/95, 17-23.

Kühnhardt, Ludger 1993: Europäische Union und föderale Idee. Europapolitik in der Umbruchzeit, München.

Laffan, Brigid 1994: Developments in the Member States, in: Journal of Common Market Studies, 32, Annual Review, 105-122.

Leonardy, Uwe 1994: Auswärtige Beziehungen und europäische Angelegenheiten im Bund/Länder-Verhältnis, in: Evers, Tilman (Hrsg.): Chancen des Föderalismus in Deutschland und Europa, Baden-Baden, 137-157.

Lübbe, Hermann 1994: Abschied vom Superstaat. Vereinigte Staaten von Europa wird es nicht geben, Berlin.

Markovits, Andrei S./Reich, Simon 1992: Deutschlands neues Gesicht: Über deutsche Hegemonie in Europa, in: Leviathan, 20, 1, 15-61.

Möschel, Wernhard 1995: Europapolitik zwischen deutscher Romantik und gallischer Klarheit, in: Aus Politik und Zeitgeschichte, B 3-4/95, 10-16.

Nicoll, William/Salmon, Trevor C. 1994: Understanding the New European Community, Hemel Hempstead.

Platzer, Hans-Wolfgang 1993: Lernprozeß Europa: Die EG und die neue europäische Ordnung, 2. Aufl., Bonn.

Platzer, Hans-Wolfgang/Ruhland, Walter 1994: Welches Deutschland in welchem Europa? Demoskopische Analysen, politische Perspektiven, gesellschaftliche Kontroversen, Bonn.

Rode, Reinhard 1992: Deutschland: Weltwirtschaftsmacht oder überforderter Euro-Hegemon?, in: Schoch, Bruno (Red.): Deutschlands Einheit und Europas Zukunft (Friedensanalysen 26), Frankfurt/Main, 203-228.

Scharpf, Fritz. W. 1985: Die Politikverflechtungsfalle. Europäische Integration und deutscher Föderalismus im Vergleich, in: Politische Vierteljahresschrift, 26, 4, 323-356.

Schwarz, Hans-Peter 1994: Das deutsche Dilemma, in: Kaiser, Karl/Maull, Hanns W. (Hrsg.): Deutschlands neue Außenpolitik. Band 1: Grundlagen, München, 81-97.

Statz, Albert/Weiner, Klaus-Peter 1996: Fortschritt durch Flexibilisierung? Stand und Aussichten von Maastricht 11, in: Blätter für deutsche und internationale Politik, 12/96, 1480-1490.

StBA – Statistisches Bundesamt 1961-1994a: Statistisches Jahrbuch für die Bundesrepublik Deutschland, Wiesbaden.

StBA – Statistisches Bundesamt 1989-1994b: Statistisches Jahrbuch für das Ausland, Wiesbaden.

Strohmeier, Rudolf (Hrsg.) 1994: Die Europäische Union. Ein Kompendium aus deutscher Sicht, Opladen.

Stürmer, Michael 1994: Deutsche Interessen, in: Kaiser, Karl/Maull, Hanns W. (Hrsg.): Deutschlands neue Außenpolitik. Band 1: Grundlagen, München, 39-61.

Weidenfeld, Werner 1996: Europa '96 – Unterwegs wohin? Die Europäische Union vor der Regierungskonferenz, in: Aus Politik und Zeitgeschichte, B 2/96, 3-10.

Wessels, Wolfgang 1992: Staat und (westeuropäische) Integration. Die Fusionsthese, in: Kreile, Michael (Hrsg.): Die Integration Europas (PVS-Sonderheft 23), Opladen, 36-61.

Wildenmann, Rudolf (Hrsg.) 1991: Staatswerdung Europas? Optionen für eine Europäische Union, Baden-Baden.

Willis, F. Roy 1981: Deutschland, Frankreich und Europa, in: Hanrieder, Wolfram F./Rühle, Hans (Hrsg.): Im Spannungsfeld der Weltpolitik: 30 Jahre deutsche Außenpolitik (1949-1979), Stuttgart, 159-181.

Ziebura, Gilbert/Bonder, Michael/Röttger, Bernd 1992: Deutschland in einer neuen Weltära. Die unbewältigte Herausforderung, Opladen.

5 Diskurse über die Zukunft

Stephan Bröchler

5.1 Vom Modell Deutschland zum nationalistischen Deutschland?

5.1.1. Einführung

Mit der Wiedervereinigung Deutschlands, dem Zusammenbruch der alten Weltordnung und noch verstärkt durch den ökonomischen und gesellschaftlichen Umbruchprozeß (Neue Technologien, Wertewandel) ist die Bundesrepublik Deutschland vor neue Herausforderungen gestellt. Damit steht das Modell Deutschland, wie es sich nach 1945 politisch, ökonomisch und sozio-kulturell herausgebildet hat, hinsichtlich seiner Integrationsfähigkeit nach innen und außen auf dem Prüfstand. Der Modell-Deutschland-Ansatz hat zum Ziel, die Analyse dieses grundlegenden ökonomischen, sozialen und kulturellen Umbruchs voranzutreiben, „um die Aufgaben und das Handeln politischer Akteure innerhalb dieser Strukturen sowie deren Modifikation durch politisches Handeln erkennen und erklären zu können" (siehe Simonis in diesem Band, Kap. 1). Auf der Ebene der politischen Diskurse lassen sich heute besonders drei Positionen unterscheiden, die das bisherige Modell Deutschland als ein politisch, ökonomisch und sozio-kulturell erfolgreiches Modernisierungsmodell grundsätzlich in Frage stellen. Mit dem neo-liberalen Diskurs und dem neo-merkantilen Diskurs befassen sich Wolfgang Fach und Klaus Erdmenger in diesem Band. Mein Beitrag setzt sich mit der Modernisierungskritik des neo-nationalistischen Diskurses auseinander. Dieser Diskurs geriet ins Blickfeld der Diskussion, als es dem „Druck von Rechts" (*Leggewie* 1993) zu Beginn der Wiedervereinigung gelang, Einfluß auf das politische Tagesgeschehen und die intellektuellen Auseinandersetzungen zu gewinnen:

- Es kam zu einer Welle von Fremdenfeindlichkeit, die häufig in rechtsextremistisch orientierten Gewalttaten (z.B. Rostock, Mölln, Solingen) mündete;
- In den letzten zehn Jahren gelang rechtsextremistischen Parteien der Einzug in verschiedene deutsche Parlamente und in das Europäische Parlament. So schaffte die Deutsche Volksunion Liste-D im Jahre 1987 mit dem Überspringen der 5%-Klausel in Bremerhaven den Einzug in die Bürgerschaft. Bei den Bremer Bürgerschaftswahlen 1991 zog sie mit einem Stimmenergebnis von 6,2% in die Bremer Bürgerschaft ein. Bei den Landtagswahlen

1991 in Schleswig-Holstein erreichte die DVU-Liste D 6,3% der Stimmen. Der Partei Die Republikaner gelang 1989 mit 7,5% der Einzug in das Berliner Abgeordnetenhaus. Bei den Wahlen zum Europäischen Parlament 1989 errangen Die Republikaner 7,1% der gültigen Stimmen. In den Jahren 1992 und 1996 gelang der Partei Die Republikaner mit 10,9% und 9,1% zweimal hintereinander der Einzug in das Stuttgarter Landesparlament.

– Die „Asyldebatte" in der Bundesrepublik übte so starken Druck auf die Politik aus, daß nach heftigen innenpolitischen Auseinandersetzungen das bestehende Asylrecht eingeschränkt wurde;
– Ein „Rechtsruck" wurde auch sprachlich manifest. Die von der Gesellschaft für deutsche Sprache ermittelten meistgebrauchten Unworte in den Jahren 1991 bis 1993 lauteten: „ausländerfrei", „ethnische Säuberung" und „Überfremdung";
– Nach dem Vorbild der *Groupement de recherche et d´études pour la civilisation européenne* (GRECE) versucht die „Neue Rechte" Brückenköpfe ins rechtskonservative und rechtsliberale Lager zu schlagen.

5.1.2   Problemwahrnehmung innerhalb des neo-nationalistischen Diskurses

Der Analyse des Drucks von Rechts hat sich die Rechtsextremismusforschung gewidmet. Ein wichtiger Erklärungsansatz führt die Formen des Rechtsradikalismus auf den umfassenden Modernisierungsprozeß der bundesdeutschen Gesellschaft zurück (*Greß/Jaschke/Schönekäs* 1990). Dieser Erklärungsansatz bezieht sich auf die Folgen des Modernisierungsprozesses, weist jedoch hinsichtlich der Analyse der rechten Theorie eine Leerstelle auf. In meinem Beitrag befasse ich mich nicht mit den (vielleicht auch nur vermeintlichen) Modernisierungsverlierern, sondern widme mich der Analyse der Modernisierungs- und Fortschrittskritik. Im Mittelpunkt meiner Ausführungen steht die Analyse einer solchen Kritik, die nicht auf die Folgen des Modernisierungsverlaufes zielt, vielmehr umfassender gegen die Modernisierung selbst gerichtet ist: der neo-nationalistische Diskurs. Der Begriff neo-nationalistischer Diskurs umfaßt ein breites Spektrum rechtskonservativer Modernisierungskritik, die bei aller Heterogenität der Aussagen ihre Kritik besonders am sozio-kulturellen Wertewandel, der Multikulturalität der bundesdeutschen Gesellschaft, einer verbreiteten Staatsverdrossenheit, an der Krise der Ökologie und an der Form der bisherigen außenpolitischen Einbindung Deutschlands festmacht. Der kulturelle Bruch in der Geschichte der Bundesrepublik wird mit der Studentenrevolte Ende der 60er Jahre identifiziert. Die 68er Generation habe mit ihrem erfolgreichen langen Marsch durch die Institutionen Staat und Gesellschaft in allen wichtigen Bereichen infiltriert. Karlheinz *Weißmann*:

> „Als Professoren, Lehrer, Journalisten, Pfarrer in allen Sparten der Administration übten und üben sie einen starken Einfluß aus" (1992a, 18).

Diese „Kulturrevolution" habe eine Veränderung des politischen Klimas in der Bundesrepublik nach „Links" bewirkt, in der konservative Positionen ihr Dasein nur noch am Rande fristen könnten. Die Kritik an der multikulturellen Gesellschaft richtet sich gegen ein nationales Selbstverständnis der Bundesrepublik als politisch verfaßte moderne Staatsbürgernation. Ein multikulturelles Deutschland öffne „Scheinasylanten" und „Wirtschaftsflüchtlingen" Tür und Tor. Reinhart *Mauerer*:

> „Und die sogenannte Multikulturalität ist im wesentlichen ein Euphemismus für das uniforme Drängen um die größten Fleischtöpfe, bei dem früher oder später alle kulturellen Unterschiede und jede höhere Kultur auf der Strecke bleiben" (1994, 82).

Ein anderer zentraler Topos des neo-nationalistischen Diskurses ist die Konstatierung des sittlichen Verfalls der Gesellschaft, wobei der Staat zur Beute der permissiven Gesellschaft werde: „Eine gewandelte Einstellung zum Staat gehört deshalb zu den dringendsten Forderungen politischer Bildung (*Weißmann* 1992a, 159f.). Der liberale Staat, so eine weitere These, könne nicht mehr mit dem Gehorsam seiner Untertanen rechnen:

> „Die Dienstbereitschaft des Beamten, die Disziplin des Soldaten, die Zuverlässigkeit des Arbeiters, der Gehorsam des Bürgers gegenüber seiner gesetzmäßigen Obrigkeit stammen aus einer vorliberalen Zeit und reproduzieren sich nicht von allein" (*Weißmann* 1992a, 181).

Ein weiterer Diskussionsstrang thematisiert die ökologische Krise der Industriegesellschaft, wobei der Versuch unternommen wird, dieses Thema rhetorisch und politisch zu besetzen. Ernst *Nolte*:

> „Im Herzen der westlichen Welt und aus ihren eigenen Realitäten heraus ist die Ökologie oder der Umweltschutz entstanden. Es ist fraglich, ob diese Tendenz nicht viel eher von der Rechten als von der Linken ausgegangen ist; denn was könnte „konservativer" sein als die Bewahrung der Natur und damit der Lebensgrundlage der Menschheit" (1994, 159).

Breiten Raum innerhalb des neo-nationalistischen Diskurses nimmt schließlich die Kritik am Festhalten der Außenpolitik der alten Bundesrepublik nach der Wiedervereinigung ein. Diese Aussage ist darauf gerichtet, die außenpolitischen Rahmenbedingungen des Modells Deutschland mit der Vereinigung Deutschlands neu zu justieren:

> „Der Kontext, in dem sich die deutsche Außenpolitik von 1949 bis 1989 bewegt hat, ist zerbrochen. Hergebrachte Begriffe und Maßstäbe taugen nur noch bedingt, um die Lage der Nation in Europa und der Welt zu beschreiben, zu werten und außenpolitische Ziele zu bestimmen" (*Hahn* 1994, 327).

Die Antworten darauf, wie die Relevanz des neo-nationalistischen Diskurses hinsichtlich der Stabilität der bundesdeutschen Demokratie einzuschätzen ist, sind widersprüchlich. So konstatiert Eckhard *Jesse*, die Diskussion um die „Neue Rechte" sei lediglich politische Stimmungsmache (1995, 152). Im Gegensatz hierzu beinhaltet die „Neue Rechte" für Wolfgang *Gessenharter* die reale Gefahr des Umkippens der Republik (1994b, 428). In diesem Beitrag geht es mir zunächst nicht um diese Relevanz, vielmehr nehme ich den neo-nationalistischen Diskurs hinsichtlich seines Anspruchs Ernst, die politischen Strukturen des Modells Deutschland substantiell zu ändern:

> „Eine ideologische Epoche geht zu Ende, jetzt gilt es, den Staat nach den Grundsätzen
> des „nationalen Realismus" zu gestalten und für die anstehenden Auseinandersetzungen
> vorzubereiten" (*Weißmann* 1992c, 272).

Mein Beitrag analysiert den neo-nationalistischen Diskurs vor dem Hintergrund
der Transformation des Modells Deutschland. Hierbei werde ich zunächst Elemente der Kritik am konservativen Lösungsansatz herausarbeiten. In einem weiteren Schritt frage ich nach den Lösungsansätzen, wie sie im neo-nationalistischen Diskurs diskutiert werden. Schließlich geht es mir im letzten Abschnitt
darum, die Erfolgschancen des neo-nationalistischen Diskurses zu bewerten.

5.1.3   Kritik des konservativen Lösungsansatzes: Testfall
Fortschritt

Die Kritik des neo-nationalistischen Diskurses an Werteverfall, Multikulturalis-
mus und der Kulturrevolution der 68 Generation richtet sich nur scheinbar in erster Linie gegen Links. Die Hauptstoßrichtung des neo-nationalistischen Diskurses besteht vielmehr in der Kritik des bestimmenden technokratischen (Neo-)
Konservatismus[1], den *Zitelmann* pejorativ als „Nachkriegs-Liberalkonservatis-
mus" (*Zitelmann* 1994, 178) qualifiziert. Besonders deutlich wird die Differenz
von neo-nationalistischem Diskurs und dem bestimmenden technokratischen
Konservatismus am Beispiel der Fortschrittskonzeption des bestimmenden Konservatismus. Der konservative Lösungsweg für die Bewältigung der Zukunfts-
herausforderungen des Modells Deutschland (Neue Technologien, Wirtschaftswachstum, Arbeit etc.) ist die Forcierung des wissenschaftlich-technischen Fortschritts. Dieses Credo für die Informationsgesellschaft formulierte Lothar *Späth*
bereits 1985 in seinem Buch *Wende in die Zukunft*.

> „Es gilt, von der Industriegesellschaft alter Prägung nicht nur wirtschaftlich, sondern
> auch politisch und geistig Abschied zu nehmen und sich auf das Neuland, das vor uns
> liegt vorzubereiten. ... Auf die Industriegesellschaft wird eine Gesellschaft neuer Art fol-
> gen, die meist (...) als Informationsgesellschaft bezeichnet wird" (1995, 14).

Die Charakteristika dieser modernen Konservatismusvariante und ihres Fort-
schrittsdenkens läßt sich (vereinfacht) auf folgende Punkte bringen: [2]

– das neue Leitbild des Fortschritts ist die Informationsgesellschaft, mit ihren
    neuen Technologien;

---

1   Die Begriffe technokratischer Konservatismus und technokratischer Neo-Konservatis-
    mus stellen Varianten des hegemonialen Konservatismus nach 1945 dar. Die Institutio-
    nenlehre Arnold Gehlens, die These von der Kristallisation gesellschaftlicher Zustände in
    einem „Post-histoire", der unausweichliche Sachzwangcharakter der vollentwickelten
    technisch-wissenschaftlichen Industriegesellschaft und die ausschließliche Herrschaft der
    Experten bilden das theoretische Fundament des technokratischen Konservatismus. Un-
    ter dem Druck der sogenannten „3. technischen Revolution" wird diese Konservatismus-
    variante zum technokratischen Neokonservatismus in den 80er Jahren weiterentwickelt
    (*Saage* 1983).
2   In der Auseinandersetzung mit dem technokratischen Konservatismus bzw. dem techno-
    kratischen Neokonservatismus beziehe ich mich im folgenden auf Forschungsarbeiten
    von Martin *Greiffenhagen* 1991, Kurt *Lenk* 1986 und Richard *Saage* 1983 u. 1986.

- in den engen Grenzen der Weltmarktkonkurrenz ergibt sich die Option zur Gestaltung der Neuen Technologien;
- die Informationsgesellschaft verspricht ein neues Zeitalter der Menschheitsgeschichte;
- die Aufgabe des Staates ist es, aktiv die optimale Durchsetzung der Erfordernisse der Informationsgesellschaft voranzutreiben;
- zur Durchsetzung der Informationsgesellschaft gehört neben der Einübung von Pflicht- und Akzeptanzwerten (Leistungsbereitschaft, Pflichtgefühl etc.) auch die Förderung von Selbstenfaltungswerten.

Im technokratischen Neokonservatismus ersetzt der technische Fortschritt Kategorien des Vorkriegskonservatismus wie Sinn, Nation oder geopolitische Lage. Der moderne Konservatismus der 80er und 90er Jahre folgt vielmehr einem Fortschritts- und Technikverständnis, daß die Grundtechnologie den Charakter der ganzen Gesellschaft forme.

Ganz im Unterschied zum fortschrittseuphorischen technokratischen Neokonservatismus ist der neo-nationalistische Diskurs fortschrittspessimistisch und gegen die kapitalistische Industriegesellschaft gerichtet: „Die industrielle Produktionsgesellschaft kann unmöglich als konservatives Ideal betrachtet werden..." (*Weißmann* 1989, 132). Nicht die Fortschrittsvisionen der Informationsgesellschaft, sondern ökologische Endzeitstimmung, wie sie z.B. Herbert *Gruhl* formulierte, bestimmt den neo-nationalistischen Diskurs:

> „Der Erdkreis quillt erstmalig an Menschen über; die Grenzen der natürlichen Räume, der Grundstoffvorräte und der Belastbarkeit sind infolge der Menschenmassen weit überschritten. Der Rest der Tragödie ist nur noch eine Frage der Zeit, in der jetzt alle Vorgänge eskalieren" (1992, 367).

Die Kritik des neo-nationalistischen Diskurses ist gegen die High-tech-Orientierung des technokratischen Neokonservatismus gerichtet und fordert statt dessen die moralische Erneuerung durch metaphysische Begriffe wie Sinnstiftung, Identität und Staatstugenden. Die Industriegesellschaft vermittle keine moralischen Handlungsorientierungen mehr für die Menschen:

> „Unübersehbar ist heute, daß die technische Zivilisation, so unentbehrlich wie unentrinnbar, ihrer moralischen Bewältigung spottet, daß die industrielle Zivilisation unter die Hypothese ihrer Selbstzerstörung trat und daß alle soziale Steuerungstechnik den irrationalen Rest nicht aufzuheben vermochte, sondern die Überanstrengung des Interventionsstaates und die Malaise der Technik nur komplementäre Elemente derselben Krise sind" (*Stürmer* 1986,15).

Der technische Fortschritt, den der technokratische Neokonservatismus immer weiter bis zur vollen Entfaltung der Informationsgesellschaft vorantreiben wolle, führe in ihrem Ergebnis zur Überanstrengung und Erschöpfung von Staat und Gesellschaft. Bei *Weißmann* wird aus dieser Situation Dekadenz, die nur von einem zu erneuernden Nationalstaat und der Wiederbelebung der Staatstugenden durch einen neuen Konservatismus kommen kann. Dagegen habe der bestehende liberale Staat seine Grundlage verzehrt. Die Vertreter des neo-nationalistischen Diskurses denken nicht in den Kategorien der verflochtenen Weltwirtschaft, die für den Erfolg des Modells Deutschland zentral waren: ihr Diskurs fühlt sich im

Gehäuse von Dichotomien, wie Lebensschutz versus Wachstum bzw. Modernisierung heimisch, wie *Leggewie* (1986) zu Recht feststellte.

Im folgenden gilt es zu klären, ob der vorgebrachte Fortschrittspessimismus eine hinreichende Kritik des technokratischen Neokonservatismus darstellt. Ein Vergleich ergibt folgendes Bild:

– während der technokratische Neokonservatismus eng mit der technologischen Entwicklung verkoppelt ist und ein eigenständiges Modernisierungsleitbild entwickelt (erst Industrie- dann Informationsgesellschaft), lehnt der neo-nationalistische Diskurs sowohl die Fortschrittskonzeption als auch die Industriegesellschaft ab;

– eröffnet der technokratische Neokonservatismus die Option zu einer (begrenzten) Gestaltbarkeit des technischen Fortschritts, so konstatiert die neonationalistische Fortschrittskritik „Dissonanzen des Fortschritts" (*Stürmer* 1986);

– bindet der technokratische Nachkriegskonservatismus den Staat aktiv in die Modernisierung mit ein, so ist der nationalistische Neokonservatismus modernisierungsfeindlich und besteht auf der Trennung von Staat und permissiver „Händlergesellschaft";

– will der technokratische Neokonservatismus nicht nur den Staat, sondern auch die Gesellschaft im Rahmen von Kulturpolitik umfassend in die Modernisierung integrieren, so rekurriert eine nationalistische Variante auf die Wiederbelebung preußischer Staatstugenden;

– schließlich ist es dem Nachkriegskonservatismus gelungen, den mainstream des Konservatismus mit der bürgerlich-kapitalistischen Gesellschaft und der parlamentarischen Demokratie als Formalprinzip zu versöhnen und das Nachkriegsmodell Deutschland in den Weltmarkt zu integrieren. Der nationalistische Neokonservatismus setzt nicht auf Weltmarktintegration, sondern auf den nach innen und außen souveränen Nationalstaat. „Umweltschutz als nationale Aufgabe und asketische Disziplin" (*Weißmann* 1989, 132).

Zwischenfazit Das Ziel des neo-nationalistischen Diskurses ist es, die hegemoniale Konservatismuskonzeption der 80er Jahre abzulösen, und durch eine nationalistische Konservatismusvariante zu ersetzen. Angesichts der massiven Herausforderungen an das Modell Deutschland scheint es mehr als fraglich, ob es gelingt, den bestimmenden technokratischen Neokonservatismus durch eine neo-nationalistische Variante zu ersetzen. Vieles spricht dafür, daß das Diktum von Franz Josef *Strauß*, konservativ zu sein bedeute, an der Spitze des Fortschritts zu marschieren, weiterhin gültig ist (*Strauß* 1968, S. 3).

5.1.4 Elemente des neo-nationalistischen Lösungsansatzes: Rückgewinnung nationalstaatlicher Steuerungsmacht nach innen und außen

Der neo-nationalistische Diskurs erschöpft sich nicht in der Kritik des hegemonialen konservativen Lösungsweges, vielmehr postuliert er in Ansätzen eine eigenständige innen- wie außenpolitische Konzeption für ein anderes Modell Deutschland.

Ein Element der Krise des Modells Deutschland liegt in der Einschränkung nationalstaatlicher Handlungsfähigkeit. Ursache dieser Krise des Interventionsstaates ist zum einen die Internationalisierung des Kapitals, der Finanzströme und der Handelsmärkte, zum anderen die neue internationale Arbeitsteilung zwischen Nord und Süd und schließlich die Abtretung nationalstaatlicher Regelungskompetenz an supranationale (EU) und internationale Organisationen (UNO) im Kontext globaler Problemlagen (Frieden, Ökologie etc.). Der Erosion des fordistischen Interventionsstaates setzt der neo-nationalistische Diskurs den Nationalstaat als einen nach innen und außen starken Staat entgegen. Normativ aufgeladen wird dieses Nationalstaatsmodell mit einer Rhetorik des nationalen Neubeginns, die an der Wiedervereinigung Deutschlands festgemacht wird:

> „Somit steht also Deutschland wieder am Anfang einer neuen Epoche der Nationalgeschichte und seiner Aufgabe als Zentralmacht Europas" (*Schwarz* 1994, 13).

Der „traumatisierte Riese" (*Schwarz* 1994, 170) Deutschland stehe vor neuen Herausforderungen, die jedoch nur im Rekurs auf die Überlieferung der deutschen Geschichte zu bewältigen seien. Die „große Kehre" ist für den neo-nationalistischen Diskurs Anlaß, die Zäsur von 1945 zugunsten von 1989 aufzuheben und darüber hinaus Deutschland als Nationalstaat in der neuen Weltordnung wieder in die Machtposition vor dem I. und II. Weltkrieg einzusetzen. Die Folgen dieses Neubeginns deutscher Nationalstaatlichkeit zielen auf weitreichende Veränderungen des Modells Deutschland in der neuen Weltordnung ab.

Damit der Weg zurück zur Nationalstaatskonzeption des 19. Jahrhunderts frei wird, fordert der neo-nationalistische Diskurs, einen Schlußstrich unter die Vergangenheitsbewältigung des Holocaust zu ziehen. Die Wiedervereinigung Deutschlands als einen Neubeginn ohne Tabus zu inszenieren, soll dem im Historikerstreit gescheiterten Versuch der Entsorgung der deutschen Vergangenheit (*Wehler* 1988) wieder Leben einhauchen. Ohne Tabu oder Denkverbote heißt für den neo-nationalistischen Diskurs nicht die Leugnung des Holocaust, jedoch wird dieser hinsichtlich seiner Bedeutung für das wiedervereinigte Deutschland als *black out* abgetan. So faßt Klaus Peter Schwarz den Holocaust und die Folgen des II. Weltkrieges in das verharmlosende Bild vom traumatisierten Riesen Deutschland, der *[Vergangenheitsbereinigung]*

> „...im Gedenken an trunkene Berserkertaten, auch an seinerzeit empfangene Prügel, an eine längere Haftstrafe und sonstige Unbekömmlichkeiten noch unter der Fernwirkung entsprechender Katerstimmung und damit verbundener Alpträume ..." leidet (*Schwarz* 1994, 21f.).

Karlheinz *Weißmann* entwürdigt die Opfer der nationalsozialistischen Massenvernichtung, indem er sie zu Mitschuldigen daran macht, daß Deutschland an der Wahrnehmung nationaler Interessen gehindert sei. Denn für ihn ist die Vergangenheitsbewältigung in erster Linie ein Nasenring, „...mit dessen Hilfe eine eigenständige, auf Selbstbehauptung angelegte Politik der Deutschen verhindert werden soll" (*Weißmann* 1989,130).

Die so bewältigte Vergangenheit ermöglicht dem neo-nationalistischen Diskurs die Rückkehr zur Fiktion der Nationalstaatlichkeit des 19. Jahrhunderts. Die *[Nationalstaatsdiskurs]*

Nation Deutschland hat ihre nationale Geschichte wieder. Klaus Peter *Schwarz* bringt dies auf die Formel: „Seit dem 3. Oktober 1990 ist nun der Strom deutscher Geschichte erneut in das fast vertrocknete Stromtal des Nationalstaates zurückgeflossen" (1994, 58). Aufbauend auf der Konzeption des starken Staates lassen sich im neo-nationalistischen Diskurs zwei Konzeptionen des Nationalstaates unterscheiden: eine ethnisch und eine strategisch begründete. Im Kontext der „Neuen Rechten" ist es vor allem Karlheinz *Weißmann*, der für die ethnische Begründung der Nation eintritt:

> „Wer sich nicht dem verantwortungslosen Optimismus hingeben will, daß Rassen- und Volkstumskämpfe durch Vernunftgründe und Erziehung aus der Welt zu schaffen sind, muß wachsam bleiben." (1992a, 176).

Von dieser Variante des ethnischen Nationalismus, der für ein Ende der Westbindung optiert, ist eine andere Nationalstaatskonzeption im neo-nationalistischen Diskurs zu unterscheiden. Das Nationalstaatskonzept von Klaus Peter *Schwarz* kommt im folgenden zum Ausdruck:

> „Das Nationale bezieht sich in diesem Verständnis also nicht auf das völkische, sondern auf eine durch Wirtschaftssystem, politisches System und Kultur konstituierte Handlungseinheit, die staatlich verfaßt ist" (1994, 80).

Der Nationalstaat im Sinne von *Schwarz* speist sich nicht aus ethnischen Motiven, er ist vielmehr aus der Weltmarktkonkurrenz, den Eigenheiten der politischen Systeme und der politischen Kultur eines Landes zusammengesetzt. Denn nur diese Begründung kann darauf vertrauen, daß der Nationalstaat im komplizierten europäischen Staatensystem die Kraft aufbringt „... integrierend, ausgleichend, aber auch ordnend zu wirken" (*Schwarz* 1994, 12). Im Gegensatz zu Weißmann gilt für Schwarz die Notwendigkeit der Einbindung in das europäische Staatensystem als obiter dictum für das vereinigte Deutschland in der neuen Weltordnung:

> „Deutschland wir also zu lernen haben, erneut als souveräner und großer Staat zu agieren, freilich eingebunden in die Europäische Union, also behutsam, unter Vermeidung von Flurschäden, ohne wilheminisches Sprücheklopfen, im Rahmen des bewährten Verflechtungssystems und unter Pflege der jahrzehntelang gewachsenen Partnerschaften" (*Schwarz* 1994, 46).

Europäische
Großmacht
nach außen

Während der Rekurs auf die Geschichte die Nation im Inneren zusammenhalten soll, soll der Rekurs auf die geopolitische Lage der Nation ihren Platz als Zentralmacht in der neuen Weltordnung zuweisen. Diese neue Rolle auch wahrnehmen zu können, erfordere eine Änderung der Europakonzeption sowie der Außen- und Sicherheitspolitik. Ausgangspunkt für die neuen Anforderungen an das Modell Deutschland ist die völlig veränderte Rolle Deutschlands in Europa. Für Schwarz hat Deutschland nach der Wiedervereinigung zu seiner geographischen Bestimmung zurückgefunden, die Zentralmacht in Europa zu sein:

> „Denn es gibt nur ein Land, das dank geographischer Lage, dank wirtschaftlicher Leistungsfähigkeit und kultureller Ausstrahlung, dank Größe und dank immer noch vorhandener Dynamik die Aufgabe einer „Zentralmacht" wahrnehmen muß – und das ist eben Deutschland. ... Deutschland ist bereits die Zentralmacht Europas, und es gibt allenfalls Zeitgenossen, die vor der Einsicht in das Unvermeidliche zurückschrecken" (*Schwarz* 1994, 8).

Im neo-nationalistischen Diskurs besteht darin Einigkeit, daß Deutschland sich wieder in der Mittellage befindet und ähnlichen Gesetzen der Geopolitik unterliege wie weiland das Deutsche Reich Bismarcks oder das Heilige Römische Reich Deutscher Nation. In der Frage nach den Konsequenzen für die Europa-, Außen- und vor allem Sicherheitspolitik trennen sich die Perspektiven. Die Neue Rechte à la *Weißmann* verabschiedet die Perspektive eines gemeinsamen demokratischen Europa und im gleichen Zuge auch die Westorientierung zugunsten eines zwischen Deutschland und Rußland (bis zum Armageddon) aufgeteilten eurasischen Kontinents. Karlheinz *Weißmann* bringt in diesem Zusammenhang folgendes Zitat von Alfred Zänker:

> „Wer jetzt Herr der Welt wird, steht jetzt nicht zur Debatte. Für West und Ost, Russen und Deutsche geht es in den nächsten Jahrzehnten darum, Eurasien zu erschließen. Das ist die Sicht an der Schwelle des 21. Jahrhunderts". (1992a,175).

Von solchen Weltmachtphantasien unterscheidet sich Klaus Peter *Schwarz* gravierend. Für *Schwarz* bedeutet die Rolle Deutschlands als Zentralmacht eine klare Entscheidung gegen eine Konzeption Europas als Bundesstaat („Hallstein-Europa") und für einen europäischen Zweckverband („Ipsen-Europa"). Deutschlands neue Außenpolitik müsse sich in seinen mentalen Orientierungen (traumatisierter Riese) und in seinen Handlungen, seiner Bedeutung als europäischer Großmacht bewußt sein, sonst würden die „gezähmten Deutschen" erneut zum Sicherheitsrisiko, denn: „Semantische Verzwergung ist nicht ratsam. Das trübt nur den Blick" (*Schwarz* 1994,76). Nach *Schwarz* gilt es für Politik und Gesellschaft, Ängstlichkeit und Machtvergessenheit zu überwinden. Dies zeige sich besonders in Fragen der zukünftigen deutschen Sicherheitspolitik, die sich weder außenwirtschaftlichen Interessen Deutschlands noch den kommenden Krisen an seiner Ostgrenze entziehen könne, noch dürfe.

Der skizzierte neo-nationalistische Staatsdiskurs verspricht zweierlei: die Rückgewinnung nationalstaatlicher Steuerungsfähigkeit durch den Rekurs auf die Staatskonzeption des ausgehenden 19. Jahrhunderts und den Gewinn außen- und sicherheitspolitischer Stabilität durch Deutschland als wiedererstarkte Zentralmacht Europas. Die vorgebrachten Positionen des neo-nationalistischen Diskurses weisen in demokratietheoretischer Hinsicht eine Leerstelle auf und sind steuerungstheoretisch unterkomplex. Der neo-nationalistische Diskurs verortet sich im Rahmen der demokratischen Verfassung der Bundesrepublik.

(Randnotiz:) „Zentralmacht" eine tragfähige Perspektive?

> „In der Demokratie muß es eine demokratische Linke, eine Mitte und eine demokratische Rechte geben" (*Zitelmann* 1994, 165).

Aber entspricht dieses Verfassungsverständnis, wie es die „demokratische Rechte" behauptet, dem Konsens der Demokraten? Ob sich die „demokratische Rechte" innerhalb des bundesdeutschen Verfassungskonsenses befindet, hängt entscheidend davon ab, wie staatliche Herrschaft begründet wird. Demokratische Gemeinschaften begründen die Legitimität ihrer politischen Ordnung letztlich aus der Mitte der Gesellschaft. Der Staat ist in diesem Sinne eine von der Gesellschaft geschaffene und ihr gegenüber legitimationspflichtige Institution (*Rödel/Frankenberg/Dubiel* 1989). Der neo-nationalistische Diskurs hingegen leitet den Staat aus vorpolitischen Gegebenheiten wie Geschichte, geopolitische Lage oder Nation ab. Dies hat unmittelbare Konsequenzen für den materiellen Verfassungskonsens: steht

im ersteren Entwurf der demos und seine allgemeinen Bürger- und Menschenrech-
te, ja Teilhaberechte am Staat im Vordergrund des politischen Alltags, so führen im
neo-nationalistischen Verfassungsverständnis nur ein randständiges Dasein, denn
im Mittelpunkt steht der gegenüber seinem Staatsvolk autonome Staat.

Mit der Diskussion des Problems, wie staatliches Handeln trotz eingeschränk-
ter Steuerungsfähigkeit (*Scharpf* 1991) an Handlungsfähigkeit (*Bröchler* 1995)
gewinnen kann, haben sich die Sozialwissenschaften in den letzten 30 Jahren
intensiv auseinandergesetzt. Ein zentrales Ergebnis dieser Diskussion besteht in
der Erkenntnis, daß moderne Gesellschaften, wie die Bundesrepublik Deutschland,
aufgrund ihres komplexen und ausdifferenzierten Aufbaus nicht mehr auf einen
Zugewinn an Handlungsfähigkeit durch hierarchisches Regieren hoffen können.
Vielmehr sind es heute alternative Formen der staatlichen Steuerung, wie Ent-
hierarchisierung, korporatistische Netzwerke, Folgenmanagement, die einen
Rückgewinn an Handlungsfähigkeit in Aussicht stellen. Die Ergebnisse dieser
Diskussion hat der neo-nationalistische Staatsdiskurs ignoriert oder schlichtweg
verschlafen. Dieser Nationalstaatsdiskurs ist noch immer an einem frühneuzeitlichen Staatsbegriff orientiert, in dem (der Theorie nach!) der hierarchische Staat
die volle Souveränität nach außen und die hierarchische Kompetenz nach innen
besaß. Es bleibt somit im Dunkeln, wie ein solches Deutschland qualitativ mehr
Handlungsfähigkeit nach innen und einen Zugewinn an außen- und sicherheitspolitischer Stabilität gewinnen soll.

5.1.5   Erfolgschancen

Das von Heimo *Schwilk* und Ulrich *Schacht* herausgegebene Buch: „Die selbstbewußte Nation" (*Schwilk/Schacht* 1994) läßt zwei Ziele erkennen. Das theoretische Interesse läßt sich als Versuch interpretieren, Beiträge des neo-nationalistischen Diskurses über Publikationen wie *Junge Freiheit* oder *Criticon* etc. hinaus
einer breiteren Öffentlichkeit „selbstbewußt" vorzustellen. Das praktische Interesse liegt darin begründet, den Grundstein für eine organisierte „demokratische
Rechte" (*Zitelmann* 1994, 163) zu legen. Dieser neo-nationalistische Diskurs
will sich damit sowohl gegenüber einer als „domestizierten Nischenkonservatis-
mus" bezeichneten Variante des konservativen Spektrums als auch gegenüber
der rechtsextremen neo-nazistischen „Ghetto-Rechten" (*Zitelmann* 1994, 172)
abgrenzen, als ob letztere jemals in einem solchen Ghetto haben existieren müssen. Der neo-nationalistische Diskurs zielt momentan nicht auf die Gründung einer eigenen nationalistischen Partei ab. Ihr programmatisches Ziel ist es vielmehr, eine neue intellektuelle Formation, eine Plattform in der politischen Kultur
Deutschlands zu bilden. Diese Variante des Neokonservatismus sieht ihr Ziel
noch nicht in der Veränderung der Praxis, vielmehr gehe es darum, nach dem
Ende des „Weltbürgerkrieges" politisches Terrain intellektuell vorzubereiten.
Erste Beispiele in Richtung eines intellektuellen Brückenschlages von Konservatismus und Rechtsextremismus stellen das Thule-Seminar, die Zeitschriften *Criticon*, *Wir selbst*, das Handbuch der Deutschen Nation-Projekt und die Zeitung
Junge Freiheit (*Pfahl-Traughber*, 1994, 168ff.) dar. Die Erosion der Abgrenzung vollziehe sich an den Rändern des konservativen Spektrums, warnt der
CDU-Politiker Friedbert *Pflüger* (1994):

„Wenn wir nicht wollen, daß Deutschland driftet, dann muß die Union einen Rechtsruck vermeiden. Wenn sie die politische Mitte freigibt, sich in Wahlkämpfen auf „Mitte-Rechts-Wähler" konzentriert und die Themen der rechtsradikalen Parteien übernimmt, dann wird sie ihre führende Rolle in der deutschen Politik verspielen ..". (181).

Pflüger hat als einer der wenigen in der CDU/CSU erkannt, daß der neo-nationalistische Diskurs in erster Linie eine Gefahr für die Mehrheitsfähigkeit des hegemonialen Konservatismus darstellt.

Die tatsächliche Erfolgsbilanz des neo-nationalistischen Diskurses fällt bis dato insgesamt dürftig aus. So ist die Theoriebildung im Bereich des neo-nationalistischen Diskurses derzeit noch weit davon entfernt, auch nur in Ansätzen eine kohärente neo-nationalistische Konservatismustheorie anzubieten. Die Anleihen bei Vertretern der „Konservativen Revolution" [3] und der Affekt gegen die Theoretiker der 68er verdeutlichen nur das Fehlen eines theoretischen Ansatzes, der in der Lage ist, der Ausdifferenziertheit komplexer Gesellschaften gerecht zu werden. Solange zentrale Faktoren der Politik wie Weltmarktintegration, internationale Arbeitsteilung, neue Technologien etc. ausgeklammert werden, bleibt der neo-nationalistische Diskurs ein marginalisierter. Darüber hinaus ist der neo-nationalistische Diskurs derzeit unfähig, einen Beitrag zur Lösung der Strukturprobleme des Modells Deutschland zu leisten: Wie können dauerhaft die globalen ökologischen Probleme politisch, ökonomisch und kulturell bewältigt werden? Wie können technologische Innovationen so gestaltet werden, daß sie die Bedürfnisse der Gegenwart decken, ohne zukünftigen Generationen die Grundlage hierfür zu nehmen? Welche Rolle soll Deutschland in der hochgradig verflochtenen Weltwirtschaft übernehmen? Noch hat der neo-nationalistische Diskurs keine institutionell verfestige Form gefunden, die er bräuchte, um im politischen System der Bundesrepublik politisch wirksam zu werden. Bis auf den Wiedereinzug der Partei Die Republikaner in das Landesparlament in Stuttgart 1996 ist es den deutschen rechtsextremistischen Parteien nicht gelungen, sich in einem bundesdeutschen Parlament oder dem Europaparlament zu etablieren. Aktuell floatet dieser marginalisierte neo-nationalistische Diskurs parteipolitisch zwischen NPD, Republikanern, DVU Liste-D und den rechten Rändern von CDU/CSU und FDP.

---

3   Der Begriff „Konservative Revolution" meint eine Variante konservativen Denkens in der Weimarer Republik, die mit Theoretikern wie Arthur Moeller van den Bruck, Hans Freyer, Edgar Julius Jung, Othmar Spann, Ernst Jünger und Carl Schmitt verbunden ist. Eine frühere und doch analytische treffsichere Einschätzung der Kritik der „Konservativen Revolution" am Liberalismus der Weimarer Republik äußerte bereits im Jahre 1934 der Philosoph Herbert *Marcuse*. „Wenn wir die Pragmatiker der neuen Weltanschauungen fragen, wogegen sie in ihrem Angriff auf den Liberalismus kämpft, dann hören wir von den ‚Ideen von 1789', vom Humanismus und Pazifismus, westlichen Intellektualismus, selbstsüchtigen Individualismus, Auslieferung der Nation und des Staates an die Interessenkämpfe bestimmter gesellschaftlicher Gruppen, abstrakter Gleichmacherei, Parteiensystem, Hypertrophie der Wirtschaft über den Staat, zersetzenden Technizismus und Materialismus" (1934, 164). Siehe hierzu auch: *Breuer* 1993: Anatomie der konservativen Revolution, Darmstadt.

5.1.6   Fazit

Relevanz für die Analyse des Drucks von Rechts erlangt der neo-nationalistische Diskurs durch seine Modernisierungskritik am hegemonialen Konservatismus. Der neo-nationalistische Diskurs zieht seine vermeintliche Attraktivität aus zwei strukturellen Erosionen im Modell Deutschland: der Krise des konservativen Lösungsansatzes und der Schrumpfung nationalstaatlicher Handlungsspielräume. Als Therapie wird dem Modell Deutschland eine Politik der Gegenmodernisierung und die Renationalisierung nach innen und außen verordnet.

Für die Analyse des Druck von Rechts im Hinblick auf den grundlegenden ökonomischen, sozialen und kulturellen Umbruch des Modells Deutschland sollten in Zukunft verstärkt soziologische Erklärungsansätze durch politiktheoretische Analysen der rechtsintellektuellen Modernisierungskritik ergänzt werden. Die Auseinandersetzung mit dem neo-nationalistischen Diskurs im Rahmen der Diskussion um das Modell Deutschland soll einen ersten Schritt in diese Richtung darstellen.

5.1.7   Literaturverzeichnis

Aglietta, M. 1976: Régulation et crises du capitalisme. Paris.
Assheuer, T./Sarkowicz, H.: 1992 (2. Auflage): Rechtsradikale in Deutschland. Die alte und die neue Rechte. München.
Breuer 1993: Anatomie der konservativen Revolution, Darmstadt.
Bröchler, S. (1995): Handlungsfähigkeit des Staates in der Zivilgesellschaft. In: Clausen, Lars (Hg.): Gesellschaften im Umbruch. Vortrag auf dem 27. Kongreß der Deutschen Gesellschaft für Soziologie in Halle an der Saale, Kongreßband I (Abendvorträge und Plenarvorträge), Frankfurt am Main/ New York (im Erscheinen).
Christadler, M. (1995): Der Front National. Vom Außenseiter zur etablierten Protestpartei. In: Österr. Zeitschr. f. Politik, Heft 3, 24. Jahrgg., S. 291-304.
Gessenharter, W. 1994 : Kippt die Republik? München.
Greiffenhagen, M. 1971: Das Dilemma des Konservatismus. München.
Greß, F./Jaschke, H. G./Schönekäs, K. 1990: Neue Rechte und Rechtsextremismus in Europa. Opladen.
Gruhl, H. 1992: Himmelfahrt ins Nichts. München.
Habermas, J. 1985: Die Neue Unübersichtlichkeit. Frankfurt am Main.
Habermas, J. 1987: Eine Art Schadensabwicklung. Frankfurt am Main.
Habermas, J. 1990: Die nachholende Revolution. Frankfurt am Main.
Habermas, J. 1995: Die Normalität einer Berliner Republik. Frankfurt am Main.
Hahn, K. E. 1994: Westbindung und Interessenlage. In: Schwilk, H./Schacht, U. (Hg.) 1994: Die selbstbewußte Nation. Frankfurt am Main, Berlin, 327ff.
Hirsch, J. 1994: Vom fordistischen Sicherheitsstaat zum nationalen Wettbewerbsstaat. Das Argument 203, 7ff.
Institut für Sozialforschung (Hg.) 1994: Rechts-Extremismus und Fremdenfeindlichkeit. Frankfurt am Main, New York.
Jesse, E. 1995: Zur Überschätzung der „Neuen Rechten". In: Die Neue Gesellschaft, Heft 2.
Kowalsky, W./Schroeder, W. 1994: Rechtsextremismus. Opladen.
Landesregierung Baden-Württemberg 1983: Bericht der Kommission „Zukunftsperspektiven gesellschaftlicher Entwicklungen. Stuttgart.
Leggewie, C. 1986: Die Zwerge am rechten Rand – Zu den Chancen kleiner neuer Rechtsparteien in der Bundesrepublik Deutschland. In: Politische Vierteljahresschrift 361ff.

Leggewie, C. 1993: Druck von rechts. München.

Lenk, K. 1986: Theorie und Geschichte des „technischen Staates". In: Ders. (Hg.): Politik und die Macht der Technik. Opladen.

Lipietz, A. 1987: Mirages and miracles. London.

Lohmann, H. M. (Hg.) 1994: Extremismus der Mitte. Frankfurt am Main.

Marcuse, H. 1934: Kampf gegen den Liberalismus in der totalitären Staatsauffassung. In: Zeitschrift für Sozialforschung Nr.2/1934, 161 ff.

Nolte, E. 1987: Der europäische Bürgerkrieg 1917-1945. Berlin, Frankfurt am Main.

Nolte, E. 1991: Geschichtsdenken im 20. Jahrhundert. Berlin, Frankfurt am Main.

Nolte, E. 1995: Die Deutschen und ihre Vergangenheiten. Berlin, Frankfurt am Main.

Pfahl-Traughber, A. 1994: Brücken zwischen Rechtsextremismus und Konservatismus. In: Kowalsky, W./Schroeder, W. (Hg.): Rechtsextremismus, Opladen, 160ff.

Pflüger, F. 1994: Deutschland driftet. Düsseldorf, Wien, New York, Moskau.

Rödel, U./Frankenberg, G./Dubiel, H. 1989: Die demokratische Frage. Frankfurt am Main.

Saage, R. 1983: Rückkehr zum starken Staat? Frankfurt am Main.

Saage, R. 1986: Zur Aktualität des Begriffs „Technischer Staat". In: Gewerkschaftliche Monatshefte, Heft 1, 37ff.

Scharpf, F. W. 1991: Die Handlungsfähigkeit des Staates am Ende des zwanzigsten Jahrhunderts. In: Politische Vierteljahresschrift, Heft 4, 621ff.

Schäuble, W. 1994: Und der Zukunft zugewandt. München.

Schwarz, H. P. 1985: Die gezähmten Deutschen. Stuttgart.

Schwarz, H. P. 1994: Die Zentralmacht Europas. München.

Schwilk, H./Schacht, U. (Hg.) 1994: Die selbstbewußte Nation. Frankfurt am Main, Berlin.

Schelsky, H. 1979: Der Mensch in der wissenschaftlichen Zivilisation. In: Ders. (Hg.): Auf der Suche nach Wirklichkeit, 449ff.

Späth, L. 1985: Wende in die Zukunft. Hamburg.

Stöss, R. 1994: Forschungs- und Erklärungsansätze – ein Überblick. In: Greß, F./Jaschke, H. G./Schönekäs, K. (Hg.): Neue Rechte und Rechtsextremismus in Europa. Opladen.

Strauß, F. J. 1968: Süddeutsche Zeitung vom 16.12.1968.

Stürmer, M. 1986: Die Erforderlichkeit des Unmöglichen: Aus der Geschichte lernen. In: Dissonanzen des Fortschritts. München, Zürich.

Wehler, H. U. 1988: Entsorgung der deutschen Vergangenheit? München.

Weißmann, K. 1989: Die konservative Option. In: Criticon 113, 129ff.

Weißmann, K.: 1992a: Rückruf in die Geschichte. Berlin, Frankfurt am Main.

Weißmann, K. 1992b: Ein paar einfache Wahrheiten. In: Criticon 130, 61ff.

Weißmann, K. 1992c: Jahre der Entscheidung. Criticon 134, 269ff.

Weißmann, K. 1993: Gab es eine konservative Revolution? In: Criticon 138, 173ff.

Weißmann, K. 1994: Herausforderung und Entscheidung. Über einen politischen Verismus für Deutschland. In: Schwilk, H./Schacht, U. (Hg.) 1994: Die selbstbewußte Nation. Frankfurt am Main, Berlin, 309ff.

Zitelmann, R. 1994: Position und Begriff. Über eine demokratische Rechte. In: Schwilk, H./Schacht, U. (Hg.) 1994: Die selbstbewußte Nation. Frankfurt am Main, Berlin, 163ff.

Klaus Erdmenger

5.2 Der neomerkantilistische Diskurs

5.2.1 Einleitung

Der neomerkantilistische Diskurs hat zum Gegenstand die streitige Erörterung der Funktion des Staates gegenüber der Wirtschaft, im weiteren Sinne gegenüber den sich ökonomisch betätigenden Gesellschaftsmitgliedern. Der Begriff Merkantilismus entstammt dem historischen Kontext des (west-)europäischen 17. und 18. Jahrhunderts, wird aber häufig auf historisch spätere Lagen hin aktualisiert. Nach dem Versuch einer genaueren Begriffsbestimmung (5.2.2) soll auf die besondere deutsche Staats- und Gesellschaftradition eingegangen werden (5.2.3), von der hier behauptet wird, sie bestimme mit ihrer Präferenz des Staatlichen gegenüber dem Ökonomisch-Gesellschaftlichen auch die neuere Diskussion in der Bundesrepublik seit den 70er Jahren (5.2.4). Mit dem Ende des sozialdemokratischen Modell Deutschland werden andere, konservativ-liberale, Vorstellungen zum Verhältnis Staat und Wirtschaft artikuliert, von denen exemplarisch eines diskutiert wird (5.2.5). Schließlich soll die neuere staats- und gesellschaftstheoretische Diskussion bezogen werden auf den merkantilistischen Diskurs (5.2.6).

Vorgehensweise

5.2.2 Zur Begriffsbestimmung

„Merkantilismus ist die Hauptrichtung der Wirtschaftspolitik und das dahinterstehende wirtschaftspolitische Denken in der Epoche des europäischen Fürstenabsolutismus". In ihm drückt sich die Überzeugung aus, „daß die rationale und für die Macht des Staates oder Herrschers nützliche Ordnung der Wirtschaft unter Anwendung der politischen Autorität verwirklicht werden muß". (*Kellenbenz* 1965, 4-5)

Diese Definition freilich ist in der wissenschaftlichen Diskussion häufig bestritten, variiert und differenziert worden (dazu im Überblick *Blaich* 1973, 1ff.). Einigkeit herrscht allenfalls darin, Merkantilismus auf eine historische Epoche zu beschränken, mit zeitlichen Verschiebungen allerdings: was für Frankreich möglicherweise bereits 1715 (Tod Ludwigs XIV.) endete, ist für Preußen oder Österreich weiterhin bestimmend. Der Begriff des Neo-Merkantilismus hebt diese Epochenbeschränkung gewissermaßen auf. Folgt man Lexika-Definitionen (etwa der des Großen Brockhaus), dann ist die Wirtschaftspolitik des deutschen Reiches seit 1879 (Schutzzollpolitik) als neomerkantilistisch zu charakterisieren. Und immerhin spricht ein Text aus dem Jahre 1986 (!) vom „Neo-Merkantilismus in der Automobilindustrie" (*Black* 1986), und Helmut Willke charakterisiert mit diesem Begriff die japanische Politik der 80er Jahre (*Willke* 1989, 16ff.). Auch für die Wirtschaftspolitik des nationalsozialistischen Deutschland und des faschistischen Italien, besonders hinsichtlich ihrer Autarkiebestrebungen, wird der Begriff gebraucht. Und eine so renommierte Autorin wie Joan Robinson entdeckt 1965

Erste Begriffsbestimmung und historische Situierung

„merkantilistisches Gedankengut in den Zielsetzungen moderner Außenwirt-schaftspolitik" (*Blaich* 1973, 201, weitere Belege ebenda, 200ff.). Auf den allge-meinsten Nenner gebracht, ließe sich sagen, Merkantilismus drücke die Priorität des Staatlichen gegenüber dem Gesellschaftlichen und Ökonomischen aus, frei-lich immer zugunsten des ökonomischen Fortschritts. In diesem allgemeinen Sinne wäre dann freilich auch die Forderung nach staatlichen Aktivitäten zur Sicherung des Wirtschaftsstandorts Deutschland als merkantilistisch zu charakterisieren. Das insbesondere insofern, als der klassische Merkantilismus Reichtum für ein Land durch Überschüsse in der Zahlungsbilanz zu erreichen trachtete, was für ein not-wendig exportorientiertes Deutschland immer noch gilt.

Der moderne *Wohlfahrtsstaat* *entspricht eher der* *merkantilistischen* *als der liberalen* *Tradition*

Fassen wir vorläufig zusammen: Der Gebrauch des Begriffs Neomerkanti-lismus meint immer auch Opposition gegen einen Liberalismus, der auf die Funktion des Staates für Wirtschaft und Gesellschaft glaubt weitgehend verzich-ten zu können.

> „Als der Herzog von Choiseul-Amboise, der leitende Minister Ludwig XV., französische
> Kaufleute fragte, was denn die Regierung für sie tun könne, sollen sie geantwortet haben:
> ‚Laissez faire nous'." (*Koch* 1978, 605)

Man wird Rainer Koch zustimmen können, daß dieses laissez-faire-Prinzip „zu einer der entscheidenden ideologischen Grenzlinien der Moderne geworden" sei (ebenda). Liberal also ist nicht, Forderungen an den Staat zu stellen, es sei denn zugunsten des eigenen, kollektiv gesprochen: des gesellschaftlichen Interesses. Denn das liberale, das bürgerliche Sozialmodell geht ja von der Prämisse aus,

> „daß die Gesellschaft über Selbststeuerungsmechanismen verfüge, die automatisch zu
> Wohlstand und Gerechtigkeit führten, wenn sie nur ungehindert zur Wirkung kämen".
> (*Grimm* 1991, 45)

Bekanntlich scheitert dieses Modell historisch spätestens an der *sozialen Frage*, die sich im Zuge der Industrialisierung stellt und deren Konsequenzen noch heute wirksam sind. Denn: wenn Individuen als Wirtschaftssubjekte auf einem Markt ihre privaten Interessen verfolgen, dann führt das zum Erfolg einiger, aber nicht notwendig zu allgemeinem Wohlstand für alle. Es liegt geradezu logisch im Konkurrenzprinzip begründet, daß es Sieger und Besiegte gibt. Die Freiheit, insbesondere auch die Wirtschaftsfreiheit führt eben nicht unbedingt zu sozialer Gleichheit. Die Antwort auf die *soziale Frage* ist der moderne Wohlfahrtsstaat. Dieser interveniert einerseits zugunsten eines relativen sozialen Ausgleichs, um eine stabile Gesellschaft überhaupt zu ermöglichen; er interveniert andererseits auch zugunsten eines ökonomischen Fortschritts. Beides aber dementiert das li-berale laissez-faire-Modell und macht den Staat zum Steuerungszentrum für den wirtschaftlich-sozialen Prozeß. Das aber korrespondiert eher mit merkantilisti-schen als mit liberalen Vorstellungen.

5.2.3 *Besonderheiten der deutschen Staats- und Gesellschaftstradition*

Nun handelt es sich bei der polaren und vorgeblich einander ausschließenden Gegenüberstellung von Selbststeuerung der Gesellschaft einerseits und staatli-cher Steuerung andererseits um bloße Gedankenexperimente mit freilich weitrei-chenden praktischen und ideologischen Konsequenzen. Selbst Adam Smith, auf

den sich das Selbststeuerungstheorem mit Vorliebe beruft, arbeitete mit zwei ge-
gensätzlichen Strukturvorgaben,

> „einerseits mit natürlicher Interessenharmonie, -abstimmung und -ausgleich im gesell-
> schaftlich, sprich marktlichen Raum, andererseits mit künstlicher, herrschaftlich vermit-
> telter Steuerung durch den Staat im politischen Bereich". (*Gretschmann* 1984, 124)

Wenn sogar Adam Smith dem Staat eine relative Steuerungsfunktion zubilligt,
dann gilt das erst recht für die deutsche Staats- und Gesellschaftstradition, die
durchwegs durch die Priorität des Staatlichen gegenüber dem Ökonomisch-So-
zialen gekennzeichnet ist. Unerörtert soll hier bleiben, inwieweit etwa England
oder Frankreich als historisch-empirisches Exempel für das eine oder andere
tauglich sind. Sowohl hinsichtlich der Staatlichkeit, besser: seiner verschiedenen
Territorialstaatlichkeiten, als auch in Bezug auf die gesellschaftliche Ordnung
nimmt Deutschland die vielzitierte Sonderstellung ein. Als Folge u.a. von Re-
formation und Dreißigjährigem Krieg bedarf es hier eben einer besonderen Ord-
nungsmacht der rechtsetzenden und verwaltenden Obrigkeit. Verwaltung wird

(Randbemerkung: Die deutsche Staats- und Gesellschaftstradition betonte immer eine führende Rolle des Staates)

> „zur primären Staatsaufgabe. Die gute innere Ordnung des Gemeinwesens rückt in den
> Mittelpunkt der staatlichen Tätigkeit. Alle Politik wird gleichsam auf Polizei reduziert".
> (*Maier* 1986, 260).

„Gute Ordnung und Polizey" haben hier die moderne Bedeutung von Innenpolitik im weitesten Sinne, wie sie uns in etwa im englischen „policy" begegnet.
Folgerichtig ist die ältere deutsche *Staatstheorie* eher *Verwaltungslehre*, um einen Buchtitel Hans *Maiers* zu variieren (*Maier* 1986). Und so entwickelt sich
denn die Kameralistik, Ausdruck des deutsch-österreichischen absolutistischen
Merkantilismus unter besonderer Berücksichtigung der fürstlichen Finanzwirt-
schaft (vgl. *Dittrich* 1974, *Blaich* 1973), zur Polizeiwissenschaft. Man sehe sich
nur das Inhaltsverzeichnis von Robert von *Mohls* „Polizeiwissenschaft" aus dem
Jahre 1844 (in der zweiten Auflage) an, und man wird kaum etwas finden, das
nicht der moderne Sozial- und Wohlfahrtsstaat auch schon zu seinen Aufgaben
gezählt hat und einiges darüber hinaus, so die Förderung der sittlichen oder reli-
giösen Bildung oder die des guten Geschmacks. Dabei versteht sich diese Polizeiwissenschaft ja nicht als Apologie des absolutistischen Obrigkeitsstaates, der
seine Untertanen durch bevormundende Regulierung beglücken möchte, sondern
ist „nach den Grundsätzen des Rechtsstaates" konstruiert (*Mohl* 1844). Ihr Autor
ist ein deutscher Liberaler des 19. Jahrhunderts. Widersprüchlich, gar paradox
erscheint das nur, wenn man von Theoremen ausgeht, die eine selbständige Entwicklung kraft politischer Emanzipation einer bürgerlichen (Wirtschafts-) Gesellschaft, gleichsam Modernisierung von unten unterstellen.

So etwa sind Hobbes und Locke mit jeweils eigener Akzentuierung als intellektueller Reflex auf die sich entwickelnde englische Gesellschaft des 17. Jahrhunderts interpretiert worden, Ausdruck einer politischen „Philosophie des Besitzindividualismus" (*MacPherson* 1973). Hier sollte sich möglichst ungehindert
eine bereits vorhandene Gesellschaft entfalten können – innerhalb eines politisch-rechtlichen Rahmens, der sozialvertraglich legitimiert wurde.

Nicht so in Deutschland. Hier mußte Gesellschaft erst geschaffen werden, der es einstweilen an sozialer Wirklichkeit und an ideologischer Legitimation mangelte.

> „Hier die Realität des freilich nirgends ganz konsequent ausgebildeten Polizeistaates..., dort, ihm gegenüber der Rechtsstaatsgedanke, der ebensowenig lebensfähig war, solange er wesentliche Aufgaben einfach ignorierte, die das Leben nun einmal dem Staate stellt". (*Angermann* 1962, 106)

Was aber sind die Aufgaben, die das Leben dem Staate stellt? Jedenfalls gehen sie über das weit hinaus, was man als bloßen Rechtszweck bezeichnen könnte, als lediglich formalen Rahmen einer Ordnung, die Sicherheit nach innen und außen verspricht, sich um Inhalte aber nicht kümmert. So frag Mohl in seiner „Polizeiwissenschaft":

> „Wer möchte und könnte in einem Staate leben, der nur Justiz übt, allein gar keine polizeiliche Hülfe eintreten ließe?". (zit. bei *Angermann*, 107, Anm. 4)

Und indem Mohl den Polizeistaatsgedanken – oder den des alten absolutistischen Wohlfahrtsstaates – mit dem des Rechsstaats zu verbinden sucht, was ihn nicht hindert, zunächst ihre polare Gegensätzlichkeit herauszuarbeiten, verdeutlicht er die deutsche Besonderheit des Verhältnisses von Staat und Gesellschaft.

Staat in dieser gewissermaßen repräsentativen *Mohl*'schen Auffassung sollte eben mehr sein als bloßer Apparat und Betrieb für beliebige Zwecke, vielmehr war er material bezogen auf eine wohlgeordnete politische Gemeinschaft. Der Begriff, der seine Aufgabe, seinen Zweck bestimmt, „ist der der salus publica, des bonum commune, der gemeinen Wohlfahrt, des öffentlichen Wohls" (*Hennis*, 1959, 6).

Zu dieser Staatsvorstellung wiederum paßt eben keine besitzindividualistische, sondern eher die altständische Gesellschaft des deutschen Vormärz. Diese Gesellschaft war denn auch „erhaltungsinterventionistisch" (Begriff bei *Koch*) gesinnt und hatte, jedenfalls je länger je mehr, nicht so sehr die egalitäre Bürgergesellschaft im Auge, sondern fand sich mit der bürgerlichen Klassengesellschaft ab (*Gall* 1975, 334). Sie wollte nicht mehr Reform von unten, sondern „näherte sich dem Konzept bürokratischer Reform in der Tradition des aufgeklärten Absolutismus". (ebenda)

Das konnte um so eher akzeptiert werden, als es sich mit dem Gedanken des Rechtsstaates vermengte. Das bedeutete,

> „Regierung und innere Verwaltung – bisher das Kernstück und die eigentliche Domäne des bürokratisch-absolutisitischen Polizeistaates – ebenso wie die Gesetzgebung an feste Rechtsgrundsätze und -formen zu binden". (*Angermann* 1962, 118)

Liberal daran war, daß hiermit gesetzmäßige Freiheit gesichert schien, subjektive Abwehrrechte gegenüber staatlicher Willkür durchgesetzt waren und Berechenbarkeit staatlichen Handelns gegeben war. Aber Liberalität in diesem Konzept hat noch eine andere Dimension. Der ehedem monarchische hatte sich in einen „aufgeklärten Beamtenabsolutismus" (Begriff bei *Angermann*) verwandelt. Nicht nur, daß die Bürokratie in Deutschland (oder doch in den neben Österreich und Preußen größeren Territorialstaaten) im Hegel'schen Sinne als „allgemeiner Stand" verstanden wurde: nicht spezialisiert aufs allgemeine Wohl, sondern reformorientiert im Geiste der Aufklärung die Modernisierung von Wirtschaft und Gesellschaft von oben her, von Staats wegen betrieb. So ließe sich – vergröbernd – sagen, die deutsche Besonderheit bestehe darin, Modernität ohne die (französische) Tradition der Demokratie und ohne die (englische) des Liberalismus zu schaffen: mit Hilfe eben des dafür funktionsfähigen Staates.

Modernität im 19. Jahrhundert hieß Industrialisierung, was auch damals bereits Anpassung an Weltmarktzwänge bedeutete. Insofern das deutsche Industrialisierungsprojekt primär eine staatliche Veranstaltung und nicht in erster Linie einem liberal-demokratischen Prozeß zu verdanken war, läßt sich diese Politik als merkantilistisch bezeichnen. Falsch aber wäre es, deshalb die ganze deutsche Staatstradition so zu charakterisieren. Diese ist in hohem Maße mehrdeutig. So kann man mit *Maier* den „sozialpolitischen Vorsprung Deutschlands im 19. Jahrhundert" mit der sozialen Verantwortlichkeit, die dem alten Wohlfahrtsstaat entspringt, erklären. Man muß aber auch auf das

> „eigentümliche Doppelgesicht Preußens im 19. Jahrhundert" verweisen, „wo einander im Vormärz wirtschaftlich-soziale Emanzipation und reaktionärer Kurs in der Verfassungsfrage, später Dreiklassenwahlrecht und Sozialistengesetz auf der einen, die Bismarck'sche Sozialversicherung auf der anderen Seite gegenüberstehen". (*Maier* 1980, 294)

Dieses Gemenge aus paternalistischer Wohlfahrtsverpflichtung, repressivem starken Staat und Modernisierungsagentur bleibt stets zu bedenken, weil Motive, Intentionen und Erwartungen aus unterschiedlichen Quellen kommen, die die Diskurse speisen.

5.2.4 „Modell Deutschland" in den 70er Jahren

Nun ist zunächst durchaus fragwürdig, was eine (ideen-) historische Herleitung hergibt für die Analyse aktueller, jedenfalls seit den 60ziger Jahren laufender Diskurse über staatliche Politik. Dem ist mit der These zu antworten, daß staatliche Politik in hohem Maße pfadabhängig bzw. geschichtsabhängig ist. „Der Entscheidungsspielraum politischer Akteure wird abgesteckt durch institutionelle Handlungsbedingungen, die zu anderen Zeiten und möglicherweise zu anderen Zwecken geschaffen wurden" (*Grande* 1994, 173, weitere Literatur für die These dort). Der „Schatten der Geschichte" (ebenda) beeinflußt freilich nicht nur die institutionellen, sondern auch ideologische, kulturelle, mentale Bedingungen, die politische Programme (mit-)gestalten. Das sozialdemokratische „Modell Deutschland" der siebziger Jahre wäre ohne diesen historischen Hintergrund kaum darstellbar. Denn die Regierungsbeteiligung der Sozialdemokraten in der Großen Koalition des Jahres 1966 signalisierte, daß der neoliberale Verzicht auf staatliche Wirtschaftspolitik in die Krise geführt hatte. Möglich gewesen war dieser Verzicht ohnehin nur wegen einer außergewöhnlichen Faktorenkonstellation aufgrund eindrucksvoller Produktions- und Exportrekorde der 50er Jahre (vgl. *Hauff/ Scharpf* 1975, 10). Nun ging es um „die aktive staatliche Beeinflussung des Wirtschaftsgeschehens" (ebenda).

Die Blütezeit des *politischen Keynesiansmus* begann. Die Programmatik der Dominanz des Staatlich-Politischen wurde verknüpft mit dem Anspruch, damit ein höheres Maß an sozialer Gerechtigkeit zu erzielen. Anfangs war dabei „nur" an die gezielte staatliche Beeinflussung der gesamtwirtschaftlichen Rahmenbe-

Betonung historischer Herleitungen für die Gegenwart

Politischer Keynesianismus

dingungen (Globalsteuerung) gedacht. Das wichtigste Instrument der Globalsteuerung war das Stabilitäts- und Wachstumsgesetz, das in einer Kombination von
Geld- und Haushaltspolitik konjunkturelle Krisen – einschließlich solcher des Arbeitsmarktes – als der Vergangenheit angehörig zu machen schien. Ergänzt wurde
die Politik der Globalsteuerung durch die *Konzertierte Aktion*, die die Tarifparteien
(Gewerkschaften, Arbeitgeberorganisationen) und die Bundesbank in die staatliche
Wirtschaftspolitik einzuspannen suchte. Entscheidend freilich war in diesem Projekt der Staat als zentraler und dominanter Akteur, was es zumindest als möglich
erscheinen läßt von einer neo-merkantilisitischen Politik zu sprechen.

Der Staat sollte, im Gegensatz zu seiner früher eher am Status quo orientierten und auf bloße reaktive Ordnungspolitik reduzierten Funktion, für die neue
aktive Rolle fit gemacht werden. Dem sollte eine umfassende Regierungs- und
Verwaltungsreform dienen.

> „Fast jede der überkommenen Institutionen erschien reformbedürftig, und die staatliche
> Politik traute sich auch fast jede Reform zu. Immer ging es dabei um die Veränderung
> von Entscheidungsverhältnissen, durch die entweder die Problemverarbeitungsfähigkeit
> politisch-administrativer Institutionen gesteigert oder die Beteiligungs- und Entfaltung-
> schancen bisher unterprivilegierter Gruppen verbessert werden sollten". (*Scharpf* 1987,
> zitiert nach *Ulrich* 1994, 19, dort auch weitere Hinweise).

Neben
wirtschaftlicher
Modernisierung
sollten auch
demokratische und
soziale Effekte
erzielt werden

Pointiert ließe sich das so zusammenfassen, daß der starke Staat als sozialdemokratischer nicht nur die Modernisierung der Wirtschaft betreiben, sondern auch
soziale und demokratische Effekte erzielen sollte. Der programmatischen Inten-
tion nach angemessener zu formulieren wäre: erst durch Demokratisierung war
auch höhere Effizienz zu erreichen. Eine aktive staatliche (Forschungs- und
Technologie-) Politik bedarf der „Mehrheiten, die nur bei Zustimmung der Betroffenen, in erster Linie der Arbeitnehmer, zu gewinnen sind" (*Hauff/Scharpf*
1975, 44). Diese Formulierung drückt zwar das sozial-liberale Selbstverständnis
der 70er Jahre noch aus, doch hatten sich zu diesem Zeitpunkt die Rahmenbedingungen für aktive Wirtschaftspolitik bereits dramatisch verändert.

Zunächst einmal hatte sich gezeigt, daß das keynesianische Instrument der
Globalsteuerung Konjunkturzyklen beeinflussen konnte, und auch dies nicht unabhängig von historischen Kontexten, sich aber „nicht für die differenzierende
Reaktion auf dauerhafte Veränderungen der Wirtschaftsstruktur" eignet (ebenda,
11). Differenzierung aber hieß auch Zuwendung zu speziellen Politikfeldern,
und „Veränderungen der Wirtschaftsstruktur" bedeutete Anpassung an exogene
Zwänge, die der autonom gedachte Staat nicht mehr beherrschte. *Hauff/Scharpf*
reflektieren diese Überlegungen durchaus und plädieren gerade deshalb für eine
„Strategie aktiven Strukturwandels".

> „In einer solchen aktiven Veränderungsstrategie werden die Faktoren Technologie auf
> der Kapitalseite und wissenschaftlich-technische Fähigkeiten und Kenntnisse auf der Ar-
> beitsseite noch weiter an Bedeutung gewinnen; Forschungs- und Technologiepolitik und
> die Bildungs- und Berufsbildungspolitik werden deshalb die zentralen Instrumente" der
> aktiven Strukturpolitik sein müssen (*Hauff/Scharpf* 1975, 13-14).

Weltmarktkon-
kurrenz machte
die sozialen Pläne
zunichte

Mit diesem Programm aber ist umfassende Gesellschafts- (Reform-) Politik nicht
mehr möglich. Denn die Reaktion auf von außen kommende Zwänge (Weltmarkt) und der Vorrang der Wettbewerbsfähigkeit der eigenen Volkswirtschaft
setzt eine ökonomische Rationalität ins Recht, der sich die soziale und die de-

mokratische zu beugen hat. Merkantilistisch gesprochen kommt es unter allen Umständen auf die Reichtumsvermehrung der nationalstaatlich verfaßten Volkswirtschaft an, wie ungleich immer dieser Reichtum innerhalb dieser Wirtschaft verteilt ist und wer immer an seiner Erreichung partizipierte. Eine solche merkantilistische Konsequenz aber war im Grunde dem sozialdemokratischen Projekt gar nicht zuzumuten. Sie wäre sozusagen logisch nicht möglich gewesen, weil demokratische, soziale und ökonomische Logiken widerspruchsfrei nicht zu vermitteln waren. So scheiterte dieses Projekt auch an seinen programmatischen Ansprüchen. Aber zuvörderst geriet es wegen der sozioökonomischen Tatsachen in Turbulenzen. „Der kurze Traum immerwährender Prosperität" war ausgeträumt (*Lutz* 1984). Trotz Globalsteuerung gab es Arbeitslosigkeit, steigende Inflationsraten, Staatsverschuldung, verlangsamtes Wirtschaftswachstum und erheblich härtere Weltmarktbedingungen. Es mußte stillschweigend Abschied genommen werden von gesamtgesellschaftlicher Steuerung in Langzeitperspektive. Ursache dafür war, was heute unter dem Etikett der Globalisierung gehandelt wird. Der Staat war sozusagen nicht mehr Herr im eigenen Hause (s. unter 5.2.5). Die Probleme der 80er und 90er Jahre begannen sich abzuzeichnen. „Die Gier des Marktes" ließ den Staat seine Ohnmacht „im Kampf der Weltwirtschaft" erfahren. So bringt es Claus *Koch* (1995) in einem Buchtitel prägnant auf den Begriff.

Zunächst galt es zu bewahren, was bisher geschaffen wurde, vor allem die wohlfahrtsstaatlichen Sicherungen. Und häufig hieß das Krisenmanagement. Krisen wiederum betrafen nunmehr einzelne Branchen und Regionen. Der Zentralstaat blieb zwar in der Pflicht, weil die Betroffenen „eine immer stärkere Erwartungshaltung gegenüber dem Staat" entwickelt hatten, doch mußte dieser Arrangements vor Ort organisieren, wie sich exemplarisch am Beispiel der Stahlkrise an der Saar zeigen läßt. Als „Krisenregulierungskartell" hatte sich ein

> „funktionales Geflecht, ein Verbundsystem staatlicher und gesellschaftlicher Organisationen herauskristallisiert (...), in dem die Unternehmen der Stahlindustrie, die staatlichen Instanzen (und zwar auf supranationaler wie auf Bundes- und Landesebene) und die Gewerkschaften sich informell politisch organisiert haben, um in arbeitsteiliger Weise und mit unterschiedlichen Beiträgen den Verlauf der Krise zu beeinflussen". (*Esser* u.a. 1979, 82)

Soziale Folgewirkungen der Weltmarktkonkurrenz forderten immer neue sozialstaatliche Absicherungen

Daran ist immerhin abzulesen, daß der Staat als dominante Entscheidungseinheit sich auflöste. Zwar konnte er auch im korporatistischen „Modell Deutschland" als Verhandlungspartner unter anderen (neben Arbeitgebern und Gewerkschaften) aufgefaßt werden, doch war seine Politik immerhin auf gesamtgesellschaftliche Ziele gerichtet. Seither gilt aber eher, was man „selektiven" und „Mikro-Korporatismus" nennen kann (*Esser* 1994, 15): er funktioniert für die privilegierten wettbewerbsfähigen Branchen und deren Arbeitnehmer, der Rest fällt sozusagen aus Politik und Wirtschaft heraus und bestenfalls dem Sozialsystem anheim. Findet man sich mit einem solchen Befund ab, dann ließe sich daraus sicher eine merkantilistische Politik begründen. Mit dem sozialdemokratischen „Modell Deutschland" aber ließ sich diese Politik nicht machen. Wo sie versucht wurde, mußte sie scheitern an der Unvereinbarkeit ihrer Staatszielbestimmungen. Sie wollte den starken, jedenfalls den möglichst autonomen und entscheidungsmächtigen Staat (Dominanz der Politik), sie wollte Höherentwicklung des Wohlfahrtsstaates (soziale Gerechtigkeit, Partizipation etc.), und sie wollte die öko-

Pluralität der Staatsziele schuf zu hohe Komplexität der anstehenden Aufgaben

nomische Modernisierung (Konkurrenzfähigkeit auf dem Weltmarkt). Mögen andere Ursachen, vor allem historisch kontingente Umstände das ihre zur Erklärung beitragen, die Pluralität der Staatsziele jedenfalls schuf ein Komplexitätsproblem, das kaum zu bearbeiten war.

5.2.5   Neo-Merkantilismus im Zeichen der Weltmarkt-Konkurrenz

Inzwischen hat sowohl in der politischen Rhetorik als auch in der Wissenschaft eine erhebliche Reduktion dieses Komplexitätsproblems stattgefunden.

> „Ziel des Staates" sei es nunmehr, „ein Umfeld zu schaffen, in dem Unternehmen Wettbewerbsvorteile in etablierten Branchen aufwerten können, in dem sie aufwendigere Technologie und Methoden einführen und in fortschrittlichere Segmente vordringen". Und „Hauptziel" (!) staatlicher Wirtschaftspolitik ist es, „die Ressourcen (Arbeit und Kapital) eines Landes mit hoher und zunehmender Produktivität einzusetzen. Wie schon ausgeführt, ist die Produktivität die eigentliche Ursache des Lebensstandards eines Landes". (*Porter* 1991, 635)

Ökonomische Wettbewerbsfähigkeit als primäre Staatsaufgabe

Neo-merkantilistisch bedeutet dann, die hochproduktive nationale Ökonomie durch gezielte staatliche Politik international wettbewerbsfähig zu machen.

> „Den Japanern gelang der klassische merkantilistische Kunstgriff, nämlich entgegen den kurzfristigen unternehmerischen Interessen der maximalen Perioden-Rendite" eine Langfrist-Perspektive zu etablieren. „Wie von Colbert oder später den englischen und preußischen Manufakturen vorexerziert geht es darum, einen Industriezweig und damit ein Marktsegment durch...nationale Koordination und die Erarbeitung technologischer Wettbewerbsvorteile so zu stärken, daß mittelfristig eine...weltwirtschaftliche Vormachtstellung erreicht werden kann". (*Willke* 1989, 17)

„Modell Japan" anstatt Modell Deutschland

Auch in Deutschland faszinierte das japanische Beispiel. Besonders der ehemalige Ministerpräsident von Baden-Württemberg eiferte dem „Modell Japan" nach.

> Hier sei es „der Politik" gelungen, mit einer „Vision" der „Informationsgesellschaft", eine gesellschaftliche Dynamik zu entfesseln, „Neugier auf das Kommende zu wecken und dadurch in der Öffentlichkeit einen Prozeß gesellschaftlicher Aktionen und Diskussionen auszulösen". (*Späth* 1985, 42 u. passim)

Nicht einzusehen sei, „warum Ähnliches in der Bundesrepublik nicht möglich sein sollte" (ebenda). Noch werde allerdings hierzulande „in kollektiver Nabelschau auf der Stelle getreten. Die dynamischen Kräfte erlahmen". (Ebenda, 25) Was nach dem Späth'schen Programm zu tun sei, haben wir früher andernorts in drei Punkten zusammengefaßt (vgl. *Erdmenger/Fach* 1986, bes. 719).

Traditionelle Interessen bekämpfen

1. Gemäß dem Prinzip der Modernität soll der starke Staat „ – nur dafür benötigt er seine Stärke – gegen traditionelle Interessen und etablierte Mächte den gesellschaftlichen Status quo so transformieren, daß er das Modernitätsniveau fortgeschrittener Konkurrenznationen" (Japan!) erreicht, besser übertrifft (ebenda).

Schaffung eines „schlanken" Staates

2. Der staatliche Apparat muß reformiert und zweckmäßig auf sein „eigentliches" Modernisierungsziel organisiert werden (Prinzip der Rationalität). Dieser – im heutigen Sprachgebrauch – „schlanke" Staat, entlastet von traditionellen (sozialstaatlichen?) Aufgaben, wird dann erfolgreich sein, wenn es

Mobilisierung der Privatinitiative

3. gelingt, „gesellschaftliche Energien freizusetzen. In liberalisierten (staatsfreien) Räumen sollen die Untertanen – am langen Zügel des Souveräns –

ihr ökonomisches, speziell unternehmerisches Potential mobilisieren, das letztlich über den Ausgang der weltweiten Nationenkonkurrenz entscheidet" (ebenda). Dieses liberale Element setzt auf die „Wiederentdeckung des menschlichen Faktors" (*Späth* 1985, 164), „auf den Einzelnen" komme es an, was geht, „entscheidet sich nicht in Amstsuben, sondern in den Köpfen der Bürger" (ebenda, 153). Und worum geht es? Um die „individualisierte, dezentralisierte und deregulierte Gesellschaft" (ebenda, 121) der Zukunft. Diese Zukunft aber sollte nicht mit laisser-faire-Liberalismus verwechselt werden: „Wir brauchen eine Wirtschaftspolitik, die liberalisiert...*und...lenkt*" (ebenda, 55). Und: es werde immer Wirtschaftsbereiche geben, „in denen unerwünschte Marktergebnisse berechtigterweise durch staatliche Maßnahmen korrigiert werden dürfen" (ebenda, 179).

Wir können historisch-empirisch kaum entscheiden, ob der „*Späth*-Merkantilismus" erfolgreich war oder gescheitert ist. In der öffentlichen Diskussion ist es jedenfalls still um ihn geworden. Er war sicher auch mehr politisches Programm als realisiertes Projekt. In der politischen Rhetorik wird er – in Variationen und unter anderem Namen – weiter seine Rolle spielen. Politische Diskurse, wie der eben skizzierte, werden begleitet von wissenschaftlichen Diskursen, die möglicherweise Erhellendes bereitstellen. Das allerdings führt, wie sich zeigen wird, eher von merkantilistischen Überlegungen weg.

Fazit: Späths Programm ist eher eine politische Vision als ein konkretes Programm zur Veränderung

5.2.6 *Moderne Staats- und Gesellschaftstheorie und Merkantilismus*

Diese Überlegungen setzen ja, wie unterschiedlich im einzelnen sie immer akzentuiert sein mögen, einen Staat voraus, der über „Souveränität nach außen und hierarchische Kompetenz im Innern" verfügt (*Scharpf*, 621). Mit anderen Worten: der Staat ist die zentrale „Wirkeinheit", ausgestattet mit Macht und umfassender, vor allem unbegrenzter Regelungskompetenz, Herr über Gemeinschaft, Markt (= Gesellschaft) und gesellschaftliche Organisationen (Verbände). Das ist nicht nur der Kern der klassischen Staatstheorie, sondern dürfte auch dem herrschenden Alltagsverständnis entsprechen. Die Wissenschaft allerdings belehrt uns, in Theorie und empirischer Forschung, daß es mit diesem Verständnis vorbei ist, d. h. nicht mehr die Wirklichkeit erfaßt. Am ehesten noch als evident einzusehen ist, daß einerseits durch die europäische Integration Souveränität nach oben, an die EU, abgegeben wird und andererseits in föderal organisierten Staaten wie der Bundesrepublik Kompetenzen nicht vom Zentralstaat, sondern unten, auf Landes- und kommunaler Ebene wahrgenommen werden. Aber die avancierte politische Theorie behauptet mehr. Die Systemtheorie etwa sieht die Gesellschaft „in autonome, selbstreferentielle und schließlich operativ geschlossene Funktionssysteme" aufgesplittert, wobei der Staat, das „politische System", ein Teil dieses gesellschaftlichen Zusammenhangs ist, keineswegs aber ein dominanter und privilegierter Teil (*Willke* 1992, 42). „In einer funktional differenzierten Gesellschaft gibt es weder eine Spitze noch eine Mitte". (*Luhmann*, zitiert bei *Willke* 1992, 43)
Es geht hier nicht um die Explikation von Systemtheorie, sondern um den Umstand, daß systemtheoretische Annahmen in den allgemeinen wissenschaftlichen Sprachgebrauch eingegangen sind. Man kann fast von einem Konsens

Laut Systemtheorie ist der Staat jedoch nicht der dominante Akteur

sprechen, der in der gemeinsam geteilten Überzeugung beruht, der Staat sei nicht mehr das alleinige Zentrum von Politik, diese hat sozusagen ihren institutionellen Ort verloren. Nun wird „zwischen offizieller, etikettierter Politik (des politischen Systems) und Subpolitik (im Sinne von Subsystempolitik) unterschieden" (*Beck*, 206). In schlichteren Worten heißt das: Politik, von der potentiell alle betroffen sind, wird nicht mehr nur im dafür spezialisierten System (Staat), sondern auch im Wirtschafts-, Rechts-, Wissenschaftssystem etc. gemacht.

> Politische Projekte werden mit den „Vertretern von Gewerkschaften, Arbeitgebern, Kirchen, freien Trägern, Kommunen und vielen anderen ausdiskutiert und ausgehandelt, ehe sie in Parteivorständen, im Kabinett und im Parlament am Ende politisch ratifiziert werden. Und das gleiche gilt selbstverständlich für die Gesundheitspolitik, die Agrarpolitik, die Bildungspolitik, die Telekommunikationspolitik oder die Eneriepolitik". (*Scharpf* 1991, 622)

Staatlichkeit
als Interaktion
zwischen autonomen
Akteuren im
öffentlichen Sektor

Dieser Befund eben zeigt die Veränderung von Staatlichkeit an: staatliches Handeln wird nicht mehr als souveränes Entscheiden, sondern nur noch „als Interaktion zwischen autonomen Akteuren im öffentlichen und privaten Sektor interpretiert" (*Héritier* u.a. 1994, 6). Darauf stützt sich Fritz W. *Scharpfs* Diktum vom „neuen Mittelalter", weil die Situation am Ende des 20. Jahrhunderts jener vor der Entstehung des frühneuzeitlichen Staates als zentraler Entscheidungsmacht zu ähneln scheint. Wenn dem so ist, dann ist der Staat Gleicher unter gleich Mächtigen, kann dann freilich nicht mehr „Motor für fortwährende Modernisierung" sein, was der moderne Wohlfahrtsstaat noch zu sein versuchte, indem er nicht nur dem wirtschaftlichen Wachstum, sondern auch „der Vermehrung der Chancengleichheit und der sozialen Integration" verpflichtet war (vgl. *Koch* 1995, 57). In dieser Gestalt ist er noch am ehesten relativ vergleichbar dem frühmodernen absolutistischen und merkantilistischen Staat. Aber in dieser Gestalt scheint er zu verschwinden.

Nicht nur, daß er Souveränitätsrechte nach oben und unten abgeben muß, nicht nur, daß er in Konkurrenz mit anderen Verhandlungspartnern sich behaupten muß, die jeweils eigene (Sonder-)Interessen verfolgen, er ist darüber hinaus auch institutionell fragmentiert. Dies bedeutet, daß der Staat kein Monolith ist, sondern ein „multiorganisatorisches System", was „konkurrierende und sich überschneidende Programme zu Folge hat" (*Grande* 1994, 174).

Kann eine derartig handlungsbehinderte und fragmentierte Institution gegenüber der institutionellen Autonomie der Wirtschaft überhaupt noch Wirkungen erzielen? Die Gegenfrage lautet: ob eine Gesellschaftsordnung, die „auf die Entfaltungsmöglichkeiten individueller und gruppenmäßiger Interessen" angelegt ist, ohne Staat überhaupt möglich ist (*Böckenförde* 1978, 22)? Angesichts der künftigen Probleme ist die Renaissance eines wie auch immer „merkantilistisch" ausgestalteten Staatsmodells nicht auszuschließen, und sei es nur als normatives Postulat.

Der Merkantilismus
ist nach wie vor
aktuell

5.2.6 Literatur

Beck, Ulrich 1993: Die Erfindung des Politischen, Frankfurt a. M.

Black, Andrew P. 1986: Neo-Merkantilismus in der Automobilindustrie, in: Alfred Pfaller (Hrsg.), Der Kampf um den Wohlstand von morgen: internationaler Strukturwandel und neuer Merkantilismus, S. 148-162, Bonn.

Blaich, Fritz 1973: Die Epoche des Merkantilismus, Wiesbaden.

Böckenförde, Ernst-Wolfgang 1976: Die Bedeutung der Unterscheidung von Staat und Gesellschaft im demokratischen Sozialstaat der Gegenwart, in: ders., Staat, Gesellschaft, Freiheit, Frankfurt, S.185-220.

Böckenförde, Ernst-Wolfgang, 1977: Die politische Funktion wirtschaftlich-sozialer Verbände und Interessenträger in der sozialstaatlichen Demokratie, in: Wilhelm Hennis u.a. (Hrsg.), Regierbarkeit, Stuttgart, S. 223-254.

Böckenförde, Ernst-Wolfgang 1978: Der Staat als sittlicher Staat, Berlin.

Czada, Roland 1994: Schleichweg in die „Dritte Republik". Politik der Vereinigung und politischer Wandel in Deutschland, in: Politische Vierteljahresschrift 35, S. 245-270.

Erdmenger, Klaus/Wolfgang Fach 1986: Späth-Absolutismus?, in: Blätter für deutsche und internationale Politik 1, S. 716-725.

Esser, Josef u.a. 1979: Krisenregulierung – Mechanismen und Voraussetzungen, in: Leviathan 1, S. 79-96.

Esser, Josef, 1994: Modell Deutschland in den 90er Jahren?, in: links 11/12, S.14-17.

Gall, Lothar 1975: Liberalismus und „bürgerliche Gesellschaft", in: Historische Zeitschrift 220, S. 324-356.

Grande, Edgar 1994: Institutionelle Grenzen staatlicher Innovationspolitik, in: Der Bürger im Staat 44 (Landeszentrale für politische Bildung Baden-Württemberg), S. 172-177.

Gretschmann, Klaus 1984: Markt und Staat bei Adam Smith – Eine neue Antwort auf eine alte Frage?, in: Franz-Xaver Kaufmann, Hans-Günter Krüsselberg (Hrsg.), Markt, Staat und Solidarität bei Adam Smith, Frankfut/New York, S. 114-134.

Grimm, Dieter 1991: Entstehungs- und Wirkungsbedingungen des modernen Konstitutionalismus, in: Ders., Die Zukunft der Verfassung, Frankfurt a. M., S. 31-66.

Grimm, Dieter: Der Staat in der kontinentaleuropäischen Tradition, in: Rüdiger Voigt (Hrsg.), Abschied vom Staat – Rückkehr zum Staat?, S. 27-50.

Hauff, Volker/Fritz W. Scharpf 1975: Modernisierung der Volkswirtschaft. Technologiepolitik als Strukturpolitik, Frankfurt a.m./ Köln.

Hennis, Wilhelm 1959: Zum Problem der deutschen Staatsanschauung, in: Vierteljahreshefte für Zeitgeschichte 1, S. 1-23.

Héritier, Adrienne u.a. 1994: Die Veränderung von Staatlichkeit in Europa, Opladen.

Kellenbenz, Hermann 1965: Der Merkantilismus in Europa und die soziale Mobilität, Wiesbaden.

Kleger, Heinz 1995: Verhandlungsdemokratie: Zur alten und neuen Theorie des kooperativen Staates, in: Rüdiger Voigt (Hrsg.), Der kooperative Staat, Baden-Baden, S. 93-118.

Koch, Claus 1995: Die Gier des Marktes. Die Ohnmacht des Staates im Kampf der Weltwirtschaft, München, Wien.

Koch, Rainer 1978: „Industriesystem" oder „bürgerliche Gesellschaft". Der frühe deutsche Liberalismus und das Laisser-faire-Prinzip, in: Geschichte in Wissenschaft und Unterricht 10, S. 605-628.

Lutz, Burkhart 1984: Der kurze Traum immerwährender Prosperität, Frankfurt a.M.

MacPherson, C.B. 1973: Die politische Theorie des Besitzindividualismus. Von Hobbes bis Locke, Frankfurt a. M.

Maier, Hans 1986: Die ältere deutsche Staats- und Verwaltungslehre, München.

Mohl, Robert von 1844: Die Polizei-Wissenschaft nach den Grundsätzen des Rechtsstaates, 2 Bde., 2. Aufl., Tübingen.

Offe, Claus 1987: Die Staatstheorie auf der Suche nach ihrem Gegenstand, in: Thomas Ellwein u.a. (Hrsg.), Jahrbuch zur Staats- und Verwaltungswissenschaft, Bd. 1, Baden-Baden u.a., S. 309-320.

Porter, Michael E. 1991: Nationale Wettbewerbsvorteile. Erfolgreich konkurrieren auf dem Weltmarkt, München.

Scharpf, Fritz W. 1991: Die Handlungsfähigkeit des Staates am Ende des Zwanzigsten Jahrhunderts, in: Politische Vierteljahresschrift 32, S. 621-634.

Späth, Lothar 1985: Wende in die Zukunft, Hamburg.

Ulrich, Günter 1994: Politische Steuerung. Staatliche Intervention aus systemtheoretischer Sicht, Opladen.

Willke, Helmut 1989: Gesellschaftssteuerung oder partikulare Handlungsstrategien? Der Staat
    als korporativer Akteur, in: M. Glagow u.a. (Hrsg.), Gesellschaftliche Steuerungsratio-
    nalität und partikulare Handlungsstrategien, Pfaffenweiler, S. 9-29.
Willke, Helmut 1992: Ironie des Staates, Frankfurt a. M.

Wolfgang Fach

5.3 Das neue Deutschland der neuen Liberalen

Über die rechte Moral, den freien Markt und das deutsche Modell

5.3.1 Fragestellung

Das „Modell Deutschland" ist eine besondere Spielart des „liberalen Wohl-
fahrtskapitalismus" (*Esping-Andersen* 1990), gekennzeichnet durch zwei mit(so-
zialstaatlich alimentiereinander verbundene Strukturmerkmale: erstens eine korporatistische Organisation des gesellschaftlichen Kerns – Staat, Parteien, Gewerkschaften und starke Industrien betreiben kompromißlos, wenn auch begrenzt konfliktbereit, die „Modernisierung der Volkswirtschaft"; deren soziale
Kosten werden, zweitens, an den Rändern der Gesellschaft abgeladen – was insbesondere heißt, daß te) Massenarbeitslosigkeit politisch akzeptiert wird. Daher
das Wort von der Zwei-Drittel-Gesellschaft, dessen Berechtigung höchstens insoweit in Frage steht, als die profitierende Mehrheit „schöngerechnet" sein mag.

Wer dieses Modell für kritikwürdig hält, kann an beiden Polen ansetzen:
dem *Staat* (samt seinen „Satelliten") oder der *Wirtschaft*. Kennzeichnend für die
öffentliche Diskussion unserer Tage ist nun, daß ihre Wortführer, wiewohl aus
verschiedenen Ecken, den ökonomischen Sektor auffällig aussparen. Wo finden
sich noch Politiker, die am Markt herumdeuteln? Journalisten mit „wirtschafts-
feindlicher Gesinnung"? Wissenschaftler auf der Suche nach radikal-ökonomi-
schen Alternativen? Unsere Vorstellungswelt ist, auf variable Weise zwar, doch
immer eindeutig *staatsfixiert*, entweder instrumentell oder apologetisch oder de-
nunziatorisch:

*Fixierung des politik-
wissenschaftlichen
Diskurses auf den
Staat*

- der „neo-merkantilistische" Diskurs will den staatlichen Part *verkleinern*:
  ihm schwebt ein nützlicher „Regionalstaat" vor, dessen Aufgabe darin besteht, den internationalen Wettbewerb auf regionaler Ebene zu organisieren
  – wodurch das politisch-soziale Element weiter beschnitten, eine höhere An-
  passungsflexibilität erreicht und die vertikale Gesellschaftsspaltung horizon-
  tal verschärft würde (reiche vs. arme Regionen);
- der „neo-nationalistische" Diskurs *verherrlicht* den Staatszweck: aus seinem
  Blickwinkel sind alle „sozialistischen" Versuche, die staatliche Souveränität
  für ökonomische Zwecke zu instrumentalisieren („Verwirtschaftung"), Verrat,
  ja Blasphemie; Not tue vielmehr eine Rückbesinnung auf den „starken Staat"
  als Repräsentanten des Prinzips: Nation – der freilich auf eine „gesunde Wirtschaft" angewiesen ist und daher kein Interesse hat, deren Kreise zu stören;
- der „neo-liberale" Diskurs würde den Staat am liebsten *vertreiben*, jedenfalls
  insoweit, als er, auf moderne Art machtbesessen, Zuständigkeiten rekla-
  miert, die über die Gewährleistung von Recht und Ordnung hinausgehen;
  sein Ideal ist ein „entfesselter" Markt, dessen eigene Logik sich ungestört
  entfalten soll, so daß Unternehmen ungehindert zwischen „Standorten" ope-
  rieren oder spekulieren können, im globalen Rahmen, unbehindert von sozialen Rücksichten: „laissez faire, laissez aller".

(Neo-)liberales Denken verabschiedet alle nationalen „Modelle", die ja nur dadurch zustandekommen, daß politische Interventionen auf unterschiedliche Weise in wirtschaftliche Kreisläufe eingreifen; seine Aversion ist heute gründlicher denn je und geht gar so weit, im Nationalismus das Böse schlechthin auszumachen (*Alexander* 1995). Schon früh – exemplarisch bei Herbert *Spencer*, dem Erfinder des Sozialdarwinismus, in der Mitte des letzten Jahrhunderts – ist freilich jenes Dilemma aufgetaucht, an dem dieser Standpunkt immer wieder krankt: was ist, wenn die leidtragenden Menschen, zur „Masse" und Mehrheit geworden, diese konsequente Wirtschaft nicht mitmachen wollen, weil weniger Liberalität weniger Opfer bedeutet; Freiheit war schließlich seit je eine „unbequeme Idee" (*Doering/Fliszar* 1995).

Die Demokratie deswegen in Bausch und Bogen abzuschaffen, war ein liberales Fazit (so ungeschminkt noch ausgesprochen bei *Dietze* 1978), das inzwischen aber aus der Mode gekommen ist bzw. sich in weniger drastische Formeln hüllt (Verlängerung von Wahlperioden, Einrichtung unabhängiger „Sachverständigenräte", Unterwerfung unter autonome „Währungshüter" *à la* Bundesbank etc.). Eine andere, eher zeitgemäße Schlußfolgerung besteht darin, den demokratischen Souverän so umzuerziehen, daß er Räson – die liberale – annimmt, also freiwillig läßt, was ihm nicht mehr verboten werden kann: den staatlichen Apparat dafür haftbar zu machen, was die Gesellschaft sich eingebrockt hat und eigentlich selbst auslöffeln müßte.

5.3.2   Der „Marktwert" der Moral

Derartige Umerziehungsversuche kommen in vielerlei Gestalt vor. Da, wo die Wohlfahrtsstaatlichkeit politisch und rechtlich relativ wenig verankert ist (wie etwa in Amerika), wird Charakterbildung vorzüglich mit der „Peitsche" betrieben: wer nicht hören (arbeiten) will, muß fühlen: weniger Kost, dafür mehr Kerker – auf diesen brachialen Nenner läßt sich das amerikanische Lernprogramm der letzten Jahre bringen.

Legitimation des Minimalstaates

Hierzulande verhindern die „sklerotischen" Verhältnisse (eine Lieblingsklage der Liberalen, wenn sie an verankerte Rechte und etablierte Gewerkschaften denken) derart rabiate Zugriffe auf den Charakter. Obwohl auch an dieser Front Verschärfungen schrittweise durchgedrückt werden, liegt das Schwergewicht einstweilen beim „Zuckerbrot": für weniger Staat wird mehr Wettbewerbsfähigkeit versprochen – weshalb jedermann einsehen müsse, daß es auch zu seinem langfristigen Besten sei, wenn er seine Abhängigkeit von öffentlichen Leistungen („Daseinsvorsorge") möglichst weit reduziere.

Instrumentalisierung der Moral als Standortfaktor

Diese Diskurs-Strategie ist in jüngster Zeit unauffällig, doch folgenreich zugespitzt worden. Während bisher immer nur die spezielle Forderung nach mehr (harter, flexibler, billiger) *Arbeit* auf der Tagesordnung stand, ist es jetzt das umfassendere Defizit an *Moral*, dem unsere Sorge sich zuwenden müsse: denn „Moral" wirke „als Standortfaktor" (*Giersch* 1994a), dessen Bereitstellung über Sieg oder Niederlage im weltweiten Überlebenskampf entscheide. Gewicht gewinnt die Wendung deshalb, weil sie den Anschluß herstellt an eine internationale Debatte darüber, ob die westliche Zivilisation im Wettbewerb mit anderen, besonders der fernöstlichen (mit ihrer Kraft zu Stockschlägen bei unmoralischem Verhalten) hinreichend „vital" sei, um im „Weltwirtschaftskrieg" (*Luttwak* 1993) und darüber hinaus zu bestehen (*Huntington* 1993).

Jedenfalls sind wir dringend aufgefordert, über eine moralische Aufrüstung des deutschen Nationalcharakters nachzudenken:

Moralische Aufrüstung

> „Wo man sich", so weist der Prophet dem eigenen Land den rechten Kurs, „des Lebens und des Eigentums sicher sein kann, darüber hinaus auch der Vertragstreue der Partner, darf man auf Wohlstand durch Arbeitsteilung hoffen. Die Versicherungsprämien sind niedrig, der Polizeischutz ist nicht aufwendig, die Gerichte haben wenig zu tun; und das zahlenmäßige Verhältnis von Medizinern zu Juristen spricht für eine hohe Lebenserwartung. Niedrig wie die Sicherheits- und Transaktionskosten sind auch die Informationskosten: Man wird nicht belogen."

Statt dessen würde der schöne Grundsatz von Treu und Glauben herrschen. Dieser meint

> „jene Verläßlichkeit in der Interpretation und Erfüllung freiwillig geschlossener Verträge, die dazu ermutigt, noch mehr aufeinander zu vertrauen und die Arbeitsteilung weiter zu vertiefen. Von diesem Prinzip ableitbar sind Sekundärtugenden, die Tugenden des ehrbaren Kaufmanns und Handwerkers: Präzision, Pünktlichkeit, Gewährleistung, Schadenersatz, eine hohe Zahlungsmoral." (*Giersch* 1994a)

Das springende Punkt dieser „Transaktionskosten-Ökonomik" (derzufolge Praktiken und Institutionen die Kosten des gesellschaftlichen Austausch minimieren sollen): Private Tugenden ersparen öffentliche Leistungen, perfekte Moral und freier Markt verbilligen unser Leben so weit, daß es wieder wettbewerbsfähig wird. Oder spezieller: Den Staat gebiert die Unmoral, das ist sein *Geburtsfehler* – Abgeordnete, Polizisten, Staatsanwälte, Richter, Arbeitsvermittler, Sozialarbeiter etc. hätten (*cum grano salis*) ausgedient, wäre nichts „faul".

Also hat für den neo-liberalen Standpunkt Moral einen Marktwert nicht alleine deshalb, weil ihretwegen Standorte überleben können (*Gierschs* offene Botschaft), sondern sie entpuppt sich zur gleichen Zeit als jene geheime Kraft, *die das Gebäude des (sozialen) Staates sprengen kann*: der Biedermann agiert als Brandstifter – sein treuherziges Plädoyer für wohlanständige Umgangsformen ist eine heimtückische Demontage „wohlerworbener" Wohlfahrtsansprüche.

Moral ersetzt den Staat

5.3.3 Die Welten der Wirtschaft

Biedermeierlich wirkt Gierschs Tugendkanon ohne Zweifel. So betuliche Töne finden sich nicht einmal beim Stammvater des Liberalismus, Adam Smith, dessen Demonstrationsfiguren – einfache Schuster, Metzger, Brauer – keineswegs den Wert kleinbürgerlicher Moral illustrieren sollen, sondern für einen einseitigen Egoismus stehen, der hinterrücks und tauschvermittelt, allseitige Vorteile bringt: Markt *statt*, nicht wegen Moral, heißt die Botschaft.

Adam Smith

Markt statt Moral

Fündig wird man, freilich auf verquere Weise, erst bei Bernard *Mandeville*, der, rund 100 Jahre vor Adam Smith, mit dem – mittelalterlichen – Gedanken einer „moralischen Ökonomie" noch besser vertraut ist. Seine legendäre „Bienenfabel" nimmt *Gierschs* Idealwelt dem Geist nach, ja fast wörtlich vorweg: „So seid befreit von dem Betrug!", ruft dort ein gnädiger Gott den ob der Schlechtigkeit ih-

Bernard Mandeville

Bienenfabel

rer Welt murrenden Menschen-Bienen zu und setzt *stante pede* seinen Beschluß
in die Tat um:

> „Sofort geschah's – und Redlichkeit/Erfüllt nun alle weit und breit./ Gleichsam im innern
> Spiegel finden/Sie schamerfüllt all ihre Sünden,/ Die sie nun mit Erröten sehen/Und da-
> durch schweigend eingestehen,/ Wie Kinder, was sie Böses taten/Durch ihre Farbe bald
> verraten." (*Mandeville* 1980, 86f.)

Im Gegensatz zu *Giersch* hält *Mandeville* freilich rein gar nichts von diesem Leben, das er sich zwar (noch) vorstellen kann, aber nicht mehr will, weil es die
wirtschaftliche Dynamik *endogen* drosselt, d.h., äußere Fesseln (kirchliche Gebote oder feudale Direktiven früherer Zeiten) durch innere Schranken (des An-
stands) ersetzt:

> „Am Ende dieses Tugendstrebens/Und exemplarisch reinen Lebens/Ward ihm [dem Bie-
> nenschwarm] ein hohler Baum beschieden./Dort haust er nun in Seelenfrieden." (*Mande-
> ville* 1980, 91f.)

Schon für *Mandeville* ist das eine *regressive Ökonomie*, die aus dem Wirt-
schaftskreislauf jenes heilsame Tempo herausnehmen würde, das ihm ein moralisch entfesseltes Produktions- und Konsumregime bereits damals injiziert hatte.
Sein bevorzugtes Modell kennt denn auch keine ethischen Skrupel:

> „So klagt denn nicht: für Tugend hat's/In großen Staaten nicht viel Platz./.../Von Lastern
> frei zu sein wird nie/Was andres sein als Utopie./ Stolz, Luxus und Betrügerei/Muß sein,
> damit ein Volk gedeih'./.../Für Völker, die nach Größe streben,/Wie Hunger ist, damit sie
> leben./ Mit Tugend bloß kommt man nicht weit;/Wer wünscht, daß eine goldene
> Zeit/Zurückkehrt, sollte nicht vergessen: Man mußte damals Eicheln essen." (*Mandeville*
> 1980, 92)

Verschwendung, Luxus, Gefräßigkeit, Lug und Trug, Spiel und Suff, welches
„private Laster" auch immer sich die menschliche Phantasie ausdenken mag –
am Ende schlägt es doch in einen „öffentlichen Vorteil" aus, weil Geld, wenn es
Private Laster sind durch viele Hände geht, gleich einem Schmierstoff die Volkswirtschaft am Lau-
von öffentlichem fen hält, Arbeit schafft, Bedürfnisse befriedigt und Profite abwirft: das zugespitz-
Vorteil te Ideal einer ganz und gar selbstbezüglichen, *reflexiven Ökonomie*. Modisch
ausgedrückt: „Der *unit act* der Wirtschaft ist die *Zahlung*" (*Luhmann* 1988, 52);
einzig das monetäre Signal wird wahrgenommen, keine andere Rücksicht kann
sich Geltung verschaffen.

Allerdings, hinter den (halb-)seidenen Kulissen (und außerhalb der lasterhaf-
ten Fabel) findet produktives – schweißtreibendes – Leben statt; zwangsläufig:

> „Denn wie groß der Wohlstand und der Luxus bei einer Nation sein möge,", konzidiert
> Mandeville, „ irgend jemand muß halt doch arbeiten: Häuser und Schiffe müssen gebaut,
> Waren transportiert, der Grund und Boden bestellt werden. Eine solche Mannigfaltigkeit
> von Arbeiten erfordert in jedem großen Lande ein ungeheures Menschenmaterial, in dem
> sich jederzeit genügend viele liederliche, abenteuerliche und träge veranlagte Leute fin-
> den" (*Mandeville* 1980, 163)

Auch in dieser dritten ökonomischen Welt ist von Moral keine Spur, ebensowenig freilich vom permissiven Geist der Laster-Wirtschaft. Stattdessen herrscht
ein ungeschminkter Zwang zur schlecht bezahlten Arbeit: Hacken und Graben,
Pflügen und Dreschen, Schieben und Tragen sind ebenso primitive wie unent-

behrliche Tätigkeiten, nach denen sich niemand reißt, die darum mit gehörigem Druck an den Mann oder die Frau gebracht werden müssen. Erreicht wird dies zuvörderst mittels einer Strategie der genau dosierten Lebenschancen:

> „Um die Gesellschaft glücklich und die Leute selbst unter den niedrigsten Verhältnissen zufrieden zu machen, ist es notwendig, daß ein beträchtlicher Teil davon sowohl unwissend wie auch arm sei. Kenntnisse vergrößern und vervielfachen unsere Bedürfnisse, und je weniger Dinge ein Mensch begehrt, umso leichter kann er zufrieden gestellt werden." Das „einzige, was einen Mann aus dem Arbeiterstande fleißig machen kann, ist also eine mittlere Menge Geld; denn wie zuwenig ihn seiner Anlage entsprechend entweder zu Stumpfsinn oder Verzweiflung führen wird, so wird zuviel ihn frech und träge machen." (*Mandeville* 1980, 319f., 232.)

Weshalb auch dafür Sorge zu tragen sei, daß das „Pack" sich nicht gewerkschaftlich organisiere, um Sand ins Getriebe dieser *repressiven Ökonomie* zu bringen (*Mandeville* 1980, 337f.). Im übrigen könne es nicht schaden, den unteren Schichten den – toten – Gott so lebendig wie möglich vor Augen zu führen, weil die Religion auch, ja gerade den „schwächsten Verstand" gefügig mache (*Mandeville* 1980, 339).

Drei Wirtschaftswelten – die regressive, reflexive und repressive – kann sich *Mandeville* also vorstellen; eine davon – eben jenes Idyll, mit dem uns Giersch wieder vertraut macht – will er nicht, weil sie ihm schon damals antiquiert vorkommt. Damit war das Reservoir der frühliberalen Phantasie ausgeschöpft, spätere Varianten haben den Horizont lediglich „vollgestellt", nicht erweitert. Und die spätliberale unserer Tage scheint aufs selbe Spektrum zurückzufallen.

Regressive, reflexive und repressive Wirtschaftswelten

Wenigstens lassen sich deutliche Spuren einer zwanghaften Repetition des alten Gedankenguts nachweisen – vor und nach dem modernen Wohlfahrtsstaat wird ähnlich gedacht, wobei (natürlich) einige Akzente anders liegen und manche Momente offenbar erst heute zur vollen Blüte reifen können.

5.3.4 Reflexivität

Mandevilles reflexive Ökonomie, die nur eigene Gesetze, sonst nichts kennt, hat ihre Erscheinungsformen geändert, doch das Prinzip ist in den Köpfen haften geblieben. Alles dreht sich ums *Geld* – und heute, da es sich internationalisiert hat, sind geldfeindliche Akzente mehr denn je ökonomisch fatal:

Geld als einzige Bezugsgröße

> „Das Kapital ist inzwischen so mobil", daß jedes „Land, das spürbar niedrigere Verzinsungschancen bietet, erleben wird, wie die Gelder abfließen und seine Währung rapide verfällt." (*Cable* 1995, 27)

Der gewaltige Geldsog erfaßt jede Sparte des menschlichen Geistes, wie sehr er sich selbst als ethische oder ästhetische, sentimentale oder soziale, politische oder prophetische Gegenmacht zum Ökonomischen verstanden haben mag. Pessimistische Kulturkritiker haben diese Zuspitzung schon lange kommen sehen: „Die Diktatur des Geldes schreitet vor und nähert sich einem natürlichen Höhepunkt", prophezeit *Oswald Spengler* nach dem ersten Weltkrieg und setzt das Ende der „monetären" Offensive mit dem jeder Zivilisation gleich (1922, 633).

Mobilität des Geldes

Der „titanische Ansturm des Geldes" (*Spengler*) auf Bastionen des Geistes – Ideale, Prinzipien, Rechte – erschüttert das überkommene Denken in ausdifferenzierten Sphären (politisch vs. ökonomisch, öffentlich vs. privat). Doch im neo-liberalen Interesse liegt es gerade, wenn die Durchdringung geldfremder Bereiche konsequent voranschreitet – davon zeugen einschlägige Äußerungen zur Instrumentalisierung von Demokratie und Justiz.

Demokratie, die Herrschaft des Volkes, ist nach herkömmlichem Verständnis an einen nationalen Raum gebunden und spielt sich in der öffentlichen Sphäre ab: „Staatsbürger" entscheiden, direkt oder indirekt, über ihr gemeinsames Schicksal. Daß dieses Ideal in der Realität nur unvollkommen funktioniert hat, ist eine Sache; eine ganz andere, daß das liberale Denken, eh' ja nur bedingt demokratietauglich, eigene, sehr eigene Wunschvorstellungen zu entwickeln beginnt und dabei beide Bedingungen – nationaler Bezug plus öffentliche Belange – verabschiedet. Kurzum, ein neues „Volk" meldet seinen Souveränitätsanspruch an:

Einbindung der Demokratie in die monetäre Logik

> „In der Welt, so wie sie ist,", proklamiert man, „wird es nicht ohne internationale Zusammenarbeit und Finanzinstitutionen gehen. Miteinander reden ist besser, als nichts zu tun. Besser als jeder Markteingriff bleibt jedoch die Anpassung der Wirtschaftspolitik an die neuen Herausforderungen des globalen Marktes. Das heißt, die Regierungen müssen ihre Karten offen auf den Tisch legen und Fehlentwicklungen rechtzeitig korrigieren. Sie müssen vor allem das Vertrauen der Millionen von Geld- und Kapitalgeber pflegen, deren Überlegungen und Entscheidungen sich am Markt bündeln und dort als unsichtbare Hand wirksam werden." (*Jeske* 1995)

Das politische Regime des Geldes

Als legitimer Souverän in einer „monetären Demokratie" fungiert also dieser ominöse „Geldgeber" – der *bourgeois* als *citoyen* (in Rousseaus Begriffen). Seine Heimat ist die Welt, sein Motiv guten Gewissens borniert: gut ist, was dem – seinem – Geld nützt; und, genauer besehen, herrscht ein Zweiklassen-Wahlrecht: die „Millionen" natürlicher Personen zählen zusammen weniger als einige juristische – Banken, Konzerne, Versicherungen (wer gar nichts besitzt, bleibt, ganz wie früher, sowieso außen vor). Schließlich: Geld votiert nicht (*voice*), sondern flüchtet (*exit*): wenn immer der Staat „kapitalfeindlich" agiert, also bestimmte Steuern nicht senkt, gewisse Transaktionen verfolgt, riskante Produktionen behindert, (Arbeits-)Marktkonditionen verzerrt, muß er gewärtigen, daß die so oder so angelegten Gelder ihr Vertrauen in ihn verlieren und andere Standorte attraktiver finden.

Das politische Regime des Geldes sichert sich konsequenterweise dadurch ab, daß es auch das *Recht* ins Schlepptau der Wirtschaft nimmt. Es sieht ganz danach aus, als ob davor selbst die traditionelle Ökonomiefremdheit deutscher Rechtsstaatlichkeit keinen sicheren Schutz bieten würde (Rüthers 1994, 1995; Schwarz 1995). Diese einstige Resistenz wird ihr heute als „Orientierungsproblem" angekreidet – was die Forderung nach einem „Umbruch" nach sich zieht:

> „Vergleicht man", so wird gesagt, „die Funktionsweise von Justiz, Verwaltung und Jurisprudenz in der Abfolge der verschiedenen Systemwechsel und der damit verbundenen Umdeutungsprozeduren, so will es scheinen, daß die juristischen Stabseliten ein unbefangenes und aktives Verhältnis zur Verwirklichung neuer ideologischer (metaphysischer) Systemvorgaben haben. Größere Schwierigkeiten bereitet ihnen das Erkennen und Beachten der Grenzen ökonomischer Rationalität und Machbarkeit."

Daran schließt die rhetorische Frage:

> „Könnte es sein, daß die jeweiligen Leitbilder metaphysisch definierter Gerechtigkeiten (Systemgerechtigkeiten) den Vorrang haben vor der Frage nach den ökonomischen Realisierungschancen und den Folgen von gerichtlichen Fehlkalkulationen und Wirklichkeitsverlusten?" (*Rüthers* 1994)

Hier wird die (geheime) Metaphysik der Ökonomie in den Rang einer objektiven Wirklichkeit gehoben, vor deren Hintergrund andere, offen normative Systeme wie das Recht zu nachrangigen Ideologien degenerieren und keinen oder jedenfalls minderen Schutz genießen. Diese Hierarchisierung würde, konsequent eingesetzt, vorbereiten, was juristisch gebildete „Stabseliten" immer wieder auf die Barrikaden getrieben hat: eine „Verwirtschaftung" des Rechts. *Nota bene*, das Recht soll dabei nicht entmachtet werden:

„Verwirtschaftung" des Rechts

> „Rechtsprechung ist nicht nur ein Akt der Streitentscheidung zwischen konkreten Parteien. Sie hat daneben – vor allem bei letztinstanzlichen Urteilen – immer eine weit darüber hinausreichende Aufgabe: Sie steuert das politische, ökonomische und soziale Gesamtsystem" (*Rüthers* 1994)

Nicht am justiziellen Privileg soll gerüttelt werden, sondern an der „bei vielen Juristen verbreiteten Unkenntnis über die Verschränkung von Rechtsordnung und Wirtschaftsordnung" (*Rüthers*) – aufs Korn nimmt man den richterlichen Impuls, dem Wirtschaftsprinzip (Gewinnträchtigkeit) starrsinnig ein eigenes (Gerechtigkeit) entgegenzusetzen. Eine sensitive Justiz folgt dem ökonomischen Imperativ und weist alle übrigen Interessen in ihre Schranken: „Die Politik hat dem Recht zu gehorchen" (*Herzog* 1991), dieses dem Geld. Weshalb der Staat zwar immer im Hintergrund bleiben soll, aber auch immer stark genug sein muß, um unpassende – soziale – Ansprüche abzuwehren (*Schwarz* 1995, 128ff.; darin treffen sich übrigens Liberale mit Konservativen; s. *Cristi* 1993). Sollte ihm diese Resistenz einmal auf Dauer abhandenkommen, dann allerdings wären radikale Lösungen am Platze – bis hin zur Privatisierung der Rechtsprechung: *The Enterprise of Law*, Recht als Geschäft (*Doering* 1995, 172f.).

Justiz folgt dem ökonomischen Imperativ

Zusammengefaßt: „Reflexivität" meint eine Befreiung der Geld-Wirtschaft von geldfremden Rücksichten oder Zumutungen, die ihr Politik-Kalküle (etwa: Sicherung von Arbeitsplätzen zur Sicherung von Wählerstimmen) oder Rechtsmeinungen (etwa: Sozialbindung des Eigentums) aufdrängen könnten. Daher demoliert dieses Prinzip tendenziell den wohlfahrtsstaatlichen Kernbereich des „Modells Deutschland". Daß dabei *en passant Mandevilles* geliebte Laster – Korruption, Schwindel, Verschwendung – fröhliche Urständ feiern, bestätigt jede kursorische Zeitungslektüre; ins Geld „an sich" sind schließlich keine (geldfremden) Grenzen eingebaut.

5.3.5 Repressivität

Von *Mandeville* kann man auch lernen, was genau Repression bedeutet respektive bewirkt – sie bringt die Vielen dahin, den Wenigen das „sündhafte", auch sündhaft teure Leben zu ermöglichen. Oder so ausgedrückt, wie die profitierenden Kreise ihre glückliche Lage unters Volk bringen: „Wenn sich das Risiko nicht mehr lohnt, sind letztlich die Arbeitnehmer und die Ärmeren die Dummen." (*Külp* 1994, 130). Bekanntlich hat die Partei der Liberalen daraus den Wahlslogan gemacht, sie vertrete das legitime Interesse der „Besserverdienenden".

So – mit dem Nutzen für ihre jeweiligen Landsleute – legitimiert die abgehobene Internationale der „Geldgeber" (und Geldausgeber) einen Kurs, den Kritiker als „Politik der Sezession", ja „Revolte der Eliten" einstufen (*Reich* 1993, *Lasch* 1994), weil er in Wahrheit nichts anderes bezwecke, als das Volk (alter Art) rücksichtslos auszupressen.

Freilich, daß jene partei-liberale Selbstbeschreibung binnen kurzem wieder kassiert werden mußte, zeigt: für eine derart aufgeklärte Problemsicht ist das Volk noch (immer) nicht reif genug. Davon war ja auch schon *Mandeville* ausgegangen, der mit gutem Grund auf gutes Zureden von vorneherein verzichtet. Seine modernen Nachfahren trauen dem Frieden gleichfalls nicht, ohne indessen wie damals institutionelle Hebel (Kündigungen und Kürzungen aller Art) umstandslos einsetzen zu können. Ihre Pressionen verkleiden sich daher mit Argumenten.

Gemeinsinn zieht nur noch selten Nachahmer an sich

Gewöhnlich kommt die Anrufung des *Gemeinsinns* zum Zuge: Opfer fürs Gemeinwesen, von politischen Führern den Menschen draußen im Lande in „leidenschaftlichen" Appellen abgerungen. Doch „Feuer" wird nur spärlich entfacht – mit Grund, denn gleichzeitig heißt es ja tagaus, tagein, Ländergrenzen seien antiquiert, Schutzwälle deplaziert, Heimatgefühle borniert. Des nationalistischen Syndroms beraubt, mußten unsere „Besserverdienenden" an anderen Stellen fündig werden.

Ideologie der Leistungsträger

Dabei denken sie zunächst einmal an sich selbst – als „Geldgeber" sind sie schließlich im Kapitalismus zugleich *Leistungsträger*, die am besten wissen, was wir unserem höchsten Gut, dem Unternehmen, schulden, und deshalb beanspruchen dürfen, den Ton anzugeben. Zwar hätten, verkündet etwa Hilmar Kopper (Deutsche Bank), deutsche „Unternehmen ... eine erfolgreiche Aufholjagd gestartet" und, so Siemens-Chef v. Pierer, ihre „Konstitution" bessert sich, doch sei „der Gesundungsprozeß" längst „noch nicht abgeschlossen, die notwendige Robustheit noch nicht wiederhergestellt". Gerhard Cromme (Krupp) erweitert endlich, ungewollt vielsagend, den Radius unserer Sorge auf die Unternehmer aller Länder:

> „Der Blick nach vorne", konstatiert er, „läßt trotz des Erreichten Sorge aufkommen. Ein verläßlicher Indikator für die Wettbewerbsfähigkeit des Standortes Deutschland ist das Verhalten ausländischer Investoren. Die ausländischen Investitionen in Deutschland verzeichnen in den letzten Jahren einen historischen Tiefstand..." (alle Zitate in: Handelsblatt, 30./31.12.1994).

Standortpflege ist Unternehmenspflege

Aufschlußreich daran ist, daß, konträr zum „rudimentären Denken" (R. *Reich*) des gesunden Menschenverstands, der „deutsche" Standort von „uns" so reformiert werden muß, daß das Unternehmen *an sich* profitiert, also jedes, gleichgültig welche Nationalität es besitzt (die sowieso häufig verschwimmt), und ohne daß wir im Gegenzug auf Loyalität rechnen dürften. Standort-Pflege ist Unternehmenspflege, Punkt. Die Buna-Werke seien „ein Furz in der Weltgeschichte der Chemie", hat jüngst Sachsen-Anhalts Wirtschaftsminister den murrenden Beschäftigten dieses Werks erklärt und sie aufgefordert, dem amerikanischen *Dow Chemical*-Konzern „den roten Teppich auszurollen", damit ihre Arbeitsplätze gerettet würden (*Leipziger Volkszeitung*, 10.2. 95).

Privilegienabbau gegen Vollbeschäftigung

Von sich auf die große Masse wechselnd, entdecken unsere Artisten der Disziplinierung das schlechte Gewissen als legitimatorische Ressource. Zugunsten des Arbeitslosenheeres verlangt es den „Arbeitnehmern" Opfer ab: man appelliert an sie als *Menschenfreunde* und drängt ihnen einen infamen Handel auf:

Privilegienabbau gegen Vollbeschäftigung. Zum Arbeitwegnehmer gestempelt, findet sich, wer Arbeit hat, schuldig am Pranger wieder:

> „Den Mitgliedern [der Gewerkschaft] muß erklärt werden, warum Vernunft und Solidarität es auch 1995 – gebieten, äußerste Zurückhaltung beim tariflichen Lohnabschluß walten zu lassen. Die Begründung ist einfach und kompliziert zugleich: weil in Deutschland fünf Millionen neue Arbeitsplätze geschaffen werden müssen, wenn jeder die Chance haben soll, seinen Lebensunterhalt durch eigene Arbeitsleistung zu bestreiten." (FAZ, 31.1.95)

Oder zugespitzt auf das finale Verhängnis des „Arbeitslosen in der Teufelsspirale":

> „Mangelnde Lohnzurückhaltung erhöht die Wahrscheinlichkeit schwerer Rezessionen; mit jeder schweren Rezession wächst die Last der Steuern und Sozialabgaben; mit jedem Anstieg dieser Last vermindert sich die Bereitschaft zur Lohnzurückhaltung." (*Lehment* 1995)

Daran schließt sich unmittelbar die – rhetorische – Frage an: „Wieviele schwere Rezessionen sind erforderlich, bis die Lohnpolitik bereit ist, auch bei guter Konjunkturlage einen vorsichtigen Kurs beizubehalten?" (FAZ, 28.1.95). Rhetorisch deswegen, weil es den ominösen Ruhepunkt, an dem ein Verzicht dann doch schmerzlich genug ist, um hinreichend lehrreich zu sein, gar nicht gibt – das Publikum ist Opfer einer Suggestion geworden, die ihm im selben Atemzug als Illusion vorgehalten wird:

Lohndisziplinierung durch Androhung zwangsläufig kommender Rezessionen

> „Wir Deutschen meinen,", kritisiert Norbert *Walter*, Chefökonom der Deutschen Bank, „eine Anstrengung unsererseits löse das Problem. Wir nehmen nicht ausreichend wahr, daß wir in einem internationalen Wettbewerb stehen, der durch *permanente* Anstrengungen unserer Partner und Konkurrenten gekennzeichnet ist. ... Wir müssen verinnerlichen, was Konkurrenz bedeutet, miteinander – *immer wieder* – um den Sieg laufen." (*Walter* 1994)

Keine Rezession sichert uns in diesem Rennen einen sicheren Vorsprung: „Die [jüngste wie jede andere] Rezession – so bitter sie war und so viele Arbeitsplätze sie gekostet hat – war doch wohl nicht lang und tief genug, um hier aufzuräumen." (FAZ, 30.1.95) Unversehens tut sich hier eine andere „Teufelsspirale" auf: Wer die Rezession mit aller Macht verhindern will, muß sie mit aller Macht wollen. „Reinigungskrisen" bringen eben Reinigung *und* Krise.

Wenn am Ende unsere „Arbeitgeber" den Menschen nie genug Arbeit geben und auch dem allgemeinen Opfersinn keine Flügel verleihen können, dann schlüpfen sie *nolens volens* in die Rolle des illusionslosen *Zuchtmeisters*. Dem geschundenen Publikum wird das eherne Leidensgesetz verkündet: Elend muß sein! Zwar haben wir, diagnostiziert man,

Elend muß sein!

> „einen vorläufigen Gipfelpunkt an Wissen und Erkenntnis, Phantasie und Kreativität erreicht. Aber wie stets genügt auch diese Ideenfülle nicht, die Erwartungen aller zu befriedigen. ... Bezogen auf den Arbeitsmarkt heißt das, daß ein gewisses Maß an Arbeitslosigkeit für die Betroffenen zwar hart, für die Bevölkerung insgesamt jedoch eher förderlich ist." Politik „sollte das Ziel der Vollbeschäftigung aktiv verfolgen und sich ihm nach Kräften annähern. Sie sollte aber nicht versuchen, es ganz zu erreichen. Denn der Preis hierfür wäre zu hoch: Stagnation, weil die Bevölkerung ihren Blick nicht mehr hebt, oder Diktatur, die ihr das verwehrt." (*Miegel* 1994)

Was nicht sein kann, darf auch nicht sein – Systeme brauchen das Elend, um es bekämpfen zu können. Diese Logik, wiewohl für sich genommen paradox, ergibt strategisch durchaus einen Sinn: lenkt sie doch den Blick zurück von den leidenden Menschen, die existieren sollen, auf die existierenden Menschen, die leiden sollen, weil sie andernfalls „sklerotisieren". „Jeden wird es treffen", droht DIHT-Präsident Stihl (in: Der Stern 26, 1994, 126), und sein Funktionärskollege Henkel vom BDI sekundiert:

> „Wir haben die soziale Marktwirtschaft im Sinne Ludwig Erhards verlottern lassen. Wir müssen uns darauf besinnen, daß die soziale Marktwirtschaft, wenn sie sich an die Regeln hält, an sich schon moralisch ist. Ihr moralischer Wert muß nicht dadurch bewiesen werden, daß wir immer neue Sozialleistungen einführen." Und (damit niemand auf die Idee verfällt, man könne wenigstens beim Status quo verharren): „Wir haben bei der Steuer- und Abgabenlast die Schmerzgrenze längst überschritten." (In: Der Spiegel 6, 1995, 97, 99)

Unglück als Therapeutikum

Letztlich will diese Therapie den Unglücklichen als Kontrastmittel einsetzen: der Glücklichere soll, das Elend vor Augen, dahin kommen, aus freiem Willen sich selbst zu therapieren. Ökonomisch ausgedrückt: jeder Beschäftigte muß „sein ‚Humankapital' pflegen" (*Siebert* 1994). Hier feiert eine Vorstellung ihre Renaissance, die schon einmal – in den frühen Nachwende-Jahren – Konjunktur hatte: „Der hoffnungslose Proletarier", verkündete man damals, „macht immer mehr dem wachen, oft flinken Arbeitnehmer Platz, der gerade in seiner Arbeit-Nahme etwas wie Unternehmer-Persönlichkeit entwickeln muß" (*Leisner* 1983, 332). Und ein anderer Prophet des *spirit of enterprise* hat seinerzeit diese „Revolution" auf den kürzesten Nenner gebracht: „Der Lieferant der Leistung wird Unternehmer." (*Giersch* 1985)

„Mobilität, Flexibilität, Job-Hopping" (*Hank* 1995, 33). Natürlich fragt die neuen Beweglichen niemand, ob sie auch „hüpfen" wollen – an den Rand des Abgrunds nämlich: „Im Extremfall kann einfache Arbeit in Deutschland nicht höher entlohnt werden als in Tschechien, auf Dauer auch nicht höher als auf dem indischen Subkontinent." (*Giersch* 1994b, 158) Doch auch das härteste Schicksal soll mit fliegenden Fahnen empfangen werden: „Bürger zur Freiheit!" (*Doering/ Fliszar* 1995, 11)

5.3.6 Regressivität

Von da scheint es ein weiter Weg zu jener „Regression", die der Moral als Standortfaktor huldigt und einen Tugendkanon präsentiert, den vor dreihundert Jahren Mandeville schon am liebsten ausgemustert hätte (*Giersch* 1994a).

Moralität

Tatsächlich liegen die Extreme gar nicht soweit auseinander. Dafür sorgt eine stillschweigende Problemverschiebung. Während in *Mandevilles* Welt das „saubere" Leben eine Vergemütlichung der wirtschaftlichen Dynamik bewirkt, steht sein moderner Aufguß für die Vertreibung des schützenden Staates, so daß Moralität und Brutalität jetzt ohne weiteres zusammenpassen – moralisch sein heißt, in Anstand „indische" Verhältnisse zu ertragen.

Doch ist das nicht „Seminar-Liberalismus", die Ausgeburt eines hoffnungslos *regressiven* Hirns, das sich in seiner enttäuschungssicheren Verblendung antiquierte Wunschwelten ausmalt? Gar mancher „Realist" hat, auch wenn er mit solchen Träumen insgeheim sympathisiert, die Hoffnung endgültig aufgegeben und ist zu dem Ergebnis gelangt, der ganze Plan, einem abgestorbenen Moralkodex neues Leben einzuhauchen, sei von vorneherein verkehrt angelegt. Unter dem Ansturm individualistischer Energien haben dieser (plausiblen) Meinung nach gemeinschaftliche Tugenden den Geist schon vor langer Zeit aufgegeben – nicht nur oben, dort wo das „reflexive" Wirtschaften schon längst keine Hemmungen mehr kennt, sondern ganz allgemein:

Individualisierung

> „Dieser Prozeß der Individualisierung verläuft nicht geradlinig. Vielmehr kommt er immer wieder zum Stillstand. Doch insgesamt ist die Richtung eindeutig: Zuerst sind es nur einzelne, dann kleine Gruppen, Minderheiten und Mehrheiten und schließlich ganze Bevölkerungen, die den Prozeß der Individualisierung mit allen seinen Konsequenzen durchlaufen. Der sich seiner Individualität bewußt werdende, der ‚erkennende' Mensch, verläßt seine naturgegebene Gemeinschaft, die ihn sowohl begrenzt als auch beschützt, und tritt in eine zunehmend von ihm selbst geschaffene Welt ein. Diesen Schritt empfindet er zwar als Verlust des Paradieses, aber auch als unumkehrbar." (*Miegel/Wahl* 1994, 38)

Am Ende beherrschen „materieller Genuß" und „Selbstverwirklichung" den Markt der Lebensziele konkurrenzlos – jeder versucht eben aus seinem „Humankapital" so viel wie irgendmöglich zu machen (*Miegel/Wahl* 1994, 52), ohne Rücksicht auf übergeordnete Werte: Staatsräson oder „Standortlogik", Versichertengemeinschaft oder Klasseninteresse, Betriebswohl oder Familiensinn vermögen dagegen wenig auszurichten.

Keine Rücksicht auf übergeordnete Werte

Also ist das (post-)moderne Ambiente kein guter Ort für die Regression? Ihr Prophet selbst scheint zwar auch nicht zu glauben, daß er im eigenen Lande etwas gelte, doch verläßt ihn deshalb keineswegs alle Hoffnung. Denn schließlich: wer nicht hören will, muß fühlen, und wer nicht lernt, bezahlt eben Lehrgeld – vielleicht bahnt sich so gar eine Münchhausen-Lösung an:

> „Mit der Erwartung, es werde der Wettbewerb der Standorte einen Wettbewerb der Moralsysteme mit sich bringen, verknüpfen wir die Hoffnung, es werde sich auch dieser Wettbewerb als Qualitätswettbewerb im positiven Sinne erweisen – im Sinne ethischer Prinzipien, die es verdienen, zu einem allgemeinen Gesetz erhoben zu werden." (*Giersch* 1994).

Wettbewerb der Standorte bedeutet Wettbewerb der Moralsysteme

Der Schopf ist die Ökonomie – an ihm zieht sich die Moral aus dem Sumpf ihrer selbst: wirtschaftliche Rivalitäten sollen zivilisatorische Defekte eliminieren. Doch dieses patente Rezept müßte in Wahrheit ein Fiasko erzeugen, weil umgekehrt den Leistungswettbewerb nur jenes Land bestehen kann, das sich moralisch „fit" gehalten hat. *Zivilisationen* (Osten-Westen) prallen aufeinander, nicht Ökonomien (*Huntington* 1993), und Singapurs Lektion, wenn es überhaupt eine ist, lautet: wer schlägt, gewinnt; nicht: wer gewinnt, schlägt.

Von da aus ist es nur noch ein Schritt zu einer Patentlösung, die andernorts, vor allem bei amerikanischen Moralisten, Konjunktur hat, nämlich den fernen Osten samt seiner Disziplin ins eigene Land zu holen. Wer von dort kommt, hat „weit mehr Energie, Ehrgeiz, Zähigkeit und Anpassungsfähigkeit als der Durchschnitt" (*Fukuyama* 1993, 28); Menschenströme aus anderen Regionen müßten, um diese Qualität zu erreichen, vorher gründlich „gesäubert" werden (*Chavez* 1995).

Neute Vitalität durch
Einwanderung?

Ein angemessen drastisches Gegenmittel, das deshalb länderübergreifend und lagerbildend diskutiert wird, weil es Gesellschaften ebensogut auf bequeme Weise kurieren wie bis ins Mark erschüttern könnte, wäre also eine ausreichende Infusion von „edlen Wilden" – einst der ethnologische Begriff für naturbelassene Völker, deren Charakter noch nicht durch das zivilisatorische Gift (des Geldes) zersetzt war, heute neutraler „Immigranten" genannt. Einwanderer mit ihrer regressiven „Stammesmoral" (*Hayek* 1982, 133ff.) müßten, was fast der Quadratur des Kreises gleichkommt, in *unserer* Tradition gemeinschaftsbildend wirken, ohne nach *unseren* Kriterien leistungshemmend zu sein. Ansonsten würden aus ihrem Kollektivismus statt Wirtschaftswundern

> „Wohlstandsverluste erwachsen, die zu einer zunehmenden Ablehnung von Zuwanderern durch die ansässige Bevölkerung führen dürften. ... Diese Gefahr würde erhöht, wenn durch die Zuwanderer die historisch gewachsene kulturelle und ethnische Identität der ansässigen Bevölkerung schneller verändert werden würde, als sie von großen Bevölkerungsteilen mitvollzogen werden kann. Dann würden diese Veränderungen als zerstörerisch empfunden und folglich bekämpft werden." (*Miegel/Wahl* 1994, 128)

Die optimale Fremdheit ist also gefunden, wenn sich ein anderer Geist sozial verankert hat, der vom normalen gleichwohl nicht abgestoßen wird. Im Idealfall könnte diese Zelle dann als Brückenkopf des vitalen Denkens fungieren. Doch welches Land – mit Ausnahme vielleicht des schmelztiegelerprobten Amerika, darf schon auf derart unwahrscheinliche Hilfe hoffen?

Wir dürfen! Aus dem „nahen" Osten kommt das Heil, vom gnädigen Schicksal geschickt, nachdem wir auf eigene Reserven kaum noch zurückgreifen konnten. Eine neue Zone regressiver Ökonomie speist die *innere Immigration*, den deutschen Sonderweg zur Regeneration lebenswichtiger Motive:

Hoffnung auf eine
neue Arbeitsmoral in
Ostdeutschland

> „Wenn auch", berichtet Focus, „die Produktivität noch nicht so richtig stimmt, sind die Westler begeistert von Motivation, Fertigkeiten und Kreativität ihrer Angestellten." Als in einem Fall „neue Maschinen in der Produktionshalle aufgestellt wurden, rückte die Belegschaft freiwillig am Wochenende an und richtete die Geräte ein. ‚Erwarten Sie das einmal von Arbeitnehmern in Württemberg', brummte", wie kolportiert wird, der Geschäftsführer „grimmig". Im „Schulterschluß mit den Gewerkschaftsführungen", so geht die Erfolgsgeschichte weiter, „retten Belegschaften sogar von der Treuhand abgeschriebene Betriebe. ... ‚Das Werk muß weiterbestehen. Das war wichtiger, als alle Arbeitsplätze kurzfristig zu retten'", erklärt ein einsichtiger Betriebsrat. „Nur mit Konsens bis hin zur Harmonie zwischen Arbeitern und Chefs" haben es derweil andere geschafft, ihr Unternehmen über Wasser zu halten. Und „selbst schmerzliche Entscheidungen treffen bei den Arbeitern auf Verständnis. Wenn's ums Ganze geht, stehen wir zusammen", bestätigt ein Ost-Manager den ungewöhnlichen Opfermut. Während der West-Manager den Kontrast beleuchtet: „‚Die Westdeutschen sind satt und träge, die Ostdeutschen sind hungrig.'" (Focus 52, 1994, 43ff.)

Was so an einzelnen Indikatoren regressiver Gesinnungstaten zusammenkommt, ergibt für den früheren BDI-Präsidenten Tyll Necker ein repräsentatives Gesamtbild von der „neuen Arbeitsmoral in Ostdeutschland": Die

> „Bereitschaft dazu [nämlich zum Strukturwandel] ist phänomenal. Hier hat sich eine ganz neue Zusammenarbeit zwischen Arbeitgebern und Arbeitnehmern entwickelt. Der Erfolg des Unternehmens und die Sicherheit des Arbeitsplatzes stehen an erster Stelle. Westdeutschland liegt da zurück. Ein Ost-Manager, der von seinem Unternehmen in den

Westen versetzt wurde, erzählte mir, er sei regelrecht erschrocken, wie in westdeutschen Betrieben die Verhältnisse verkrustet sind. Dort steht oft nicht das Wohl des Unternehmens, sondern Besitzstandswahrung im Vordergrund. Der Mann hat im Westen ein Stück alte DDR wiedergefunden. ... Die Menschen im Osten haben Großartiges geleistet: eine friedliche Revolution und einen gewaltigen Strukturwandel." (In: Focus 52, 1994, 46f.)

Kurz und gut: „Die Arbeitnehmer hier sind das große Wunder für alle gewesen, die hier angefangen haben." (Ernst von Dohnany, in: Focus 52, 1994, 47)

Wunder freilich haben die Tendenz zu vergehen; und dieses hier macht wohl keine Ausnahme. Erfahrungsgemäß gilt: „Ethnische Minderheiten passen sich an" (*Miegel/Wahl* 1994, 37) und ostdeutsche Mentalitäten werden wohl verwestlicht wie ihre fernöstlichen Vorbilder (*Fukuyama* 1993). Regression macht ratlos – es sei denn, man könne noch wie B. *Mandeville* staatlich verfügte Zwangsarbeit verordnen: „für hunderttausend Arme mehr, als wir tatsächlich haben" und „für über drei- bis vierhundert Jahre" (1980, 349). *(margin: Anpassung)*

5.3.7   Radikalität

Die Blockaden, an denen sich eine konsequent betriebene Repression abreiben würde, bestätigen wieder einmal den Common sense: nichts wird so heiß gegessen, wie es gekocht wird. Gerade „in der Politik" versagen radikale Kuren auch deshalb, weil Kranke gegen ihre Behandlung Widerstand leisten. *(margin: Widerstand)*

Die neo-liberale Strategie liefe darauf hinaus, das „Modell Deutschland" bis auf seine Grundfesten zu schleifen: hat es bisher doch darauf gebaut, den industriellen Fortschritt national und politisch, eben „korporatistisch" zu steuern. In letzter Instanz dem Selbstlauf des Marktes zu vertrauen, ist ein konträrer Kurs, der Verteilungsmuster total umkrempelt und Machtverhältnisse dramatisch verschiebt. Alles „Geldfremde" würde demontiert, mehr oder minder rabiat: Arbeits- und Kündigungsschutz, Urlaub und Mitbestimmung, Höchstgrenzen und Mindestlöhne, Sozialhilfe und Sozialpläne, Streik und Aussperrung etc. Es gäbe weder „wohlerworbene Rechte" noch „starke Arme", um sie zu verteidigen, noch „alternative Szenen" als Barriere gegen fatale Optionen. Am Ende stünde die geldgesteuerte Risikogesellschaft, in Konkurrenz mit anderen darum bemüht, die *Risiken* zu perfektionieren. Will heißen, sie würde endlich – genau so, wie *Spencer* schon einmal verlangt hat – unsere Existenzsicherung ganz unter das Regiment des Marktes und der *Zahlung* stellen: „Ein Bedürfnis, daß zu irgendeiner Zeit unerfüllt bleibt ... ist eines von geringerer Dringlichkeit als all jene, für die Menschen eher bereit sind zu zahlen, und muß daher warten, bis nötigere Dinge erledigt sind." (1981, 307) *(margin: Ende des Modell Deutschland)*

Daß gesellschaftliche Trägheitsmomente und Widerstandsbastionen den glatten Durchmarsch des Neuen verhindern, ist bei soviel Radikalität wenig erstaunlich. Anderswo, in abgehärteten Ländern, fällt der Sprung ins kalte Wasser leichter, doch auch dort scheinen dem rabiaten Elan politische Grenzen gesetzt (kaum hatten z.B. Amerikas Republikaner unter Gingrichs Führung damit begonnen, „revolutionäre" Wahlversprechen einzulösen, sind sie in der Gunst ihrer Wähler massiv gesunken). *(margin: Gesellschaftliche Trägheit gegen radikale Lösungen)*

Manchmal sitzt die Sperre aber auch schon im Kopf, und es wird nichts so heiß gekocht, daß es nicht gegessen werden könnte. Bei aller Kritik an öffentlicher Verschwendung oder staatlichem Versagen: *Politik in der Reserve* zu wissen, beruhigt auch heute viele radikale Gemüter, insgeheim selbst jene, deren verkündetes Ideal darin liegt, den Markt zu entfesseln. Eine Verfassung, deren oberste Prinzipien heißen würden „Geld regiert die Welt", ist nur wenigen ganz geheuer. So mißtraut man Spekulationen, wenn „sie sich nicht in der traditionellen Produktion binden" (*Giersch* 1994a); selbst wo die Kapitalbewegung als Freiheitsdrang demokratische Würde gewinnt, überläßt man Geldströme nicht einfach ihrer riskanten Dynamik: „Miteinander reden ist besser, als nichts zu tun", wenn immer dem Währungsgefüge Turbulenzen drohen (*Jeske* 1995). Und was Recht ist, entscheidet nicht alleine der Profit – beider Verhältnis ist vielmehr ein „Optimierungsproblem" (Rüthers 1994). Weder Börsenkräche noch Mafia-Imperien verdaut das „Weltgeld" umstandslos, wiewohl beide Exzesse nicht aus seiner Art schlagen.

Das neo-liberale Ideal als Zielsetzung

Dennoch: Das neo-liberale Ideal ist kein Muster ohne Wert. Es gibt eine Zielrichtung vor – nicht irgendeine, sondern jene, die heute ohne Zweifel bestimmt, was der Menschenverstand denken muß, um als gesund gelten zu können.

5.3.8 Literatur

Alexander, J.C. 1995: Modern, Anti, Post, Neo. In: New Left Review, 210, 63ff.
Cable, V. 1995: The Diminished Nation-State: A Study in the Loss of Economic Power. In: Daedalus, 124 (2), 23ff.
Chavez, L. 1995: What to Do About Immigration. In: Commentary, March, 29ff.
Cristi, R. 1993: Le libéralisme conservateur. Paris.
Doering, D. 1995: Recht durch Markt. Neue Perspektiven für eine liberale Rechtspolitik. In: Doering/Fliszar, 165ff.
Doering, D., F. Fliszar (Hg.) 1995: Freiheit: Die unbequeme Idee. Stuttgart.
Esping-Andersen, G. 1990: The Three Worlds of Welfare Capitalism. Princeton.
Fukuyama, F. 1993: Immigrants and Family Values. In: Commentary, May, 26ff.
Giersch, H. 1985: Das neue Zeitalter der Unternehmer. In: FAZ, 30. 3.95.
Giersch, H. 1994a: Die Moral als Standortfaktor. In: FAZ, 31.12.94.
Giersch, H. 1994b: Die Industrie und das Beschäftigungssystem im weltweiten Strukturwandel. In: Arbeit der Zukunft – Zukunft der Arbeit. Stuttgart. 151ff.
Hank, R. 1995: Arbeit – die Religion des 20.Jahrhunderts. Frankfurt.
Hayek, F. A. 1982: Law, Legislation and Liberty, Bd.2. London.
Herzog, R. 1991: Die Politik hat dem Recht zu gehorchen. In: Fack u.a. (Hg.), Das deutsche Modell. München. 90ff.
Huntington, S. P. 1993: The Clash of Civilizations? In: Foreign Affairs, 72, 22ff.
Jeske, J. 1995: Die unsichtbare Hand. In: FAZ, 26.1.95.
Külp, B. 1994: Gefährdung des Wirtschaftsstandorts durch sozialpolitische Entscheidungen? In: Der Bürger im Staat, 44(2), 128ff.
Lasch, C. 1994: Die Revolte der Eliten Oder: Verrat an der Demokratie. In: Blätter für deutsche und internationale Politik, 12, 1427ff.
Lehment, H. 1995: Arbeitslose in der Teufelsspirale. In: FAZ, 28.1.95.
Leisner, W. 1983: Der Führer. Berlin.
Luhmann, N. 1988: Die Wirtschaft der Gesellschaft. Frankfurt.
Luttwak, E.N. 1994: Weltwirtschaftskrieg. Reinbek b. Hamburg.
Mandeville, B. 1980: Die Bienenfabel. Frankfurt.
Miegel, M. 1994: Vollbeschäftigung – eine sozialromantische Utopie? In: Arbeit der Zukunft – Zukunft der Arbeit. Stuttgart. 37ff.

Miegel, M., S. Wahl 1994: Das Ende des Individualismus. München.
Reich, R.B. 1993: Die neue Weltwirtschaft. Frankfurt.
Rüthers, B. 1994: Das Recht im Umbruch. In: FAZ, 29.10.94.
Rüthers, B. 1995: Richter auf dem ökonomischen Holzweg. In: FAZ, 11.3.95.
Schwarz, G. 1995: Marktwirtschaft ohne Wenn und Aber. In: Doering/Fliszar, 117ff.
Siebert, H. 1994: „Wir brauchen flexible Arbeitskräfte". In: Mensch & Büro, 5, 132ff.
Spencer, H. 1981: The Man Versus the State. Indianapolis.
Spengler, O. 1922: Der Untergang des Abendlandes; Bd.2. München.
Walter, N. 1994: Die alten Rezepte werden ungültig. In: Das Parlament, 20.5.94.

6 Das Modell Deutschland – Strukturmerkmale und Entwicklungslinien eines theoretischen Ansatzes

Georg Simonis

Den engeren theoretischen Rahmen dieses Sammelbandes bildet der Modell-Deutschland-Ansatz, um nicht zu ambitiös von einer Theorie zu sprechen, die es bislang nicht gibt. Die *Basishypothese* dieses Ansatzes behauptet, daß politische Handlungsmuster und Handlungsspielräume sowie die Leistungsfähigkeit politischer Systeme nur unter Einbeziehung der Art und Weise der Integration des jeweiligen Landes in die Strukturen und Prozesse der Weltwirtschaft und Weltpolitik erklärbar sind. Diese grundlegende Annahme ist das Markenzeichen des Modell-Deutschland-Ansatzes. Ihre Fruchtbarkeit haben einige der Autoren, die auch zu diesem Sammelband Beiträge geliefert haben, in zahlreichen Publikationen seit Ende der siebziger Jahre dargelegt. Die Mehrzahl der Arbeiten zum Modell Deutschland erschien bis Mitte der achtziger Jahre. Danach löste sich der Forschungszusammenhang, der hier aus aktuellem Anlaß wieder aufgenommen wird, zwar nicht gänzlich, in Deutschland aber weitgehend auf. Viele Jahre wurde im Ausland mehr über das Modell Deutschland diskutiert und gemacht als bei uns.

6.1 Entstehung

Die ersten Arbeiten über das Modell Deutschland waren das Ergebnis mehrjähriger Diskussionen innerhalb einer Gruppe von Wissenschaftlern, die sich Ende der siebziger Jahre an der Universität Konstanz aufhielten und von denen sich jeder Einzelne mit sehr unterschiedlichen Themen auseinandersetzte. Dabei gab es zwei Untergruppen: Die eine um Gilbert *Ziebura* befaßte sich mit Theorien der internationalen Arbeitsteilung sowie mit den Strukturproblemen der deutsch-französischen Beziehungen, zu ihr gehörten Christian *Deubner*, Gerd *Junne*, Udo *Rehfeldt* und Frieder *Schlupp*; die andere hatte sich um das Projekt „Krisenregulierung" in der deutschen Stahlindustrie, das von Josef *Esser*, Wolfgang

sozialer Entstehungszusammenhang

Fach und Werner *Väth* unter aktiver Beteiligung von Klaus *Erdmenger* durchgeführt wurde, gebildet. Der Autor des vorliegenden Textes stand weitgehend für sich, da er damals die Entwicklungsmodelle unterschiedlicher Schwellenländer untersuchte und über die Beziehungen der Bundesrepublik zu Entwicklungsländern arbeitete. Dennoch kooperierte er mit beiden Gruppen, da er die jeweiligen Debatten für die eigene Forschung fruchtbar machen wollte. Eine weitere Verbindungslinie wurde durch die persönliche Freundschaft und gemeinsame theoretische Interessen zwischen Gilbert Ziebura und Josef Esser hergestellt. Das Ergebnis dieses Forschungs- und Beziehungsgeflechts war eine innovative Verknüpfung von Theorien der internationalen Beziehungen und der internationalen Politik einerseits und Theorien der vergleichenden Politikwissenschaft und der Staatstheorie andererseits zu einem Amalgam, das sich aus der Retrospektive betrachtet als Modell-Deutschland-Ansatz bezeichnen läßt.

Die Mehrzahl der Autoren des vorliegenden Sammelbandes war also an der damaligen Konstanzer Debatte beteiligt. Dies gilt auch für Josef Schmid, der zu jener Zeit in Konstanz Verwaltungswissenschaft studierte und sich in vielen Seminaren mit dem Modell-Deutschland-Ansatz auseinanderzusetzen hatte, und eingeschränkt auch für Stephan Bröchler, der einige Jahre später in Konstanz sein Studium beendete und dort promovierte. Roland Czada war damals wissenschaftlicher Mitarbeiter von Gerhard Lehmbruch, der in Konstanz die Korporatismusdebatte anregte und mit dem es vielfältige Arbeitsbeziehungen und Diskussionen gab. Nur Martin List und Wolfgang Reichardt haben jeweils eine andere wissenschaftliche Sozialisation durchlaufen. Sie haben sich, da sie in Hagen an meinem Lehrgebiet beschäftigt sind bzw. waren (Wolfgang Reichardt), aus Interesse an dem Sammelband beteiligt und sich auf den ihnen fremden Ansatz eingelassen, ohne ihn voll zu übernehmen. Zumindest nach der Lektüre dieses Bandes dürfte deutlich geworden sein, daß der Modell-Deutschland-Ansatz ein offenes Konzept ist, das sich nicht in ein Prokrustesbett zwängen läßt. Dies ist letztlich auf das zugrundeliegende Theorieverständnis zurückführbar. Auch die das Modell prägenden Strukturen müssen gesellschaftlich reproduziert werden und unterliegen einem entsprechenden historischen Wandel.

zeitlicher Entstehungszusammenhang

Formuliert wurde das Modell-Deutschland-Konzept und damit auch der Modell-Deutschland-Ansatz in Reaktion auf eine konkrete politische Debatte. Die SPD führte 1976 u.a. mit dem Slogan „Wir schaffen das Modell Deutschland" den Bundestagswahlkampf. Sie wollte mit ihm einerseits auf die im Vergleich zu den europäischen Nachbarstaaten relativ erfolgreiche Stabilitäts- und Anpassungspolitik der Bundesrepublik nach der ersten Erdölkrise 1973/74 und andererseits auf ihre für vorbildlich erachtete, beschäftigungswirksame Modernisierungspolitik hinweisen. Den westeuropäischen Nachbarn wurde das „Modell Deutschland" gar zur Nachahmung empfohlen – eine politische Attitüde, die in der französischen und italienischen Publizistik weithin mit Kritik aufgenommen wurde; aber auch Anlaß zu Diskussionen war, ob nicht das Modell Deutschland, vor allem dessen soziale und monetäre Stabilität, nachgeahmt werden könnte.

Die wohltönende, anspruchsvolle und zukunftsmächtige Behauptung der SPD-Regierung stieß bei der Konstanzer Forschergemeinschaft auf Skepsis, da für sie etwa Mitte der siebziger Jahre nach dem ersten Bericht des Club of Rome, nach der Erdölkrise von 1973/74 und nach der Entwicklung der Antikernkraftbewegung Risse im Fortschrittsparadigma deutlich erkennbar waren. Hinzu kamen noch Entwicklungen, wie die auch von der SPD mit zu verantwortende Stimmungsmache gegen Intellektuelle und deren Ausgrenzung durch Berufsverbote, der Ausbau der Sicherheitsapparate als Reaktion auf den linken Terrorismus, das Scheitern der Bildungs- und Hochschulreform sowie die tendenziell steigenden Arbeitslosenzahlen und Haushaltsdefizite und erste vorsichtige „Umbauten" des Sozialstaates, um die sozialdemokratische Wahlkampfparole vom Modell Deutschland als unrealistisches Traumbild der damaligen Krisenlagen zu deuten.

Den letzten Anstoß zur Formulierung des Modell-Deutschland-Ansatzes bildete jedoch ein für Politikwissenschaftler erklärungsbedürftiger „Widerspruch": Warum konnte die sozialliberale Koalition trotz der erkennbaren Funktionsdefizite ihrer Politik die Wahlen von 1976 (und später von 1980) gewinnen? Warum destabilisierte die ökonomische Krise, die 1974/75 begonnen hatte und seit 1979 in der zweiten Weltwirtschaftskrise dieses Jahrhunderts offen zu Tage trat, nicht das politische System der Bundesrepublik? Würde das politische System auch bei noch stärkeren ökonomischen Strukturbrüchen und zunehmendem sozialen Problemdruck stabil bleiben? [*materieller Entstehungszusammenhang*]

Zur Beantwortung dieser im Kern politikwissenschaftlichen Fragestellung war es notwendig, ein Modell – im Sinne eines theoretischen Konstrukts (wie etwa ein Atommodell) – zu entwickeln, das die Ebene der Politik systematisch mit der Wirtschaft und den sozialen Verhältnissen der Gesellschaft verbindet. Von ihm war zu fordern, daß es

1. die ökonomischen (Wachstum, Konkurrenzfähigkeit), sozialen (soziale Integration, geringe Arbeitslosigkeit) und politischen (wirksames Krisenmanagement) Erfolge systematisch abbildete,
2. die zunehmenden ökonomischen, sozialen und politischen Verwerfungen angemessen erfaßte, um
3. vor diesem Hintergrund die offenkundige politische Stabilität der Bundesrepublik zu erklären.

[*Vorarbeiten*]

Wie oben angedeutet, begünstigte das wissenschaftliche Spezialisierungsprofil der Konstanzer Arbeitsgruppe einschließlich ihrer Fähigkeit zur Kooperation die Formulierung eines Erklärungsansatzes, der den skizzierten Anforderungen entsprach. Schon bevor Gilbert *Ziebura* an die Universität Konstanz berufen wurde, hatte er sich am Otto-Suhr-Institut in Berlin einerseits mit der asymmetrischen Struktur der deutsch-französischen Beziehungen (*Ziebura* 1970) befaßt und andererseits mit Kollegen und Mitarbeitern (u.a. Junne und Schlupp) den Versuch unternommen, einen eigenständigen theoretischen Ansatz zu dem Problemkreis „Bestimmungsfaktoren der Außenpolitik in der zweiten Hälfte des 20. Jahrhunderts" (vgl. *Ziebura/Ansprenger/Kiersch* 1974) zu formulieren. Beide Themenkomplexe wurden von der Ziebura-Gruppe in Konstanz weiter verfolgt. Um sie zu untersuchen, befaßte sie sich intensiv mit neueren Theorien der internationalen Arbeitsteilung und der Internationalisierung von Wirtschafts- und Kapitalbeziehungen (vgl. *Schlupp/Nour/Junne* 1973, *Deubner/Rehfeldt/Schlupp/Ziebura* 1979, *Deubner/Rehfeldt/Schlupp* 1979, *Junne* 1976). Im Mittelpunkt der Forschung stand die Erklärung der dominanten ökonomischen Position der Bundesrepublik gegenüber Frankreich (*Ziebura* 1976, *Deubner/Rehfeldt/Schlupp* 1978) und in Westeuropa (*Schlupp* 1977/1978/1980, *Deubner* 1977) sowie das Problem des Wandels der politischen Handlungsfähigkeit von Staaten aufgrund von zunehmender internationaler Verflechtung (*Ziebura* 1973). Im Zentrum des Interesses der ehemaligen Mitarbeiter von Frieder *Naschold*, der 1976 als Kodirektor an das Wissenschaftszentrum Berlin berufen worden war, standen dagegen die Weiterentwicklung der materialistischen Staatstheorie und ihre Anwendung in unterschiedlichen gesellschaftlichen Kontexten (*Esser* 1975, *Hein/Simonis* 1976, *Fach/Degen* 1978), die Steuerungsfähigkeit des Staates (*Esser/Fach/Väth* 1978) sowie die Rolle der Gewerkschaften (*Esser/Fach* 1977, *Esser/Fach* 1979) in ökonomischen Krisensituationen unter besonderer Berücksichtigung der sozialen Kosten ihrer Bewältigung (*Esser/Fach/Väth* 1978).

6.2 Strukturmerkmale

Vor dem Hintergrund dieser, ein breites Spektrum von Themen und Theorien umfassender Forschungsarbeiten entstand nach einer Aufforderung durch die Herausgeber des „Leviathan" die Ausgabe 1/1979 als ein dem Modell Deutschland gewidmetes Schwerpunktheft. Es enthielt die folgenden Aufsätze zum Thema:

- Frieder *Schlupp*: Internationalisierung der Krise – das „Modell Deutschland" im metropolitanen Kapitalismus, S. 12-35.
- Georg *Simonis*: Die Bundesrepublik und die neue internationale Arbeitsteilung, S. 36-56.
- Gerd *Junne*: Internationalisierung und Arbeitslosigkeit, S. 57-78.
- Josef *Esser*, Wolfgang *Fach*, Gerd *Gierszewski*, Werner *Väth*: Krisenregulierung – Mechanismen und Voraussetzungen, S. 79-96.
- Christian *Deubner*: Internationalisierung als Problem alternativer Wirtschaftspolitik, S. 97-116.

sowie ein knappes Editorial: „Das Modell Deutschland und seine Konstruktionsschwächen", das gemeinsam verfaßt wurde. Darin wurde festgehalten, daß das Modell Deutschland auf vier Strukturmerkmalen beruht:

Dominanz des Exportsektors Erstens: Die wirtschaftliche Entwicklung der Bundesrepublik ist von ihrem Exportsektor, indem die Investitionsgüter einen zentralen Stellenwert einnehmen, abhängig. Daher ist die Sicherung der internationalen Konkurrenzfähigkeit das alles überragende Ziel der Wirtschafts- und Gesellschaftspolitik.

abhängiger Binnenmarkt Zweitens: Die für den Binnenmarkt produzierenden Sektoren haben gegenüber dem Exportsektor eine untergeordnete Bedeutung. Hohe Konkurrenz auf den Binnenmärkten (Investitionsgüter, Konsum, Arbeit) stärkt den Exportsektor, da sie dazu beiträgt, die Produktionskosten des Exportsektors zu senken.

Sozialpartnerschaft/ Korporatismus Drittens: Die hohe Konkurrenzfähigkeit für den Export komplexer Investitionsgüter und technologieintensiver Industriewaren wird durch eine gut ausgebildete Facharbeiterschaft ermöglicht, die einerseits über hohe Löhne und andererseits über starke Gewerkschaften stabil in das Wirtschafts- und Gesellschaftssystem integriert ist. Die Gewerkschaften haben die Funktionsbedingungen des Exportmodells akzeptiert und bilden einen wesentlichen Bestandteil des Modells (Sozialpartnerschaft).

Viertens: Die staatliche Wirtschafts- und Gesellschaftspolitik ist darauf angelegt, die Konkurrenzfähigkeit des Exportsektors zu sichern sowie die politischen Rahmenbedingungen für offene Märkte zu schaffen. Die Modernisierung der Volkswirtschaft ist eine permanente und prioritäre Aufgabe des Staates.

staatliche Modernisierungspolitik

Die vier Strukturmerkmale des Modells Deutschland in der Originalformulierung des Editorials:
„Das Modell Deutschland und seine Konstruktionsschwächen" (1979)
Die damals verwendete Sprache ist (wie das Zitat zeigt), stark vom neo-marxistischen Zeitgeist beeinflußt worden. Doch ist der Inhalt von der Sprachform zu unterscheiden:

„(1) Integration in den Weltmarkt auf der Basis des Exports moderner Industriewaren mit einem weit überdurchschnittlich hohen Anteil von Investitionsgütern. Dem hohen Exportanteil der Industriegüterproduktion entspricht ein hoher Anteil von Importen bei der inländischen Marktversorgung. Die Dynamik des externen Sektors (indirekte und direkte Produktion von Waren und Dienstleistungen für den Weltmarkt, Entwicklung der Terms of Trade) bestimmt den Akkumulationsprozeß. Die Sicherung der Konkurrenzfähigkeit auf dem Weltmarkt in der Produktionsmittelindustrie und -technologie ist Voraussetzung für die krisenfreie Reproduktion der bundesrepublikanischen Gesellschaftsformation und daher funktionaler Imperativ für Kapital, Arbeit und Politik, die dieser ‚objektive' Sachzwang vereint.

(2) Da bei der gegebenen Industriestruktur der Binnenmarkt nicht ausreicht, um einen hohen Beschäftigungsgrad, die Auslastung der Kapazitäten und die Profitabilität der Konzerne zu sichern, sind die Binnensektoren den weltmarktintegrierten Sektoren der Wirtschaft funktional subordiniert; denn eine hohe Konkurrenzfähigkeit auf dem Weltmarkt garantiert nicht nur Absatz und Profite, sondern ermöglicht die Externalisierung immanenter Krisenfaktoren, wie sinkende Profitrate, Überakkumulation und Disproportionalitäten. Funktionale Subordination bedeutet: für den Binnenmarkt produzierende Branchen und Industriezweige sind in dem Umfang der Importkonkurrenz ausgesetzt, wie dadurch die Produktionskosten der Exportindustrien verringert werden. (Importe von Rohstoffen, Vor- und Zwischenprodukten, Senkung der Reproduktionskosten der Arbeitskraft) ...

(3) Die Funktionsfähigkeit des ‚Modells Deutschland' setzt eine ökonomisch und politisch integrierte Arbeiterklasse voraus. Konkurrenzfähigkeit auf dem Weltmarkt läßt sich nur erhalten, wenn die Lohnkosten nicht unverhältnismäßig gegenüber dem Produktivitätsfortschritt und den Konkurrenten steigen, wenn keine Störungen durch Arbeitskämpfe die Qualität der Produktion und die Einhaltung genauer Liefertermine beeinträchtigen, und wenn Rationalisierung und Modernisierungsmaßnahmen möglichst schnell, ohne Rücksichtnahme auf die Auswirkungen bei den unmittelbaren Produzenten, vorgenommen werden können. Die Akzeptierung der Strategien des Kapitals zur Sicherung der Weltmarktkonkurrenzfähigkeit durch die Arbeiterklasse erfordert massenintegrative Apparate, die mögliche Konflikte dämpfen und lokalisieren; also in das ‚Exportmodell' integrierte Gewerkschaften, die seine Funktionsbedingungen als Sachzwang verstehen und sie politisch durchsetzen. Die Aufgabe der Gewerkschaften, soziale Friktionen bei der Anpassung der Arbeitsbedingungen an die Weltmarktkonkurrenz zu glätten, ist durchaus rational: garantiert doch die Erhaltung der Konkurrenzfähigkeit in Schlüsselindustrien hohe Löhne und Beschäftigung und damit auch den Bestand der Gewerkschaften.

(4) Die Sicherung politischer Herrschaft verlangt unter den bereits genannten Strukturbedingungen des ‚Modells Deutschland' eine Wirtschafts- und Gesellschaftspolitik, deren

konkrete Ziele die Verhinderung von Gefährdungen der internationalen Konkurrenzfähigkeit, des reibungslosen Absatzes der Exporte sowie der notwendigen Importe sind. ... Förderung der ‚Modernisierung der Volkswirtschaft' (Hauff/Scharpf), Anpassungssubventionen an strukturschwache Branchen, die der Importkonkurrenz ausgesetzt sind, Unterstützung der Internationalisierung der Produktion, politische Absicherung und Restrukturierung des Arbeitsmarktes und der Arbeitsverhältnisse entsprechend dem ‚Sachzwang' des Weltmarktes, korporatistische Krisenpolitik und sicherheitspolitische Maßnahmen, soweit die Mittel des liberalen Sozialstaates nicht ausreichen, um die Subsumtion der Arbeiterklasse unter die internationalisierten Verwertungsbedingungen des Kapitals und ihre Integration in das Institutionengefüge des bestehenden politischen System der Bundesrepublik zu gewährleisten." (2/3)

relative Autonomie des Staates

Von diesen vier besonders herausgestellten Merkmalen beziehen sich zwei auf ökonomische Strukturen – auf die für die Bundesrepublik spezifische Form der Integration in die internationale Arbeitsteilung – und zwei auf politische Strukturen, einerseits auf die korporatistische Integration der Gewerkschaften und der Beschäftigten sowie auf die Aufgaben und Ziele staatlicher Politik, insbesondere der Wirtschafts- und Sozialpolitik. Viele für die alte Bundesrepublik charakteristische Strukturmerkmale werden in dieser Zusammenfassung nicht erwähnt; sie wurden in dem damaligen Zusammenhang für nicht so wichtig erachtet. Zunächst einmal kam es darauf an, so etwas wie eine „Kernstruktur" – also die ganz besonders wichtigen Strukturmerkmale – herauszuarbeiten. Dabei war es uns wichtig, erstens: entgegen den damals gängigen marxistischen staats- und gesellschaftstheoretischen Ansätzen die *relative Autonomie* staatlicher Politik und die jeweils historische und gesellschaftsspezifische Ausprägung staatlicher Handlungsmuster und politischer Integrationsformen zu betonen und zweitens: die gesellschaftliche und ökonomische Entwicklung der Bundesrepublik als abhängig und geprägt zu begreifen von ihrer besonderen *Form der Integration* in das internationale Wirtschaftssystem, vor allem in den westeuropäischen Wirtschaftsraum, und der wirtschaftlichen Verflechtung mit der den Weltmarkt beherrschenden US-amerikanischen Ökonomie.

abhängige Form der Weltmarktintegration

Bei seiner Geburt 1978/79 wurden diese beiden theoretischen Grundelemente des Modell-Deutschland-Ansatzes von allen Konstanzern geteilt. Sie wurden in einem den Ansatz erweiternden und ihn gleichzeitig auf die spezifische Situation der Bundesrepublik 1979/80 anwendenden Text durch eine weitere Basisannahme ergänzt. Diese neue theoretische Figur war zwar schon implizit in den ersten Arbeiten zum Modell Deutschland enthalten, sie war aber zunächst nicht explizit ausgearbeitet worden. Im Anschluß an theoretische Überlegungen aus der Dependenztheorie (*Galtung, Amin*), der französischen Regulationsschule (*Aglietta/Lipietz/Boyer*) sowie der neomarxistischen Debatte in den USA (*O'Connor*) wurde von uns das Zentrum-Peripherie- bzw. Kern-Rand-Modell der Gesellschaft auf die Bundesrepublik übertragen. Dies erfolgte in dem Aufsatz:

– Josef *Esser*, Wolfgang *Fach*, Georg *Simonis*: Grenzprobleme des „Modells Deutschland", in: Prokla – Zeitschrift für politische Ökonomie und sozialistische Politik, Heft Nr. 40, 3/1980, 40-63.

Kern-Rand-Modell

Die Verwendung des Kern-Rand-Modells zur Strukturanalyse der entwickelten demokratischen Industriegesellschaft Bundesrepublik erfolgte aufgrund folgender Überlegungen:

- Die sozioökonomischen Unterschiede und die Konflikte zwischen dem prosperierenden weltmarktintegrierten „Kern" der Gesellschaft und ihrer sozial, ökonomisch, politisch und ideologisch-kulturell abgespaltenen Randzone gewinnen gegenüber dem alten Klassenkonflikt (Kapital vs. Arbeit) tendenziell an Bedeutung. Die Entstehung dieser neuen, den alten Sozialkonflikt überlagernden Gesellschaftsspaltung hat dabei vielfältige ökonomische, soziale und politische Ursachen, die im einzelnen zu analysieren sind.

  Gesellschaftsspaltung

- Der Kern der Gesellschaft wird gebildet einerseits durch in ihm bestehende, spezifische Interessenkonvergenzen zwischen Kapital und Arbeit – zwischen den Wachstumsinteressen der Wirtschaft und dem Interesse an einem gutbezahlten sicheren Arbeitsplatz seitens der Arbeitnehmer und Arbeitnehmerinnen (auch wenn diese im prosperierenden Kern nicht so reichlich vertreten sind) – andererseits durch die mit dem prosperierenden gesellschaftlichen Kern aufs engste verknüpfte staatliche Politik mit ihren administrativen Apparaten.

  Interessenkonvergenzen zwischen Kapital und Arbeit

- Trotz bestimmter struktureller Interessenkonvergenzen innerhalb des „gesunden" Kerns der Gesellschaft bestehen in ihm zahlreiche Konflikte, die seinen Zusammenhalt und seine Funktions– wie Leistungsfähigkeit bedrohen. Daher ist es eine permanente Aufgabe des Staates, die jedoch nicht alleine auf ihn beschränkt ist, diese Konflikte zu regulieren. Darüber hinaus besteht seine Aufgabe darin, das Verhältnis zwischen dem Kern und dem Rand der Gesellschaft möglichst stabil zu halten, was allerdings immer nur zeitweise gelingen kann, da Konflikte je nach ökonomischer und politischer Konjunktur aufbrechen, häufig als Resultat politischer „Reform"-Vorhaben der Regierung.

  staatliche Konfliktregulierung

- Die Konfliktursache selbst – die Existenz eines in der Tendenz wachsenden Randes – wird und kann nicht durch staatliche Politik unter den gegebenen politischen Verhältnissen im Rahmen sich steigender globaler Konkurrenz gelöst werden. In einer zunehmend internationalisierten nationalen Wirtschaft gelangt der Sozialstaat an seine Grenzen. War während des Nachkriegsbooms in der Bundesrepublik eine sozialstaatliche Politik der Integration möglich – der Rand der Gesellschaft konnte leidlich integriert werden – so vollzog sich, beschleunigt durch die Krisen der siebziger Jahre (erste und zweite Erdölkrise, Rezession von 1980-83), eine Tendenzwende: die Politik der Integration (Öffnung) wurde abgelöst von einer Politik, in der die Reintegration mehr und mehr flankiert wurde durch eine Politik organisierter Ausgrenzung.

  Grenzen der Sozialpolitik

Allein mit der ökonomischen Tendenzwende – von der später noch wieder die Rede sein wird – einen Wandel der Sozialpolitik und der Funktionsbedingungen des Sozialstaates zu begründen, würde einen ökonomistischen (funktionalistischen) Fehlschluß dargestellt haben. Der Modell-Deutschland-Ansatz Konstanzer Prägung verstand sich aber als nicht-reduktionistisch und funktionalistisch: Die Veränderung der ökonomischen Verhältnisse – insbesondere die wachsende Internationalisierung der westdeutschen Wirtschaft – modifiziere zwar den Handlungskorridor der Politik, so die Überlegung; wie aber die neue ökonomische Konstellation politisch verarbeitet werde, sei eine Angelegenheit der Politik, d.h. je spezifischer nationaler Politikstrukturen.

Rolle national-spezifischer Politikstrukturen

Mit dieser Problematik befaßten sich Josef *Esser* und Wolfgang *Fach* in einem Referat (1979) mit dem Titel „Internationale Konkurrenz und selektiver Korporatismus", das erst später (1981) in überarbeiteter Form als Aufsatz „Korporatistische Krisenregulierung im Modell Deutschland" veröffentlicht wurde. Am

selektiver
Korporatismus

Beispiel der Krise der saarländischen Stahlindustrie und ihrer Bewältigung (Krisenregulierung) stellten sie die These auf, die Krise sei durch „Blockbildung", durch eine Art „selektiven Korporatismus" überwunden worden. Als Korporatismus wird hier, bezogen auf den liberalen westlichen Kapitalismus im Anschluß an Überlegungen von *Schmitter* und *Lehmbruch* (1979), ein tripartistisches Verhandlungssystem, das aus den organisierten Interessen von Kapital, Arbeit und Staat besteht, verstanden:

> „Das eingeschlagene Verfahren läßt Merkmale eines *politischen Krisenkartells* erkennen ..., in dem sich die Unternehmer der Stahlindustrie, die zuständigen staatlichen Instanzen und die betroffene Gewerkschaft informell zusammengefunden haben, um eine gemeinsam getragene, für jeden erträgliche Problemlösung zu finden." (*Esser/Fach* 1981, 168)

Allerdings stellte sich die „für jeden erträgliche Problemlösung" als hochgradig selektiv heraus. Nur für die organisierten Interessen, die machtpolitisch den Kern der Gesellschaft bilden, sei sie erträglich, für die negativ Betroffenen, künftig arbeitslosen Stahlarbeiter und deren Familien, sei sie nahezu unerträglich. In Krisenzeiten (so die These) führe der westdeutsche Korporatismus zu selektiven Entscheidungen, die einerseits den Kern der Wirtschaft sanieren, die aber andererseits einen Rand von sozialen Problemfällen erzeugen.

> „Nochmals zusammengefaßt: Das *Modell Deutschland* spaltet die bundesrepublikanische Gesellschaft tendenziell in einen korporatistischen Block ‚kommodifizierter', integrierter Gruppen, der den (Weltmarkt-) konkurrenzfähigen Wirtschaftssektor zur Basis hat und politisch-ideologisch ‚zusammengeschweißt' wird; sowie in eine Vielfalt sozialstaatlich alimentierter, ökonomisch funktionsloser oder politisch-ideologisch unzuverlässiger Randexistenzen. Die Grenze zwischen beiden Lagern ist nach draußen durchlässig, umgekehrt nahezu dicht: ..." (*Esser/Fach* 1981, 176)

Spätere Studien, in denen die Handlungsstrategien der Unternehmerverbände, des Staates und der Gewerkschaften bei der Bewältigung von Branchenkrisen untersucht wurden, haben die am saarländischen Fall entwickelte These vom bundesrepublikanischen selektiven Korporatismus für von Großbetrieben dominierte Industriebranchen (wie Stahl, Kohle, Werften, Automobil) weitgehend bestätigt (*Esser* 1982, *Esser/Fach/Väth* 1983, *Esser/Fach* 1983 und 1989). Krisen in mittelständisch strukturierten Branchen (Textil, Bekleidung, Maschinenbau) dagegen werden ohne die Einrichtung von politischen Krisenkartellen, auf herkömmlichem Weg, über einzelbetriebliche und politisch nicht-koordinierte Sanierungspolitik gelöst. Doch auch hier gibt es Ausnahmen. Sie hängen von der funktionalen Bedeutung der Branche und der Betriebe sowie ihrem politischen Mobilisierungspotential ab. Jüngste Beispiele sind der Maschinenbau in Baden-Württemberg oder die Automobilzulieferindustrie in Nordrhein-Westfalen.

Trotz der Ausnahmen scheint das korporatistische Reaktionsmuster auf ökonomische Krisen für die Bundesrepublik nicht untypisch zu sein – eine Form der Krisenregulierung, die den gesunden Kern – zumindest zeitweise – saniert und

modernisieren hilft und die die ausscheidenden Arbeitskräfte „sozialverträglich"
entläßt und gleichzeitig an den sozialen Rand der Gesellschaft drängt; den meisten bleibt die Rückkehr in die normale Arbeitsgesellschaft versperrt. Bleibt
noch hinzuzufügen, daß mit der empirischen Bestätigung des Kern-Rand-Modells von dem Modell-Deutschland-Ansatz das traditionelle marxistische Klas-
senkampfschema aufgegeben wurde.

6.3 Theoretische Grundlagen

Ende der siebziger, Anfang der achtziger Jahre bildeten die vier oben bereits
skizzierten Theorieelemente:

– Theorie über die hierarchische Struktur des Systems der internationalen Arbeitsteilung,
– Theorie über die hohe, aber durchaus begrenzte Autonomie des Staates gegenüber der Ökonomie in entwickelten kapitalistischen Gesellschaften,
– Zentrum (Kern) – Peripherie (Rand) – Theorie der Gesellschaft und des internationalen Systems,
– Korporatismustheorie, insbesondere Theorie des selektiven Korporatismus,

den theoretischen Kern des Modell-Deutschland-Ansatzes. Jedoch wurden in
keiner der damaligen Publikationen diese theoretischen Wurzeln explizit dargestellt. Dies hat ebenso wie das Modellkonzept und die Anspielung auf den sozi-   Mißverständnisse
aldemokratischen Wahlkampfslogan zu Mißverständnissen Anlaß gegeben. So-
wohl in Frankfurt Joachim *Hirsch* (1980, 32ff.) als auch die Herausgeber der
Zeitschrift „Prokla" in Berlin (Editorial 1980, 1ff.) verstanden die Konstanzer
Analysen primär als Kritik der sozialdemokratischen Regierungspolitik und erzeugten damit eine bis heute anzutreffende Fehlinterpretation, die allerdings von
den Konstanzern mitverschuldet worden war. Der Modell-Deutschland-Ansatz
wollte zwar durchaus den Realitätsgehalt des wahlstrategisch formulierten
Selbstverständnisses der damaligen SPD-Regierung überprüfen, aber er ging
nicht von der Existenz eines sozialdemokratischen Modells Deutschland aus.
Dies war immer eine Fiktion der politischen Debatte – ein Beitrag zum Wahlkampf.
    Der Anspruch war und ist weiter gesteckt. Dem Ansatz geht es darum,
grundlegende ökonomische, soziale und politische Strukturen der Bundesrepublik – vor allem im Unterschied zu anderen westlichen Industriegesellschaften –
darzustellen, um die Aufgaben und das Handeln politischer Akteure innerhalb
dieser Strukturen sowie deren Modifikation durch politisches Handeln erkennen
und erklären zu können. Unter diesem Blickwinkel bilden die für die Bundesrepublik typischen Volksparteien ein wichtiges Strukturelement des Modells
Deutschland. Welche Partei auch die Bundesregierung führen mag, es macht
keinen Sinn, das Modell Deutschland mit der CDU oder mit der SPD zu identifizieren (vgl. auch *Esser* 1989).

Die Grundidee des Modell-Deutschland-Ansatzes besteht in der Annahme, daß die Entwicklung (ökonomisch, sozial, politisch) nationaler Gesellschaften – *internationales System* sowohl die Erhaltung (Reproduktion) als auch der Wandel ihres historisch entstandenen Strukturmusters – nur im Rahmen der historischen Entfaltung und der Dynamik des kapitalistischen Weltsystems erklärt werden kann. Staatlich verfaßte Gesellschaften verfügen freilich über umfangreiche, historisch gewachsene Besonderheiten: diese „Trivialität" steht nicht zur Debatte, aber welche dieser Besonderheiten Bedeutung erlangen und sich gut verwerten lassen, ist in hohem *nationale Entwicklungspfade* Maße abhängig von dem externen Umfeld, dem internationalen System. Die jeweils besondere Art und Weise der Integration in das internationale System wird daher zum entscheidenden Ausgangspunkt zur Untersuchung der historischen Entwicklungspfade einzelner staatlich verfaßter Gesellschaften.

Aufgrund dieser Herangehensweise, die stark von der französischen Annales-Schule (u.a. Braudel), der Weltsystemtheorie (Wallerstein) sowie der Regu-*Divergenzen mit anderen theoretischen Ansätzen* lationstheorie (Aglietta, Boyer) beeinflußt wurde, unterscheidet sich der Konstanzer Ansatz zur Analyse der Entwicklung der Bundesrepublik, der im Prinzip auch zur Untersuchung anderer Gesellschaften herangezogen werden kann, von den meisten anderen Theorieansätzen zur Erklärung nationaler Entwicklungspfade. Zu nennen sind hier insbesondere:

– die (soziologische) Modernisierungstheorie, die eine hohe Eigenlogik sowie ein in engen Grenzen festliegendes Ablaufmuster der Entwicklung staatlich verfaßter nationaler Gesellschaften behauptet,
– die Volkswirtschaftslehre, die ein weitgehend autozentriertes, sich selbst stimulierendes, intern bestimmtes Wachstumsmodell annimmt und damit die Bedeutung der volkswirtschaftlichen Integration in die internationale Arbeitsteilung nur marginal berücksichtigt; allerdings gibt es hier, vor allem bezogen auf die Entwicklungsländer (Theorem des exportorientierten Wachstums), auch neuere Ansätze;
– die vergleichende Politikwissenschaft („comparative politics") traditioneller Art, die vor allem in ihrer systemtheoretischen Variante politische Strukturen und Funktionsprobleme politischer Systeme miteinander vergleicht, ohne die Art und Weise der Integration von Politik und Gesellschaft in das internationale System systematisch einzubeziehen;
– die traditionelle, durch Leninismus und Stalinismus geprägte, marxistische Theorie, die seit ihrer nationalistischen Wendung – „Aufbau des Sozialismus in einem Lande" – auf den Nationalstaat fixiert war und die die Entwicklung der westlichen kapitalistischen Länder mit einer von der realen Entwicklung abstrahierenden Theorie ökonomisch determinierter Entwicklungsstufen zu erklären versuchte.

Zusammenfassung Zusammenfassend kann festgehalten werden: Bei dem Modell-Deutschland-Ansatz handelt es sich um einen breiten, mehrere theoretische Strömungen aufnehmenden Ansatz zur diachronen und synchronen Analyse staatlich verfaßter entwickelter kapitalistischer Gesellschaften, die auf der Basis politischer Eigenständigkeit in das internationale Staatensystem, in die internationale Arbeitsteilung und in die Weltmärkte integriert sind. Staat und Gesellschaft sind in diesen Staaten räumlich nicht deckungsgleich. Während der Herrschaftsraum des Staates auf ein bestimmtes Territorium begrenzt ist, kennt die private, nur beschränkt dem staatlichen Einfluß unterliegende Wirtschaft keine festliegenden räumlichen Grenzen, auch wenn die Überwindung des Raumes Kosten verursacht. Überall dort, wo es sich lohnt, werden Geschäfte gemacht. So sind die Wirtschafts- und Gesellschaftssysteme des wirtschaftsliberalen westlichen Kerngebiets eng miteinander verbunden. Der Modell-Deutschland-Ansatz versucht, dieser weiterhin wachsenden zwischengesellschaftlichen Verflechtung theoretisch gerecht zu werden. Der einzelne Staat wird nicht als Monade, als sich selbst genügsame und gegenüber der Umwelt verschlossene Einheit, behandelt, sondern als Teil eines größeren Zusammenhangs, der durch eine stark fragmentierte politische Struktur (das Staatensystem) und eine mal stärker, mal langsamer zusammenwachsende Weltwirtschaft und Weltgesellschaft gekennzeichnet ist.

6.4 Entwicklungsleitlinien

Vor dem Hintergrund dieses hier knapp zusammengefaßten theoretischen Panoramas war der Modell-Deutschland-Ansatz Ende der siebziger Jahre formuliert worden. Seine Weiterentwicklung in den achtziger Jahren wurde einerseits durch die Auflösung des Konstanzer Diskussionszusammenhangs und andererseits durch die Analyse noch nicht hinreichend geklärter Probleme, deren Bearbeitung sich auch durch aktuelle politische Entwicklungen aufdrängte, geprägt. Die Folge war eine Ausdifferenzierung des Ansatzes, aufgrund deren sich auch die gemeinsame theoretische Ausgangsbasis erweitert hat. Im folgenden soll daher in der gebotenen Kürze versucht werden, wenigstens einige der Forschungspfade, die in den achtziger Jahren beschritten wurden, sei es um spezifische Schwachstellen auszubessern, sei es um erkennbare empirische und theoretische Lücken zu schließen, darzustellen. Auf insgesamt fünf Forschungsstränge, die sich noch weiter aufgliedern oder ergänzen ließen, soll hingewiesen werden.

6.4.1 Regulationstheorie und Fordismus

Wie oben ausgeführt, bildet einen der theoretischen Ausgangspunkte des Modell-Deutschland-Ansatzes das Theorem von der Hierarchie der internationalen Arbeitsteilung und staatlich verfaßter Produktions- und Reproduktionssysteme (Gesellschaftsformationen). Empirisch war leicht auszumachen, daß im internationalen System der Nachkriegszeit die US-amerikanischen Unternehmen an der Spitze der Hierarchie der internationalen Arbeitsteilung standen, und daß das amerikanische Wirtschafts- und Gesellschaftssystem eine gegenüber anderen in das westliche System integrierten Gesellschaften vorherrschende (hegemoniale) Position einnahm.

hegemoniale Position der USA

Doch es war eine offene Frage, welche Strukturen und Funktionsprinzipien den Erfolg des amerikanischen Modells verursacht hatten und warum es in den siebziger Jahren in eine tiefe ökonomische, gesellschaftliche und politische Krise geriet. Vor allem aber war ungeklärt, warum das amerikanische Modell von anderen Staaten mit sehr unterschiedlichem Erfolg übernommen wurde und wie sich die Krise des amerikanischen Gesellschaftsmodells auf andere Staaten, wie z.B. auf die Bundesrepublik, auswirken würde.

Mit diesem Fragenkomplex befaßte sich seit Mitte der siebziger Jahre in Frankreich die sogenannte Regulationsschule, die dabei Überlegungen von Antonio Gramsci, einem italienischen Marxisten, der in den Gefängnissen Mussolinis starb, aufnahm. Gramsci hatte den enormen Erfolg der Automobilproduktion in den Ford-Werken untersucht und hatte an diesem Beispiel sehr frühzeitig erkannt, daß hier ein Kapitalismus neuen Typs im Entstehen begriffen war, der historisch erstmalig die industrielle Massenproduktion mit dem Massenkonsum von industriellen Fertigwaren zu verbinden erlaubte. Er bezeichnete diese neue Entwicklungsstufe des Kapitalismus als Fordismus. Die französischen Regulationstheoretiker (u.a. Aglietta, Lipietz, Boyer) übernahmen in ihren Untersuchungen des amerikanischen Modells den von Gramsci geprägten Begriff und bezeichneten es als Fordismus. Für die Modell-Deutschland-Diskussion war die Analyse des Fordismus, seiner Erfolgsbedingungen und seine Ausstrahlung auf andere Gesellschaften aus mehreren Gründen von Bedeutung:

Konzept des Fordismus

– Die historische Herausbildung des amerikanischen Wachstumsmodells (Fordismus) und seine Analyse zeigten, daß die gesellschaftliche Integration der Gewerkschaften und der Arbeitnehmer, der Ausbau des Sozialstaates und eine am Ziel der Vollbeschäftigung orientierte, keynesianische Wirtschaftspolitik wesentliche Voraussetzungen für seinen Erfolg darstellten. Da entsprechende Entwicklung in den fünfziger und sechziger Jahren in der Bundesrepublik stattfanden (Integration der Gewerkschaften, Konsumorientierung, Ausbau des Sozialstaates) ließ sich der Erfolg des Modells Deutschland auch mit der Herausbildung eines fordistischen Gesellschaftssystems deuten. Aus der Fordismustheorie konnten zusätzliche Hinweise zur Erklärung der ökonomischen, politischen und bewußtseinsmäßigen (ideologischen) Integration der „Arbeiterklasse" sowie der Handlungsbedingungen staatlicher Wirtschafts- und Sozialpolitik gewonnen werden.

Integration der Gewerkschaften

keynesianische Wirtschaftspolitik

– Vor allem aber warf die Beschäftigung mit dem amerikanischen Modell die Frage auf, warum es ihm gelang, gegenüber anderen Staaten und Gesellschaften eine hegemoniale Stellung zu erlangen. Die Analyse dieses Problems erforderte eine Auseinandersetzung mit den Wirkungsmechanismen von Hegemonie. Warum konnte der amerikanische Fordismus von der Bundesrepublik so überaus erfolgreich übernommen werden? Wie hat sich diese Übernahme historisch vollzogen? In welcher Weise beeinflußte die Orientierung am amerikanischen Vorbild die deutsche Politik, z.B. im Bereich der Wissenschafts- und Technologiepolitik? In welchem Ausmaß war das Modell Deutschland von wirtschaftlichen, technischen, gesellschaftlichen und politischen Entwicklungen in den Vereinigten Staaten abhängig?

Hegemonieproblem

– Vorrangiges Interesse weckte die Frage nach Wandel bzw. Krise des amerikanischen Modells, also des Fordismus. Welches waren die Schranken scheinbar grenzenlosen Wachstums? Waren die Grenzen ökologischer, ökonomischer (Inflation), sozialer (Motivation der Arbeitskräfte), technischer (Rationalisierung) oder politischer (Staatsverschuldung, Grenzen staatlicher Steuerungskapazität) Natur? Aus der Perspektive des Modells Deutschland

Krisenzusammen-hang

und seiner gegenüber dem amerikanischen Modell untergeordneten Stellung in der Hierarchie nationaler Produktions- und Reproduktionssysteme war die Frage wichtig, auf welche Weise sich Krisen des amerikanischen Fordismus auf die Bundesrepublik auswirken würden. Könnte ein internationaler Krisenverbund beispielsweise durch die Krise des amerikanischen Bankensystems entstehen?

Es waren insbesondere diese Fragen, die die Vertreter des Modell-Deutschland-Ansatzes dazu brachten, sich intensiv mit der Fordismustheorie auseinanderzusetzen, zumal ein befreundeter Konstanzer Kollege, Marcel *Bühler*, der einen Forschungsaufenthalt in Paris verbracht hatte, für die Rezeption des regulationstheoretischen Ansatzes sorgte:

–   Marcel *Bühler*: Weltmarkt, internationale Arbeitsteilung und nationale Reproduktion, in: Prokla. Zeitschrift für politische Ökonomie und sozialistische Politik 44, 11. Jg., 3/1981, 139-158.

Die Zusammenführung von Fordismustheorie und Modell-Deutschland-Ansatz erfolgte jedoch außerhalb des engen Konstanzer Diskussionsrahmens durch Joachim Hirsch in Frankfurt:

Rezeption der Fordismustheorie

–   Joachim *Hirsch*: Der Sicherheitsstaat. Das „Modell Deutschland", seine Krise und die neuen sozialen Bewegungen, Frankfurt a.M.: Europäische Verlagsanstalt 1980.

Bereits 1980/81 hatte sich der Konstanzer Arbeitszusammenhang weitgehend aufgelöst. Gilbert *Ziebura* folgte einem Ruf an die TU Braunschweig, Gerd *Junne* einem an die Universität Amsterdam. Josef *Esser* übernahm eine Professur an der Universität Frankfurt, Christian *Deubner* wechselte an die Stiftung Politik und Wissenschaft in Ebenhausen, Udo *Rehfeldt* zog sich an ein Forschungsinstitut in Paris zurück und Marcel Bühler verließ die Universität und wurde Lehrer in der Schweiz. Durch den Wechsel von Josef *Esser* nach Frankfurt bildete sich dort in Zusammenarbeit mit Joachim *Hirsch* ein zusätzlicher Diskussionskern heraus, der sich mit dem Modell-Deutschland-Ansatz und der Fordismustheorie befaßte:

–   Josef *Esser*/Joachim *Hirsch*: Materialistische Staatstheorie und Verwaltungswissenschaft, in: PVS Sonderheft 13, 1982, S. 105-121.
–   Josef *Esser*/Joachim *Hirsch*: Der CDU-Staat: Ein politisches Regulierungsmodell für den „nachfordistischen Kapitalismus", in: Prokla. Zeitschrift für politische Ökonomie und sozialistische Politik 56, 14. Jg., 3/1984, 51-66.
–   Joachim *Hirsch*/Roland *Roth*: Das neue Gesicht des Kapitalismus. Vom Fordismus zum Post-Fordismus, Hamburg: VSA 1986.
–   Josef *Esser*/Christoph *Görg*/Joachim *Hirsch* (Hg.): Politik, Institution und Staat. Zur Kritik der Regulationstheorie, Hamburg: VSA 1994.

Diesen Abschnitt abschließend sei noch darauf hingewiesen, daß die Aneignung der Regulations- und speziell der Fordismustheorie in der Bundesrepublik nicht auf den kleinen Konstanzer/Frankfurter Kreis beschränkt blieb. Jedoch dominieren in der Rezeptionsgeschichte die politische Dimension weitgehend vernachlässigende ökonomische Interpretationen (vgl. z.B. *Hübner* 1989, *Mahnkopf* 1988, *Altvater* 1992).

6.4.2 Multinationale Konzerne

Ein wichtiges Strukturmerkmal des Modells Deutschland ist seine seit den frühen fünfziger Jahren kontinuierlich zunehmende Integration in das Weltwirtschaftssystem durch seine im Verhältnis zum Binnenwachstum steigenden Exporte und Importe. Dieser Sachverhalt hat dazu geführt, die Bundesrepublik auch als Exportmodell oder als Handelsstaat (vgl. *Rosecrance* 1987) zu bezeichnen. In den siebziger Jahren zeichnete sich ein Wandel der Importstruktur ab. Immer
Wandel der mehr verarbeitete Industriewaren wurden aus den aufsteigenden Schwellenlän-
internationalen dern sowie aus Japan eingeführt, wodurch es in einigen Branchen (u.a. Textil,
Arbeitsteilung Bekleidung, Spielwaren, Optik, Konsumelektronik) zu Krisenerscheinungen und massiven Arbeitsplatzverlusten kam. Gleichzeitig fand eine Ausweitung der Exporte im Bereich der Investitionsgüter statt, so daß sich ein Wandel der Einbindung der Bundesrepublik in die internationale Arbeitsteilung abzuzeichnen begann (vgl. *Simonis* 1979).
Rolle der Zu wichtigen Akteuren, die diesen Wandel organisierten, stiegen die multi-
multinationalen nationalen Unternehmen auf, also jene Konzerne, die gleichzeitig in mehreren
Konzerne Ländern Produktionsstätten unterhalten. Bezogen auf die Anzahl sowie auf Umsatz und Beschäftigte dominierten eindeutig die amerikanischen Multis in der Weltwirtschaft. Daraus ergaben sich für die Modell-Deutschland-Forschung wichtige Fragestellungen:

– Würden die amerikanischen multinationalen Konzerne immer stärker in das deutsche (französische usw.) Wirtschaftssystem eindringen und es zu kontrollieren versuchen?
– Bedrohten die ausländischen Konzerne die ökologische, technische, politische Eigenständigkeit eines Landes?
– Welche Rolle spielten die amerikanischen Multis (z.B. Ford und Coca Cola) bei der Internationalisierung des amerikanischen Produktions- und Konsummodells?
– Nach welchen Prinzipien organisierten die Multis die internationale Arbeitsteilung? Welche Arbeitsplätze wurden verlagert oder könnten gefährdet werden?
– Welche Konsequenzen hat die zunehmende, durch multinationale Konzerne strukturierte, internationale Wirtschaftsverflechtung für die staatliche Wirtschafts- und Finanzpolitik?
– In welcher Weise würde sich die zunehmende Internationalisierung und die wachsende internationale Konkurrenz auf die besonderen Strukturen des Modells Deutschland (Integration der Gewerkschaften, korporatistische Krisenregulierung, entwickelter Sozial- und Sicherheitsstaat, duales Ausbildungssystem, integrative Volksparteien) auswirken?

Mit der Entwicklung der multinationalen Konzerne und der von ihnen ausgehenden gesellschaftlichen und politischen Veränderungsprozesse beschäftigten sich im In- und Ausland zahlreiche Wissenschaftler. Es wurde sogar ein eigenes, inzwischen wieder aufgelöstes Forschungsinstitut und Dokumentationszentrum bei der UNO in New York, das Center of Transnational Corporations, eingerichtet. Für den Modell-Deutschland-Ansatz waren deren Forschungsergebnisse von großem Interesse, da sie den internationalen Verflechtungszusammenhang, der für die Analyse nationaler Gesellschaften als wichtiger Erklärungsfaktor erkannt worden war, konkret beschreiben und in seiner Entwicklungsdynamik zu erfassen suchten. Von den Vertretern des Modell-Deutschland-Ansatzes waren es insbesondere Gerd Junne und Frieder Schlupp, die sich mit dem Phänomen der Multis beschäftigten und deren Auswirkungen auf das Modell Deutschland untersuchten. Exemplarisch seien die folgenden Arbeiten genannt:

- Josef *Esser*: Die Suche nach dem Primat der Politik, in. S. Unseld (Hg.): Politik ohne Projekt? Nachdenken über Deutschland, Frankfurt a.M.: 409-430.
- Rob van *Tulder*/Gerd *Junne*: European Multinationals in Core Technologies, Chichester u.a.: John Wiley 1988.
- Gerd *Junne*: Aufstieg und Verfall kritischer Forschung über multinationale Unternehmen, in: H. Elsenhans u.a. (Hg.): Frankreich, Europa, Weltpolitik. Festschrift für Gilbert Ziebura, Opladen: Westdeutscher Verlag 1988, 400-410.
- Frieder *Schlupp*: Geschichte, Stand und Tendenzen der Diskussion über multinationale Konzerne, in: P.H. Mettler (Hg.): Multinationale Konzerne in der Bundesrepublik, Frankfurt a.M.: Suhrkamp 1985, 1ff.
- Frieder *Schlupp*: World-Market-Strategy and World-Power-Politics, German Europeanization and Globalization Projects in the 1990, in: W.D. Graf (Hg.): The Internationalization of the German Political Economy. Evolution of an Hegemonic Project, New York: St. Martin's Press 1992, 307-345.
- Georg *Simonis*: Technikinnovationen im ökonomischen Konkurrenzsystem, in: Ulrich von *Alemann*/Heribert *Schatz*/Georg *Simonis* (Hg.): Gesellschaft. Technik. Politik. Perspektiven der Technikgesellschaft, Opladen: Leske + Budrich 1989, 37-73.

6.4.3 Industrie- und Technologiepolitik

Der wichtigste Faktor zur Erklärung des vergleichsweise wirtschaftlich *und* sozial erfolgreichen Modells Deutschland ist seine hohe internationale (vor allem europäische) Konkurrenzfähigkeit in industriellen Schlüsselsektoren wie dem Maschinenbau, der Elektrotechnik, der Auto- und Chemieindustrie. Dabei hat sich die Bundesrepublik seit den fünfziger Jahren zunehmend auf den Export von Investitionsgütern spezialisiert, und zwar auf jene mit einem gehobenen technologischen Niveau. Auf diese Weise war es ihr möglich, in Schlüsselindustrien die *Produktionsstandards* mitzubestimmen. Ausländische Unternehmen, die für den Weltmarkt technisch konkurrenzfähige Güter erzeugen wollten, waren daher in vielen Sparten des Investitionsgüterbereichs (u.a. Großanlagenbau, Werkzeugmaschinen, Textilmaschinen, Telekommunikationsanlagen) auf deutsche Exportprodukte angewiesen. Gerade bezüglich der Festlegung technischer

Definition von Produktionsstandards

Produktionsstandards war und ist die internationale Arbeitsteilung stark hierarchisch strukturiert.

permanenter
Strukturwandel

Für das Modell Deutschland stellt sich somit die Frage immer wieder aufs Neue, ob es die einmal errungene hohe Position in der Hierarchie der internationalen Arbeitsteilung für Investitionsgüter wird halten können oder ob es seinen Platz an die Konkurrenten aus den USA, Japan oder anderen dynamischen Industriestaaten wird abtreten müssen. Um im Wettbewerb an der Spitze mithalten zu können, muß sich das Modell Deutschland auf eine Gradwanderung einlassen: Einerseits gilt es, die Konkurrenzfähigkeit der Spitzenindustrien zu sichern sowie neue Technikfelder zu erschließen, andererseits müssen Industriezweige, die im Weltmarktzusammenhang nicht mehr konkurrenzfähig produzieren können, „sozialverträglich" rückgebaut werden. Nur auf diese Weise läßt sich der soziale Frieden nicht gefährden, der zur Einhaltung von Lieferterminen und zur Erzeugung von Qualitätsgütern unabdingbar ist. Auch um gebundene Produktionsfaktoren für den international wettbewerbsfähigen Sektor freizubekommen, müssen alte, nicht mehr konkurrenzfähige Industrien aufgegeben werden. Modernisierung und Krisenbewältigung wurden zu neuen Aufgaben der Unternehmen, die aber nicht alleine von ihnen gemeistert werden können.

Politische
Verarbeitung der
Anforderungen des
Weltmarktes

Sowohl die Gewerkschaften (und die Belegschaften) als auch der Staat sind zur Mitwirkung gezwungen, sollen systemfunktionale Lösungen gefunden werden. Die Restriktionen des Weltmarktes „verlangen" nach einer korporatistisch abgestimmten Modernisierungs- sowie nach einer Technologiepolitik, die den Unternehmen neue Märkte für Spitzentechnologien erschließt. Ob die staatliche und die gesellschaftliche Politik diesen Weltmarktzwängen entsprechend agiert oder das wirtschaftlich und technologisch scheinbar Notwendige nicht durchzusetzen vermag, ist immer eine offene und untersuchenswerte Frage. Daher wurden zu diesem Themenkomplex im Rahmen des Modell-Deutschland-Ansatzes zahlreiche Arbeiten durchgeführt. Besonders interessierten zunächst einmal die sozialpolitische und die politisch-strategischen Dimensionen des Problems. Würden sich die Arbeitnehmer und ihre Gewerkschaften in eine Weltmarktstrategie einbinden lassen? Im Rahmen welcher Politikstrukturen würde der Interessenausgleich stattfinden? Wie würden die Gewinne und Verluste verteilt sein? Existierten für die Verlierer Handlungsalternativen und wie würden sie auf ihre gesellschaftliche Marginalisierung reagieren? Nachdem diese Fragen weitgehend geklärt waren, zog die staatliche Industrie- und Technologiepolitik unser Interesse auf sich. Wie ging die staatliche Politik mit dem Problem um, einerseits die neuen Industrien und Technologien fördern und andererseits die alten Industrien modernisieren zu müssen? In welcher Weise veränderte sich die staatliche Industrie- und Technologiepolitik in Reaktion auf die zunehmende internationale Konkurrenz und Verflechtung? Gab es für sie Handlungsspielräume und wenn, welche?

– Josef *Esser*: Gewerkschaften in der Krise. Die Anpassung der deutschen Gewerkschaften an neue Weltmarktbedingungen, Frankfurt a.M.: Suhrkamp, es 1131, 1982.

– Gerd *Junne*: Der strukturpolitische Wettlauf zwischen den kapitalistischen Industrieländern, in: Politische Vierteljahresschrift, 25. Jg., 2/1984, 134-155.

– Klaus *Erdmenger*/Wolfgang *Fach*/Georg *Simonis*: Modernität des Staates – Über technologiepolitische Praktiken und Perspektiven in der Bundesrepublik Deutschland, in: N. Dose u.a. Drexler (Hg.): Technologieparks, Voraussetzungen, Bestandsaufnahme und Kritik, Opladen: Westdeutscher Verlag 1988, 227-262.
– Josef *Esser*/Wolfgang *Fach*/Werner *Väth*: Krisenregulilerung. Zur politischen Durchsetzung ökonomischer Zwänge, Frankfurt a.M.: Suhrkamp (es 1176), 1983.
– Josef *Esser*: Does industrial policy matter? Zur Rolle der Bundesländer in der Forschungs- und Technologiepolitik der Bundesrepublik Deutschland, in: S. Bröchler/H.P. Mallkowsky (Hg.): Modernisierungspolitik heute, Frankfurt/Hannover: Materialis Verlag 1990, 49-71.
– Georg *Simonis*: Internationale Restriktionen bei der Modernisierung des Ruhrgebiets, in: S. Bröchler/H.P. Mallkowsky (Hg.): Modernisierungspolitik heute, Frankfurt/Hannover: Materialis Verlag 1990, 97-116.
– Georg *Simonis*: Government-Industry-Relations: Wer bestimmt und wem nützt Industriepolitik?, in: H. Abromeit/U. Jürgens (Hg.): Die politische Logik wirtschaftlichen Handelns, Bonn: edition sigma 1992, 150-170.

6.4.4 Die Rolle der Parteien

Anlaß zur Entwicklung des Modell-Deutschland-Ansatzes war die Kritik an der sozialdemokratischen Modell-Deutschland-Konzeption gewesen. Die sozialdemokratischen Zukunftsvorstellungen wurden als nicht realisierbare Wunschvorstellungen kritisiert. Dem Modell der bei hoher sozialer Integration prosperierenden Volkswirtschaft wurde das Modell der zunehmenden sozialen Spaltung, indem nur der Kern der Gesellschaft von den ökonomischen Erfolgen profitiert, entgegengestellt. Und die dem klugen Regierungshandeln zugeschriebenen ökonomischen Stabilisierungs- und Modernisierungserfolge (vgl. u.a. Hauff/Scharpf 1975) wurden auf ökonomische und politische Strukturbedingungen sowie auf die politische Umsetzung von ökonomischen Sachzwängen zurückgeführt, so daß die politische Leistung der sozialliberalen Regierung als nicht so übermäßig hoch eingeschätzt werden konnte.

Aus dieser Analyse ergab sich fast zwangsläufig eine selbstkritische Fragestellung: Waren die Parteien in der Bundesrepublik tatsächlich nur Vollstrecker ökonomischer Sachzwänge oder besaßen sie nicht doch größere Handlungsspielräume gegenüber Ökonomie und Technik? Machte es einen Unterschied, ob die SPD oder die CDU die Regierung stellte? Die Auseinandersetzung über diese Frage, die nicht allein den Modell-Deutschland-Ansatz, sondern auch andere politikwissenschaftliche Theorien (vgl. z.B. *Schmidt* 1982, *Scharpf* 1987, *Therborn* 1985, *Beyme/Schmidt* 1990) beschäftigt hat, ist bis heute nicht abgeschlossen. Dies liegt u.a. an dem politischen Gehalt dieser Debatte; denn immer wieder geht es darum, die Differenzen in den Ergebnissen politischen Handelns zu erkennen und vergleichend zu bewerten, wobei häufig genug noch hypothetische – nicht beantwortbare – Fragen nach dem Muster: Was wäre das Resultat gewesen, wenn eine andere Partei die Regierung gestellt hätte, eine Rolle spielen.

Handlungsspielraum der Parteien

Bewertungsmaßstäbe   Der Modell-Deutschland-Ansatz hat auf diese Analyse- und Bewertungs-
probleme eine dreistufige Antwort gefunden, die, obwohl nicht unproblematisch,
einerseits forschungsstrategisch produktiv und praktikabel ist und andererseits
die intellektuelle und kritische Unabhängigkeit des Ansatzes gegenüber der Politik betont und sichert:

Problemlösung   –   Die *Leistungen* der Politik, der Parteien, werden zum einen *radikal* bewertet, indem ihr effektiver Lösungsbeitrag zu anstehenden Problemen unter-
sucht wird. Beispielsweise: Gelingt es der Politik die zunehmende Gesellschaftsspaltung einzudämmen oder zu überwinden? Als Bewertungsmaßstab
dienen hier nicht die Ziele der politischen Akteure, sondern Mißstände, die
als solche aufgrund wissenschaftlicher Analyse (z.B. der ökologischen Forschung) oder aufgrund theoretisch reflektierter kulturell tradierter und auch
institutionalisierter Werte (Sozialstaatspostulat, Würde des Menschen, Ver-
hältnismäßigkeit der Mittel, Selbstbestimmungsrecht) festgestellt werden.

Zielerreichung   –   Zum anderen werden die proklamierten wie auch die tatsächlich verfolgten
politischen *Ziele* untersucht und zur Beurteilung von Politik herangezogen.
Dabei wird systematisch berücksichtigt, daß Parteien wie Politiker in Demokratien gezwungen sind, einerseits der Logik der Macht zu folgen und andererseits ihr Handeln gegenüber den Bürgern, ihren Wählern sowie gegenüber
spezifischen Adressaten zu rechtfertigen.

relativer Erfolg   –   Schließlich werden Vergleiche mit anderen Ländern angestellt. Durch den
Vergleich der Strategien politischer Akteure in verschiedenen Ländern lassen sich Hinweise auf Handlungsmöglichkeiten und -spielräume gewinnen.
Dies gilt insbesondere für Parteien, selbst wenn deren Einbindung und Abhängigkeit von den jeweiligen nationalen Politik- und Gesellschaftsstruktu-
ren in Rechnung gestellt wird.

Mit diesem mehrdimensionalen Bewertungsraster sind für die Analyse von Parteien drei Konsequenzen verbunden. Gemessen an dem radikalen Bewertungsmaßstab muß im allgemeinen ein beachtliches Politikversagen festgestellt werden. Der von den Parteien zu verantwortenden Politik gelingt es nicht, die
kritische   „objektiv" anstehenden Probleme angemessen zu lösen. Die Leistungen der Po-
Politikanalyse   litik geraten damit systematisch in die Kritik. Damit die kritische Analyse aber
nicht zu einer bloß moralisierenden Position verkommt, ist davon auszugehen,
daß die Parteien über größere Handlungsspielräume als tatsächlich genutzt verfügen. Diese politizistische Annahme unterstellt der demokratischen Partei, dem
nach Gramsci „modernen Fürsten", die prinzipielle Möglichkeit, sich gegenüber
den Sachzwängen der Ökonomie und der Komplexität ausdifferenzierter Gesellschaften politisch durchzusetzen. Warum dies so wenig gelingt, wird unter dieser
Annahme zu einem wichtigen Untersuchungsthema. Schließlich führt das Bewertungsraster dazu, bei allen erkennbaren Differenzen der regierenden Großparteien ihre Ähnlichkeiten zu betonen: gegenüber dem politisch Notwendigen –
den „objektiven" Problemlagen – versagen beide. Graduelle Unterschiede gilt es
dann empirisch zu untersuchen und zu erklären. Die bestehenden Differenzen
werden aber durch den radikalen Maßstab stark relativiert. Dies führt dazu, daß
die politikwissenschaftliche Analyse des Modell-Deutschland-Ansatzes in weitgehender Distanz zu dem alltäglichen Parteienwettstreit erfolgt.

Ein weiteres wichtiges Problem, das den Modell-Deutschland-Ansatz zur Auseinandersetzung mit den Parteien veranlaßte, ist deren Fähigkeit zur politischen Integration. Wie gelingt es den Volksparteien der Bundesrepublik bei zunehmendem sozialem, wirtschaftlichem, ökologischem und politischem Problemdruck, einerseits den gesellschaftlichen Kern politisch zu stabilisieren und andererseits den Rand politisch abzugrenzen bei gleichzeitiger Immunisierung des Kerns vor den Gefährdungen und Verlockungen des Randes. Dabei interessierte besonders, wie die beiden großen Volksparteien jeweils auf ihre Weise mit diesem Problem fertig werden.

Integration und Spaltung

Wieder zur Orientierung sind im folgenden einige Arbeiten des Modell-Deutschland-Ansatzes zur Parteienproblematik zusammengestellt:

- Josef *Esser*: Neokonservatismus und das „Modell Deutschland", in: H. Epskamp u.a. (Hg.), Die neokonservative Verheißung und ihr Preis, Köln, 1989, 153-175.
- Josef *Esser*/Joachim *Hirsch*: Sind die „Volksparteien" am Ende? Transformationsprozesse im Parteiensystem der Bundesrepublik Deutschland, in: Jürgen Falter/Christian Fenner/Michael Th. Greven (Hg.): Politische Willensbildung und Interessenvermittlung, Opladen: Westdeutscher Verlag, 1984, 109-118.
- Wolfgang *Fach*/Georg *Simonis*: Die politische Funktion der politischen Parteien, in: Jürgen Falter/Christian Fenner/Michael Th. Greven (Hg.): Politische Willensbildung und Interessenvermittlung, Opladen: Westdeutscher Verlag, 1984, 131-139.
- Jürgen *Häusler*: Der Traum wird zum Alptraum. Das Dilemma einer Volkspartei. Die SPD im Atomkonflikt, Berlin: Sigma 1988.
- Hermann *Drummer*/Wolfgang *Fach*/Jürgen *Häusler*/Georg *Simonis*: Energiepolitik: Die Krisenregulierung der politischen Parteien, in: Klaus von Beyme/Manfred G. Schmidt (Hg.): Politik in der Bundesrepublik Deutschland, Opladen: Westdeutscher Verlag 1990, 360-381.
- Joachim *Hirsch*/Jürgen *Häusler*: Regulation und Parteien. Fordismus – Krise und Transformationsprozesse im Parteiensystem, in: S. Bröchler/H.P. Mallkowsky (Hg.): Modernisierungspolitik heute. Die Deregulationspolitiken von Regierungen und Parteien, Frankfurt/Hannover: Materialis Verlag, 1990, 165-210.

6.4.5 *Das Modell Deutschland im Vergleich*

Von den Fragestellungen, die eng mit dem Ende der siebziger Jahre entwickelten Modell-Deutschland-Ansatz zusammenhängen, ist schließlich noch der Vergleich mit anderen Gesellschaftsmodellen, ihren Politikstrukturen und Funktionsbedingungen zu erwähnen. Erst im Vergleich lassen sich die Besonderheiten des Modells Deutschland erkennen und triftige Erklärungszusammenhänge formulieren. Bereits in der Entstehung des Ansatzes spielte daher, wie bereits oben erwähnt, der Vergleich eine bedeutende Rolle. Den Kontrastfall bildete Frankreich – ein Land, mit dem sich Gilbert Ziebura seit Anfang der fünfziger Jahre beschäftigt hatte (vgl. die von Hartmut *Elsenhans*/Gerd *Junne*/Gerhard *Kiersch*/ Brigitte *Pollmann* 1989 herausgegebene Festschrift).

Für vergleichende Studien boten sich vor allem zwei Problemkreise an:

Einbindung in die internationale Arbeitsteilung

– einerseits die Art und Weise der Integration anderer Länder – anderer staatlich organisierter Gesellschaftsformationen – in die Hierarchie der internationalen Arbeitsteilung und damit Fragen wie z.B.: Welche Auswirkungen hat die vergleichsweise zur Bundesrepublik andere Stellung in der internationalen Arbeitsteilung auf die internen gesellschaftlichen Verhältnisse und Politikstrukturen? In welcher Weise begrenzt die Einbindung in das internationale System den Handlungsspielraum für die Innenpolitik, insbesondere für die Wirtschafts- und Sozialpolitik oder für politische Reformprojekte?

Funktionsbedingungen von Politikstrukturen

– andererseits die Formen und Funktionsbedingungen vergleichbarer Politikstrukturen bei der Bewältigung gleicher Problemlagen, also: Auf welche Weise und mit welchen Ergebnissen wurden Branchenkrisen in unterschiedlichen Ländern politisch bewältigt? Lassen sich auch in anderen Ländern korporatistische Krisenregulierungskartelle finden? Wie reagiert das Modell Deutschland im Vergleich zum Modell Frankreich auf den Atomkonflikt (Protest der Antikernkraftbewegung) oder auf die zunehmende technologische Konkurrenz durch die Vereinigten Staaten und Japan?

Während sich der zuerst genannte Problemkreis unmittelbar aus dem Modell-Deutschland-Ansatz ergibt, indem der theoretische Ansatz zur Analyse anderer Länder herangezogen wird, leitet sich der zweitgenannte Problemkreis nur indirekt aus dem Modell-Deutschland-Ansatz ab. Die ihm zugehörigen Fragen werden daher unter Rückgriff auf Spezialtheorien bearbeitet. Allerdings bietet der Modell-Deutschland-Ansatz einen gesellschaftstheoretischen Rahmen für deren Untersuchung, der die jeweiligen durch das internationale System gesetzten Bedingungen und deren Auswirkungen auf die internen politischen Strukturen systematisch mitzuberücksichtigen erlaubt.

Auf einige der innerhalb des Modell-Deutschland-Ansatzes entstandenen vergleichenden Untersuchungen bzw. auf Arbeiten, die sich auf den Modell-Deutschland-Ansatz zur Analyse anderer Gesellschaftsformationen stützen, sei hier wiederum hingewiesen:

– Georg *Simonis*: Frankreichs sozialistische Reformpolitik unter den Restriktionen des internationalen Systems, in: Zeitschrift für Parlamentsfragen, 2/1983, 261-267.
– Ursula *Danneboom*/Wolfgang *Fach*/Angela *Huwe*/Georg *Simonis*: Das „Modell" Frankreich, in: Politische Vierteljahresschrift 1/1984, 31-52.
– Wolfgang *Fach*/Gerd *Gierszewski*: Vom „sanften" zum „strengen" Korporatismus. Zur Handlungsrationalität der österreichischen Sozialpartnerschaft, in: Peter Gerlich, Edgar Grande, Wolfgang C. Müller (Hg.): Sozialpartnerschaft in der Krise. Leistungen und Grenzen des Neokorporatismus in Österreich, Wien/Köln/Graz: Hermann Böhlaus 1985, 279-294.
– Wolfgang *Fach*/Georg *Simonis*: Die Stärke des Staates im Atomkonflikt, Frankfurt a.M./New York: Campus, 1987.
– Christian *Deubner*: Mitterrands Reformpolitik in Europa. Die Relevanz der „contrainte extérieur", Ebenhausen: Stiftung Wissenschaft und Politik 1986.

– Christian *Deubner*: Sozialistische Reformparteien und die Bewältigung von Internationalisierungsprozessen, in: Harmut Elsenhans, Gerd Junne, Gerhard Kiersch, Birgit Pollmann (Hg.): Frankreich, Europa, Weltpolitik. Festschrift für Gilbert Ziebura, Opladen: Westdeutscher Verlag, 1989, S. 314-328.
– Josef *Esser*: Technologieentwicklung in der Triade. Folgen für die Europäische Technologiegemeinschaft, in: Werner Süß/Gerhard Becher (Hg.): Politik und Technologieentwicklung in Europa, Berlin: Duncker & Humblodt 1993, 21-42.
– Josef *Esser*: Innovationssysteme in der Triadenkonkurrenz, in: Werner Frikke (Hg.): Jahrbuch Arbeit und Technik, Bonn: Dietz 1994, 51-61.
– Josef *Esser*: Post-Fordist Capitalism? Corporatism and Dualism in Britain and West Germany, in: J. Clark et al. (Hg.): John Goldthorpe – Consensus and Controversy, London 1990, 215-254.

6.5 Schwachpunkte des Modell-Deutschland-Ansatzes

Die skizzierte Ausdifferenzierung des Modell-Deutschland-Ansatzes sollte dessen Offenheit und Fruchbarkeit für weitere Untersuchungen verdeutlichen. Wie bereits erwähnt, handelt es sich bei dem Ansatz mehr um ein theoretisches Fundament, auf dem es sich lohnt aufzubauen, als um ein fertiges Theoriegebäude. Allerdings hat die Art und Weise des Auf- und Ausbaus dazu geführt, daß bestimmte Bausegmente vernachlässigt und andere überbeansprucht oder auf ihre Tragfähigkeit hin getestet wurden. In der Rückschau ist auch ein zeitbedingter Baustil erkennbar. So haben sich also *Schwachpunkte* in der Architektur eingestellt, die Erweiterungs-, Ausbesserungs- und Umbauarbeiten erforderlich machen.

(1) Wohl alle im Rahmen des Modell-Deutschland-Ansatzes durchgeführten empirischen Analysen vernachlässigen, wenn sie die Einbindung in das internationale System untersuchen, die nichtökonomischen Dimensionen der Integration. Die herausragende Bedeutung der Verortung einer Gesellschaft in der Hierarchie der internationalen Arbeitsteilung und in den internationalen Wirtschaftsbeziehungen ist unstrittig, aber andere Beziehungsnetze dürfen deswegen nicht völlig ausgeblendet werden. Dies gilt vor allem für den sicherheits- und militärpolitischen Bereich sowie für die soziokulturellen und ökologischen Verflechtungen, aber auch für die rechtlich-institutionellen Regelsysteme. Mit der Auflösung der bipolaren Struktur des internationalen Sicherheitssystems wurde beispielsweise deutlich, daß der Modell-Deutschland-Ansatz dieses Beziehungssystem als weitgehend konstant vorausgesetzt hatte.

weitgehende Ausblendung der Sicherheitspolitik

(2) Die meisten Arbeiten zum Modell Deutschland sind in der ersten Hälfte der achtziger Jahre entstanden, in einem Zeitraum, in dem die Europäische Integration weitgehend stagnierte und die zentralstaatliche Politikebene noch deutlich dominierte. Doch mit der einheitlichen Europäischen Akte 1986 und dem Maastrichter Vertrag 1993 hat der europäische Integrationsprozeß eine neue Qualität bekommen. Die Auswirkungen dieses verstärkten Integrationsschubes auf das Modell Deutschland wurden bislang nicht hinrei-

politische Folgen des weltweiten und europäischen Verflechtungsprozesses

chend untersucht und in die theoretischen Überlegungen einbezogen. Der Modellansatz basiert auf der Konzeption eines staatlich organisierten Produktions- und Reproduktionszusammenhangs. Wie wandelt sich dieser Produktions- und Reproduktionszusammenhang aber, wenn die zentralstaatlichen Politikstrukturen an Macht und Einfluß verlieren? Die erste größere Publikation, die nach der Vereinigung diesen Problemzusammenhang aufgegriffen und systematisch bearbeitet hat, stammt von *Bonder/Röttger/Ziebura* 1992. In dieser Studie werden die Veränderungstendenzen auf der globalen und europäischen Ebene dargestellt, die auf die nationale Gesellschaftsformation, die neue Bundesrepublik, einwirken, und den Fortbestand der Strukturen des alten Modells Deutschland gefährden. Doch die Analyse des Strukturwandels selbst steht noch aus.

strukturalistischer Bias

(3) Es ist nicht zu übersehen, daß viele der im Rahmen des Modell-Deutschland-Ansatzes durchgeführten Arbeiten einen strukturalistischen Bias haben. Wobei auf die strukturalistischen Schwachpunkte im übrigen schon sehr frühzeitig von *Deubner/Rehfeldt/Schlupp/Ziebura* (1979, 255f. hingewiesen worden war. Die grundlegenden Strukturen des Modells Deutschland (u.a. die besondere Form der Integration in die internationale Arbeitsteilung, der selektive Korporatismus, die Exportentwicklung, Dominanz und integrative Leistungsfähigkeit der Volksparteien, Parteipolitisierung des Staates) scheinen hochgradig stabil und gegenüber dysfunktionalen Effekten (wie z.B. die zunehmende soziale und politische Gesellschaftsspaltung) immun zu sein. Doch diese Stabilität trügt; denn sie muß immer wieder aufs Neue sozial, politisch und ökonomisch hergestellt werden. Die Analyse dieser Stabilisierungsprozesse, die ja auch mißlingen können, wäre zu vertiefen. Nur für wenige Konfliktfälle (Stahlindustrie, Atomkonflikt und AKW-Bewegung) liegen Studien vor, die daher nicht überinterpretiert werden sollten.

Postfordismus-Konzept ungeklärt

(4) Der strukturalistische Bias macht sich noch an einer weiteren Schwachstelle bemerkbar. Das Modell Deutschland, so die These, hat nach dem Kriege das amerikanische Produktions- und Konsummodell, den Fordismus, allerdings in spezifischer, d.h. an die deutschen Verhältnisse angepaßter Weise übernommen. Es stellt somit eine fordistische Gesellschaftsformation eigener Prägung dar. Nun wird aber in vielen Studien (u.a. *Hirsch/Roth* 1986, *Esser/Hirsch* 1984, *Simonis/Ludwig* 1987) behauptet, das als Fordismus bezeichnete Struktur- und Funktionsmuster der entwickelten westlich-kapitalistischen Gesellschaft sei im Wandel und ein „post-fordistisches" Struktur- und Funktionsmuster sei im Entstehen begriffen und präge zunehmend unsere Gesellschaft. Auch wenn die Krise des Fordismus kaum bestreitbar ist – hierzu gehören Phänomene, wie die zunehmende Internationalisierung (Globalisierung) autozentrierter (nationaler) Produktionssysteme, die abnehmende Bedeutung der industriellen Produktion und das steigende Gewicht der Dienstleistungsproduktion (Stichworte: „Tertiarisierung der Industrie", „Kommunikationsgesellschaft"), die Entwicklung neuer Formen der Arbeitsteilung und der zeitlichen Organisation der Arbeit, die Liberalisierung der Wirtschaft, der Umbau des Sozialstaates, die ökologische Krise, die Entstehung der Risikogesellschaft und die Individualisierung der Lebensformen –, so ist doch weitgehend unklar, wie das sich langsam herausbildende Struk-

tur- und Funktionsmuster der „post"-fordistischen Gesellschaftsformation aussehen wird. Der Begriff Postfordismus ist daher eine Verlegenheitslösung mangels eines besseren, den neuen Struktur- und Funktionszusammenhang treffend charakterisierenden Konzeptes. Vor allem aber ist völlig offen, welche Auswirkungen der Übergang vom Fordismus zu einer nachfordistisch strukturierten Gesellschaft für das Modell Deutschland hat. Bislang sind die Auswirkungen von Wandel und Krise des Fordismus auf das Modell Deutschland, dessen Strukturen und dessen besondere Leistungsfähigkeit eng mit dem fordistischen Struktur- und Funktionsmuster verknüpft sind, nicht annähernd geklärt.

(5) Schließlich ist nochmals darauf hinzuweisen, daß der Modell-Deutschland-Ansatz keine ausgearbeitete Theorie darstellt, sondern eher eine Forschungsperspektive auf der Basis eines Amalgams unterschiedlicher Theorien, die zusammengefügt wurden, um die Formen, Strategien, Ziele und Resultate der Politik in staatlich verfaßten, entwickelten (modernen) kapitalistischen Gesellschaftsformationen zu erklären. Bei diesem Erklärungsversuch finden notwendigerweise Überzeichnungen, Vereinfachungen und Ausblendungen statt. Ein holistischer, die gesamte Konfiguration (Totalität) von Staat, Wirtschaft und Gesellschaft zum Gegenstand nehmender Integrationsansatz hat es in dieser Hinsicht immer schwer, da zu seiner Natur Schwachstellen und für kritische Einwände offene Flanken gehören. Die Totalität ist viel zu komplex, um sie jemals vollständig zu erfassen. Dieser methodische Einwand ist jedoch trivial. Dem Modell-Deutschland-Ansatz geht es im Kern darum, Grundmuster abzubilden und ihre Stabilität bzw. ihre Destabilisierung zu erklären, also um die Entwicklungslogik dieser Konfiguration (Totalität). Der nicht triviale Streit muß daher darüber geführt werden, ob dies gelungen ist, welches die typischen Strukturmuster und ihre Funktionsbedingungen sind und warum sie sich verändern.

(Randglosse: keine ausgearbeitete Theorie)

Inwieweit diese Schwachpunkte durch mehr Forschung zu beseitigen sind, kann im vorhinein nicht eindeutig beantwortet werden. Soweit die nur in Umrissen skizzierte theoretische Basis für tragfähig gehalten wird, dürfte eine Auseinandersetzung mit ihnen wohl lohnen. Viele der aufgeworfenen Fragen konnten von der Konstanzer Forschergruppe nicht weiter behandelt werden, da die Zwänge anderer Arbeitszusammenhänge dies nicht erlaubten. Hinzu kam, daß zur Untersuchung weiterführender Themen und offener Fragen das erforderliche Geld nicht aufzutreiben war. Die Hintergrundtheorie des Modell-Deutschland-Ansatzes, in der Tradition eines undogmatischen marxistischen, gramscianischen Theorieverständnisses, paßte nicht in die Förderlandschaft. Schließlich änderten sich auch die Forschungsinteressen, wodurch andere Themen (z.B. der Technik- und Umweltpolitik, der politischen Theorie, der Theorie des Konservatismus) in den Vordergrund traten. Für den Modell-Deutschland-Ansatz schienen sich nur noch einzelne Forscher im Ausland zu interessieren (vgl. z.B. *Katzenstein* 1987, *Graf* 1992, *Markovits/Reich* 1992).

6.6 Ausblick

Ausgelöst durch die Vereinigung, das Ende der Ost-West-Konfrontation und den
Zusammenbruch der sozialistischen Gesellschaftssysteme hat sich diese Situation doch ein wenig verändert. Im In- und Ausland, in der Wissenschaft und in der
Öffentlichkeit wird die Frage diskutiert, ob sich das vereinigte Deutschland, die
neue Bundesrepublik, unter den gewandelten Verhältnissen neu orientiere. Viel
wird darüber spekuliert, sehr viel Vorläufiges wird geschrieben. Der Wissenschaft, den Intellektuellen insbesondere, wird vorgeworfen, sie würden zu dem
Großereignis der Vereinigung schweigen, seine Bedeutung nicht angemessen
würdigen und sich für seine Konsequenzen nicht gebührend interessieren. Eine
politisch-intellektuelle Antwort auf den Gezeitenwandel stehe noch aus.

In ihrer Pauschalität ist diese Kritik kaum haltbar. Die sozialwissenschaftliche Literatur zur Vereinigung, auch zum Wandel der deutschen Außenpolitik,
nimmt stetig zu und ist in ihrer Gesamtheit kaum noch zu übersehen. Allerdings
fällt auf, daß die Darstellung von Teilaspekten dominiert, daß Untersuchungen,
die den Strukturwandel der alten Bundesrepublik thematisieren oder die sich mit
der zukünftigen Rolle der Bundesrepublik in Europa und im internationalen System fundiert beschäftigen, die Ausnahme bilden. Gesamtgesellschaftliche Analysen mit einer kritischen und gleichzeitig prognostischen Perspektive wagt gegenwärtig kaum jemand (Ausnahmen sind vor allem *Bonder/Röttger/Ziebura*
1992 und *Markovits/Reich* 1992). Ortsbestimmungen scheinen nicht eine Angelegenheit der Sozialwissenschaften zu sein – Spezialstudien sind ihr Metier – daher werden jene den Historikern, den Publizisten, den Literaten oder den Politi-
kern überlassen, auch wenn darüber beredt Klage geführt wird.

Sozialwissenschaftliche Untersuchungen von Politik und Gesellschaft, die das
Ganze im Auge haben und auf Empirie gründen, sind nicht nur zeitaufwendig. Sie
lassen sich nach einer „Revolution" – einem Strukturbruch – erst mit einer beträchtlichen Zeitverschiebung in Angriff nehmen. Die neuen Strukturen und ihre
Funktionsbedingungen müssen sich erst herausgebildet und stabilisiert haben,
damit sie wissenschaftlich untersuchbar werden. Zwar ist vor dem Hintergrund der
jüngsten Erfahrungen zu fordern, daß die Möglichkeit eines Strukturbruches immer
mitgedacht wird, aber die theoretische Einsicht ist unabweisbar, daß sozialwissenschaftliche Untersuchungen eine gewisse Stabilität sozialer und politischer Beziehungen – und wenn es die Stabilität des Wandels ist – voraussetzen. Zu bedenken
ist weiterhin, daß ein einzelner Wissenschaftler die Vielfalt einer ausdifferenzierten
Gesellschaft empirisch nicht erfassen und theoretisch durchdringen kann. Die moderne Politikwissenschaft ist heute mehr denn je ein kollektiver Arbeitszusammenhang der beachtliche materielle, soziale und zeitliche Ressourcen benötigt. In der
Bundesrepublik, wie in den meisten Ländern auch, mangelt es für eine nicht-
anwendungsorientierte, kritisch distanzierte und zugleich gesamtgesellschaftlich
orientierte Politikwissenschaft weitgehend an diesen Voraussetzungen. So sprechen
also sowohl der Untersuchungsgegenstand – seine sich erst langsam vollziehende
Konsolidierung – als auch die verfügbaren wissenschaftlichen Ressourcen dagegen, daß die Struktur- und Funktionsbedingungen der neuen Bundesrepublik einschließlich ihrer Dysfunktionen – den systematisch erzeugten ungelösten Proble-

men – zum Gegenstand eines kumulativen Forschungsprozesses werden. In einer Zeit, in der vor allem Orientierung und Sinnstiftung gefragt ist, hat es die kritisch analysierende, aufklärende Wissenschaft, die der Gesellschaft den Spiegel vorhält, damit diese sich selbst erkenne, schwer.

Unter diesen Bedingungen scheint es einen Versuch wert zu sein, den Modell-Deutschland-Ansatz zu revitalisieren. Immerhin hat er recht erfolgreich die Kernstruktur der alten Bundesrepublik zu erfassen erlaubt. Er sollte daher auch einen brauchbaren theoretischen Rahmen zur Analyse der neuen Bundesrepublik abgeben. Ob dies der Fall ist, bedarf allerdings der Überprüfung. Es könnte ja sein, daß sich die Rahmenbedingungen – die häufig unhinterfragt vorausgesetzten Kontextbedingungen eines theoretischen Ansatzes – so geändert haben, daß die alte Konstruktion nicht mehr trägt.

6.7 Literaturverzeichnis

Altvater, Elmar (1989): Der Preis des Wohlstandes oder Umweltplünderung und neue Welt(un)ordnung, Münster.

Beyme, Klaus von/Schmidt, Manfred G. (Hg.) (1990): Politik in der Bundesrepublik Deutschland, Opladen.

Bonder, Michael/Röttger, Bernd, Ziebura, Gilbert (1992): Deutschland in einer neuen Weltära. Die unbewältigte Herausforderung, Opladen.

Bühler, Marcel (1981): Weltmarkt, internationale Arbeitsteilung und nationale Reproduktion, in: Prokla. Zeitschrift für politische Ökonomie und sozialistische Politik, Heft 44, 11. Jg., 139-158.

Danneboom, Ursula/Fach, Wolfgang/Huwe, Angela/Simonis, Georg (1984): Das „Modell" Frankreich, in: Politische Vierteljahresschrift, Heft 1, 31-52.

Deubner, Christian (1977): Die Atompolitik der westdeutschen Industrie und die Gründung von Euratom, Frankfurt a.M.

Deubner, Christian (1979): Internationalisierung als Problem alternativer Wirtschaftspolitik, in: Leviathan, Heft 1, 97-116.

Deubner, Christian (1986): Mitterrands Reformpolitik in Europa. Die Relevanz der „contrainte extérieur", Ebenhausen.

Deubner, Christian (1989): Sozialistische Reformparteien und die Bewältigung von Internationalisierungsprozessen, in: Hartmut Elsenhans, Gerd Junne, Gerhard Kiersch, Birgit Pollmann (Hg.): Frankreich. Europa. Weltpolitik. Festschrift für Gilbert Ziebura, Opladen, 314-328.

Deubner, Christian/Rehfeldt, Udo/Schlupp, Frieder (1978): Deutsch-französische Wirtschaftsbeziehungen im Rahmen der weltwirtschaftlichen Arbeitsteilung: Interdependenz, Divergenz oder strukturelle Dominanz? in: Robert Picht (Hg.): Deutschland, Frankreich, Europa. München, 91ff.

Deubner, Christian/Rehfeldt, Udo/Schlupp, Frieder (1979): Die Internationalisierung der Westdeutschen Wirtschaft, in: René Lasserre, Wolfgang Neumann, Robert Picht (Hg.): Deutschland – Frankreich: Bausteine zum Systemvergleich, Band 2: Wirtschaft und soziale Beziehungen, Gerlingen 1981, 17-80.

Deubner, Christian/Rehfeldt, Udo/Schlupp, Frieder/Ziebura, Gilbert (Hg.) (1979): Die Internationalisierung des Kapitels. Neue Theorien in der internationalen Diskussion. Frankfurt a.M.

Drummer, Hermann/Fach, Wolfgang/Häusler, Jürgen/Simonis, Georg (1990): Energiepolitik: Die Krisenregulierung der politischen Parteien, in: Klaus von Beyme/Manfred G. Schmidt (Hg.): Politik in der Bundesrepublik Deutschland, Opladen, 360-381.

Editorial (1979): „Das Modell Deutschland und seine Konstruktionsschwächen", in: Leviathan, Heft 1, 1-11.

Editorial (1980): „Modell Deutschland" – Anatomie und Alternativen, in: Prokla Heft 40, 10 Jg., Nr. 3, 1-13.

Elsenhans, Hartmut/Junne, Gerd/Kiersch, Gerhard/Pollmann, Birgit (Hg.) (1989): Frankreich. Europa. Weltpolitik. Festschrift für Gilbert Ziebura, Opladen.

Erdmenger, Klaus/Fach, Wolfgang/Simonis, Georg (1988): Modernität des Staates – Über technologiepolitische Praktiken und Perspektiven in der Bundesrepublik Deutschland, in: N. Dose u.a. Drexler (Hg.): Technologieparks, Voraussetzungen, Bestandsaufnahme und Kritik, Opladen, 227-262.

Esser, Josef (1975): Einführung in die materialistische Staatsanalyse, Frankfurt a.M.

Esser, Josef (1982): Gewerkschaften in der Krise. Die Anpassung der deutschen Gewerkschaften an neue Weltmarktbedingungen, (es 1131), Frankfurt a.M.

Esser, Josef (1989): Neokonservatismus und das „Modell Deutschland", in: H. Epskamp u.a. (Hg.): Die neokonservative Verheißung und ihr Preis, Köln, 153-75.

Esser, Josef (1990): Does industrial policy matter? Zur Rolle der Bundesländer in der Forschungs- und Technologiepolitik der Bundesrepublik Deutschland, in: S. Bröchler/H. P. Mallkowsky (Hg.): Modernisierungspolitik heute, Frankfurt/Hannover, 49-71.

Esser, Josef (1990): Post-Fordist Capitalism? Corporatism and Dualism in Britain and West Germany, in: J. Clark et al. (Hg.): John Goldthorpe – Consensus und Controversy, London, 215-254.

Esser, Josef (1993a): Technologieentwicklung in der Triade. Folgen für die Europäische Technologiegemeinschaft, in: Werner Süß/Gerhard Becher (Hg.): Politik und Technologieentwicklung in Europa, Berlin, 21-42.

Esser, Josef (1993b): Die Suche nach dem Primat der Politik, in: S. Unseld (Hg.): Politik ohne Projekt? Nachdenken über Deutschland, Frankfurt a.M., 409-430.

Esser, Josef (1994): Innovationssysteme in der Triadenkonkurrenz, in: Werner Fricke (Hg.): Jahrbuch Arbeit und Technik, Bonn, 51-61.

Esser, Josef/Fach, Wolfgang (1977): Organisationstheorie statt Klassenanalyse? in: Discussion Papers des International Institute of Management, dp 77-105, Berlin.

Esser, Josef/Fach, Wolfgang/Väth, Werner (1978): Die sozialen Kosten einer modernisierenden Volkswirtschaft: Arbeitslosigkeit und gesellschaftliche Desintegration, in: PVS Sonderheft 9, 140ff.

Esser, Josef/Fach, Wolfgang (1979): Internationale Konkurrenz und selektiver Korporatismus, erschienen (1981) unter dem Titel: Korporatistische Krisenregulierung im „Modell Deutschland", in: Ulrich von Alemann (Hg.): Neokorporatismus, Frankfurt a.M., 158-179.

Esser, Josef/Fach, Wolfgang/Gierszewski, Gerd/Väth, Werner (1979): Krisenregulierung – Mechanismen und Voraussetzungen, in: Leviathan, Heft 1, 79-96.

Esser, Josef/Fach, Wolfgang/Simonis, Georg (1980): Grenzprobleme des „Modells Deutschland", in: Prokla – Zeitschrift für politische Ökonomie und sozialistische Politik, Heft Nr. 40, Jg. 3, 40-63.

Esser, Josef/Hirsch, Joachim (1982): Materialistische Staatstheorie und Verwaltungswissenschaft, in: PVS Sonderheft 13, 105-121.

Esser, Josef/Fach, Wolfgang (1983): ‚Social Market' and Modernization Policy: West Germany, in: Kenneth Dyson, S. Wilks (Hg.): Industrial Crisis, Oxford, 102-127.

Esser, Josef/Fach, Wolfgang/Väth, Werner (1983): Krisenregulierung. Zur politischen Durchsetzung ökonomischer Zwänge, (es 1176), Frankfurt a.M.

Esser, Josef/Hirsch, Joachim (1984): Der CDU-Staat: Ein politisches Regierungsmodell für den „nach-fordistischen" Kapitalismus, Prokla, 14. Jg., Heft 56, 51-66.

Esser, Josef/Hirsch, Joachim (1984): Sind die „Volksparteien" am Ende? Transformationsprozesse im Parteiensystem der Bundesrepublik Deutschland, in: Jürgen Falter/Christian Fenner/Michael Th. Greven (Hg.): Politische Willensbildung und Interessenvermittlung, Opladen, 109-118.

Esser, Josef/Fach, Wolfgang (1989b): Crisis Management „Made in Germany": The Steel Industriy, in: Peter Katzenstein (Hg.): Industry and Politics in West Germany, Ithaca/London, 221-248.

Esser, Josef/Görg, Christoph/Hirsch, Joachim (Hg.) (1994): Politik, Institution und Staat. Zur Kritik der Regulationstheorie, Hamburg.

Fach, Wolfgang/Degen, Ulrich (Hg.) (1978): Politische Legitimität, Frankfurt a.M.

Fach, Wolfgang/Simonis, Georg (1984): Die politische Funktion der politischen Parteien, in: Jürgen Falter/Christian Fenner/Michael Th. Greven (Hg.): Politische Willensbildung und Interessenvermittlung, Opladen, 131-139.

Fach, Wolfgang/Gierszewski, Gerd (1985): Vom „sanften" zum „strengen" Korporatismus. Zur Handlungsrationalität der österreichischen Sozialpartnerschaft, in: Peter Gerlich, Edgar Grande, Wolfgang C. Müller (Hg.): Sozialpartnerschaft in der Krise. Leistungen und Grenzen des Neokorporatismus in Österreich, Wien/Köln/Graz, 279-294.

Fach, Wolfgang/Simonis, Georg (1987): Die Stärke des Staates im Atomkonflikt, Frankfurt a.M./New York.

Graf, William (Hg.) (1992): The Internalization of the German Political Economy. Evolution of a Hegemonic Project. New York.

Häusler, Jürgen (1988): Der Traum wird zum Alptraum. Das Dilemma einer Volkspartei. Die SPD im Atomkonflikt, Berlin.

Hauff, Volker/Scharpf, Fritz W. (1975): Modernsierung der Volkswirtschaft. Technologiepolitik als Strukturpolitik, Köln/Frankfurt a.M.

Hein, Wolfgang/Simonis, Georg (1976): Entwicklungspolitik, Staatsfunktionen und Klassenauseinandersetzungen im peripheren Kapitalismus, in: Alfred Schmidt (Hg.): Strategien gegen Unterentwicklung. Zwischen Weltmarkt und Eigenständigkeit Frankfurt a.M., 216-249.

Hirsch, Joachim (1980): Der Sicherheitsstaat. Das „Modell Deutschland", seine Krise und die neuen sozialen Bewegungen, Frankfurt a.M.

Hirsch, Joachim/Roth, Roland (1986): Das neue Gesicht des Kapitalismus. Vom Fordismus zum Post-Fordismus, Hamburg.

Hirsch, Joachim/Häusler, Jürgen (1990): Regulation und Parteien. Fordismus – Krise und Transformationsprozesse im Parteiensystem, in: S. Bröchler/H. P. Mallkowsky (Hg.): Modernisierungspolitik heute. Die Deregulationspolitiken von Regierungen und Parteien, Frankfurt a.M./Hannover, 165-210.

Hübner, Kurt (1989): Theorie der Regulation. Eine kritische Rekonstruktion eines neuen Ansatzes der Politischen Ökonomie, Berlin.

Junne, Gerd (1976): Der Eurogeldmarkt. Seine Bedeutung für Inflation und Inflationsbekämpfung, Frankfurt a.M./New York.

Junne, Gerd (1979): Internationalisierung und Arbeitslosigkeit, in: Leviathan, Heft 1, 57-78.

Junne, Gerd (1984): Der strukturpolitische Wettlauf zwischen den kapitalistischen Industrieländern, in: Politische Vierteljahresschrift, 25. Jg., Heft 2, 134-155.

Junne, Gerd (1988): Aufstieg und Verfall kritischer Forschung über multinationale Unternehmen, in: H. Elsenhans u.a. (Hg.): Frankreich. Europa. Weltpolitik. Festschrift für Gilbert Ziebura, Opladen, 400-410.

Katzenstein, Peter J. (1987): Policy and Politics in West-Germany: The Growth of a Semi-Sovereign State, Philadelphia.

Mahnkopf, Birgit (Hg.): (1988): Der gewendete Kapitalismus. Kritische Beiträge zu einer Theorie der Regulation, Münster.

Markovits, Andrei S./Reich, Simon (1992): Deutschland neues Gesicht: Über deutsche Hegemonie in Europa, in: Leviathan, 20 Jg., 15-63.

Rosecrance, Michael (1987): Der neue Handelsstaat: Herausforderungen für Politik und Wirtschaft, Frankfurt a.M.

Scharpf, Fritz W. (1987): Sozialdemokratische Krisenpolitik in Europa. Das „Modell Deutschland" im Vergleich, Frankfurt a.M./New York.

Schlupp, Frieder (1977): Zur Position der Bundesrepublik Deutschland in der ungleichen westeuropäischen Arbeitsteilung: Stabilitäts- und Dominanzdilemmata des „Modell Deutschland", Diskussionsbeitrag, DVPW-Kongreß, Bonn.

Schlupp, Frieder (1978): Das deutsche Modell und seine europäischen Folgen, in: EG-Magazin, Heft 5, 8f.

Schlupp, Frieder (1979): Internationalisierung der Krise – das „Modell Deutschland" im metropolitanen Kapitalismus, in: Leviathan, Heft 1, 12-35.

Schlupp, Frieder (1980): Modell Deutschland and the International Division of Labour: The Federal Republic of Germany in the World Political Economy, in: Ekkehart Krippendorff und Volker Rittberger (Hg.): The Foreign Policy of West Germany: Formation and Contents, London.

Schlupp, Frieder (1985): Geschichte, Stand und Tendenzen der Diskussion über multinationale Konzerne, in: P. H. Mettler (Hg.): Multinationale Konzerne in der Bundesrepublik, Frankfurt a.M., 1ff.

Schlupp, Frieder (1992): World-Market-Strategy and World-Power-Politics, German Europeanization and Globalization Projects in the 1990, in: W. D. Graf (Hg.): The Internationalzation of the German Political Economy. Evolution of an Hegemonic Project, New York, 307-345.

Schlupp, Frieder/Nour, Salua/Junne, Gerd (1973): Zur Theorie und Ideologie internationaler Dependenz, in: Klaus J. Gantzel (Hg.): Internationale Beziehungen als System, Sonderheft 5 der PVS, 14. Jg., S. 245-307.

Schmidt, Manfred G. (1982): Wolfahrtsstaatliche Politik unter bürgerlichen und sozialdemokratischen Regierungen. Ein internationaler Vergleich, Frankfurt a.M.

Schmitter, Phillip C./Lehmbruch, Gerhard (Hg.) (1979): Trends Toward Corporatist Intermediation, London.

Simonis, Georg (1979): Die Bundesrepublik und die neue internationale Arbeitsteilung, in: Leviathan, Heft 1, 36-56.

Simonis, Georg (1983): Frankreichs sozialistische Reformpolitik unter den Restriktionen des internationalen Systems, in: Zeitschrift für Parlamentsfragen, Heft 2, 261-267.

Simonis, Georg (1989): Technikinnovationen im ökonomischen Konkurrenzsystem, in: Ulrich von Alemann/Heribert Schatz/Georg Simonis (Hg.): Gesellschaft. Technik. Politik. Perspektiven der Technikgesellschaft, Opladen, 37-73.

Simonis, Georg (1990): Internationale Restriktionen bei der Modernisierung des Ruhrgebiets, in: S. Bröchler/H. P. Mallkowsky (Hg.): Modernisierungspolitik heute, Frankfurt a.M./Hannover, 97-116.

Simonis, Georg (1992): Government-Industry-Relations: Wer bestimmt und wem nützt Industriepolitik?, in: H. Abromeit/U. Jürgens (Hg.): Die politische Logik wirtschaftlichen Handelns, Bonn, 150-170.

Simonis, Georg/Ludwig, Susanne (1987): Die neue Südpolitik der Bundesrepublik: Zwischen Krisenmanagement und Neomerkantilismus, in: Peripherie. Zeitschrift für Politik und Ökonomie in der Dritten Welt, Nr. 25/26, 22-42.

Therborn, Göran (1985): Arbeitslosigkeit. Strategien und Politikansätze in den OECD-Ländern, Hamburg.

Tulder, Rob van/Junne, Gerd (1988): European Multinationals in Core Technologies, Chichester u.a.

Ziebura, Gilbert (1970): Die deutsch-französischen Beziehungen seit 1945. Mythen und Realitäten. Pfullingen.

Ziebura, Gilbert (1973): Verflechtungsgrad und Handlungsfähigkeit, in: Deutsche Gesellschaft für Auswärtige Politik (Hg.): Regionale Verflechtung der Bundesrepublik Deutschland. Empirische Analysen und Theoretische Probleme, München/Wien, 293-311.

Ziebura, Gilbert (1976): Strukturprobleme der deutsch-französischen Wirtschaftsbeziehungen, in: III. deutsch-französisches Kolloquium, Schriftenreihe des deutsch-französischen Instituts Ludwigsburg, Band 3, 1-17.

Ziebura, Gilbert/Ansprenger, Franz/Kiersch, Gerhard (1974): Bestimmungsfaktoren der Außenpolitik in der zweiten Hälfte des 20. Jahrhunderts. Forschungsstrategie und -programm eines Sonderforschungsbereichs, Schriften des Fachbereiches Politische Wissenschaft der Freien Universität, Band 4, Berlin.

Zu den Autoren

Stephan Bröchler, geb. 1962, studierte Politik- und Verwaltungswissenschaften. Seit 1997 Wissenschaftlicher Assistent am Lehrgebiet Internationale Politik/Vergleichende Politikwissenschaft der FernUniversität Hagen.

Roland Czada, geb. 1952, ist Professor für Politikfeldanalyse und Verwaltungswissenschaft an der FernUniversität Hagen.

Christian Deubner, geb. 1942, ist seit 1979 Wissenschaftlicher Mitarbeiter an der Stiftung Wissenschaft und Politik in Ebenhausen bei München.

Klaus Erdmenger, geb. 1937, ist Akademischer Oberrat an der Universität Konstanz und lehrt dort Innenpolitik und politische Ideengeschichte.

Josef Esser, geb. 1943, hat seit 1981 eine Professur für materialistische Staatstheorie an der Universität Frankfurt.

Wolfgang Fach, geb. 1944, erhielt 1978 eine Professur für politische Theorie an der Universität Konstanz und lehrt seit 1992 an der Universität Leipzig.

Gerd Junne, geb. 1957, ist Professor für Internationale Beziehungen an der Universität Amsterdam.

Martin List, geb. 1960, ist wissenschaftlicher Assistent am Lehrgebiet Internationale Politik/Vergleichende Politikwissenschaft der FernUniversität Hagen.

Wolfgang Reichardt, geb. 1963, studierte Politikwissenschaft, Germanistik und Ethnologie, ist seit 1996 in einem Verlag tätig.

Georg Simonis, geb. 1943, ist Lehrstuhlinhaber für Internationale Politik und Vergleichende Politikwissenschaft an der FernUniversität Hagen.

Josef Schmid, geb. 1957, ist seit 1998 Professor für Politiwissenschaft an der Universität Tübingen.

Gilbert Ziebura, geb. 1924, bis zu seiner Emeritierung 1992 Professor für auswärtige und internationale Politik an der TU Braunschweig; von 1993 bis 1996 Gastprofessor an der Universität Hannover.